国際関係史

16世紀から1945年まで

有賀 貞［著］

東京大学出版会

A HISTORY OF INTERNATIONAL RELATIONS
From 16th Century to 1945
Tadashi ARUGA
University of Tokyo Press, 2010
ISBN978-4-13-032213-3

はしがき

　この本は，16世紀から1945年までの約4世紀半の国際関係史の通史的叙述の試みである．私はかつて勤務していた大学でアメリカ政治外交史を担当しながら，教養科目として外交史の概説的講義をする機会があったとき，国際関係史の通史がないことに気づき，1冊あるいは上下2冊程度で，国際関係を概観する歴史書があれば便利であろうと考えたことがあった．その後，別の大学に勤務し，英語学科の学生のための国際政治史の授業を6年ほど担当したので，その講義録を整理して『近現代の国際関係史』(研究社，2003，英文)を刊行した．それはより詳しい国際関係史を書くための準備のつもりであったが，それから何度かの中断の期間を経て，第二次世界大戦終了までの部分を一冊にまとめたのがこの書物である．

　日本の外交史あるいは対外関係史は日本中心に，東アジア国際関係史は東アジア中心に，ヨーロッパ外交史あるいは国際関係史はヨーロッパを中心に，アメリカ外交史あるいは対外関係史はアメリカ中心に記述される．そのような通史的著作は多いが，それらを統合して一つの歴史叙述の中にとりいれたものは少なく，それらも扱う時代が現代に限定されている．本書は著者として可能な限り，国際関係を広く長い世界的脈絡の中で記述しようとした通史の試みであり，とくに日本の対外関係を世界的脈絡の中におくことを重視した．

　時間的にも空間的にも範囲の広い歴史を扱う通史は，複数の研究者によって分担執筆されるのが普通である．実証を重んじる研究者としては，そうするのが自然であり，共同作業の長所は多いが，視点や叙述の一貫性という点では，一人の筆者が一冊を通して執筆することに利点がある．私は実証的研究の領域が限られている研究者としては，このような計画は控えるべきであると思う一方で，視野を広げて大きなテーマを扱わねばならないこともある教師としては，4世紀半にわたる国際関係の通史を書くという冒険を試みてもよいであろうと考えた．

叙述の起点を16世紀始めに置いたのは，この世紀が，世界の海洋へのヨーロッパ人の進出によって地球の規模と世界地理の輪郭が知られるようになり，海洋を越えて政治的，経済的，文化的関係が形成されはじめた世紀であるからである．ヨーロッパから伝えられた世界地図によって日本人の世界像が形成されたのも，この世紀である．16世紀にはイスラームのオスマン帝国は全盛期にあり，キリスト教ヨーロッパを脅かす強力な存在であったし，明王朝の中国も東洋の大帝国であったが，この世紀に世界の海洋を繋ぎ，世界地図を作ったのはヨーロッパ人であり，その意味でヨーロッパ主導の世界の形成がすでに始まっていたと言えるであろう．本書では，16世紀から1870年代初頭までの記述を簡潔にし，1870年代から1945年までの，70年あまりの時期の国際関係史を詳しく記述した．

第二次世界大戦後の国際関係史の通史はいくつか書かれているが，それより前の国際関係史を詳しく記述した通史が近年書かれていないことを考えれば，16世紀から1945年までの諸章に，終章を加えて一冊を構成することには，それなりの意味があろう．近年世界で起こっている出来事は，第二次世界大戦終了より前の歴史を知らなければ，歴史的背景を理解できないことが多いからである．戦後長く続いた「冷戦」の時代が終わってから，冷戦中には抑えられていた過去の問題が表層に浮上して紛争となったことも少なくない．

第二次世界大戦終結までの近代日本の対外行動についての歴史認識が，国内でも国際的にも盛んに問題とされるようになったのも，冷戦後のことである．本書が16世紀から第二次世界大戦終了までの国際関係史を，なかでも19世紀末から1945年までを，かなり詳しく記述した大きな理由は，読者の方々が近代日本の対外行動の意味を国際的脈絡の中で理解することに役立ちたいという筆者の願いからである．現在の日本は，国内政治の制度や状況をみても，また日本をとりまく国際環境をみても第二次世界大戦前の日本とは大きな相違があるが，国際環境と国民生活の不安定化という点では，1930年代の日本との間には共通性というべきものがある．それは現在の日本が，内政・外交両面で，とくに政治的英知をもって行動しなければならないことを意味する．そのためにも，1930年代から1945年までの国際関係と日本の対外政策の軌跡とを振り返ることは有意義であると考え，その時期を描く二つの章をとくに長くした．

本書は国際政治史の通史であるが，その題名を『国際関係史』としたのは，ひとつには，政治史研究の碩学，故岡義武氏の名著『国際政治史』(1955) と同じ書名にするのを憚ったことによる（同書は最近，文庫版として再刊された）．近代国際政治史の諸段階の特徴を太い筆で簡潔に描いた『国際政治史』は私が模範としてきた古典的著作であるが，本書はそれとはやや異なる歴史叙述の方法をとり，国際政治史の中のより多くのできごとに言及し，それらを結びつけ意味づけながら，一つの国際政治史を編むことを試みた．

　1950年代に書かれた岡氏の『国際政治史』は，西洋中心の国際政治史の概観である．16世紀から1945年までの国際関係においては，西洋の諸大国が主要な能動的行為者であったから，この時期を扱う国際関係史の通史がそれら諸国の動向の記述に当てる割合が多くなることは避けられない．本書の場合も，西洋に比重が置かれすぎているという印象を与えるかもしれないが，著者としては，東アジアの国際関係と日本の役割とに注目し，それらを世界的な国際関係の歴史叙述の中に組み入れることに心がけたつもりである．

　『国際関係史』という題は，多面的な国際関係の連環と相互作用とを扱う書物にもっとも適当なものであろうが，本書では多面的な国際関係をある程度視野に入れて国際政治史を叙述しているので，国際関係史と題することも許されるであろうと考えて，この題を選んだ次第である．

　近年，日本の研究者による国際関係史関連の研究の蓄積が著しく進み，翻訳文献も多くあり，今は日本語で利用できる膨大な参考文献が存在する．私が本書をまとめることができたのは，なによりもそのような研究の進展とその成果としての著作の蓄積に頼ることができたからである．実際には私はそれら著作群の一部を参照する余裕しかなかったが，もし幸いにして本書の内容に長所と認められるものがあるとすれば，それは日本の研究者の研究成果を部分的にもせよ吸収し活用した結果である．

　あとしばらくの時間が与えられるなら，私は本書と同程度の規模で21世紀初頭までの本書の続編を執筆したいと考えている．しかし第二次世界大戦後の国際政治史については，冷戦史などの形で，すでに何冊かの通史が出版されている．私としては，本書がそのような書物に適切に接続するものであるならば，当面はそれをもって喜びとしたい．

凡　例

1. 外国人名は，原則としてファミリー・ネームまたは爵位名のみで表記した．ただし，ローズヴェルトなどのように同姓の複数の人物が登場する場合は，各章初出にはファースト・ネームも記してある（主要な外国人名の原綴りについては索引を参照）．日本人・中国人・韓国／朝鮮人名は，初出はフルネームで表記し，適宜姓のみあるいは名のみで表示した．

2. 補足説明を要する箇所には＊をつけ，該当段落の後に説明を挿入した．

3. 参考文献は巻末に一括して掲載した．本書全体に関わる文献は「全般」に，それ以外は章ごと（本文中で初めて言及した章または最も関連が深い章）に配してある．参考文献には，複数の版が存在する書籍の場合，できるだけ現在流通している版を記載した．

4. 出典あるいは主に参照した文献は，文中該当箇所の〔　〕内に編著者名と発行年を示した（例：〔岡 2009〕）．複数著者による論文集の場合，必要に応じて参照すべき論文の執筆者名を（　）内に付記した場合がある（例：〔蠟山・中村 1999（蠟山）〕）．ただし，参考文献の「全般」に掲げた辞事典や歴史統計，資料集は，辞典名あるいはその略記（略記した場合は参考文献に注記）と巻数（複数巻の場合）を記した（例：〔国史大事典 4〕）．また，日本国際政治学会機関誌『国際政治』は，文中には誌名と号数（執筆者名）を記入し（例：〔国際政治 97（鈴木）〕），参考文献には特集タイトルも明記した．

5. 第X章までの各章の冒頭または末尾に，章の内容に関連する地図を掲げた．

目　次

　　はしがき　i
　　凡　例　iv

第Ⅰ章　ヨーロッパの勢力拡張開始期の世界——————1
　1—ヨーロッパにおける主権国家理念の起源　3
　2—「ウェストファリア体制」の成立　7
　3—勢力均衡の原理と多元的勢力均衡体制　10
　4—ヨーロッパの海外進出　15
　5—東アジアの中国中心の秩序と日本　24
　6—東アジアへのヨーロッパの進出と日本・中国の対応　28

第Ⅱ章　大西洋圏の諸革命とウィーン体制——————33
　1—ヨーロッパにおける大国間の二つの抗争　35
　2—アメリカ革命　39
　3—フランス革命の国際化　43
　4—ナポレオンの登場と大陸支配　47
　5—ウィーン体制の成立　54
　6—旧世界と新世界における革命　57
　7—18世紀末前後のアフリカとアジア　63

第Ⅲ章　イギリスの経済的優越と新たな国民国家の登場——————67
　1—「パクス・ブリタニカ」　69
　2—アヘン戦争とアメリカ-メキシコ戦争　73
　3—1848年の革命とフランス第二帝政　76
　4—クリミア戦争　80

5――日本の開国と英仏対中国の戦争　84
　6――アメリカの南北戦争　90
　7――イタリア王国とドイツ帝国の成立　96

第Ⅳ章　帝国主義の時代の国際関係 ―――――――――――――――103
　1――帝国主義時代の始まり　105
　2――帝国主義の政治と経済　109
　3――「ビスマルク体制」と東方問題　114
　4――アフリカの分割　118
　5――ビスマルク後のヨーロッパ　124
　6――帝国主義政治への日本の参入　127
　7――帝国主義国としてのアメリカ　134
　8――中国を巡る帝国主義政治とアメリカ　139

第Ⅴ章　帝国主義世界とヨーロッパの大国間関係 ―――――――――143
　1――日英同盟の締結　145
　2――日露戦争の勃発　149
　3――日露戦争のヨーロッパ政治への影響　152
　4――三国協商の形成　158
　5――日露戦争後の東アジア　162
　6――欧州列強間の対立意識の増大　166
　7――バルカン戦争　171
　8――平和運動と社会主義運動　175

第Ⅵ章　第一次世界大戦と国際情勢の新展開 ―――――――――――181
　1――サライェヴォ事件と中欧同盟二国の対応　183
　2――ヨーロッパの大戦争への道　186
　3――戦争の長期化と参戦国の増大　191
　4――日本の参戦と勢力拡大政策　197
　5――アメリカの中立と参戦　201

6―二つのロシア革命　206

　　7―ブレスト‐リトフスク講和とシベリア出兵　211

　　8―第一次世界大戦の終結　214

第Ⅶ章　パリ講和と戦後世界の混乱―――――――――――――――――219

　　1―パリ講和会議の開催　221

　　2―ドイツとの講和条約　225

　　3―中・東欧地域の政治的再編　230

　　4―第一次世界大戦後の中東とトルコ革命　236

　　5―第一次世界大戦後のアジア太平洋情勢　241

　　6―ソヴィエト・ロシアの対外政策　246

　　7―アメリカ不参加の国際連盟　251

　　8―賠償問題を巡るヨーロッパ情勢の悪化　256

第Ⅷ章　相対的な安定の回復―――――――――――――――――――259

　　1―海軍軍縮の実現と日米関係の安定　261

　　2―円満に解決できなかった日本人移民問題　266

　　3―賠償問題の暫定的調整とヨーロッパ政治の相対的安定　268

　　4―米欧主要国の内政と外交　276

　　5―二つの独裁国家の体制と外交　283

　　6―国際協調主義の高揚　287

　　7―中国の革命状況とワシントン体制　291

第Ⅸ章　国際秩序の崩壊と戦争の勃発――――――――――――――――297

　　1―国際経済秩序の崩壊　299

　　2―満州事変と国際関係　306

　　3―ナチス・ドイツの成立　313

　　4―ヒトラー外交とヨーロッパ主要国の対応　318

　　5―ヨーロッパにおける勢力関係の変化　325

　　6―満州事変後の日本外交　331

7―日中戦争の長期化と国際関係　338
8―ドイツの恫喝外交と英仏の宥和政策　343
9―ヨーロッパ戦争勃発への道　348

第Ⅹ章　地球規模の戦争としての第二次世界大戦─────355
1―ポーランドの敗北とその後のヨーロッパ情勢　357
2―ドイツの勝利・フランスの敗北の衝撃　361
3―独ソ戦争の始まり　366
4―太平洋戦争への道　372
5―反枢軸大同盟の反攻　380
6―連合国会議外交と戦後構想　388
7―戦争の終結　401

終　章　国際関係史の中の第二次世界大戦─────411
1―もっとも破壊的な戦争　413
2―勢力関係の大きな変化　414
3―理念の闘争としての第二次世界大戦　415
4―植民地主義の衰退　417
5―世界戦争のない時代の始まり　419
6―「冷戦」あるいは「アメリカの平和」　421
7―多中心・多文化的な「一つの世界」　422

参考文献　425
年　表　439
あとがき　443
索　引　445

第 I 章

ヨーロッパの勢力拡張開始期の世界

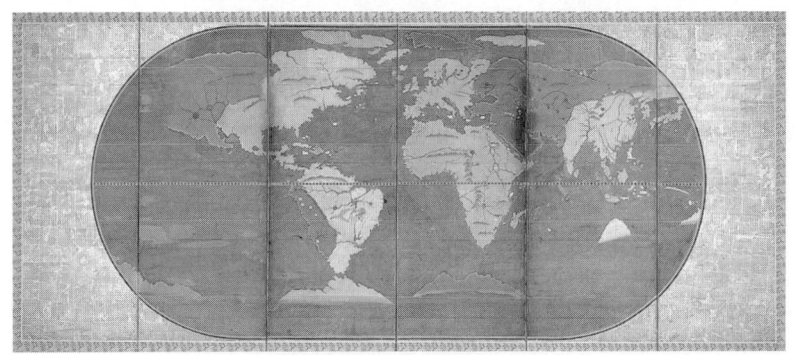

世界図屏風（安土桃山時代）
写真提供：浄得寺（福井市）

　人類が地球の大きさと世界地理の概略とを知るようになるのは，大航海時代のヨーロッパ人の活動を通じてであった．ヨーロッパ人は 15 世紀末から 17 世紀にかけて，西半球の「新世界」を「発見」してそこに植民地を広げ，またアフリカ，インド，東アジアの各地に貿易の拠点を設けた．最初に新世界およびアジアに進出したのはスペインとポルトガルであったが，17 世紀からはオランダ，フランス，イギリスが海外貿易・植民活動の主役となり，西欧人による世界諸地域を結ぶ政治的経済的関係の形成が進んだ．またヨーロッパ人が新世界の大陸や海洋に名前を与え，他大陸で出会った人々を彼らの流儀で人種に分類したことも，ヨーロッパ人主導による世界連環形成の一面である．

　「唐天竺」（中国とインド）に限られていた，遠方の世界についての日本人の観念

が革命的に広げられるのは16世紀後半であり，それはヨーロッパ人が到来し，彼らが新知識によって作成した世界地図を日本にもたらしたからであった．

中世のヨーロッパは世界の先進地域ではなく，科学技術では中国が優っていたし，古典古代のギリシアの学問を継承してそれをキリスト教世界に伝えたのはイスラーム教徒の国であった．16世紀にはアジア，アフリカ，ヨーロッパの三大陸にまたがるイスラーム教国オスマン帝国は全盛期にあり，キリスト教諸国に対して軍事的に劣勢に陥るのは17世紀末である．ヨーロッパが世界において優越した力をもつようになる理由としては，ルネサンス・宗教改革がもたらした精神の自由と多様化が合理的思考を促したこと，諸国家への権力の分散に伴う競争が技術的発展を刺激したこと，新世界への進出と貿易の拡大により経済発展が加速されたこと，技術的経済的発展に伴い他の世界に勝る軍事力をもつようになったことなどが挙げられる．

ヨーロッパ人が貿易・植民活動に乗り出した時期は，ヨーロッパで主権国家の理念が登場し，君主が直属の官僚と軍隊とをもって領域内において集権的な統治を行う国家が発達し始めた時期でもあった．17世紀半ばまでには，ヨーロッパでは主権国家からなる国際社会の形成が進み，国家相互間の交際において守られるべき法としての国際法が発達し始める．これは近世・近代のヨーロッパ固有の特徴であって，他の地域にはない国際社会であったが，ヨーロッパ人の世界進出の結果，主権国家の理念と国家間の法としての国際法が広く受け入れられるようになるので，この章では，まずそのようなヨーロッパ国際社会の形成を述べ，ヨーロッパ人の世界進出とそれに伴う世界諸地域の状況の変化とを概観する．

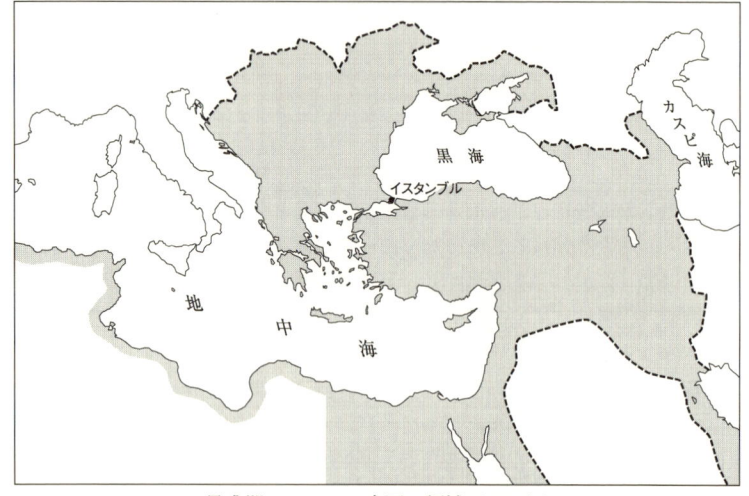

最盛期のオスマン帝国の領域（1683年）
Darby & Fullard 1970, pp. 164-65 を基に作成．

1 ―ヨーロッパにおける主権国家理念の起源

[主権国家を構成単位とする国際社会]

　近代の国際社会は「主権国家」によって構成される社会として発達した．しかし今日では，国際連合のような世界規模の国際機構や欧州連合（EU）のような地域規模の超国家的機構が国際社会の中の行動主体となっており，また私的組織ではあるが多国籍企業や国際的市民団体の活動も目立っている．国際的テロ組織も国家ではない行動主体の一種である．現在の国際関係は，主権国家の国益の対立と調整という枠組を越えて複雑なものになっているが，それでもなお，国家が主要な行為主体であることは変わっていない．主権国家およびそれによって構成される国際社会の理念は，ヨーロッパに始まり世界に広がったものである．ヨーロッパ人は中世から近代へと移行する過程で，多数の主権国家から構成される国際社会の理念および主権国家の合意によって成立する国際法を生み出した．

　18世紀以降の近現代の国際関係は少なくとも第一次世界大戦に至るまで，ヨーロッパの圧倒的優位の下で展開された．そのほかの地域はヨーロッパの膨張とともに，次第にヨーロッパ中心の政治経済体制に組み込まれ，ヨーロッパ文化の影響力が世界に広まった．ヨーロッパ人が多く入植し植民地にした南北アメリカあるいはオーストラリアなどでは，入植者の植民地はやがて独立国となった．20世紀に超大国となるアメリカ合衆国もそのなかの一つである．他方それらの地域の先住民は土地をうばわれ征服されて零落した．ヨーロッパ人は，アジア諸国では幾つかの国を独立国として処遇したが，独立国として扱う場合にも，ヨーロッパ人が想定する「文明基準」を共有しない異文化の国との間では，欧米諸国相互間の関係とは異なる関係を設定した〔Gong 1984〕．国家間の法としての国際法は，ヨーロッパ人によって差別的に異文化世界に適用されたが，ヨーロッパの力の優越が目立った19世紀には，異なった世界秩序理念をもっていたオスマン帝国や清帝国も，当時のヨーロッパの国際法のヨーロッパの立場からの差別的適用を容認せざるをえなくなった．日本は19世紀半ばに当時の世界の国際法（当時の訳語は「万国公法」）を受け入れて開国し，

当時の「文明基準」に合わせることにより欧米中心の国際社会（東アジア太平洋地域ではアメリカ合衆国も有力な大国であった）の中での地位向上を目指すようになる．

[主権国家の理念]

　中世ヨーロッパは，ローマ教皇と神聖ローマ皇帝という二つの権威が並立する世界であった．神聖ローマ帝国は皇帝の権力が帝国内諸君主の権力によって制約されている封建帝国であった．この帝国はカトリック世界の統一帝国の実現を当初の目的にしていたとしても，現実にはその一部を領域とするだけであったから，皇帝は，西欧・中欧全域に広がる教会組織と教会資産とをもつカトリック教会の頂点に立つ教皇に対して，優越した地位に立てなかった．中世国家が官僚組織をもたなかったのに対して，官僚組織を擁する教皇の権力は絶大であった〔佐々木 2003〕．フランスにおける王権の伸長により，「アヴィニョンの捕囚」や「教会の大分裂」のような教皇権力の衰退が生じるのは中世末期になってからである．

　国家は自らの領土をもち，その領土内において最高の権限，すなわち「主権」を有するという理念は，ヨーロッパにおいて16世紀にフランスの国内混乱の経験を背景にボダンらの思想家によって提唱され，諸国の君主によって，国内の貴族に対して，またローマ教皇に対して，自己の王国内では自らの権限が最高のものであることを主張するために用いられた．中世ヨーロッパの国家は重層的主従関係により構成され，国内にさまざまな特権をもつ身分や団体を抱える国家であり，権力が重層的に分散して，国境という観念も未発達であったが，近世の王たちは自らを王国の領域における最高の権限の所有者，すなわち主権者であることを主張し，権力の集中に努めた．主権者は交戦権を独占した．神聖ローマ帝国の内部でも，諸君主とくにプロテスタントの君主が教皇および皇帝の権力に抵抗して，それぞれの権力を強めようとした．

　主権国家の王は主従関係の頂点にあるだけの中世の王とは異なり，王国の官僚と軍隊とをもつ統治者となった．この体制は「絶対主義」の名で呼ばれることがあるが，実際には絶対主義国家は王権を制限していた封建国家の伝統を一掃したわけではない〔成瀬 1984；Beloff 1962〕．絶対君主の典型とされるフラ

ンスのルイ 14 世の時代にも，聖職者や貴族の税制上の特権を廃止することができず，ブルボン王朝の政府は革命による崩壊に至るまで財政難に悩まされた（他方，名誉革命以降，議会による王権の制限を制度化したイギリスは効率的な課税国家となり，それが両国の争いでイギリスを優勢にする一因となった）〔ブリュア 2003〕．議会の性格は封建的諸身分の会議から近代的な代表制議会へと変化していくが，主権という理念は，王の主権から国民の主権へと変化しつつ，国家の属性を表すものとして受け継がれるのである．

　主権国家は立憲政治の下で国家権限に制限を課したが，また国際社会における自らの同意によって自らの権限にさまざまな制約を課してきた．現代の国家は多国間条約によってさまざまな国際法上の制約を負っている．主権国家理念を生んだ本家というべきヨーロッパでは，近年には諸国がとくに経済分野においては超国家的組織である EU に主権の重要な部分を委譲している．

　[国家理性の理念]
　国家主権が至上のものであるという主張から，国家の対外政策は安全と発展を図ることを目的として目的合理的に選択されるべきであり，その場合国家は個人に求められる道徳には拘束されないという考えが発達した．これが「国家理性」（フランス語で「レゾン・デタ」）と呼ばれる理念である．

　ヨーロッパで「国家理性」という言葉が登場したのは 16 世紀半ばのイタリアであると言われる．マキアヴェッリの『君主論』（1513 年筆）にはその言葉自体は用いられていないが，その言葉が意味する思想はやや誇張された形で表明されている〔マキアヴェリ 2002〕．マキアヴェッリの言説は中世的思考から解放されたイタリア・ルネサンスの思想的産物であるが，彼がこのような書物を著したのは，その時代のイタリアはいくつもの都市国家があり，スペインやフランスも関与して，それら諸国間の権力闘争が盛んに行われていたからである〔堀米 2005〕．国民国家意識の発展とともに，国家理性という言葉はあまり用いられなくなり，20 世紀には，それに代わって「国益」（ナショナル・インタレスト）という用語が一般的になった．

　国際社会は主権国家の上にたってそれを支配する政府が存在しない社会であるから，国家相互間の紛争は相互の力関係によって，平和的にあるいは戦争に

よって解決されることになる．政府によって国内の利害の対立が一定の手続きにより通常調整される国内政治に比べて，国際政治問題の解決には力関係がより露骨にあらわれたので，国家理性という理念が登場し，国策の基準として援用されたのである．ドイツの歴史学者マイネッケは，第一次世界大戦というヨーロッパ国際政治の破局を経験した後に，国家理性の理念を回顧して，近代国家が国家理性の理念をもって行動するのは不可避であるが，「国家理性の理念に内在する権力主義的傾向が抑制され醇化されるとき，はじめてその理念は最善の作用を発揮する」と論じた〔マイネッケ 1960〕．

　国家間の利害を調整する通常の手段は外交であったから，ヨーロッパでは主権国家とその相互関係とが発達するにつれて，国家にとって外交使節の役割が重要になった．外交使節を他国に常駐させることは，ルネサンス期のイタリア諸国によって始められ，18世紀には，ヨーロッパの国々は自国にとって重要な国に外交使節を常駐させることが普通になった．それとともに，諸国は対外関係を担当する役所として外務省を設けるようになり，外交の専門家を育成することも始まった．18世紀はじめにフランスの外交官として活躍したカリエールが著した『外交談判法』は，外交官を志す者のための教科書として書かれたものである．近世ヨーロッパの外交家はさまざまの手練手管を用いたことが伝えられているが，カリエールは外交家として最も重要な資質は誠実さであると述べ，相手側の信用を得ることが交渉上何よりも大事であることを力説している〔ニコルソン 1968；カリエール 1978〕．

　主権国家により構成される国際社会という思想は，それぞれの国家は主権を有することにおいては対等であり，その独立性は相互に尊重されることを建前とするけれども，現実には個々の国家の間には大きな力の格差がある．中央権力のない国際社会では，国家間の利害対立は何よりも国家間の力関係によって解決されてきた．大国は小国には後者の主権を脅かす要求を行い，口実を設けて軍事干渉という手段を用い，ときには小国を併合することもあえてした．それは主権国家により構成される国際社会の一面であった．そしてヨーロッパ中心の国際関係に組みこまれたアジア諸国は，独立国であっても，自国の主権を損なう特権を外国に与える多くの条約を締結することを余儀なくされた．その面に注目すれば，近代国際関係における主権の意義は誇張されたもので，主権

とは「組織的偽善」であるという見方もできる〔Krasner 1999〕.

2 ―「ウェストファリア体制」の成立

[ウェストファリア講和の意義]

　三十年戦争に終結をもたらした1648年のウェストファリア講和は，主権国家から構成される国際社会の形成における画期とされ，主権国家からなる国際社会体制は「ヨーロッパ国際体制」とも「ウェストファリア体制」とも呼ばれる．ただし後に述べるように，現実のウェストファリア講和が理念化された「ウェストファリア体制」を生み出したわけではなく，それに近似的なものを生み出したという意味で，画期なのである*．この講和は，ヴェストファーレン（ウェストファリア）公国のミュンスターとオスナブリュックという二つの町で開催された会議で，数年にわたる交渉の末，調印された諸条約により成立したものである．これはヨーロッパ初の多国間国際会議で合意された多国間条約により成立した体制という意味でも画期的なものである．

　　*　近年は，ウェストファリア講和の画期性が強調されすぎたとして，連続性の面を重視する研究が増えている〔伊藤 2005；明石 2009〕．とくに明石2009は画期性について否定的である．

　ウェストファリア講和には，神聖ローマ帝国内の諸邦の代表も参加し，諸邦の君主にはカトリック，ルター派，カルヴァン派のいずれかを公定教会とする権利が与えられ，それにより宗教的対立が政治的争点から排除され，ローマ教皇の政治的影響力の再建も阻止された．神聖ローマ帝国領邦の君主は公定教会の決定など内政上の最高権限を認められるとともに，対外的には，制限付ではあったが，諸邦君主相互間でまた帝国外の国家とも条約を結ぶ外交上の権限を与えられ，それによって帝国内の領邦はいわば准主権国家というべき地位を認知された．准主権国家というのは，領邦の君主は皇帝に敵対する条約を結ぶことはできないと定められていたからである．また帝国議会が皇帝に協力し全会一致で合意すれば，帝国として統一行動をとる可能性は残されていた〔Droz 1972；Holsti 1991〕．

　すべての歴史的過程は連続的なものであるから，1648年も継続的過程の中

で理解されるべきであるが，ウェストファリア講和によって，神聖ローマ帝国に属する領邦が主権国家に近い地位を認められたことにより，ヨーロッパは主権国家からなる国際社会という観念に大きく近づいたといえる．帝国内外の都市国家の連盟として，中世後期の国際社会における一つの行為体だったハンザ同盟は，主権国家の発展過程で衰退に向かっていたが，ウェストファリア講和後まもなく解散した〔Spruyt 1994〕．

　ウェストファリアの講和は神聖ローマ帝国内については紛争防止のための原則を定めたが，ヨーロッパ全般の国際秩序については，国際社会の構成国相互の権利の尊重が唱えられただけで，具体的には新たな主要国間の勢力関係を条約に表現するに留まった．ただし幾つかの主要国が存在するという状況の維持がその前提にあったから，それを繰り返し確認するために，17世紀後半の諸条約ではウェストファリアの合意が出発点としてしばしば言及された．

　国際法の父と呼ばれるグロティウスが『戦争と平和の法』を著したのは，三十年戦争のさなかである．彼は国際法の必要を人々に訴え，国際社会の法を体系的に論じた．彼は君主たちの行動を拘束すべき人類の普遍的な法として国際法を捉え，戦争もそのような基準に照らして正義の戦争とみなされる場合にのみ許されるものと考えた．その後，主権国家の発展とともに，国際法は国際的取り決めの現実的必要に促されて，それまでの慣習法やウェストファリアの講和条約を基礎として，さまざまな条約や協定の積み重ねにより，国家間の行動を律する法体系として発達した．国際社会には，国家に対して国際法の順守を強制する権威は存在せず，国家が国益の追求を目指す以上，国家間の戦争を国際法が禁止することは困難だったから，20世紀初頭までの国際法は国家の交戦権を認めたうえで，戦争ができるだけ規則に基づいて行われるように，戦争に関する国際法の整備を目指した．しかし20世紀には，国際法は国家の戦争権限それ自体を制限するようになり，その意味でグロティウスの理念が復活するのである〔山内ほか 2001（山内）〕．

[三十年戦争と勢力関係の変化]

　ウェストファリア講和で決着をみた三十年戦争は，神聖ローマ帝国内のボヘミア王国の宗教紛争を発端として始まった．ボヘミアでは，神聖ローマ皇帝で

あるハプスブルク家の君主が歴代王を兼ねてきたが，1618年にボヘミアの身分制議会が反乱を起こしたため，皇帝は同年ボヘミアに出兵し，ボヘミアのカトリック化を推進した．ボヘミアにおける皇帝軍の勝利，そしてルター派プロテスタントのデンマーク王（帝国内にも領邦を所有）が派遣した軍の敗退は，巻き返しを狙うドイツ内外のカトリック教徒を勢いづけた．皇帝は29年には復旧勅令（プロテスタント君主に対するカトリック教会の領地の返還命令）を発してプロテスタント勢力に対する巻き返しに出たため，帝国内のプロテスタント諸君主はルター派プロテスタントのスウェーデン王の援助を得て皇帝軍に抵抗した．スペインでは16世紀初頭からハプスブルクの家系が王位についており，スペイン王が皇帝を兼ねたこともあった．ハプスブルク家の皇帝とスペイン王とは対外政策において常に連携して行動したわけではないが，この戦争ではスペイン王は皇帝に協力した．

　三十年戦争は宗教戦争という面とともに，ハプスブルク連合とその反対勢力との争いという面をもっていた．カトリック教徒のフランス王は宰相リシュリュー枢機卿の方針に従い，マドリード-ウィーン枢軸の一層の強大化を防ぎ，その双方の勢力を弱体化させる行動をとった．「ドイツ諸国家の自由」の擁護のためにプロテスタントのスウェーデン王と同盟してまず戦争資金の援助を行い，やがてスウェーデン王が戦死してその軍に疲れが見えると，1635年にフランスもスペインを主敵として参戦した．スペインが主敵であるのは，当時のスペイン王はフランスの北にも東にも領土をもっていたからである．スペインはフェリペ2世の時代にポルトガルの王位継承権を主張してポルトガルを支配下に収めていたから，無敵艦隊の敗北後もまだ強力であった（三十年戦争中の40年にポルトガル人は反乱を起こして独立を回復した）．フランス王はかねてからハプスブルク連合に対抗する政策を追求しており，1535年にはイスラーム教徒のオスマン帝国の君主と同盟を結んだこともあった．フランスの国家理性は君主の信仰とは関わりなく，同盟者を選択したのである．

　ウェストファリアの講和では，帝国内の各領邦君主の宗教を尊重することで国際的合意が成立し，勝利者であるフランスとスウェーデンがその合意の保証者になった．歴代神聖ローマ皇帝の地位に選出されていたオーストリアのハプスブルク家は，長い戦争での敗北により疲弊し，講和により皇帝の権限が限定

されたために，その権力は打撃を受けたが，オーストリア・ハプスブルク家の所領は広く領民も多く，皇帝の権威も若干残されていたから，皇帝は依然として有力な君主であった．神聖ローマ帝国内の諸君主の領土は軍隊による略奪や戦闘による破壊で荒廃した．ドイツの人口は3分の1ないし4分の1に激減したといわれる〔山内 1993〕．スペインのハプスブルク家もこの戦争に深入りして多くの犠牲を払い，勢力を弱めた．勝者はフランスとスウェーデンで，フランスは効率よく戦い，戦争の勝利により領土を広げた．スウェーデンは北ドイツに領邦を獲得し，帝国内のプロテスタントの擁護者として制度的発言権を得るとともに，バルト海地域の政治経済的覇者となった．ウェストファリア講和とともに，スペインはオランダ*の独立を正式に承認した．オランダはそれ以前から事実上の独立国であり，多くの国々と外交関係をもち，すでに海外貿易における優位を築いていた．むしろ正式な独立後まもない17世紀後半に，オランダは貿易の覇権を狙うイングランド，領土拡張を狙うフランスから戦争を仕掛けられ，勢力を弱めるのである．

＊ 正式名は「ネーデルラント連邦共和国」であったが，「ホラント」がとくに有力な州であったので，その州名がしばしば連邦共和国全体の代名詞として用いられ，日本では「オランダ」の名で知られた．

3―勢力均衡の原理と多元的勢力均衡体制

[スペイン継承戦争と勢力均衡]

前述のように，ハプスブルクの強大化に対して，フランスは勢力均衡政策をとってきたが，三十年戦争後のルイ14世親政の時代にはフランスは繰り返しスペイン，オランダなどと戦い，領土を北および東に広げた．さらに1701年スペイン王位継承問題が生じると，ルイ14世直系の孫フィリップ（フェリペ5世）の継承権を主張して軍事行動をとったので，他の国々がブルボン王家のフランス-スペイン連合の覇権を阻止するために戦った（スペイン継承戦争）．反フランス連合の中心は，17世紀に台頭したイングランドであり，オランダとともに，自らの候補者をもつオーストリア・ハプスブルクの皇帝と同盟して，フランスと戦い勝利を収めた．イングランドは戦前にもこの継承権問題を勢力

均衡が保たれる形で解決するために外交工作を試みたが,戦争の遂行とその収束にも主導的役割を果たした.ヨーロッパ国際政治におけるイギリス(1707年の連合王国成立後は「イギリス」と表記する)*の時代が到来したのである.

* 日本語の「イギリス」はイングランドに由来するが,本書では,コリー2000の監訳者川北稔の用法に従い,グレート・ブリテン連合王国成立以前のイギリスの呼び名として「イングランド」を用い,連合王国成立以降は連合王国を「イギリス」と呼ぶことにする.

イギリスは,フェリペ5世がフランスの王位継承権を放棄することと引き換えに,彼がスペインの王位を保持することを認めて,フランスとの妥協を図った.イギリスはフランスに大国の面子を保たせ,戦後秩序形成の協力者にしようとしたのである.フランスはイギリスにニューファンドランドとフランス領西インド諸島の一部を譲ったが,ヨーロッパで広げてきた領土をほとんど失わなかった.他方,スペインはジブラルタルとメノルカをイギリスに譲り,現在のベルギーおよびイタリアにあった領土をオーストリア・ハプスブルク家に譲り,ヨーロッパにおける飛び地の領土をすべて失った.フェリペ5世はイタリアのスペイン領を保持しようとして抵抗したが,大国連合の圧力を受けユトレヒトおよびラシュタットの合意*を受け入れた.

* スペイン継承戦争の終結は「ユトレヒト講和」と総称されるが,1713年のユトレヒト諸条約のほか,14年のラシュタット条約,バーデン条約が含まれる.

スペイン継承戦争とほぼ時を同じくして,ヨーロッパの勢力関係を変えるもう一つの戦争,北方戦争が戦われた.これは18世紀はじめ,新興勢力として登場したロシアが,ピョートル1世(大帝)の下,ポーランドやデンマークの支持を得てスウェーデンを破った戦争である.ロシアがヨーロッパの国際社会における大国の一つとされるのは,この戦争の後である.それ以前のロシアは,ヨーロッパの辺境にあって,バルト海にも黒海沿岸にもほとんど領土をもたない国であり,文化的にもヨーロッパ国際社会の一員としての資格を疑問視されていた.ロシア人は10世紀にキリスト教を受け入れたが,彼らが受け入れたキリスト教はビザンツ帝国(東ローマ帝国)の東方正教であり,しかも13世紀から15世紀までモンゴル人に支配されていた.1480年にモンゴルの支配から自らを解放した後も,ロシアは目を東方に向け,ウラルから西シベリアへと

勢力を拡張した．

したがって，ローマ教会のキリスト教の伝統を継承し，15世紀から16世紀にかけてルネサンスと宗教改革運動とを経験したヨーロッパからみると，ロシア人は異質な民族と見られ，しばしばスキタイ人やタタール人と同一視された．ピョートル大帝の時代に，スウェーデンに勝って獲得したサンクトペテルブルクに1712年に首都を建設し，ロシアの西洋化を積極的に推進したことで，ロシアはヨーロッパ国際社会の一員として受け入れられるようになったといえよう〔Neumann 1999〕．それを例証するのは王家の姻戚関係であるが，ロシアのロマノフ家の子女がヨーロッパ風の教育を受け，諸国の王侯貴族と結婚するようになるのは，ピョートルの子供たちの世代からである．

［ユトレヒト講和と勢力均衡原理の正統性の承認］

ユトレヒト講和条約やその関連文書の中で，「適切な勢力均衡によってキリスト教世界全体の平和と安寧を確保しかつ安定させる」とか「勢力の比重を同等にすることによりヨーロッパ全体の利益と平穏を長期的に維持する」という原則が謳われたことは興味深い〔髙橋 2008；Holsti 1991〕．なぜとくに勢力均衡原則が言及されたのかといえば，王位継承の原理から言えば正当なことも，勢力均衡の考慮により制約されるという原則を樹立することが意図されたからである．

勢力とは計量困難な曖昧な概念であるが，勢力均衡とは，要するに一つの優越した超大国が存在するのではなく，いくつかの大国，いくつかの勢力の中心がある状況を意味する言葉であり，そのような状況の持続が多数国の共存のために望ましいとされたのである．当時の状況に即していえば，ユトレヒト講和はフランスがスペインとの合体による超大国化を目指さないという約束をイギリスとその同盟国に与えたものであると言えよう〔Little 2007〕．

幾つかの大国が存在するヨーロッパ国際政治の多中心構造はフランス革命まで変わらなかったが，その間，戦争は何度も起こった．多中心構造の維持がユトレヒトの合意であっても，戦争を防止しようという意志や計画は含んでいなかった．むしろ戦争は多中心構造の国際政治には付き物とみなされ，戦争回避のための国際政治の装置を設けることは試みられなかった．戦争は繰り返し戦

われたが，三十年戦争のような略奪と破壊を伴う戦争はなく，この時代のヨーロッパの戦争は，より計算された行動ともいうべき性格をもっていた．国家理性の典型的実践者，プロイセン王フリードリヒ2世（大王）は，君主は野望をもたねばならないが，その野望は「賢明で中庸を得ており，理性によって啓発されていなければならない」と述べたという〔高坂 1978〕．

［王朝国家の正統性と王族社会の国際性］

17, 18世紀のヨーロッパには，概して共通の文化をもつ人々（すなわち民族）が一つの国家を形成しているという意味での国民国家(ネーション・ステイト)は，スペイン，ポルトガル，フランス，イングランド（イギリス），オランダなどにある程度，実体として存在した．言語を共有する人々の間に一つの民族という意識が存在したことも確かである．しかし共通の文化をもつ人々が一つの国家を形成すべきだという観念は国際社会で正統性を得てはいなかった．この時代の国家は原理的にも実体的にも王朝国家であった．領土とは君主に属するもので，一人の君主が歴史的由来のある幾つかの地域を一つあるいは複数の君主国として支配していた．一人の王がその統治下に複数の言語や文化をもつ人々を一つの王国の臣民としても，一つの民族が多くの国に分かれて統治されても，それはむしろ当たり前のことであった．

スペイン王はイベリア半島以外のヨーロッパの幾つかの国を統治し，ポルトガル王を兼ねた時もあり，スペイン本来の領土でも18世紀初頭までカスティリャとアラゴンとは別個の身分制議会をもっていたので，一つの国民(ネーション)という意識は十分育っていなかった．1603年以来イングランド王はスコットランド王を兼ねたが，イングランドとスコットランドは1707年にグレート・ブリテン連合王国（イギリス）になるまで，それぞれ議会をもつ別個の王国であった．一つの連合王国の国民という意識は政治的統一後に形成されるのである〔コリー 2000〕*．

* アンダーソンはプロテスタンティズムと出版資本主義とが結びついて民族語による出版を発展させたこと，中央集権化を推進する国家が多くの方言に分かれている民族言語の一方言を標準語化したことが，ナショナリズムを生み出す素地を作ったことを述べ，近代国家は国家的統合を維持強化するために，想像

の共同体である国民という意識を高めようとしてきたことを指摘する〔アンダーソン 2007〕.

一人の君主が複数の国を統治したのは，征服によって領土を広げた場合もあるが，姻戚関係により他の国の統治権を継承した場合も多い．1714 年ジョージ 1 世は姻戚関係によりイギリスの王位を継承したが，元来はドイツのハノーファー（英語では「ハノーヴァー」）の君主だったため，イギリス王はそれ以来 1 世紀以上ハノーファー選帝侯を兼ね，一人二役を使い分けた*．王族の婚姻は国家の同盟や結合に関係するため，婚姻の成立には政略的考慮が介在することが普通だった．直系の王位継承者がいない場合には，姻戚関係にある外国の王家から王を迎えたので，継承権を巡る争いが生じ，国際的戦争にもなった．ヨーロッパの王族や上層貴族は姻戚関係で結び付き，国際的な王侯貴族の社会を形成した．彼らの生活様式にモデルを提供したのは，ルイ 14 世以降のフランスのブルボン王朝の宮廷文化であった．それとともにフランス語がヨーロッパの王侯貴族の国際語ないしは日常語となり，18 世紀半ば以降，国際条約も次第にラテン語に代えてフランス語を正文とするようになった〔Beloff 1962；ニコルソン 1968〕.

* ハノーファーでは女性の君主権相続を認める制度がなかったので，ヴィクトリア女王の即位とともに，この同君連合は解消した．

国際的な姻戚関係で結び付いていたヨーロッパ諸国の君主の雇用する文武の高官には，外国出身者が多く含まれていた．とくにロシアやスペイン，デンマークなどでは外国出身者が目立った．軍人や外交官も主君を変えることは珍しいことではなかった．このような状況のゆえに，ヨーロッパは政治的には統一されていないが，共通の文化をもち，一つの国際社会を形成しているという意識はヨーロッパの識者たちの間に広がっていた〔蠟山・中村 1999（蠟山）；高坂 1978〕.

君主政が主流のこの時代のヨーロッパにも，ヴェネツィア，オランダなど共和国はいくつか存在したが，ヴェネツィアの共和政は商業貴族の寡頭政治であり，オランダは連邦共和国であったが，最有力貴族のオラニエ家から歴代の総督を出し，総督は事実上王に異ならなかった．共和政は小国に適し，大国には適さない，国が大きいほど，強大な統治者を必要とするというのが，近世ヨー

ロッパにおける通念であった．モンテスキューの『法の精神』（1748 年）にもそういう見方が述べられている．したがって共和主義を君主政への脅威とみる見方はなかった．イングランドでは 17 世紀の革命に際して共和政が採用されたが，他国からは事実上の君主国とみられ，クロムウェル時代のイングランドは野心的統治者をもつ強国として恐れられた．事実クロムウェルは国王派と提携したアイルランドに遠征して反抗勢力に対する苛烈な収奪政策を行い，他方プロテスタントの国オランダの貿易上の優位に挑戦して 1651 年に航海法を制定し，海軍力を強化してオランダと戦った．

4 ─ヨーロッパの海外進出

［イスラーム教世界とキリスト教世界］

　キリスト教圏としてのヨーロッパ世界が中世以来接触してきた異教圏は，キリスト教・ユダヤ教と同じく現在の中東地方から勃興した一神教のイスラーム教世界である．予言者ムハンマドが 7 世紀初頭アラビアのメッカではじめたイスラーム教の帝国は，7, 8 世紀の間に中東を中心として，西は北アフリカを経てイベリア半島を支配して一時は南フランスにも進出し，東はペルシア（現在のイラン）から中央アジアに広がった．キリスト教地中海地域圏を分断し，西地中海をイスラームの海にすることにより，中世ヨーロッパの形成を外から促進したのは，8 世紀のイスラーム帝国であった．歴史家ピレンヌの著作の題が示唆するように，ムハンマドとシャルルマーニュ（カール大帝）が中世ヨーロッパの形成者なのであった〔ピレンヌ 1960〕．最初のイスラーム帝国が統一を失ってからも，イスラーム世界は 13 世紀から 14 世紀にかけて東に広がり，インドからマラヤ半島，現在のインドネシア，フィリピン南部にまで拡大した．中世ヨーロッパが逼塞していた時期に，ギリシアの学問をビザンツ帝国から摂取して高度の文化を発展させたのはイスラーム教徒（ムスリム）であった．哲学者ラッセルは，西欧が「アリストテレスを再発見し，またアラビア数字や代数学や化学を学んだのは，スペインでの，またそれより少ないがシチリアでの，イスラーム教徒との接触を通じてであり」，それによって 11 世紀に西欧の学問の復興が始まったと述べている〔Russell 1984〕．シチリアのイスラーム支配は

11世紀末に終わったが,イベリア半島のイスラーム教国は一時隆盛を極めた.13世紀からはキリスト教徒に次第に押し戻されながら,1492年に滅亡するまで存続した〔アブー゠ルゴド 2001〕.

ムハンマドを指導者として形成された帝国は政教一致の宗教的政治的共同体であり,元来イスラーム世界は政治的統一を保持することが想定されていたが,ムハンマドの死後内紛を生じ,予言者の正統な後継者を巡って少数派のシーア派と多数派のスンナ派に分裂して政治的統一を失い,10世紀までにはイスラーム世界には事実上,幾つもの国家が出現した.イスラーム教の世界観は,イスラーム世界と異教徒の世界との間の関係については一定の原則を提示したが,イスラーム世界の中の国家間関係を規定する理念を発達させなかった.異教徒の世界に対する関係については,対等な関係は想定されず,聖戦(ジハード)を通じて,彼らに支配を及ぼすことが理想であった.しかし異教徒すべてをムスリムにすることを意図したわけではない.源泉を同じくする一神教のキリスト教徒,ユダヤ教徒には,ムスリムの支配を受容するかぎり,寛大であり,彼らを活用することもあった.インドに進出したムスリムの王朝ムガル帝国も服従するヒンドゥー教徒にはその信仰を許容した.キリスト教十字軍時代からプロテスタント―カトリック対立の時代にかけて,ヨーロッパでは宗教的不寛容の精神が高まり,ユダヤ教徒が迫害されたが,彼らの一部はオスマン帝国に逃れて安住の地を得た〔鈴木 1997〕.

11世紀にはイスラーム世界ではセルジューク朝が勃興してビザンツ帝国を脅かす一方,西ヨーロッパで宗教的熱狂が高まり,ローマ教皇の呼びかけで東方の聖地奪還を目指す対イスラーム戦争(いわゆる十字軍の遠征)が数回にわたって行われた.十字軍の遠征により聖地にキリスト教徒の王国が建設されたが,遠征者同士の対立が絶えず,長く聖地を保持することはできなかった.第四次十字軍は攻撃の矛先を衰退期にあったビザンツ帝国に向け,一時はその首都コンスタンティノープルにラテン帝国を樹立した.ビザンツ帝国は十字軍の退潮とともに復活したが,その力は弱く,オスマン朝の帝国がアナトリア(小アジア)に勃興したときには滅亡を待つばかりであった.

十字軍事業で利益を得たのは海上輸送や護衛を引き受けたイタリアの都市国家とくにヴェネツィアとジェノヴァ(ジェノア)である.ともに東方貿易によ

って栄えたが，両者の争いでは地の利にまさるヴェネツィアが優位に立った．

[オスマン帝国の隆盛]

　オスマン帝国がコンスタンティノープルを占領するのは1453年であるが，15世紀後半にはバルカンとアナトリアのビザンツ帝国の領土をほとんど手中に収めており，16世紀初頭にはシリアやエジプト地方を，そして16世紀の間に北アフリカを支配下に収め，16，17世紀には黒海北岸を支配し，カスピ海沿岸にも進出した．ヴェネツィアに東方貿易で優位を奪われたジェノヴァの商人たちは，オスマン帝国の台頭とともに，東方貿易に見切りをつけ，イベリア半島に目を転じた．ヴェネツィアもオスマンの海軍力が強化されたため，地中海でのオスマンとの戦いに資力を費やさねばならなくなった．ヴェネツィアは1571年にスペイン，ジェノヴァなどと共同でオスマン海軍と戦ったレパントの海戦に勝ったが，その後オスマン帝国は海軍を再建して，東地中海地域での勢力を回復した．「大航海時代」に入っていたキリスト教ヨーロッパ世界にとって，地中海貿易の重要性は次第に減退に向かい，ヴェネツィアはヨーロッパ貿易の中心地の地位を失いつつあった．それとともに，ヨーロッパ，アジア，アフリカにまたがる戦略的要地を占めていたオスマン帝国の貿易ルートとしての意義も相対的低下に向かう．オスマン海軍はオスマン帝国経由の東方貿易ルートを守るため，インド洋でポルトガルとも戦った．

　オスマン帝国もキリスト教世界の国々も互いに相手の存在を意識して行動した．オスマン帝国はビザンツ帝国の版図を手中に収め，その首都を自らの首都とすると，ローマ帝国の後継国として，全盛期にはローマ占領を目指し，神聖ローマ皇帝およびその同盟者たちと戦った〔Quataert 2005〕．フランスは16世紀にオスマン帝国と提携してハプスブルクの帝国に対抗し，それ以来ナポレオンの東方遠征に至るまで，オスマンとの友好関係を維持した．オスマンのスルタンは正統的イスラーム教世界の首長をもって任じたが，オスマン帝国の東には，少数派のシーア派イスラーム教を擁護するサファヴィー朝ペルシアが勃興した．神聖ローマ皇帝が西方のフランスとしばしば戦ったように，オスマン皇帝は東方のペルシアとしばしば戦ったのである．オスマンはキリスト教世界の国際法理念を受け入れなかったが，イスラーム法の現実的解釈により，キリス

ト教の国々と多くの条約を結んでいた．オスマンは外交使節の交換というキリスト教圏の諸国間に成立した慣行を受け入れる前から，これら諸国の使節の首都イスタンブル駐在を許していた．オスマンは友好的なキリスト教国からの一時的滞在者には，文化的優越感のゆえに一方的な恩恵として治外法権（カピチュレーション）を認めたが，これが後にはキリスト教諸国民の特権として主張されるようになるのである〔鈴木 1997〕．

オスマン帝国は1683年にウィーンを攻めて撃退されてから衰退期に入った．その後対オスマン同盟を結んで反撃に転じたオーストリア，ヴェネツィア，ポーランド，ロシアとの戦いに敗れ，99年のカルロヴィッツ条約は，オスマンにとって，キリスト教諸国に対して敗北を認め領土を譲った初めての講和条約となった〔新井 2001〕．

[西洋諸国のインド洋進出]

インド洋に面する南アジアには，オスマン帝国の東に，イスラーム教シーア派のサファヴィー朝ペルシアとスンナ派イスラーム教を信奉するムガル朝の下で多宗教が混在したインドがあったが，いずれも，ヨーロッパ人のインド洋進出を阻止する力はなかった．最初にインド洋に進出したのはポルトガルで，その首都リスボンは，ジェノヴァなどの地中海都市の商人とハンザ諸都市の商人とが集まる港町として栄えていた．ポルトガルの王権が確立した15世紀には，資本と商業知識と航海術とをもつジェノヴァ人の協力を得て，東大西洋の島嶼の植民地化に先鞭をつけ，さらにアフリカの大西洋岸に沿う航路・貿易路の開発を進める政策をとった．これが「大航海時代」の始まりである．ジェノヴァ商人はリスボンやセビリャに進出してヨーロッパおよび北アフリカの大西洋沿岸地方との貿易に力を入れ，ポルトガルおよびスペインの東大西洋島嶼の植民地化やアフリカ沿岸航路の開拓，さらには新世界植民地経営に出資するようになった．それゆえ歴史学者ブローデルは16世紀半ばからの約70年を，ジェノヴァ人がヨーロッパ経済の主役を演じたという意味で，「ジェノヴァ人の時代」と呼んでいる〔ブローデル 1996〕．

ポルトガルのアフリカ大西洋沿岸への進出の主な狙いは，金や奴隷の入手（マデイラなど東大西洋の島嶼植民地の開発には奴隷が必要とされた）ととも

に，インドへの道の探求であった．そして15世紀末にヴァスコ・ダ・ガマがアフリカの南端からアフリカ東海岸に出てインドに至るルートの開拓に成功した．ポルトガルは16世紀始め，アフリカの両岸とインドに幾つかの拠点を作り，インド洋から南シナ海に通じるマラッカ海峡から東南アジアの香辛料の産地にまで手を伸ばした．インド洋貿易はそれまで，アラブ人をはじめ，ペルシア，インド，マラヤおよびスマトラなど主としてムスリム商人によって行われていた．ポルトガル人がインド洋で次々と拠点を獲得できたのは，多くの大砲を搭載する大型船をもっていたためであった．しかしポルトガル人はインド洋を完全に支配したわけではない．彼らはインド洋地域で行われていた貿易の一部を手中に収めたにすぎず，西アジア―地中海経由の香辛料貿易も続いていた〔Chaudhury & Morineau 1999〕．

　ポルトガル貿易の利益はリスボンに進出した外国商人団に多く吸い上げられ，王も利益を国内の近代化に投資することはしなかった．1580年から1640年までポルトガルはスペイン王の支配下に置かれたことで衰退を早めた．16世紀末から17世紀初頭にかけて，より近代化され財力があるオランダ，イギリス，フランスが次々に東インド会社を組織してインドおよび東南アジアに進出し始めると，ポルトガルは東南アジアやセイロン（スリランカ）の支配地をオランダに奪われて存在感を薄くし，18世紀以降イギリスの力に依存して残された植民地を保持するようになる．

[「新世界」での領土拡大と大西洋圏貿易]

　インドへの道を求めたコロンブスによって偶然「発見」され，やがてそれが東洋とは異なる「新世界」であることが判るまで，ヨーロッパ人は西半球の大陸の存在を知らなかった．ヴァイキングが11世紀にアイスランドからニューファンドランドに到達していた遺跡があるが，彼らの探検情報はヨーロッパには伝わらなかった〔Butel 1999〕．コロンブスは15世紀に活躍したジェノヴァ出身の船長の一人であり，元来はリスボンを拠点に活動していた．大西洋を西航して東洋に達するという彼の計画にポルトガル王が関心を示さなかったため，コロンブスはスペイン（1516年まではアラゴン-カスティリャ王国）に赴いて，同国の王および女王に働きかけ，彼らの後援により，アメリカを「発見」

することになった．スペインの中心国カスティリャはそれまでイベリア南部に残るイスラーム教国の征服（レコンキスタ）に主力を注いできたが，アラゴンとの統一が実現しレコンキスタの完了も目前となったので，コロンブスの計画にも関心を示したのである．スペインは貿易都市セビリャ，後にカディスを拠点として新世界に領土をもつ帝国へと発展した．しかしスペインの植民活動も多分にジェノヴァ商人の出資に依存していた．

「新世界」には，スペイン，ポルトガルについで，16世紀末以降はオランダ，フランス，イギリスが進出し，それぞれ植民地を設けた．スペイン人は16世紀前半にアステカ帝国，インカ帝国を征服して莫大な金を入手し，先住民を使役して，銀の採掘や農場経営を行うようになった．ポルトガルはブラジルに植民し，その他の諸国も西インド諸島（カリブ海の島々は当初インドの一部と思われたので，東洋のインドではないことがわかっても「西インド」と呼ばれた）や北アメリカに植民して，砂糖その他の特産物の生産を通じて，富の獲得を狙った．

新世界からヨーロッパに流入した金銀，とくに大量の銀はヨーロッパの通貨の流通量を増やして商業経済の発達を促進し，アジアとの貿易にも利用された．また西インド諸島の植民地で生産されるようになった砂糖はヨーロッパ人の甘み嗜好を刺激し，食文化の変容をもたらしたので，砂糖は重要な貿易品となり，西インド諸島植民地の重要性が増大し，17世紀から18世紀にかけて盛んな争奪戦が展開された．また新世界からもたらされたジャガいもの栽培が普及したことで，ヨーロッパの食糧事情が大幅に改善されたことも特筆すべきであろう．

政治組織の発達が概して遅れていた西半球において，14世紀に勃興して農耕文化と政治組織とを発達させていた二つの大国，アステカ（現在のメキシコ）とインカ（現在のペルー）は，いずれも突然のスペイン軍の出現に狼狽し，王が捕らえられて簡単に征服された．征服者たちは王たちの財宝を奪い，その人民を下層民として使役する植民地社会を形成した．西半球のその他の地域の先住民も，ヨーロッパ人植民者に隷従するか，戦って死ぬか，従来の生活地域を明け渡すかの運命に陥った．新世界各地の先住民はヨーロッパ人の侵略によりそれまでの生活を破壊されたが，また彼らが持ち込んだ天然痘など病原菌のために多くの死者を出した．

コロンブスの来航当時の新世界にどれほどの先住民がいたかについては推測の域を出ないが，ある研究者は約7800万人と推定している．現在のアメリカ合衆国カリフォルニア州には，15世紀末当時は先住民が約30万人いたと推定されるが，19世紀末の国勢調査では先住民人口は1万5000人に過ぎなかった〔Haines & Steckel 2000〕*．

* 「アメリカ発見」とはヨーロッパ人の視点からの言い方であるから，近年にはヨーロッパ人と先住民との「出会い」など別の表現が用いられるが，何と表現するにせよ，ヨーロッパ人の新世界進出は先住民に破壊的な打撃を与えた．聖職者として植民地伝道に赴いたラス・カサスは先住民の惨状に驚き，たとえ非キリスト教徒であっても先住民の国の独立は尊重されるべきであったとして，先住民の権利の擁護のために活動し，法学者ヴィトリアもキリスト教国に何も危害を加えなかった人々の領土を奪う権利はないと主張した．スペイン王もラス・カサスらの進言を容れて，先住民の人道的扱いに関する法律を定めたが，実効に乏しく，先住民の処遇がとくに改善されたわけではなかった〔ラス・カサス 1976；Knutsen 1997；Fagan 1998〕．

植民者は労働力として使役するのに適した先住民がいないところや先住民が病気で減少したところでは，植民地開発のための労働力の不足を補うために，アフリカ人を奴隷として輸入し始めた．奴隷貿易はオランダ，ポルトガル，イギリス（北アメリカ植民地を含む），フランスの商人らによって行われ，奴隷は大西洋貿易における主要商品の一つになり，これらの国々の間では，西アフリカの奴隷貿易拠点の争奪も行われた．16世紀から19世紀に至る間，約1000万人の人々が，主として西アフリカから奴隷として新世界に運ばれ（輸送中の死亡者を加えればさらに多い），18世紀には毎年平均6万人という規模に達し，新世界に奴隷として渡来したアフリカ人の数はヨーロッパ人の移住者の数を上回っていた〔Curtin 1969；Thomas 2006〕．

大西洋奴隷貿易の発展とともに奴隷貿易に関与したアフリカ沿岸の君主たちは利益を得たが，奴隷集めが行われた広い後背地域の農耕文化は，多数の働き手を何代にもわたって失い，深刻な打撃を受けた．ヨーロッパ人による新世界アメリカの植民地化は，その地域の先住民にも，アフリカの人々にも大きな災いであった．新世界には，ヨーロッパからきた白人入植者，隷属化された先住民，アフリカから連れてこられた黒人奴隷という三者（およびそれらの間での

混血者）から構成される社会が作られていった．植民地生まれのスペイン人は「クリオーリョ」（英語では「クレオール」）と呼ばれたが，このことばをその他の国の植民地にも適用するならば，アメリカ合衆国をはじめ西半球の諸植民地が比較的早く政治的独立を達成するのは，クリオーリョ人口が増え，彼らが政治の実権を掌握する力をもつようになったからである．

［環大西洋経済圏の発達］

　南北アメリカ，アフリカ，アジアに進出し地理的に拡大したヨーロッパ経済の中心は17世紀には西欧へと移動し，オランダの時代が出現した．オランダすなわちネーデルラント連邦共和国が正式にスペインから独立したのはウェストファリアの講和においてであるが，実質的独立は16世紀末に実現していた．オランダはバルト海沿岸地方と大西洋沿岸地方をつなぎ，またライン川河口に位置していたので，貿易の中継地として，工業地域として，また漁業や商品作物の国として発達した．16世紀にネーデルラント地方で貿易都市としてまず栄えたのは現在ベルギー領のアントウェルペン（アントワープ）であったが，この町が世紀後半にスペイン軍に占拠されて多くの商人がアムステルダムに移住してから，後者がオランダの中心的貿易都市に発展した．オランダ人は西欧諸国間の貿易のみならず，アフリカ，アメリカ，アジアで貿易と植民活動に従事し，また国際的な金融業にも進出した．オランダのような比較的小さい国が，一時は生産・貿易・金融において優位に立ち，歴史社会学者ウォーラーステインのいう世界経済の「最初の覇権国」の地位を占めることができたのは，イングランド，フランスという大国がまだ国民経済を十分に発達させていなかったからである〔ウォーラーステイン 1993〕．比較的小国だったオランダは自ら植民地帝国となるには限界があった．東南アジアではポルトガルにとって代わり，香辛料植民地を入手したが，南北アメリカではブラジル占領は長く続かず，ニューネーデルラント（現在のニューヨーク）もイングランドに奪われた．

　西欧諸国の貿易に占める新世界貿易の比重は18世紀には大いに増大した．イギリスを例にとれば，17世紀末に年額約1000万ポンドであった貿易額は1770年代初頭には3倍近くに増加したが，その中で新世界の占める割合は30％から50％に増加していた〔松井 2001〕．西半球の中でも，重要だったの

は，砂糖（および副産物としての糖蜜）の生産地西インド諸島（カリブ海の島々）の植民地である．砂糖はポルトガル領のブラジルでも生産されたが，大西洋圏の砂糖生産はまず東大西洋の諸島嶼（ポルトガル領マデイラ，スペイン領カナリア諸島など）でまず発達し，その生産方式が新世界に導入されたことに留意すべきであろう〔ミンツ 1988〕．

　イギリスとフランスの北アメリカ植民地は西インド諸島の植民地に食料や木材を供給する役割を担うとともに，タバコ，毛皮，マスト用木材，船舶資材，毛皮などの特産物を本国に輸出するようになった．喫煙もヨーロッパに急速に広まったので，ヴァージニアなどで産するタバコは砂糖に次ぐ重要な大西洋貿易の商品となった．また北アメリカ東北の島ニューファンドランド周辺海域は世界有数の漁場であった．

　新世界での急速な特産物生産の発展とともに，奴隷もまた大西洋貿易の主要商品の一つになった．奴隷はブラジルにも，また北アメリカにも持ち込まれたが，最大の奴隷輸入地は西インド諸島であった．スペインはアフリカに奴隷貿易の拠点をもたなかったので，外国の商人と奴隷供給契約（アシエント）を結んだ．初めポルトガル商人に与えられたアシエントは1701年にフランスの会社に与えられ，13年のユトレヒト条約でイギリスの会社に譲られた．イギリスが設立したサウス・シー会社は奴隷供給の独占権とともに，奴隷搬入の際に他の商品を持ち込んで販売する権利を得た．スペインが奴隷以外の植民地貿易に他国の商人の参入を認めたのはこれが最初である．環大西洋貿易は本国―他の欧州諸国―西アフリカ―西インド諸島―北アメリカを繋ぐ輪の中の幾つかを結んで三角・四角貿易の形をとることが多く，奴隷供給地であるアフリカはそのなかの重要な一角であった．

　オランダは自由貿易を好んだが，英仏はそれぞれ自国の貿易を管理して自国の利益を増進する重商主義政策をとった．重商主義とは元来，貿易を管理して輸出を増やし輸入を減らして貿易収支を黒字にすることが，国の富と力の増大をもたらすという思想である．重商主義は貿易を管理して，国際的に価値ある商品の取引をできるだけ独占すること，植民地をもつ場合には本国で生産できない国際商品として価値ある産物の生産を奨励し，植民地の貿易を本国の利益のために統制し，海路貿易はできるかぎり自国船で行うことなどを主張した．

このような政策を実行するためには、植民地に物資を供給できる工業力をもち、有力な海軍と商船隊とをもつ必要があり、その要件を比較的よく満たせたのは、国民経済が発達しつつあった大国、イギリス、フランスのみであった。

5 ― 東アジアの中国中心の秩序と日本

[朝貢―冊封体制]

　伝統的に、東アジアには中国を中心とした文明圏と国際秩序とが存在していた。中国皇帝の直接支配する地域の外には、皇帝に朝貢し冊封を受けている朝貢国（朝鮮、ベトナムなど）があり、それらの国々は程度の差はあれ中国文明の影響を受けていた。周辺国の支配者が中華の威光に敬意を表して朝貢すれば、皇帝はその支配者をその国の正統な支配者であるという認知（冊封）を与えたのである。この秩序は中国からみれば、「中華」の権威と「夷狄」の服属とによって成り立つ「華夷秩序」であった。ただし華と夷の関係は安定していたわけではなく、辺境では紛争が繰り返され、辺境に勃興した夷の王朝が、元や清のように中華を乗っ取り、中国の制度を継承した場合もある。この秩序における外交用語は、中華帝国が外来王朝の支配下にある場合にも中国語であった。

　中華皇帝は朝貢使節の貢物を受け取り使節に相応の給賜品を与えたが、唐王朝以降は中国における商業の発達とともに、朝貢制度は皇帝公認の貿易制度となった。朝貢国は朝貢使節に随伴する多くの商人が持参した物品を中国で売り、彼らが求める物品を購入することを認められた。元王朝は朝貢体制を継承維持したが、貿易規制を行わなかった。14世紀に元に代わって明王朝が登場した当初は、いわゆる初期倭寇（九州などに根城をおく略奪・密貿易活動）に悩まされたが、やがて「勘合貿易」と呼ばれた朝貢貿易体制を整えた。これは朝貢国に一定数の割符（勘合符）を与え、それを携行する船舶を朝貢船と認定して貿易を許す方式である。またのちには特定国の商船の随時入港を認めた場合もあった。朝貢貿易は朝貢国の商船に貿易を許す管理貿易であり、自国の商船が外国に出ていくことを認めないという「海禁」政策を伴うことが普通であったが、明王朝や清王朝の時代には海禁がかなり緩和されていた時期もあった。海禁が行われている時代でも、中国の沿岸地域から近隣諸国に移住して海外を拠

点に貿易活動をおこなう華僑の数は少なくなかった．通常，華僑たちは移住した国における朝貢貿易の担い手を務めていた〔岡本 1999〕．

このようにしてアジア諸国は中国を中心に相互の海洋貿易のネットワークを発展させた〔浜下 1997〕．中国の経済にとって貿易は次第に不可欠なものになり，中国商人は華僑として海外の貿易都市に進出したが，中国は基本的には大陸国家であった．中国は関税の収入源である貿易に利害をもっていたが，国家が自ら海洋帝国を目指し貿易振興策をとることはむしろ例外的であった．

[中国の海洋志向時代]

宋王朝は異民族の国，女真族（満州族）の金王国に北部の領土を奪われて南に遷都した南宋時代には，国力回復のため海軍の強化と海外貿易の拡大に力をいれた．13世紀ににわかに勃興して黒海北部地方や西アジアにまで征服地を広げたモンゴル人は，中国では金と南宋の双方を滅ぼした．遊牧民モンゴルの版図は世紀後半には四つの帝国に分かれるが，その中心的帝国は現在の北京（「大都」と称した）に首都を置いた元帝国である．元は大陸のみならず海外への進出にも積極的で，日本攻略には失敗したが，海路の貿易の拡大にも力を入れ，南方進出も試みた〔杉山・北川 2008〕．

元王朝に代わった明王朝も当初は海外への勢力拡張に関心をもち，15世紀初頭には鄭和の率いる有力な艦隊を7回にわたって東南アジアからインド洋に派遣し，各地の君主に朝貢を求めたことはよく知られている．鄭和時代の艦隊はこの世紀末にコロンブスやヴァスコ・ダ・ガマが用いた外洋船よりもはるかに大きな船をもち，アフリカにまで到達できる遠洋航海技術を身につけていた〔荒野ほか 1992 a, b〕．もし明が海洋志向を維持したとすれば，ガマがインドに来る以前に大西洋を発見することができたであろう．明の艦隊がアフリカからブラジルに到達していたとする説もある〔メンジーズ 2007〕．この帝国が海洋貿易政策を追求したとすれば世界貿易システムの中心となることもできたであろう．しかし，南京から北京に遷都した明は首都を脅かす北辺の異民族に対する防備に力をいれるため，海洋政策を放棄した．

明は海洋志向が強かった時期にも，外国貿易を朝貢貿易に限り，海禁を実施しようとした．しかし中国沿岸地域住民の中には外国との貿易を望む者が多く，

密貿易が盛んに行われた．16世紀の「後期倭寇」と呼ばれるものは，これらの中国人が東南アジア在住中国人の船やその他の外国船（日本船やポルトガル船など）と結託して行った密貿易や略奪活動の総称であり，むしろ中国人密貿易業者が中心であった．結局，明政府も1567年には海禁を緩和することで中国船による海外貿易を認めるのである．

[中華文明圏の中の日本]

　日本は中国を中心とした国際秩序の東辺に位置して中国文明の影響を受け，漢字文化圏の一部を形成した．日本に広まった仏教も中国経由で日本に入ってきたものである．日本は中国の近隣に所在していたが，3世紀から5世紀までの間と，15世紀の一時期を除いては，中華帝国との間に朝貢―冊封関係をもたなかった．3世紀から5世紀にかけて「倭国」の王は中華皇帝に朝貢し，冊封を受けたが，5世紀末から朝貢することをやめた．島国である倭国にとっても，中華皇帝から冊封を受けることは支配の正統性を主張する上で有利であり，また倭国は朝鮮半島の一部に勢力を伸ばしていたので，冊封は朝鮮における自国の立場を有利にした．しかし中国で政治的分裂混乱の状態が続いたため，倭国にとって冊封の意義は薄れ，むしろ自国を中華帝国から独立した国と位置づけることにより，日本においても朝鮮半島においても，政治的権威を高めることを狙った．

　中国で隋帝国が成立すると，日本の大和政権は使節を派遣したが，自国を朝鮮諸国とは別格とみなしていたから，対等な君主間の書状という形式を用いて隋の皇帝あての国書を書き，隋に代わった唐帝国には使節を派遣しても冊封を要請することはしなかった．大和政権は唐・新羅の連合軍に征服された百済からの救援要請に応じて派兵したが，663年には唐・新羅連合軍に決定的敗北を喫した．日本の出兵は唐帝国の敵意を買い，日唐関係が緊張したため，大和政権は唐軍の日本襲来を警戒して防備を強化する一方，使節を唐に派遣して関係修復に努めた．唐はその後の朝鮮情勢の不安定に対処する必要があり，その間に日本への圧力は和らいだ．日本は7世紀から9世紀にかけて，十数回の遣唐使を派遣し，中華帝国に敬意を表しつつ，その統治制度や仏教の習得に努めたが，朝貢―冊封関係に入ろうとはしなかった*．日本の外交は中国に対する文

書では自ら上下関係を示す表現を避けるとともに、その他の国との国交では自国を上におく表現を用いようとした。大和政権がその君主を天皇と称し、国号を日本と称し、自らの年号をもつようになったのも、日本自身もまた一つの中華秩序の中心であることを示そうとしたからである。日本の天皇は宗教的権威をもつ統治者だったので、政治の実権を失っても、天皇家は存続し、権力に正統性を付与する役割を保持した。

* 唐に対する国書では君主の称号を「天皇」と記さず、「すめらみこと」の音訳を用いて、相手国を刺激するのを避けた〔西嶋 1985〕。

大陸の帝国が武力により日本を征服しようとしたのは、漢民族の王朝をはるかに凌ぐ規模で軍事的拡張政策をとった13世紀の元王朝の時だけである。元は日本を自国の帝国圏に引き入れようとして、当初は平和的に朝貢を勧誘したが、日本側がそれを拒否したので強硬策に転じ、再度遠征軍を派遣したものの、二度とも台風に遭って征服計画は挫折した。クビライ帝在位中は日本征服の計画は放棄されなかったが、国内の反乱などがあり、結局3回目の遠征は行われなかった。当時の鎌倉幕府は京都の朝廷の意向を尋ねて対応を決めていたが、執権北条時宗が強硬な対応策をとった背景には、対外緊張に乗じて武家政権の権力を確立しようという国内政治上の理由もあったと思われる〔田中 1975〕。

1274年の元・高麗連合軍の日本攻撃（文永の役）が不首尾に終わった後、元は南宋を滅ぼし、江南地域から調達した多数の軍船と兵力とを加えて、81年大遠征軍を日本に派遣したが、台風のため自滅した（弘安の役）。この時は14万の大兵力であったから、嵐がなければ、大激戦となったであろう。第三次遠征計画が中止され、日元関係の緊張が緩和された後も、政府間の国交は成立しなかったが、元は当時、開放的貿易拡大政策をとっていたので、日元貿易は両国関係が緊張していた時期にも行われた〔杉山・北川 2008〕。

同じ武家政権ながら室町幕府の明帝国に対する政策は対照的である。15世紀初頭、室町幕府の実力者足利義満は日本国王として明に朝貢し、明の皇帝から日本国王としての冊封を受けた。彼の時代には双方の使節が往来し、両国の関係は親密であった。明側としては、義満が日本の支配者として久しぶりに朝貢し、また倭寇の鎮定に力を入れたことは歓迎すべきことであった。他方、足利義満としては、九州支配を強化して倭寇を鎮圧し、中国への朝貢によって中

国貿易を幕府の統制下におくことで，幕府財政を豊かにする狙いがあった．また南北朝時代の争乱から間もない時期であり，北朝の天皇は幕府が擁立した天皇であったから，足利義満としては，中華皇帝から日本国王という冊封を受けて日本の支配者としての正統性を補強する狙いもあった〔田中 1975〕．

6 ― 東アジアへのヨーロッパの進出と日本・中国の対応

[西洋諸国の貿易とキリスト教伝道]

ポルトガルは16世紀始めにマラッカ海峡地域の最も繁栄する貿易都市国家マラッカ王国を征服し，香辛料の産地モルッカ諸島を支配するようになり，16世紀半ばには中国のマカオに居留権をえた．スペインは1560年代にメキシコからフィリピンに遠征隊を送り，西太平洋に足場をえた．新世界のメキシコ，ペルーを支配して東アジアに進出したスペインは，世界史上最初の太平洋国家となったのである．

両国の海外進出活動はローマ教皇の支持をうけ，教皇は両国の海外における植民活動の領域区分に裁定を与えていた．しかし17世紀始めまでには，プロテスタントのオランダ人やイギリス人も南アジアに進出し，とくにオランダ東インド会社は1619年にはバタヴィア（現在のジャカルタ）を根拠地として争い，東アジアへの進出ではポルトガルやスペインを凌ぐ勢いを見せた．

ポルトガルはインド洋地域に進出した当時とは異なり，中国にも日本にも平和的に接近した．彼らはキリスト教圏に対する敵対者と見なしたイスラーム諸国に対するような敵意を東アジア人にはもっていなかったためであろう．彼らは日本では平戸や長崎で貿易を行ったが，日本に寄港したポルトガル船は，東アジアの物産を本国に運ぶことよりも，中国や東南アジアで入手した物資を日本で売り，日本で手に入れた銀を中国に運ぶような地域的中継ぎ貿易に従事した．西洋諸国の進出によって世界的な規模での貿易関係が形成されたとはいえ，16-18世紀の世界の貿易は幾つかの地域貿易圏に分かれており，相互をつなぐ貿易はまだ大きくはなかった．西洋商人も東アジアでは東アジア地域貿易に参入することで，主な利益を上げたのである〔大隈・村井 1997〕．

イベリア両国の海外への進出とともに，ヨーロッパでプロテスタンティズム

の台頭により打撃を受けたカトリシズムの勢力を海外で補強するための伝道活動も活発になった．カトリックの伝道団体は新世界や東アジアでの伝道を目指し，ザビエルが1549年の伝道により有望と判断した日本への布教に力を入れた．イエズス会の宣教師はポルトガル船とともに，フランシスコ会の宣教師はスペイン船とともに日本に到来した．

[戦国期日本の開放政策]

　西洋諸国が東アジアに到来した16世紀は，日本は室町幕府末期の戦国時代で，秩序よりも変化の時代であり，各地の領主たちは西洋の銃，西洋の宗教，西洋との貿易に関心を示した．銃は日本でも製造が始まり，急速に普及し，戦国の戦闘を変えた．織田信長は西洋への好奇心が強く，仏教寺院の権力を弱めるためにもキリスト教宣教師の居住に好意を示した．キリスト教に改宗した戦国期の有力武士は少なくなく，受洗した「キリシタン大名」は西日本を中心に一時は50人を数えたという〔国史大事典4〕．戦国期日本の西洋への傾斜には，割拠した大名の貿易への政治的関心という促進要因があったが，幕末・明治初期の西洋文化の急速な受容と共通する行動様式ともいえよう．この時期に日本人ははじめて西洋諸国の存在を知り，西洋の文物から影響を受けたのである．

　国内を統一した豊臣秀吉は西洋の文化的浸透力を警戒し，国内秩序の安定のためにキリスト教の布教を禁止して西洋との関係は貿易に留めようとした．晩年の秀吉は対外拡張の野心を抱いたが，それは西洋諸国に倣って海洋国家を志向するものではなく，朝鮮半島から中国大陸への進攻を狙う大陸政策であった．彼は日本の軍事力を過信し，衰退期の明帝国に代わって中華を乗っ取ることを目指したが，彼が動員した15万の兵力は朝鮮に来援した明軍を打ち破ることができなかった．彼は明と一旦休戦して講和交渉を始めることにしたが，彼と明側との思惑には大きな違いがあり，秀吉は再び進攻を命じたものの，この戦争は諸国大名にとり大きな負担だったので，1598年に秀吉が死ぬと，日本はすぐに朝鮮から撤兵した〔北島 1990〕．秀吉時代の日本の野望を朝鮮半島で阻止できた明帝国も半世紀のうちに満州族の清王朝により滅ぼされ，中国は再び異民族王朝の支配下に入る．

[徳川政権による「鎖国」への移行]

　豊臣秀吉の死後，江戸に政権を樹立した徳川家康はまず朝鮮との敵対関係の解消に努めた．徳川政権は朝鮮に和解を求めたが，日本の軍事進攻により大きな被害を受けた朝鮮側には反日感情が強く，すぐには対応しなかった．しかし朝鮮も徳川政権の実情を把握するため，やがて使節の派遣に応じ，以後朝鮮からは度々通信使が来日した．戦争の休戦講和交渉はもっぱら日明の間で行われたから，朝鮮の対日通信使派遣には外交自主権を回復するという意味もあったであろう．対馬藩は通信使の来日に関連する打ち合わせなど，朝鮮に対する幕府の外交事務を代行し，その見返りとして朝鮮との貿易を行うことを許された．通信使派遣は相互的なものではなかったから，それは日朝双方に相互間の自国の序列を有利に解釈することを可能にした．対馬藩は仲介役として，そのような日朝関係の維持に努めた．注目すべきことは，徳川将軍が一時期を除き日朝関係において自らの称号として「大君」を用いさせたことである．これは中国中心の華夷秩序の中に自らを位置づけないことを示す方策であるといえよう〔トビ 1990；田中 1995（紙谷）；大石 2009〕．

　徳川政権は，琉球に対しては高圧的な政策をとった．幕府は薩摩藩の武力により琉球に江戸への朝貢を強制し（朝貢使節は毎年江戸を訪れた），薩摩には琉球との貿易権を与えた．琉球が明・清との朝貢貿易により入手した物資は薩摩の利益源であったから，琉球には薩摩の監督の下で中国との朝貢貿易を続けさせた〔高良 1998〕．

　徳川家康は西洋諸国およびアジア諸国との貿易を盛んにしようとして，朱印船に貿易免許を与えるとともに，西洋諸国の商船の入港を歓迎し，外交上の思惑のためキリスト教宣教師にも寛大な態度をとっていた．東北の雄藩仙台の伊達政宗はフランシスコ会の宣教師を仙台に招き，家康の了解を得て，1613年家臣をメキシコ経由でローマ，スペインに派遣した．政宗は太平洋を越えてメキシコとの貿易を望み，さらにメキシコの先のヨーロッパに目を向けたという点で，太平洋外交というべき構想をもった政治家であったと言える．江戸幕府は当初，明国との間に，朝貢によらない公的な貿易関係の樹立を望んだが，明国側はそれを拒否した．江戸時代，明から清へと王朝は変わっても日中間には国交はなく，両国間の物資の交流は中国船による長崎貿易と朝鮮・琉球を通じ

ての間接貿易とによって維持された．

　徳川政権は家康の死後，統治体制の安定強化のために，1630年代に日本版海禁政策をとり，日本人の海外渡航を禁止し，外国貿易に厳しい制限を課し，キリスト教禁止を強化した．外国との貿易は長崎（ポルトガル）と平戸（オランダ）に限定し幕府の管理の下に置いた．そして島原の乱の後カトリックのポルトガル人を追放してポルトガルとの貿易関係を断ち，オランダ商館を平戸から長崎出島に移して，オランダおよび中国の商船のみ長崎への入港を認めた．この措置によりポルトガルは利益が多かったマカオ―長崎間の貿易の権利を失った．前述のように当時ポルトガルは衰退過程にあり，1580年から1640年までスペインに支配され，スペインもその間戦争を繰り返していたので，両国はこの宣教師追放と貿易禁止に対して報復する余裕はなかった．西洋の東アジア進出は，布教に熱心なカトリックの国々の時代から商業重視のプロテスタントの国々の時代に入っていた．オランダは，かねてから自国のポルトガル，スペインとの相違を徳川政権に強調していた．幕府の新政策は日本船の海外貿易をも禁止したので，オランダにとっては好都合であった．

　この時期の日本の政権にとって，西洋の脅威は19世紀半ばのそれとは異なり，軍事的な脅威ではなく，管理されない外国貿易の発展と外来宗教の浸透とによる統治体制への脅威であった．日本は西洋諸国から開国を要求されることなく，2世紀にわたり，閉鎖的な政策を実行できる環境に恵まれていた．徳川幕府の閉鎖的体制は「鎖国」と呼ばれることが多いが，この体制の下でも相当の規模の貿易が行われたことを考えれば，「鎖国」という表現は必ずしも適切ではない．厳格な海禁・管理貿易体制というべきであろう*．徳川政権の指導者たちは幕藩体制の形成と「鎖国」政策とにより，日本に2世紀にわたる平和をもたらした．戦争が人間社会の古来の伝統であるとすれば，彼らは近世日本における平和の発明者であったといえる．戦国時代に急速な進歩を遂げた日本の武器と戦争術とは幕藩体制のもとでは凍結状態に置かれた．元来戦士階級であった武士は泰平のなかで文民官僚化し，軽武装の平和国家日本が形成され，町人文化が勃興するのである．

　　＊　「鎖国」という表現はオランダ語通詞を務めた英才志筑忠雄が1801年にケンペルの日本論を翻訳した際に用いたのが起源といわれる〔永積 1999（永積）〕．

幕府当局者が「鎖国の御法」という表現を用いたのは，開国に踏み切ることを迫られた幕末の時期になってからである〔藤田 2005〕．

[西洋貿易への中華帝国の対応]

　西洋人到来への日本の対応が開放的政策から閉鎖的政策へと大きく変わったのに比べ，中国の対応はときにより変化はあったにせよ，既存の枠組の中である程度幅をもって対応したといえる．中国では17世紀半ばに明が倒れ，満州人の王朝である清にとって代わられたが，中華帝国の伝統的国際秩序観と大陸国家志向は清時代にも変わらなかった．ただし清帝国の貿易政策は明のそれよりも現実的なものであったといえよう．建国当初は台湾や南部沿岸地域での明の残党の活動を警戒し，海禁政策に加えて一部海岸から住民を退去させる措置をとったが，その活動が収まると海禁を解除し，中国商船の出港を認めた．

　明政府は自国民の船の海外出港を禁止ないしは制限し，外国の貿易船については朝貢船のみを認めるという形式をとったが，密貿易の横行を防ぐことができず，後に海禁を緩和したことはすでに述べた．また南方の朝貢国に対しては税収目的の例外措置として随時貿易船を送ることを認め，同様の権利をポルトガルにも与えた．明はポルトガルも朝貢国と見なし，ポルトガルの使節を朝貢使節として扱った．このように，明の時代にすでに，朝貢—海禁の枠組に対外貿易を限定することは困難になっていた．

　清帝国はさらに現実的に，貿易に広く合法性を与えて秩序を保ち，関税収入を増やす政策をとった．清は主要港に海関を設け，海関に朝貢貿易を含むすべての貿易船の出入の管理と徴税の業務を担当させた．清は西洋の貿易船の入港を最初の4港から広州（西洋人には「カントン」（広東）の名で知られた）1港に限ったが，これはヨーロッパの船がほとんど広州に来ていたこともあり，業務の集中を狙ったためであった．中国自身の経済上の必要とヨーロッパ諸国の商人の東アジア貿易への進出とは，従来の朝貢形式の貿易のみに固執することを困難にしたと言えるが，17-18世紀にはまだ，中華世界の伝統的国際秩序はヨーロッパ人の進出によって動揺することはなかった〔岡本 1999〕．

第Ⅱ章

大西洋圏の諸革命とウィーン体制

ドラクロワ「民衆を導く自由の女神」(1831年)
© Superstock／写真提供：PPS通信社

　18世紀半ばのイギリスとフランスの海外での覇権を巡る争いは，七年戦争でイギリスの勝利に終わったが，新世界のイギリス植民地には本国からの政治的自立を目指す動きが生じた．1770年代に北アメリカの13の植民地は，人民主権原理を掲げて共和国の連邦として独立を目指し（アメリカ革命），フランス絶対王政の支持を受けて独立を達成した．しかし，アメリカの独立は英仏両国の力関係に予想されたほどの変化をもたらさなかった．
　アメリカ革命の思想的影響は西ヨーロッパ人の政治変革への意欲を刺激し，フランス革命の勃発を促した．フランス革命は西欧を国際内戦状態に陥れ，フランスがナポレオンの独裁・帝政へと移行した後は，ナポレオン帝国と反ナポレオン連合との戦争が繰り返し戦われた．ヨーロッパの長い混乱は1815年にウィーン体制の成

立により収束をみた．この体制は大国間の均衡の再建とともに，「ヨーロッパ協調」のために大国会議の頻繁な開催という外交方式を編み出した点に，新しい特徴があった．

　ウィーン体制は相互の戦争なしに大国間関係を維持することに成功したが，革命の火種は絶えることがなかった．スペインの革命は大陸の大国の合意によりフランスによって抑圧されたが，本国の混乱の間に西半球のスペイン領植民地の多くが独立を達成した．そして1830年にはフランスに再び革命が起こり，七月王政が成立し，ヨーロッパの大国は二つの自由主義的君主国と三つの保守的な君主国とに分かれた．

　この時期は大西洋圏の革命時代であり，革命の衝撃によって大きな混乱を経験したヨーロッパは，1815年以降，頻発する革命に伴う国内的国際的混乱を制御しつつ大国間の平和を保つことに努めた．アメリカをはじめ西半球諸地方で奴隷制度が維持されたが，奴隷制度の原理的否定を内包する人間の平等の原理がまずアメリカ独立に際して宣言され，フランス人権宣言でも表明され，イギリス植民地など西半球での奴隷解放の動きが進展したことも，大西洋圏革命の時代の一面であった．

　ヨーロッパが主としてヨーロッパ内の問題に忙殺されていたこの時代は，ヨーロッパはアジアでの新たな勢力拡大に力を入れなかった．日本が独自の平和空間を維持し続けることができたのも，そのためであったと言えよう．

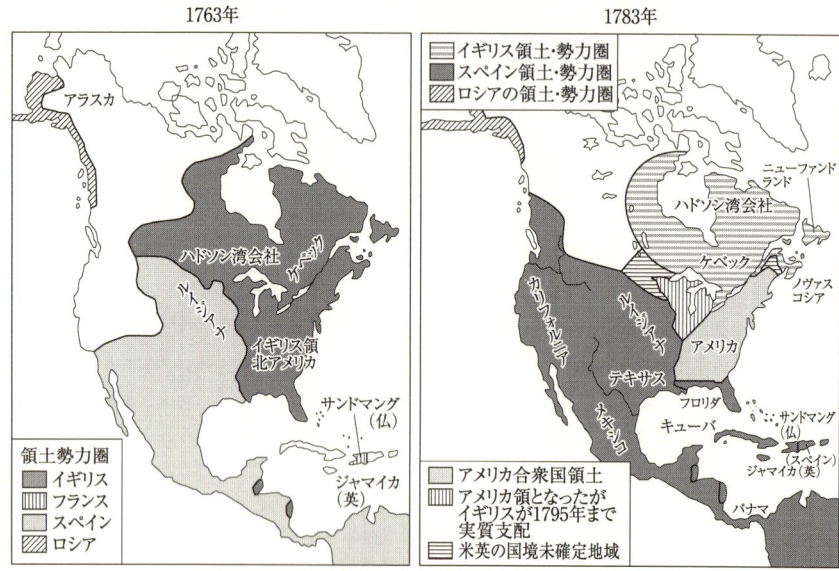

アメリカ独立前後の北アメリカ（1763年と1783年）
有賀・宮里 1998，32頁の地図を基に作成．

1―ヨーロッパにおける大国間の二つの抗争

［ヨーロッパの大国関係の変化］

「大国（グレイト・パワー）」という言葉がヨーロッパの国際政治で使われるようになるのは，18世紀になってからである．18世紀には，17世紀以来の大国フランス，イギリス，オーストリアのほかに，ロシアが大国として登場し，世紀半ばにはプロイセン（プロシア）が第五の大国としての地位を得た．スウェーデンは東欧の問題に深入りして力を弱め，18世紀初頭の北方戦争に敗北して大国としての地位を失った．オランダは依然として国際金融と貿易海運では有力な国であったが，17世紀後半にフランスの攻撃を受けて軍事力の限界を露呈し，海上の戦争ではイングランドに敗れ，脇役的存在となった．代わって新たな大国として台頭するのが，17世紀始めにはまだ目立たない存在だった東欧のロシアと，「ブランデンブルク辺境伯」と呼ばれた選帝侯の領邦から1701年に王国に昇格したプロイセンである〔Wolf 1951〕．

ポーランドの東に位置するロシアは，東方正教の擁護者，ビザンツ帝国の後継をもって任じていたが，17世紀まではヨーロッパの国際関係の中では孤立した存在だった．そのロシアは西方ではバルト海沿岸に進出し，南ではオスマン帝国の勢力圏を侵食して大国としての存在感を示すとともに，中央アジア，シベリアにも進出した．他方，ブランデンブルク辺境伯（ホーエンツォレルン家）はユトレヒト講和の際にプロイセン王の称号を国際的に承認された．プロイセンはヨーロッパ五大国中では人口・面積において最小であったが，強力な陸軍を育て，18世紀半ばの戦争，オーストリア継承戦争と七年戦争とを巧みに切り抜け第五の大国の地位を得た．

［18世紀半ばの戦争の二つの面］

この時期のヨーロッパの戦争には二つの面があった．ヨーロッパ大陸における勢力争いと，海外における植民地および貿易を巡る争いである．

オーストリア継承戦争は，オーストリア・ハプスブルク家の王位継承をめぐる紛争にシュレージエン（シレジア）地方の奪取を狙うプロイセンのフリード

リヒ2世（大王）がからんだ戦争である．ハプスブルク家の神聖ローマ皇帝カール6世は男子がなかったので長女マリア・テレジアを同家の世継ぎとし，同家所領の分割相続を禁じる家憲を定め，親族や主要国の同意を得ていたが，1740年に彼が死ぬと数人の君主がマリア・テレジアの相続に反対してハプスブルク家の継承権を主張し，とくにバイエルン（バヴァリア）選帝侯カール・アルブレヒトはフランスの応援を得てハプスブルクの領土に進攻した．フリードリヒは彼女の継承を認める条件としてシュレージエンの譲渡を要求し，拒否されると同地方を占領した．

　マリア・テレジアは不利な状況に直面して，プロイセンの示した条件を容れて同国と講和し，イギリスの応援を得て，バイエルン－フランス同盟に反撃し，戦況を好転させた．オーストリアが優勢になりすぎるのを恐れたフリードリヒは再び参戦し，戦争は1748年まで続いた．マリア・テレジアは英明な君主で，高官に適材を活用して軍事と外交を展開し，シュレージエン以外の領土を失わず，自らの権力を保持し，夫君フランツ・シュテファンを神聖ローマ皇帝に就かせることに成功した*．1756年に始まる七年戦争は，シュレージエンを確保して大国の地位を固めたいプロイセンと失地を回復したいオーストリアとの争いとして始まった．オーストリアはロシアと同盟し，さらに宿敵フランスをも同盟に引き込んで，プロイセンを攻めた．この三国の提携はオーストリア宰相の名を取って「カウニッツ連合」と呼ばれ，また「外交革命」とも呼ばれた．イギリスはプロイセン側についたが，フランスとの海外での勢力争いに力を入れ，プロイセンをあまり助けなかった．フリードリヒは苦戦を強いられたが，懸命に退勢を挽回し，ロシアがエリザヴェータ女帝の死後，戦争から手を引いたことに助けられ，自国の領土を確保した．

　　＊　洋の東西を問わず，政治は男性の領域であったが，キリスト教世界の世襲君主制のもとでは王朝の存続を図るため，直系男性後継者がいない場合，王家の息女が君主となった例は少なくない．マリア・テレジアはハプスブルク家の所領の君主としてさまざまな称号を得たが，選帝侯による選出を建前とする神聖ローマ皇帝の地位には就けなかった．世襲王朝の君主の下で重職に就く者は任命制であり，世襲ではないから男性に限られた．王朝国家が国民国家となり，国民の一部が参政権をもつようになっても，参政権は男性に限られた．それはもっとも民主的な共和国アメリカでも同じであった．王朝国家の王家の女性だ

けが，ときとして君主になる機会があり，自らの経世の才を発揮することができた．カスティリャのイサベル1世，イングランドのエリザベス1世，ロシアのエカテリーナ2世（彼女は后から皇帝となった），そしてこのマリア・テレジアが著名な例である．18世紀ロマノフ朝ロシアでは例外的に女帝が多く，エカテリーナ2世は4人目の女帝であった．

　上記の二つの戦争では，イギリスはフランスの敵対者として参戦し，両者は海外植民地でも争った．オーストリア継承戦争では，イギリスは大陸におけるフランスの勢力強化を恐れ，それを阻止することを主目的として戦った．イギリスの陸軍は小規模であったが，同盟国への軍資金援助と合わせれば大陸での勢力均衡政策のために有効であり，海軍をその目的に活用することもできた．この戦争は海外での勢力関係にはとくに影響を及ぼさなかった．他方，七年戦争ではイギリスは海洋国家としての優位の確立を主目的として戦った．フランスは大陸の国として陸軍の維持に費用をかけたので，海軍を優先したイギリスとの海外での戦争では不利を免れなかった．ヨーロッパ大陸ではこの戦争による勢力関係の大きな変化はなかったが，海外での敗北がヨーロッパでのフランスの威信に影響を与えた．

[七年戦争と北アメリカ]

　ヨーロッパ大陸で七年戦争が始まる前から，英仏間の戦争が北アメリカで始まっていた．18世紀に入って，13のイギリス領植民地の人口は急速に増加した．1759年には約125万（アフリカ人奴隷は約34万）に達した．この人口急増の理由としては，本国における人口増加による移住者の増加，移民受け入れに宗教などによる資格制限を設けず外国人移住者をも歓迎したこと，植民地では土地が入手しやすく自営農民になれる希望があったこと，土地投機業者が移住者の誘致に積極的に活動したこと，植民地で農業のみならず商工業が発達して多様な人材が求められたことなどが挙げられる．西インド諸島の植民地はイギリスへの輸出額においては依然まさっていたが，北アメリカの植民地はイギリス工業製品の市場として重要性が高まっていた．18世紀のイギリス領北アメリカの発展の特色は，食料や原料の生産のほか，製鉄業や造船業を発達させ，北アメリカ植民地相互間の海運・貿易に従事するとともに環大西洋経済圏の広

域海運・貿易にも参入して，同経済圏の中で能動的な役割を果たすようになったことである．

　フランスはセントローレンス川流域から五大湖地方を経てミシシッピ川流域へとつながる広大な地域の領有権を主張していたが，そこに住むフランス人は10万人足らずで，大部分はセントローレンス川の流域に住んでいた．北アメリカのイギリス植民地が人口急増・定住地拡張を特徴としたのに対して，フランス植民地は先住民との交易と共存を特徴としていた．人口では圧倒的に劣っていたカナダのフランス人が大西洋岸地方からオハイオ地方への進出を目指すイギリス人に対抗できたのは，彼らが軍事的によく組織されていたこと，先住民諸部族の多くを味方にしていたこと，そしてイギリス植民地の政治的不統一のためであった．

　北アメリカでの英仏戦争はイギリス領北アメリカでは「フランスおよびインディアンとの戦争」と呼ばれたが，この戦争は1754年からオハイオ川流域の支配権を巡る戦争として始まり，当初はフランスに有利に展開した．七年戦争勃発後，イギリスの指導者となったピット（後にチャタム伯）は北アメリカでの英仏の勢力争いに決着をつけようとした．従来，北アメリカでの地上戦闘をほとんど植民地人自身に任せていたイギリスはこの戦争では2万の軍隊を派遣し，植民地人の軍隊とともにカナダのフランス植民地の諸都市を征服した．またイギリスは西インド諸島でも優勢であり，アジアのインドでもベンガル太守との戦いに決定的勝利を収めて，フランスに対して優位に立った．63年の講和条約で，イギリスはフランス東インド会社に商業活動のみを認め，政治的軍事的活動を禁じた．イギリスは北アメリカではカナダとミシシッピ川以東のルイジアナをフランスから，フロリダをスペインから獲得した．フランスは同盟国スペインにフロリダ喪失の代償としてルイジアナ西部を譲ったので，北アメリカ大陸の広大なフランス領土は一挙に失われた．ただしフランスの大陸植民地は経済価値をあまり生んでいなかったので，フランスとしてはカナダを譲っても西インド諸島の植民地の喪失を最小限に止めようとしたのである．

2 —アメリカ革命

[アメリカ革命]

　七年戦争での北米におけるイギリスの成功が北アメリカの主要な植民地を失う原因をつくった．イギリスは北アメリカでのフランスとの闘争に勝ったのを機に，この地域の植民地に対する政策を見直し，植民地の通商の規制を拡大し，より厳しく励行するとともに，植民地を管理する経費の一部を植民地人に負担させるため，本国議会の立法により植民地人に課税することを試みた．それまで通商規制のための関税以外には植民地人に課税しなかった本国議会は1765年，植民地を対象に印紙法を制定した．新しい植民地政策は植民地人の反発を招いた．彼らは通商規制の拡大強化策について本国・植民地双方に不利益なものとして，その再考を求めた．印紙税については，植民地人は彼らを代表するそれぞれの植民地議会の同意により課税されるのであるから，本国議会の立法によって課税されることは，イギリス人としての彼らの権利（代表による同意なしに課税されない権利）の侵害であると非難し，とくに強く反対した．

　北アメリカでの戦争の勝利により，植民地指導層は，イギリス領北アメリカがイギリス帝国＊にとって重要な構成者であり，将来ますますそうなるという自信をもつようになったので，彼らには本国の新政策を甘受する心持ちはなかった．いずれは北アメリカにイギリスより多くのイギリス人が住むようになるであろうし，そうなればイギリスから分離してもそれ自体で偉大な帝国となるとさえ考える人々が出てきた．そのような意識が育ってきたことがアメリカ独立の前提になったといえる．

　　＊　「帝　国」はラテン語 imperium に由来する英語であり，イギリスで自国を指してこの表現が用いられたのは，ジェームズ1世が1603年にイングランド，スコットランド両国の王となったとき，彼が同君連合となった両国を総称する際に「グレート・ブリテン」と呼び，また「エンパイア・オブ・グレート・ブリテン」などと称されたのが最初である（統一王国になるのは1707年）．まもなくアイルランド，西インド諸島，北アメリカへの植民活動が活発化すると，拡大する王の領域を指して「イギリス帝国」(the British Empire) の語が用いられるようになった．アメリカ革命前のイギリス領北アメリカの植民地人が「イギ

リス帝国」と言う場合には，共通の王の統治下にある本国，アイルランド，西半球の各植民地を構成単位とする全体を指していた．イギリスで「イギリス帝国」という名称が人気を得て盛んに用いられるのは19世紀になってからである（日本では「大英帝国」の名で知られた）．「帝国」はローマ時代から広大で多様な統治領域の総体を指す言葉であったから，アメリカ人は独立初期には自らの共和政の連邦を，誇りをもって「自由の帝国」と呼ぶことがあった〔Koebner 1961；Van Alstyne 1970；Canny 1998〕．

　本国は植民地の抵抗に直面して数回譲歩した後，1773年の「ボストン茶会事件」を機に翌年から強圧政策に転じた．13の植民地は連合して75年に武力闘争を開始し，76年には独立を宣言するに至った．植民地人がイギリス人の権利として主張して来たことは，独立宣言においては，人間の基本的権利として主張された＊．

　　＊　アメリカ独立宣言の「すべての人間は創造者（神）によって平等に創られ，誰にも奪われることのない平等な権利を与えられている．それらの中には生命，自由，幸福追求の権利が含まれる」という文言はよく知られている．この宣言の起草者ジェファソンが奴隷所有者であったこと，人間の基本的な権利を主張して独立した国が奴隷制度を有していたことは，近代史の大きな逆説である．彼自身は理念的には奴隷制度に反対であり，その漸進的廃止を願っていたから，このような原則を述べることに矛盾を感じなかったのであろう．奴隷制度の廃止を望まない独立の指導者たちが独立宣言のこの文言を容認したのは，その意味を植民地のイギリス人も本国のイギリス人と平等であるという文脈で理解したからである．

［国際関係の中のアメリカ独立戦争］

　アメリカ革命は一定の政治原理を掲げて独立を宣言した革命である．アメリカ人はその政治原理の普遍性を信じ，やがてその影響が世界に及ぶことを期待したが，独立宣言は，イギリスと対抗関係にあるフランスとスペイン，とくに前者から援助をえることを狙いとしていた．アメリカ革命外交の形成者たちは，フランスやスペインが専制君主国であっても，イギリスを弱めアメリカとの貿易に参入する好機とみなして，アメリカ独立を助けるために参戦するであろうと期待していた．アメリカ独立の指導者たちは旧世界のなかの対立を利用して，旧世界からの独立を達成しようとしたのである．

フランスはアメリカ側の期待どおりに動いた．フランスはアメリカの使節を受け入れ，内密の援助を与え，1778年2月にはアメリカとの同盟に踏み切り，まもなく英仏戦争が始まった．フランスの外相ヴェルジェンヌはアメリカの共和主義者を助けることについて，「彼らの政治体制ではなく，彼らのフランスに対する態度によって，対処した」と言い，「それが私の国家理性である」と述べた〔Sorel 1947〕．他方スペインはイギリスと張り合う力はなく，イギリス植民地の独立が広大な自国のアメリカ植民地に影響を及ぼす可能性を恐れたから，アメリカの独立支援には消極的であった．スペインはイギリスから中立の代償として領土を提供させるか，あるいはフランスと同盟して自らの失地回復のために戦うかという二つの可能性を求めて模様見外交を行い，結局79年に後者を選んで参戦した．

1778年の二つの米仏条約はアメリカにとって満足すべきものだったといえる．同盟条約でフランスは前の戦争で失った北アメリカの領土を取り戻すことを求めず，アメリカが征服した場合にはその領有を認めるとしており，また通商条約では他国以上の通商上の特権をアメリカから得ることを要求しなかった．フランスとしてはアメリカを長期的にイギリスから分離しておくことが狙いであったから（この同盟は恒久的なものとされていた），アメリカ人にフランスは寛大だという印象を与えることが望ましく，またアメリカから通商上の特権を得ようとして他のヨーロッパ諸国の反感を買うことは得策ではなかった．フランスはむしろイギリスの重商主義規制や中立国貿易権の制限に対抗する国という立場をとったのである．大陸にはイギリス側に立って参戦する国はなく，ロシアなどの中立国はイギリスによる中立国貿易の規制に反対して武装中立同盟を結成した．ヴェルジェンヌがこの戦争の後イギリスおよびロシアと結んだ通商条約はいずれも関税の相互引き下げによる貿易拡大を目指すものであったことを考えると，彼の外交は貿易の相互拡大の方向をとっていたといえよう．

戦争はフランスの参戦後も長く続いたが，1781年イギリスのアメリカ派遣軍の主力が米仏連合軍に包囲されて降伏したため，イギリスの世論は植民地再征服の断念に傾いた．82年にパリで英米の講和交渉が開始されたが，当時のイギリスの首相シェルバーンはアメリカを失えばイギリスの力は弱まらざるを得ないという考えから，独立を認めるならばむしろできるだけ寛大な条件で講

和し，両国の密接な関係を再建して将来の英米の再合同をめざそうとした．そのためアメリカは領土その他の点で有利な条件で講和することができた．講和条約は83年フランス，スペインとの講和の成立をまって正式に調印されたが，条約はアメリカに譲り過ぎたとしてイギリスでは不評であった．

[アメリカ独立のヨーロッパへの影響]

講和後のイギリス政府は戦後アメリカの連邦体制が弛緩したのをみて，将来の解体とイギリス帝国への復帰の可能性も予想し，それを促すために，通商条約を結ばずイギリスの法律によって一方的にアメリカとの通商を規制した．イギリスがアメリカに公使を派遣したのは，アメリカで連邦体制を強化する合衆国憲法が採択され，それに基づく連邦政府が1789年に発足してからである．講和後のイギリスの軽蔑的な態度が，アメリカ人を連邦体制の強化へと駆り立てた一因であった．そのようなイギリスの態度にもかかわらず，アメリカの貿易の大半はアメリカ人が取引に慣れているイギリス商人を相手に行われた．フランスはアメリカ貿易に参入して大きな利益を上げることはできなかった．イギリスはアメリカ独立戦争で北アメリカ以外の戦闘では敗れたわけではなく，東洋のインドでも新世界の西インド諸島でもその地位は安泰であったし，戦後もアメリカ貿易の大きな分け前を手中にしたので，アメリカの独立がイギリスの国際的地位に与えた打撃は少なかった．フランスもイギリスも，国際政治の力関係に及ぼすアメリカ独立の政治的経済的意味を過大評価して，長い戦争をしたといえよう．

アメリカ合衆国の成立が世界に及ぼした影響は，何よりも思想的な影響であった．その思想はヨーロッパ啓蒙思想に起源をもつものであったが，その思想に基づいて国が建てられたことの影響は大きかった．人民が主権者であり政府の設立者であるという思想も，成文憲法に基づく統治という理念も，アメリカ革命において実践されることによって，世界に広まるのである．

フランスはアメリカを独立させることで国際的威信を回復したが，実利を得たわけではなかった．この戦争に多くの費用を注ぎこんだため，前から悪かったフランスの財政事情はさらに悪化し，アンシャン・レジーム（フランス革命前の旧体制）は苦境に追い込まれた．しかも，自由な市民の共和国としてのア

メリカの成立は，フランスの知識層の間に体制変革を求める願望を強めた．フランスのアンシャン・レジームにとってアメリカとの同盟はパンドラの箱を開ける結果になったといえよう．

アメリカ革命からフランス革命を経てラテンアメリカ革命に至る時期は，大西洋を越えて相互に影響しながら西欧と南北アメリカとが激動した時代であるから，「大西洋革命」の時代と呼ぶことは適切であろう〔Palmer 1959-64；川北ほか 1997〕．1785年から87年にかけてオランダで起こった革命と87年にオーストリア領ネーデルラント（現在のベルギー）で起こった革命には，アメリカ革命の影響が認められる．オランダの革命派「愛国派」は，総督ウィレム5世に反旗をひるがえして87年には革命に成功するかに見えたが，イギリスとプロイセンは総督を支持し，プロイセン軍の介入により愛国派は鎮圧された．自由を求めたベルギーの愛国派の革命もオーストリア軍により鎮圧された．フランスは，オランダの革命については，愛国派側に立って対抗的介入を考慮したが，切迫した財政難のため結局軍事行動を見送った．この年フランス政府は内政を優先して税制改革を実施しようとしたが，貴族階級の強い反対で計画は頓挫した．アンシャン・レジームは，ヨーロッパ政治と世界政治とにおける優位を追求してきた政策の負担に耐えられなくなり，崩壊の危機に瀕していたのである〔Godechot 1965；Schroeder 1994〕．

3——フランス革命の国際化

[革命への国際的対応の二つの要因]

フランス革命の勃発当初，革命指導者たちは平和的な対外姿勢をとり，ヨーロッパ諸国の支配者の側にも，フランスの王権が弱体化すればフランスの脅威が少なくなると考え，ひそかに歓迎する向きもあった．しかし革命の進展とともに，諸国の君主はヨーロッパ大陸で政治的・文化的にもっとも有力な国で起こった革命が自国の政体にどのような影響を及ぼすかを考慮せざるを得ず，フランス周辺にフランス革命に同調する動きがでてきたこともあり，結局反革命的干渉行動に出る．他方，革命側も自国民の力を信じ，また周辺諸国での革命の連動を期待して，むしろ好戦的な行動をとるようになる．

こうしてフランス革命は国際的戦争になるが、フランス革命の場合も、諸国の行動の主要な要因は革命の国際的脅威の認識だけだったわけではない。諸国間の勢力関係の考慮もまた革命への対応の重要な要因であった。オーストリアやプロイセンもポーランドをめぐるロシアとの勢力関係を考慮しながら行動した。議会が王権を制約する体制をすでに確立していたイギリスにとっては、フランスが絶対王政を脱してリベラルな君主政に移行することは脅威ではなかったが、革命政権下のフランスが対外的拡張主義の傾向を示したとき、それを脅威とみなして参戦した*。

* しかしイギリスにも、バークのように革命の初期からフランス革命を危険視し、革命を防疫線によって封じ込めることを提唱した有力な政治思想家がいた。政治的伝統の継続性を重視したバークは、歴史的憲法的根拠に基づいて植民地の権利を主張したアメリカの革命運動には好意的であったが、フランス革命については歴史からの断絶を目指す危険な試みと見なしたのである〔坂本 2004〕。

［フランス革命戦争の始まり］

フランス革命は、極度の財政困難の中で税制改革を阻む貴族の抵抗のために統治能力を失った政府が、事態の打開策として、長く開かれていなかった三部構成の身分制議会を1789年に招集したことから始まる。経済的に上昇していた平民の代表と世俗貴族および聖職貴族の改革派とは、身分制議会に代えて国民議会を組織し、さらにそれを「憲法制定議会」と改称した。都市の民衆や農民の暴動を背景に、同議会は89年8月に人権宣言を公布し、翌年には、王権を著しく制限し特権身分を廃止した自由主義的な憲法を採択した。ルイ16世もそれを承認せざるをえなかったが、91年6月、退勢挽回を図るため王妃とともに東北部への逃亡を企てて失敗し、パリにつれ戻された。

このような状況の中で、神聖ローマ皇帝（オーストリアの君主）レオポルト2世とプロイセン王フリードリヒ・ヴィルヘルム2世とは1791年8月ピルニッツで会合し、フランスにおける秩序と王政との復興はヨーロッパにおけるすべての君主の共通の利益であると宣言し、他の君主たちの支持があればフランス革命に干渉する可能性を示唆した。しかし二人の君主にとっては、東欧での勢力関係も重要な関心事であったから、フランス情勢に深入りして、ロシア皇

帝を有利にすることを望まなかった．レオポルトがプロイセン王とともにピルニッツで上記の宣言を発したのは，フランス王妃マリ・アントワネット（レオポルトの妹）からの干渉の懇請に応えるためであったが，それにはまた，東方のロシアに対してプロイセンとの連携を強めたいという思惑もあった．

　貴族の選挙による王政をとってきたポーランドは王権が弱く国の結束を欠き，そのために周囲の国々の勢力争いの場となり，ロシア，プロイセン，オーストリアの三国によって蚕食されていた．第一次分割は1772年に行われたが，三国はフランス革命戦争に伴うヨーロッパ国際政治の混乱に促されて東方の勢力圏の確定を図り，93年と95年の第二次，第三次分割により，ポーランドは消滅した．このポーランド分割の最大の分け前を獲得したのはフランスと戦う必要がないロシアであった．フランス革命が起こった時に，ロシアとオーストリアとはともにオスマン帝国に戦争を仕掛けていた．92年には両国それぞれオスマン帝国と講和して，ポーランド分割の仕上げにかかった．オスマンのスルタンがロシアによるクリミアとグルジアの領有を認めたのはこの時である．

　フランス王や国外に亡命した貴族たちは外圧を利用して権力を回復しようと狙っていたから，ピルニッツ宣言は歓迎すべき第一歩であった．他方，革命左派の有力グループ「ジロンド派」も外圧をかけてくる外国との戦争を国内支配に利用しようとした．フランスの革命政治では左派が優勢になり，権力を掌握したジロンド派は好戦的な態度をとった．オーストリアは1792年2月，革命下のフランスと戦うためにプロイセンとの同盟を結んだ．こうして同年4月，フランス革命戦争が始まった〔Stone 2002〕．

[フランス革命の国民主義，国際主義と膨張主義]

　フランス革命政府は国民を政治権力の源泉とみなし，フランス国民の名において行動したから，この革命によりフランスはまさしく国民国家になったといえる．1648年から1766年までの間にフランス領となったアルザス，ロレーヌ，フランシュ-コンテの代表は1790年，これら地域の人民は君主間の条約によってフランスに帰属しているのではなく，自らの意志によってフランス人であると宣言した．これはウェストファリア条約で保証されていたアルザスの旧君主たちの領主権の否認を意味する．また南フランスに残っていた教皇領アヴィ

ニョンの人々は90年に住民の決議によりフランスへの帰属を決めた．それらはアメリカ革命時にすでに実践された人民の自決権の行使であるが，ヨーロッパでそれを実践することは，王朝国家秩序に対する革命的な挑戦という意味があった〔Godechot 1965〕．

　フランス革命政府は祖国の危機を国民に訴えて兵を募り，兵力増強に努めた．革命軍はやがて経験を積み，1792年9月ヴァルミーの戦い以降，形勢を挽回して優勢になり，旧来のフランス領土外に進出した．9月にはフランス国民公会（共和主義の議会）は王政を廃して共和政を採用し，「フランスは自由を回復しようとする諸人民のすべてに友愛と援助とを与える」と宣言した〔Droz 1972〕．フランス周辺地域では，サヴォワ，ベルギー，ライン西岸ドイツなどの人民がフランス軍を歓迎し，旧体制から自らを解放するために，フランスへの合併を決議するところもあった．国民公会は領土拡張問題を議論し，ピレネー，アルプス両山脈とライン川とがフランスの自然国境であるという考えによって，ベルギー方面への領土拡張を正当化した．つまりフランスという「ネーション」（国民・国家）は自然地理的条件によって定義されたのである．革命政権は偉大なフランスを実現しようとする意欲に関しては，ルイ14世に勝るとも劣らなかった．

　革命政権が1793年1月にルイ16世を（10月には王妃も）処刑したことは諸国支配層を刺激し，対フランス連合軍が攻勢に出たため，フランス軍は再び劣勢に陥った．その間フランスでは，革命左派の中でも急進的なモンターニュ派の支配する公安委員会に政治の実権が移り，93年から94年にかけて，彼らの寡頭支配のもとで恐怖政治が行われた．94年7月「テルミドール（革命暦の「熱月」）9日」のクーデタによりモンターニュ派の恐怖政治は終わり，より穏健な指導者たちが権力を掌握した．95年8月の憲法により総裁政府が作られるが，総裁政府時代には王政復古派も台頭し，共和派を脅かすようになる*．

　　*　ヨーロッパが戦乱の時代に突入していたとき，プロイセンの哲学者カントは『永遠平和のために』（1795年）を著し，将来，諸国家が国際的公徳心をもって平和的国際秩序を守るようになるべきことを論じ，共和主義的体制と貿易の発達とが，そのような国際社会の形成を促すことを期待した〔カント 1985〕．

4 ―ナポレオンの登場と大陸支配

[ナポレオンの戦争の技法]

　フランス共和国は1794年に恐怖政治を脱した後，軍事力を強化して対外的にはさらに攻撃的になった．フランス軍の進出とともに，新たな共和国が作られ，新たな君主が据えられるなど，ヨーロッパの政治地図が次々と塗り替えられる．95年にコルシカ出身の天才的軍人ナポレオン・ボナパルトがフランス軍司令官として登場したことが，フランスの軍事的対外進出を促進した．彼は多数の兵士を徴集して大軍を編成し，それを重要な戦闘に投入して，決定的勝利を狙う戦法をとって成功を収めた．当初，革命政府は国民に呼びかけて志願兵を募集したが，やがて各地方に供給すべき兵士の数を割り当てるようになり，さらに革命フランスが軍事的敗北の危機に瀕した93年には，一定の条件の男性に兵役義務を課す厳しい徴兵制度をとるようになった．国民からの募兵・徴兵によって編成された軍隊をもって戦ったという点でも，フランスは革命期において国民国家になったと言える．この制度はナポレオンによりさらに徹底的に利用され，その結果フランスはルイ14世の全盛期にも望めなかった強力な力をヨーロッパにおいて発揮したのである*．徴兵制度はナポレオン戦争中にプロイセンでも採用され，19世紀の間にヨーロッパ大陸諸国に広まった．

> ＊　プロイセンの軍人で戦略家だったクラウゼヴィッツは『戦争論』(1832-34年)のなかで，フランス革命とナポレオンの登場が戦争の技法に及ぼした影響を次のように述べている．戦争は人数の限られた傭兵を用いて行われてきたが，1793年に戦争は突如として人民の事業となり，そして「ボナパルトの手で人民に立脚した軍事力の潜在的な力が全面的に活用されたとき，それは全ヨーロッパに破壊的な作用を及ぼした」〔クラウゼヴィッツ 2001〕．

　革命期およびナポレオン時代のフランスが大きな戦争を戦えた財政的理由は，王政時代のフランスが貴族や教会の特権を認めていたために課税対象が制限されていたのとは異なり，革命期およびナポレオン時代のフランスは強力な課税権限を行使できたからである．革命政府は王侯貴族および教会の資産を没収し，それを売却して収入を得た．また革命政府は戦争費用の調達のため紙幣を乱発

したが，この方法は政府の信用を失墜させた．ナポレオンは政府の信用回復のためフランス通貨の価値を維持することに努めたが，信用が不十分だったので，イギリスのように借り入れに多くを頼ることはできなかった．それゆえナポレオンは拡大したフランス領土からの税収に頼り，国外に出た軍隊の費用は占領地域から税金の取り立てによって賄った〔Griffith 1998；Bordo 1999〕．

[ナポレオンの独裁と第一帝政]

大陸での戦争に勝利を収めたナポレオンはイギリス侵攻作戦を考慮したが，断念して方向を転じ，1798年自らマルタを征服してエジプトに遠征し，地中海・中近東に勢力を張ろうとした．オスマン帝国は16世紀以来フランスと概して友好関係にあったが，そのフランスから攻撃を受けたことにより，イギリス，ロシアと同盟を結んだ．英露両国を中心にふたたび対フランス連合が形成され，ヨーロッパでの戦争が激化したため，99年8月ナポレオンは急遽エジプトを離れて10月に帰国し，シエイエスら総裁政府の総裁たちの一部と図り，11月「ブリュメール（革命暦の「霧月」）18日」のクーデタによって，総裁政府に代えて統領政府を設立し，自ら第一統領に就任した．このクーデタは新憲法の人民投票による承認により正統性を得た．この憲法は共和政をとり議会も設けたが，議会の権限は乏しく，実質的には第一統領の独裁制であった．国内の安定を望み，戦争を乗り切ってフランスの国際的地位を守ることを望む国民の願望が，この体制への支持に表れたと言える．

1802年3月のイギリスとの講和（アミアンの和約）により，戦争は全面的に収束した．この一時的平和の時期に，ナポレオンは人民投票により終身統領となり，さらに04年5月には元老院と評議会の支持を受けてフランス皇帝となった（第一帝政）．ローマ教皇による聖化の儀式を受け，さらに人民投票による人民の承認を得たのは，新たな地位の正統性を確保するためである*．

* 西欧・中欧の君主で皇帝と称したのは神聖ローマ皇帝のみであったが，ナポレオンはヨーロッパの覇権国家の君主として皇帝の称号を望んだ．オーストリア・ハプスブルク家の君主は1806年に神聖ローマ皇帝の称号を失ったが，皇帝の称号そのものは保持した．ロシアの君主「ツァーリ」も皇帝を意味する．ロシアの君主は東方正教会の擁護者ビザンツ帝国皇帝の後継をもって自任した．

［植民地帝国再建の試みとその挫折］

　ナポレオンはエジプト遠征を試みたように，海外にフランスの勢力を築くことに関心をもっていた．彼のエジプト遠征は，フランス艦隊がイギリス艦隊の急襲により大打撃を受けたこともあって，決定的な成果のないままに打ち切られた．彼は地中海・中東方面のみならず，新世界においてもフランスの地位を再建することに関心があった．そのため1800年にスペインと交渉して，1763年にスペインに譲ったルイジアナ（ミシシッピ川より西のルイジアナ地方）を取り戻した．新世界でフランス革命の影響を最初に受けたのは，カリブ海のフランスの植民地サンドマング（現在のハイチ）で，ここでは91年にアフリカ系奴隷たちがトゥサン・ルヴェルチュールの指揮で反乱を起こし，1801年までには政権を確立していた*．ナポレオンはまずサンドマングでフランスの支配と奴隷制度とを再建し，ニューオーリンズを拠点にしてルイジアナ植民地の経営に乗り出すことを計画し，まず軍隊をサンドマングに派遣した．彼はルヴェルチュールを騙して捕虜にしたが，結局サンドマングの再征服を断念したので，この国は1804年ハイチの名でアフリカ人の共和国となった．これは西半球では合衆国に次ぐ第二の植民地の独立であった．

*　フランス革命戦争中，西インド諸島のフランス植民地の白人支配層は奴隷の反乱に直面してイギリス海軍に援助を求め，イギリスはフランス領西インド諸島を支配下に入れようとした．フランスの革命政府は1794年に奴隷解放を宣言し，解放奴隷たちの助けを借りてイギリスの侵攻に対抗しようとした．サンドマングでのルヴェルチュールの権力掌握もそのような状況で起こったものである〔平野 2002〕．奴隷制度を維持していたアメリカがハイチと外交関係を樹立するのは南北戦争勃発後の1862年である．

　フランスがルイジアナを取り戻したとの知らせはアメリカに衝撃を与えた．ナポレオン支配下のフランスがアメリカのミシシッピ川航行権などアメリカの利益について，スペインより強い反対の姿勢をとることを，アメリカは恐れたからである．フランス革命がきっかけとなって英仏間の戦争が始まったとき，連邦体制再編直後のアメリカ政府はフランスとの同盟条約の有効性を認めつつ，中立政策を採用した．フランスはアメリカの政策が親英的であると感じ，一時米仏関係は極度にこじれたが，1800年には1778年の同盟条約に代わる修好条

約が結ばれて関係は正常化した．フランスがルイジアナをスペインから入手したのはそれとほとんど同時であった．アメリカ大統領ジェファソンはルイジアナ問題を重視し，1803年にフランスに使節を派遣して，ミシシッピ川の河口地域をアメリカに売却すること，少なくともミシシッピの自由航行権と河口に物資の集積所を設ける権利を獲得することについて交渉するよう指示した．フランスが最小限の要求にも応じない場合には，彼はイギリスとの同盟交渉に踏み切る考えであった．

しかしナポレオンは，当時サンドマング遠征軍が黒人共和国側の抵抗と疫病の流行に苦しめられていたので，ヨーロッパでの将来の戦争に備えて兵力や資金を温存するため，新世界での植民地帝国再建を断念していた．フランスは8000万フラン（1500万ドル）でルイジアナ全域を売却することを提案し，アメリカはその意外な提案を受け入れて，領土を約2倍に広げることができたのである．これによって太平洋岸へのアメリカの膨張の衝動が強まり，その達成は時間の問題となったといえよう．

[最盛期ナポレオン帝国の限界]

ヨーロッパの平和は2年とは続かず1803年には再び戦争状態となり，05年にはイギリスはオーストリア，ロシア，スウェーデンとともに第三次対フランス連合に参加した．ナポレオンはアウステルリッツの戦いでロシア－オーストリア連合軍に大勝利を収め，オーストリアは戦争から脱落した．ナポレオンはさらにロシアと結んだプロイセンを攻めて決定的勝利を収め，ロシア軍を破ってケーニヒスベルク（現在のロシア領カリーニングラード）まで進出した．プロイセンとロシアは07年にナポレオンの提示した条件を受け入れて講和した（ティルジット条約）．

ナポレオンの帝国は絶頂に達した．フランスの領土が大きく広がっただけではない．北イタリア諸国を統合したイタリア王国はナポレオンが王を兼ねた．ナポレオンはドイツ西部の多数の小邦をライン連邦にまとめ（神聖ローマ帝国は解体），ポーランド分割におけるプロイセンの取り分からワルシャワ大公国を創り，自らそれらの保護者となった．オランダ，ナポリ，ヴェストファーレンなどでは，ナポレオンの兄弟たちが王位につくなど，ボナパルト家の王朝ネ

ットワークが築かれた．プロイセンは領土の半分を失い，辛うじて独立を保った．ロシアは領土の喪失はほとんどなかったが，西欧・中欧におけるナポレオン帝国の覇権的地位を認め，イギリスに対抗する「大陸体制」への参加に同意した．

　ナポレオン帝国との闘争を続ける国はイギリスだけであった．1805年はアウステルリッツの戦いの年であるとともにトラファルガーの海戦の年であった．前者での勝利と後者での敗北とが合わさって，ナポレオンに海洋帝国への道を断念させ，大陸帝国への道を歩ませた．しかしフランスの大陸支配を固めるためには，大陸へのイギリスの影響力を弱める必要があった．ナポレオンは06年ベルリンから「ベルリン勅令」を発し，イギリスに対する封鎖を宣言し，ヨーロッパ大陸諸国には，イギリスとの貿易を行わない「大陸体制」への参加を求めた．イギリスは以前からフランスの海外貿易を妨害しフランスに打撃を与えていたが，ベルリン勅令に対しては，大陸の港の逆封鎖によって対抗しようとし，翌年イギリスの港を経由しない船の大陸の港への入港を認めないと宣言した（枢密院令）．他方ナポレオンは同年「ミラノ勅令」を発し，イギリスの枢密院令に従う船はすべて捕獲の対象にすると宣言した．

　ナポレオンの大陸体制はフランスの衛星国やナポレオンに敗れた国々の参加を得た．この貿易戦争はイギリスに打撃を与えたが，大陸諸国に与える打撃も大きかった．オランダ王はナポレオンの弟ルイであったが，その彼が1810年に退位を選んだことはオランダの苦境の表れであった．ナポレオンは密貿易を取り締まるためオランダをフランスに併合し，さらにハンブルク，リューベックなど旧ハンザ都市まで併合した．ナポレオンはその前年にはローマ教皇が大陸同盟への参加を拒否した報復として教皇領を攻め，それを併合し教皇を幽閉した．これらの併合は彼の帝国の強さを示すものではなく，むしろその弱さの表れであった．ナポレオンは大陸諸国の対英貿易断絶を強化しながら，他方ではこの年フランス商人に特許を与えてイギリス人と限定的貿易を行わせるという，大陸体制とは矛盾する政策をとった．フランス自身イギリスとの貿易断絶を維持することは困難であった．大陸体制は交換貿易体制にとって代わられたのである．

　英仏貿易戦争によって中立国としての貿易権を侵害されたアメリカは両国に

政策の変更を求め，出港禁止令などさまざまな対抗措置をとったが，効果がなかった．1810年アメリカ政府はフランスがアメリカ商船に対する政策を変更したと偽って伝えたことを信用し，イギリスとの貿易を禁止した．そのため英米関係が悪化し，アメリカは12年には対英戦争に突入した．この「1812年戦争」の原因としては，そのほかにイギリス海軍によるアメリカ船からの水夫の徴発，西部のインディアン諸部族への武器援助などがある．この戦争は14年末の講和により引き分けの形で終わるが，開戦に至るアメリカの政策はヨーロッパの勢力関係の考慮とは無関係に，イギリスの政策に対する反発によって動かされた．

　ナポレオンは1808年兄ジョゼフをスペインの王位につけ，イギリスに対して大陸の南西を固めようとしたが，スペイン人はナポレオンの支配に対して，イギリスの援助を受けてゲリラ戦争を展開し（半島戦争），ナポレオンをてこずらせた．ナポレオンの戦争術は大規模な会戦を挑んで決定的な勝利を収め，相手国に和を請わせることであったから，彼の戦争術は半島戦争には役立たなかった．このような状況を見たオーストリアは09年ドイツ諸国に呼びかけて反ナポレオン戦争を試みたが，ナポレオンに敗れ，オーストリアはかなりの領土を放棄する条約を結ばざるをえなかった．オーストリアの外相となったメッテルニヒは，ナポレオンとの提携を通じてオーストリアの地位を改善しようと考え，10年オーストリア皇帝フランツ１世の息女マリ・ルイーズをナポレオン皇后とする政略結婚の交渉をまとめた＊．この時期がナポレオンの絶頂期であったが，ナポレオンは安定のための外交を摸索するよりも，戦争によるさらなる覇権貫徹を望み，破滅への道を歩むのである〔Schroeder 1994〕．

　　＊　ナポレオンは1809年出産年齢を過ぎた皇后ジョゼフィーヌと離婚し，ロシア皇帝に皇妹アンとの婚姻を申し入れたが，ロシア皇帝は即答を避けたので，オーストリア皇女との結婚に関心を移した．メッテルニヒもオーストリア皇帝もフランスとロシアの両大国が提携して中欧と中近東とを勢力圏に分割することを恐れ，その可能性を防ごうとしていたので，これを好機とみなしたのである〔Gates 2003〕．

[ナポレオン帝国の没落]

半島戦争ではスペイン人のゲリラ活動に加えて、イギリス軍が戦闘に参入し、ナポレオンの兄の王国を苦しめた。しかしナポレオンはそれよりもロシアに目を向けた。アレクサンドル1世のロシアは西方のフランス帝国に見合う東方の大帝国としての地位を確保しようと望んでいた。彼は大陸体制に加入することで、ナポレオンがオスマン帝国に対するロシアの行動の自由を認めることを期待したが、ナポレオンはロシアが旧ビザンティウムを支配する大帝国となることを認めるつもりはなかった。二人の君主はそれぞれがとったいくつかの行動によって、次第に相互不信を強めた。

ナポレオンはロシア遠征によってロシアに対する決定的な勝利を収めることを目指して、他の大陸諸国と同盟し、1812年に大軍を率いてロシアを攻めた。しかしロシアはフランスから遠いばかりでなく、広大な領土をもつ懐の深い国であった。ナポレオンはロシアの主力軍を捕捉して圧倒的勝利を収めることができなかった。ナポレオンはロシアの中原を制圧すれば、ロシアとの有利な講和が可能になると期待して9月にモスクワを占領したが、ロシア側はモスクワに火を放ち、長い駐屯を困難にした。ナポレオンは10月中旬モスクワからの退却を決めた。翌月ロシア軍が反撃に転じ、ナポレオンの軍隊は飢えと寒さの中での敗走を強いられた。

ナポレオンがロシア遠征に失敗したのをみて、1813年にはプロイセン、イギリス、スウェーデンなどの諸国がロシアとともに、新たな対フランス連合を形成した。ナポレオンも態勢を立て直して中欧で応戦に努めた。ナポレオンとの姻戚関係をつくったオーストリア皇帝は両者の間を調停しようとし、双方の代表を招いて和議のためのプラハ会議を開催した。メッテルニヒはナポレオン帝国の版図をある程度縮小することで、講和が結ばれることを望んだ。「西の巨人を倒して東の巨人（アレクサンドルのロシア）がそれに代わる」ことを彼は恐れた〔Holborn 1951〕。彼が望むことはオーストリアにとって望ましい勢力均衡であった。しかし和議はまとまらず、メッテルニヒはやむなく対仏参戦を決断した。

1814年4月、敗北を重ねたナポレオンは退位に追い込まれた。連合側はフランスにはブルボン王家を復活させることにし、ナポレオンには地中海のエル

バ島を領地として与え、皇后マリ・ルイーズにも別にイタリアに領地を与えることにした。ナポレオンはなおも再起をはかり15年3月ひそかにフランスに戻って帝位についたが、イギリス軍およびプロイセン軍とワーテルローで戦って敗れ、まもなく自ら投降して囚われの身となった。

5 ─ウィーン体制の成立

[国際秩序再建の精神]

　ナポレオン帝国崩壊後のヨーロッパの秩序の形成に指導的役割を果たしたのは、イギリスのカースルレーとオーストリアのメッテルニヒの二人であった。彼らはともに勢力均衡の再建を重視し、ヨーロッパにおける大国としての地位をフランスに与え、大国間の勢力均衡と協調関係とに基礎をおく、安定した国際秩序を樹立しようとする構想を共有していた。彼らはイギリス、オーストリア、ロシア、プロイセンの四国の同盟関係を戦後も維持すべきであると考え、ナポレオン戦争終結に先立って1814年3月、ロシア、プロイセンに働きかけ、同盟関係を長期的に維持することに合意したショーモン条約の調印を実現した。

　彼らはフランスの王位に復帰したブルボン王朝の安定のためにも、ヨーロッパの安定のためにも、フランスには寛大な講和を与えようとした。フランスを大国の一つとすること、大国協調体制を形成することについて、四大戦勝国の指導者の間に異論はなかった。フランスとの講和条約である1814年5月の第一次パリ条約は、フランスに1792年の国境を新たな国境として、革命前の領土よりかなり広い領土を認め、対仏同盟国はフランスに対して償金を要求せず、イギリスは戦争中に占領したフランスの植民地の大部分を返還することを約束した。ナポレオンの「百日天下」の後、15年11月に結ばれた第二次パリ条約では、フランスは第一次パリ条約より厳しく扱われ、ほぼ1790年の国境に準拠してフランスの領土は狭められ、償金の支払い義務も課された。しかしフランスを大国として扱うという基本方針は変わらなかった〔キッシンジャー 2009〕。

[ウィーン会議]

　フランス革命とナポレオン戦争の時代に一時消滅したどの国家を復活させ、

地位を失ったどの君主を復権させるか，諸国の国境をどのように再設定するかという複雑な問題を処理するために，ウェストファリア会議以来の大規模な国際会議がオーストリアの首都ウィーンで1814年9月から翌年6月まで開催された．それゆえナポレオン帝国崩壊後のヨーロッパの秩序を「ウィーン体制」と呼ぶことが多い．ウィーン体制はフランス革命が当初具現した自由主義や国民主義に対しては反動的な体制であったが，1815年の平和の再建者たちは革命とともに戦争を封じ込めるために，大国間の勢力均衡と協調関係とに基礎をおく，安定した国際秩序を樹立しようした．その後ヨーロッパ大国間の戦争は54年までなかったことを考えると，ヨーロッパに長期的平和をもたらすという彼らの目的はかなり成功したということができよう．オーストリアの外相メッテルニヒはこの会議の進行係の役割を務め，会議の合意のとりまとめに外交手腕を発揮した．

　ウィーン会議では，フランスについては革命前の王朝の支配の正統性を認めたが，革命前のすべての君主が復権したわけではなく，革命前300を越えていたドイツの領邦国家は40足らずの数に整理された．神聖ローマ帝国は復活せず，それに代わるものとしてオーストリア皇帝を名目的な盟主とする「ドイツ連邦」が設けられた．また諸国の国境も，革命前とはかなり異なるものとなった．オーストリアはネーデルラント南部（ベルギー）など西欧にあったハプスブルク家の領土を放棄し，代わりにイタリアのロンバルディア－ヴェネツィアを獲得して中欧の国家として地理的にまとまった．ヴェネツィア共和国は再び歴史に登場することはなかったのである．メッテルニヒは伝統的権利よりも統一性ある国家としてまとまることをオーストリアの利益とした．しかしその政策は結果的にドイツ連邦内でのオーストリアの影響力を弱めることになる．他方プロイセンは，ドイツ西部にかなり広い飛び地を獲得した＊．このことがプロイセン主導のドイツ帝国形成の一つの基盤となるのである．

　＊　プロイセンのドイツ西部支配地の獲得は，会議でもっとも紛糾した争点「ポーランド－ザクセン問題」の解決と関連していた．これはロシアが全ポーランドを獲得し（ポーランド王国をつくりアレクサンドルがポーランド王を兼ねる），プロイセンはザクセン王国を併合し，ザクセン王にはライン地方に領土を与えるというロシアとプロイセンの主張に，オーストリアとイギリスとが強く

反対した問題である．メッテルニヒは中欧の国の外相としてこの案を好まず，カースルレーは親仏派のザクセン王がライン地方に国替えになることを嫌い，結局，ロシアがポーランドの大部分を獲得し，ザクセン王国は領土を縮減し，プロイセンはライン地方に領土を得ることで，妥協的合意が成立した．

[ウィーン体制の諸条約]

ウィーン会議について「会議は踊る，されど進まず」と言われたように，この会議に集まった王侯貴族の外交家たちは外交とともに社交に時間を費やしたが，決定すべき問題は多岐に互っていたから，この会議が長く続いたことは不思議ではない*．

* 高坂正堯はメッテルニヒの外交スタイルに注目し，彼の会議外交を，貴族的社交と外交交渉とを組み合わせ，互いに外交を楽しみつつ，頃合を計り均衡感覚をもって合意をまとめるという洗練された外交術の典型であると考え，それをヨーロッパの「古典外交」と呼んだ〔高坂 1978〕．

ウィーン体制の基礎となった国際的取り決めは，ウィーン会議最終議定書（1815年，ヨーロッパ全体の国境設定と秩序再建のための文書）のほか，第二次パリ条約（1815年，フランスとの講和条約），四国同盟（1814年のショーモン条約，フランスに対する大国協力），後述する五国同盟（1818年，フランスを含めた大国協調），そして神聖同盟（1815年）である．四大国は第二次パリ条約締結の際，この条約に関連する協議のため定期的に会議を開くことに合意した．そのための会議が18年にエクス-ラ-シャペル（アーヘン）で開かれたが，四大国はこの会議にフランスの代表を招き，償金の残額を放棄し国境の保障占領をとりやめ，フランスをヨーロッパの問題を討議する大国会議のメンバーとして迎えることを決めた．ただし四国のフランスに対する警戒心がなくなったわけではなかったので，四国は内密にフランスに対する四国同盟をも保持することを約束した．この会議の後，ヨーロッパの政治問題を協議し解決するための会議が20年のトロッパウ会議，21年のライバッハ会議，22年のヴェローナ会議と3回開催された．当時「ヨーロッパ協調」と呼ばれたのは，このような大国の合議体制のことであり，これはウィーン体制の新基軸であった．しかしこの安全保障理事会のウィーン体制版というべきものは，イギリスと他の大国との意見の対立が深刻化したために，22年のヴェローナ会議で終幕した．

神聖同盟はロシア皇帝アレクサンドル1世の熱心な呼びかけによって実現したもので，神からその地位を与えられた諸君主がキリスト教の教えに忠実に，互いに友愛の精神をもって平和を保ち，それぞれの臣民に対しては仁愛の精神をもって統治することを約束した，キリスト教君主の国際主義の表明というべき文書であった．ロシア，オーストリアの両皇帝とプロイセン王が署名したのち，他の君主に参加が呼びかけられ，ヨーロッパのほとんどの君主が参加した*．イスラーム教徒のオスマンのスルタンは当然参加しなかったが，ローマ教皇も署名せず，イギリスの王（摂政）は王権が議会に制約されていることを理由に署名しなかった．メッテルニヒは当初は神聖同盟をロシア皇帝の指導者意識を満足させるための無害な取り決めと見なしたが，やがて彼は正統な君主の統治を回復するための反革命干渉を行う場合の道徳的根拠として，神聖同盟に利用価値を見出した〔Nicolson 1961；Dallas 2001〕．

* 谷川稔は，神聖同盟に「ほとんどの国が応じたことは，ロシアのヨーロッパ性を刻む『歴史的記憶』として特筆に価する」と述べている〔谷川 2003〕．この時期のアレクサンドルのヨーロッパ協調の重視にはヨーロッパにおけるロシアの辺境性の意識の補償という面があったであろう．

ウィーン会議はまた国際法の発展に貢献した．この会議で外交使節の階級に関する規則が定められ，大使・公使・代理公使等の階級に整理された．また国際河川については自由通行の原則が承認され，また奴隷貿易は国際的に禁止されるべきことが決議された．

6 ― 旧世界と新世界における革命

[大国会議体制の解体]

1815年のヨーロッパ再建に際して，イギリスの外相カースルレーは，ヨーロッパ大陸の勢力均衡の崩壊がイギリスの安全にとって重大な脅威をもたらしたのであるから，イギリスもヨーロッパ大陸の問題に恒常的に関与すべきであると考えた．彼は勢力均衡の必要の認識，フランスおよびロシアの膨張主義に対する警戒心をメッテルニヒと共有していた．しかしイギリスには，大陸の勢力均衡は重要であるとしても，大陸の問題に常時関わる必要はないという有力

な意見があり，カースルレーの立場を制約した*．

* ヨーロッパ大陸の政治問題に適度の距離を置いて対処しようとするイギリス人の傾向は20世紀半ばまで継続した〔細谷 2009（細谷，君塚）〕．

　イギリスとオーストリアとの立場の大きな相違は，革命への対応を巡って表面化した．イギリスにはヨーロッパでおこる革命を直ちに脅威と感じる体質はなく，イギリスにとって革命が干渉の対象になるのは，フランスに革命が起こり，それがフランスの勢力拡張につながるような場合だけであった．他方メッテルニヒにとっては，自由主義を求める革命も国民主義を標榜する革命も，それがとくに自国の近隣で起こる場合には，つねに抑圧すべきものであった．オーストリアは専制政治の多民族国家であり，いずれの革命原理も国家の存立を脅かす脅威だったからである．

　1821年のギリシア人の反オスマン革命（ギリシア独立戦争）の際には，カースルレーは，革命を助けることの危険をロシア皇帝に説いたメッテルニヒと利害を共有することができた．彼は革命を嫌ったわけではないが，東地中海方面にロシアの影響力が広がることを好まなかった．メッテルニヒはその革命とロシアの勢力拡大との双方を恐れ，ロシア皇帝に自制を懸命に説得した．しかしカースルレーはオーストリアによるナポリの革命の抑圧には賛成できなかったし，スペインの革命に対する干渉権をフランスに委ねることにはとくに反対であった．後者については，フランスの影響力がスペインで増大することを嫌ったからである．彼は会議体制の維持と革命への干渉反対とを両立させられないことに悩み，精神を病んで22年のヴェローナ会議の前に自殺した．

　新たにイギリス外相となったカニングは，カースルレーのように会議体制への愛着を持たなかったから，イギリスはヴェローナ会議から退席し，これにより五国会議体制には幕が下りた．しかしその後の19世紀のヨーロッパ国際政治では，1830年のロンドン会議（ベルギー独立問題），56年のパリ会議（クリミア戦争関連の諸問題），78年のベルリン会議（バルカン半島の諸問題）など，大国会議を開いて事態を収拾することは何回か行われた．制度としての大国会議体制は短命に終わったが，その後も諸大国の協議による事態収拾はときおり試みられ機能したと言える〔高坂 1978〕．

[東方問題の展開とギリシアの独立]

　オスマン帝国の弱体化に伴って生じた国際政治上の問題はヨーロッパでは「東方問題」と呼ばれた．東方問題は，ヨーロッパ諸大国関係の事情によって生じたものでもあるから，「東方問題」は実は「西方問題」であったということもできる〔山内 1984〕．東方問題がヨーロッパ外交史において重要問題となるのは，19世紀になってからであるが，フランス革命前にも東方問題はすでに存在していた．フランスは革命前にはオスマン帝国とは友好関係を維持してきたが，自らエジプトに勢力を樹立することは革命前にも計画されており，ナポレオンのエジプト遠征もそのような脈絡の中でのできごとであった〔Droz 1972〕．ナポレオン帝国とロシアが提携すれば，オスマン帝国が解体される可能性もあったが，そのような提携は成立せず，オスマン外交はヨーロッパの戦争の動向に巧みに対応したので，この時期の失地はわずかであった．

　さて前項で言及した1821年のギリシア人の革命運動はモレア地方を持ちこたえて，翌年に独立を宣言した．オスマンのスルタン，マフムト2世はエジプト総督ムハンマド・アリーに応援を求めた．野心的で有能なムハンマドは帝国内での自らの所領の拡大を望み，25年エジプト軍の精鋭を派遣し，ギリシア征服に乗り出した．ロシア皇帝ニコライ1世はアレクサンドルとは異なり，ギリシア独立には同情心を持たなかったが，オスマン帝国へのロシアの勢力拡大を望み，バルカン北部のモルダヴィアとワラキア（現在のモルドヴァとルーマニア）の情勢を口実にオスマンに戦争を仕掛ける気配を示した．イギリスのカニングは前任者が東方問題でのオーストリアとの提携を重視したのと対照的に，ロシアとの提携によって東方問題を処理しようとした．その結果，26年に英露両国はオスマンのスルタンにギリシアの自治を容認させるために協力するという趣旨の協定が成立し，27年にはフランスも英露両国に加わり，スルタンがギリシアの自治を認めない場合には強圧的手段をとることが合意された．その年，モレアに派遣されたイギリスの提督が指揮する三国の艦隊とオスマン－エジプト艦隊との間に偶発的に海戦が起こり，オスマン－エジプト艦隊が壊滅したため，エジプト軍はモレアから撤退し，ギリシアの独立は確実なものとなった．この海戦後，ロシアはオスマン帝国に侵攻して勝利を収めたが，他の諸大国との関係を考慮し，29年に寛大な条件で講和した．

ギリシアの独立は 1830 年のロンドン会議議定書で国際的に承認されたが，ギリシア出兵の代償を求めてオスマン帝国内での支配地の拡大を狙うムハンマドとそれを抑えようとするスルタンとの紛争が繰り返され，そのたびに，ヨーロッパ列強が外交的，軍事的に介入することが通例となった〔Schroeder 1994；Quataert 2005〕．

[スペイン植民地の独立とモンロー・ドクトリンの表明]

1808 年にナポレオンがスペインに進攻し，兄を王位につけたとき，西半球のスペインの植民地は独立運動を起こし，15 年にスペイン王にブルボン王家の王が復帰した後も，独立運動を抑えることはできなかった．1816 年から 21 年にかけてラプラタ連邦（現在のアルゼンチン），チリ，ペルー，コロンビアなど南米の諸国が共和政をとって独立した．またメキシコは 21 年独立を宣言したが，一時は君主政をとり，状況は流動的であった．イギリスは 23 年にフランスによるスペイン革命への干渉を阻止できなかったが，本国の混乱の時期に独立した新世界の国々には干渉を許さず，大陸諸国に先駆けて，それらの国々の独立を承認し，また友好国ポルトガル-ブラジル帝国の分裂*が決定的であると判断したときには，ブラジルの独立を承認した．1826 年にカニングは「私は旧世界のバランスを立て直すために，新世界を活用した」と，新世界諸国への接近政策を彼独特の修辞で語った〔Nicolson 1961〕．

* ナポレオン戦争中ポルトガルは親英的立場をとってフランス軍の侵攻を受けたため，ポルトガル王はイギリスの助けでブラジルに逃れ，「ポルトガル-ブラジル帝国皇帝」と称していたが，ナポレオン没落後，本国に帰還した．1822 年，本国議会がブラジルの地位を植民地に戻そうとしたことにブラジルのポルトガル人が反発して，皇太子を皇帝に擁してブラジル帝国として独立した（1889 年まで帝政維持）．

西半球のスペインの植民地が独立し，とくに共和国となることは，アメリカにとって喜ぶべきことであったが，アメリカの主要な外交的関心は，スペインの領土であるフロリダを獲得することにあり，1819 年にスペインとのフロリダ買収交渉をまとめた．その後もアメリカは慎重に行動し，22 年になって旧スペイン植民地 5 ヵ国の独立を承認した．イギリスは 1812 年戦争の後，アメ

リカ領内の先住民への援助をやめ，北アメリカにおけるアメリカの立場を尊重して，北アメリカでの平和共存を求める方向に政策を変えていた．

それゆえイギリスのカニング外相がスペイン植民地問題に欧州大陸諸国が干渉しないよう，両国共同で警告することをアメリカに提案したとき，アメリカの指導層にはそれを受け入れてもよいという考えがあった．しかしアメリカ政府は，アメリカ単独で独自の立場を表明すべきだという国務長官ジョン・クィンジー・アダムズの主張によって，1823年モンロー大統領の議会へのメッセージ（教書）の中で，新世界の国アメリカの外交方針を大胆に表明することにした．モンローによるアメリカの原則的立場の表明はその後「モンロー・ドクトリン」（モンロー主義）と呼ばれるようになり，後の政治指導者によって繰り返し援用される文書となった．

[モンロー・ドクトリンの二つの主張]

モンローの教書には三つの主張が含まれており，一つはアメリカが旧世界の紛争には関与しないという主張であるが，これはワシントン大統領以来の方針の確認であった．新たなより重要な主張は次の二つである．一つは，西半球はヨーロッパの国による新たな植民地化に反対するという主張である．これは直接的には，当時ロシアと交渉中だったロシア領アラスカからのロシア勢力の南下問題に関連して表明されたもので，アメリカ自身の太平洋岸への進出の狙いと関わりがあった．このモンローの主張には，ヨーロッパ諸国がアメリカ自身の西半球での膨張を阻むことに反対するという含意があり，その含意は後に1840年代にポーク大統領により明示されるのである．

他の一つは，ヨーロッパ諸国はすでに独立した新世界の国々に干渉すべきではなく，旧世界の政治体制を新世界に広げようとする試みはアメリカに対する非友好的態度と見なすという主張である．この主張は新世界の独立した共和国とともに旧世界から独立的な国際社会を形成するというビジョンを伴っていた．これは後のパン・アメリカニズムに繋がるものであるが，20世紀のパン・アメリカニズムがそうであったように，アメリカが西半球の秩序形成の主導者であるという覇権主義を含意していた．ただし西半球におけるアメリカの覇権を主張するのは19世紀末から20世紀始めの時期であり，そのときにはモンロ

ー・ドクトリンがその根拠として引き合いに出されるのである〔中嶋 2002〕．

[七月革命とその波紋]

　フランスで復活したブルボン王政は1820年代後半シャルル10世の下で反動化したため，国民の間に不満が高まり，30年に七月革命が起こった．この革命はシャルル10世が亡命し，ブルボンの分家オルレアン家のルイ－フィリップが「フランス人の王」として王位に就くことで収拾された（「七月王政」）．この革命はヨーロッパの他の国における現状変革への動きに点火し，オランダとポーランドで革命が起こった．

　ネーデルラントの南部は，北部がオランダとして独立してからも，長くスペインあるいはオーストリアのハプスブルク家の支配下にあり，1815年にオランダ王国に統合された地方である．住民はフラマン系（オランダ語）とワロン系（フランス語）に分かれていたが，ともにカトリックであり，プロテスタントの多いオランダとは異なっていた．彼らはともにオランダ王の統治に不満をもち，30年にオランダ軍を追放して，ベルギーとして独立を宣言した．オランダ王は統治回復のため，諸国の君主に援助を求め，ロシア，プロイセンは軍事干渉に関心を示した．

　ブルジョワ階級に支持された穏健なルイ－フィリップがフランス王になったことは，イギリスには外交上，好都合であった．大国の軍事干渉に反対し穏便な解決を望むルイ－フィリップの協力を得て，イギリスは事態の収拾のため大国の会議をロンドンで開くことを提案し，この問題に決着をつけた．この会議では，ベルギーを永世中立国とし，その地位を大国が共同で保証することなどが合意された．オランダ王は不満ながらこの合意を受け入れざるを得なかった．イギリスはベルギーが他の国の影響の下に置かれることを長期的に防ぐという意味で，最善の結果を得たのである．

　東方の大国がベルギーへの軍事干渉を思い止まった理由の一つはポーランドの独立運動であった．ロシア帝国内ではポーランド人は1815年以来，かなりの自治権を認められていたが，完全独立を求めて革命を起こした．しかし独立運動は外からの援助がない限り成功の可能性はなく，31年に抑圧され，より厳しい支配を受けることになった．イタリア，ドイツでも，大きな動乱はなく

1815年体制が維持された〔Schroeder 1994〕.

7 — 18世紀末前後のアフリカとアジア

[大西洋奴隷貿易禁止への動き]

　ナポレオン時代にエジプトは英仏両国の争いの場となった．ナポレオンは1798年のエジプト遠征の翌年に本国に戻ったが，フランス軍はエジプトに留まっていたので，イギリスはエジプトを攻め，1801年にフランス軍を撤退させた．イギリスはナポレオンの勢力をエジプトから排除したが，この時期にイギリスが確保しようとしたのはアフリカ南端のオランダ領ケープ植民地であった．イギリスにとってエジプトもケープもインドへの道としての意義があったが，当時はケープ植民地の戦略的重要性が勝っていた．王政復古後のフランスは地中海対岸のアルジェリアを植民地化したが，イギリスはイギリスの利益を脅かさない範囲でのフランスの海外進出には寛容であった．

　環大西洋圏革命の時代には，欧米諸国で人権思想の発達に伴い，大西洋奴隷貿易への反対が強まり，その貿易は衰退した．奴隷制度自体の廃止の動きも生じたけれども，基本的人権の平等を宣言したアメリカ合衆国では奴隷制度の廃止は北部で漸進的に実現したに留まり，南部では存続し拡大した．同じく人権の平等を宣言したフランスでも植民地の奴隷制度は1794年の国民公会の決議により一旦廃止されたものの，ナポレオンにより1802年に復活し，48年の二月革命まで存続した．イギリスは奴隷貿易禁止では先導国であったが，奴隷制度の廃止はイギリス領西インド諸島のプランターたちの猛反対に遭って難航した．早期解放を要求する奴隷の暴動がジャマイカで起こったことに促されて，第一次選挙法改正（1832年）後のイギリス議会は33年に奴隷廃止法を制定し，それにより翌年西インド諸島の75万人の奴隷が解放された*．20年代にスペインから独立したラテンアメリカの幾つかの国は奴隷制度の廃止を決めた．

　　＊　奴隷所有者には本国政府から償金が支払われた．またこの法律は，解放された奴隷に旧所有者の下で数年間徒弟として働くことを課した．これはプランターを宥和するためであるとともに，奴隷解放後も西インド諸島のプランテーション制度が維持されるようにするためであった．アフリカのイギリスの勢力圏

における奴隷制度は多くの地域で事実上容認され、一部では1920年代まで存続した〔Porter 1999（Heuman）〕．

奴隷貿易の禁止はより広い支持を得た．アメリカは独立後，自国商人が海外で奴隷貿易を行うことを禁止し，1807年に翌年からの奴隷輸入の禁止を決めた．ヨーロッパの国では，デンマークが逸早く02年に奴隷貿易を禁止した．18世紀に最大の奴隷貿易国となったイギリスでは，有力な奴隷制度廃止団体が組織され，奴隷貿易禁止の世論を高めたので，イギリスは07年の法律により奴隷貿易を禁止し，禁止の国際化に努力し始めた．15年のウィーン会議でイギリスは奴隷貿易の禁止と海軍による国際的取締りを提案したが，奴隷貿易の禁止について原則的に合意されただけで，実行は各国の問題とされた．同年フランスはイギリスの圧力をうけて奴隷貿易禁止令を出したが，励行には消極的であった．

イギリスは1817年にポルトガル，スペインとの間に，赤道以北の奴隷貿易を禁止し，海軍による相手国商船の臨検を認める条約を結び，20年にスペインから奴隷貿易全面禁止の約束を得た．イギリスは18年オランダとも奴隷貿易の相互取締りに関する条約を結んだ．フランスも「七月王政」成立後は奴隷貿易取締り問題でイギリスに歩調を合わせるようになり，42年にロンドン条約により奴隷貿易の禁止に関する五大国の合意が成立した．イギリスは独立したブラジルに奴隷貿易を禁止するよう圧力をかけ続け，ブラジルはようやく50年にそれに応じた．密貿易はある程度行われたが，大西洋奴隷貿易は19世紀前半に下火になった．イギリスが東アフリカでの奴隷狩りとザンジバルを拠点に行われていたインド洋奴隷貿易の取締りに力を入れるのは19世紀後半である〔Porter 1999（Porter）〕．

［インドでのイギリスの勢力強化］

イギリスが19世紀始めまでにインドに大きな植民地を築くことができたのは，インドが強力な国家をもたず，政治的混乱状態にあったためである．ムガル帝国は17世紀から衰退し，インド北部の領域内でも支配力を失いつつあった．中央インドはマラーター同盟の諸君主が支配し，南部には君主国が乱立していた．勢力を争う君主たちはイギリス東インド会社の助けを借りようとした

ので,それに乗じて勢力を伸ばすことは容易であった.東インド会社が1757年にベンガルを実質的に支配下においてからは,その支配の拡張を阻止する勢力はインドにはなかった.領域内での統治能力を失っていたムガルの皇帝は献金を受け取って,その見返りに領域内の徴税権や行政権を会社に与えた.会社は19世紀初頭までにガンジス川流域の主要部分を支配し,マラーター同盟に対しては1818年に決定的勝利を収めて,その領土を支配下に入れた.イギリスの東インド会社はイギリスのインド貿易を行うだけでなく,独自の軍隊をもって戦い,多数の人民と広大な領土を支配して政治外交を行う主体であり,まさしく「帝国内の帝国」であった.

 強大な権力をもつこの会社も常に経営が順調だったわけではなく,1770年代初頭ベンガルの飢饉のため収益が激減し,会社の株も暴落したときには,本国政府の援助を求めた.イギリスが会社を助けるために茶法を制定したことが,北アメリカ植民地で新たな課税政策として反発を招き「ボストン茶会事件」を引き起こした.当時東インド会社は中国茶をイギリスおよび植民地に輸入する独占権をもっていた.インドでの茶の生産が本格化するのは19世紀後半になってからである.

 環大西洋圏革命の時代にイギリスで人権思想が広まるにつれて,東インド会社の総督たちの略奪的な蓄財や横暴で苛酷な統治に国内で批判が高まった.東インド会社の支配地をイギリス政府の直接統治に移す案は,東インド会社の政治力によって阻まれたが,イギリス議会は会社のインド統治に条件を課し,会社による苛酷な専制政治をより啓蒙的な専制政治に変えることを目指した〔James 1997〕.

[西洋諸国と中国および日本との貿易]

 イギリスはナポレオン戦争の間にマラッカ海峡など東南アジアの海域の制海権を握り,中国との広東貿易においても,イギリスが他の西洋諸国を凌いだ.イギリス東インド会社が本国との貿易について独占権をもっていたが,南アジア—東南アジア—中国の間のアジア地域貿易には他のイギリス商人が参入し,広東貿易の大きな分け前を得ていた.清帝国は税収増加への関心から,本来の朝貢貿易以外の貿易が増大することを容認した.ロシアとも北の境界で貿易を

行うことを認め，朝鮮とも国境で朝貢以外の貿易を行うようになった．しかし清帝国はもちろん旧来の対外関係を変える考えはなく，イギリスは1793年と1816年に使節を北京に送り，西洋的な外交関係の樹立とより自由な貿易とを希望したが，前向きの返事は得られなかった．

　他方，日本は長崎貿易をオランダ船と中国船に限っていた．長崎に入港する中国船は海禁解除後に急増したので，1689年から70隻に，後には30隻に制限された．他方，オランダ貿易に対する規制は次第に強化され，17世紀半ばには年平均7隻入港していたオランダ船は，18世紀初頭からは年2隻，後には1隻に制限された〔国史大辞典2，10〕＊．オランダ東インド会社もイギリスの東インド会社と同じく，単なる貿易会社ではなく，ジャワなどで軍事力をもって支配地を広げたが，軍事経費の増大，ヨーロッパの戦争に伴う貿易の困難，香辛料貿易の価値の低下，イギリスによる攻撃などのため経営不振に陥り，1799年に解散し，その業務は長崎貿易を含めて，オランダ政府が設けた委員会に引き継がれた．

　　＊　幕府が長崎貿易に対する制限を強化したのは，日本側に輸出物資が乏しく，貿易により大量の銀，金，銅が流出したためである．

　オランダはフランス革命以来のヨーロッパの動乱の中で翻弄された．オランダは1794年から95年にかけてフランス軍の侵攻を受けてバタヴィア共和国となり，ナポレオン時代の1806年にはナポレオンの弟を王とするオランダ王国となり10年にはフランス帝国に併合された．その間イギリスはオランダの貿易と植民地を攻撃し11年にはジャワを占領した．この動乱期にオランダは長崎貿易を平常通りには続けられず，何回か中立国のアメリカ船を雇って長崎に送った．13年，14年には，イギリス占領下のバタヴィアからイギリス船がオランダ国旗を掲げて長崎に入港し，オランダ商館の計らいでオランダ船として長崎当局に受け入れられたこともあった．ヨーロッパの平和回復とともにイギリスはジャワをオランダに返還したので，オランダ貿易はようやく正常化した〔金井 1986；佐藤 1980〕．19世紀前半には，オランダ以外の外国船がしきりに日本近海に出没しはじめたので，幕府も海外情報の収集により積極的となり，有識者の間に鎖国泰平の世は終わりに近づいているという認識が生じる．

第Ⅲ章

イギリスの経済的優越と新たな国民国家の登場

ヴィクトリア女王（1838年）
© AKG／写真提供：PPS通信社

19世紀半ば約30年の国際関係には幾つかの特徴がある．第一は，イギリスの経済的優越である．イギリスは世界第一の工業国，海運貿易と国際金融における世界の中心国であり，世界に広がる植民地と貿易を護るための強力な艦隊を擁していた．イギリスは自ら自由貿易主義をとるとともに，他の国々の同調を得て自由貿易主義に基づく国際貿易秩序を形成した．卓越した経済力と海軍力をもつイギリスの国際的影響力は大きく，この時代は「パクス・ブリタニカ」（イギリスの力によって維持される平和）の時代とも言われる．

第二の特徴は，1848年の革命が挫折してから，ヨーロッパにおける革命の機運は盛り上がらず，むしろ1815年以来なかったヨーロッパ大国間の戦争がいくつか起こったことである．それらの戦争によって，ヨーロッパの政治地図はウィーン体

制時代のそれとは様変わりし、ヨーロッパ大国間の勢力関係も大きく変化することになる。イギリスはロシアに対してオスマン帝国の独立を擁護するためにクリミア戦争を戦ったが、その後のヨーロッパ大陸の戦争には介入せず、世界帝国としての地位とは裏腹に、ヨーロッパ大陸の国際政治へのイギリスの関与は目立たないものになった。

第三の特徴は、オスマン帝国と清帝国の衰退である。それら帝国がともに西洋列強の干渉に晒されながら存続した一つの理由は、イギリスがそれらを存続させる方針をとったからである。両帝国とも近代化による退勢挽回の試みは成功せず、アジアでは、19世紀半ばに西洋諸国の圧力をうけて開国した日本のみが明治維新という革命を行い、新たな中央集権体制のもとで近代化を推進し、発展への基盤を作ることに成功した。

この時期には日本における明治維新のほか、アメリカ合衆国の内戦と再統合、イタリア王国とドイツ帝国の成立など新たな国民国家の形成があり、これら諸国が帝国主義時代の国際政治に大国として登場する準備を整えるのが第四の特色である。

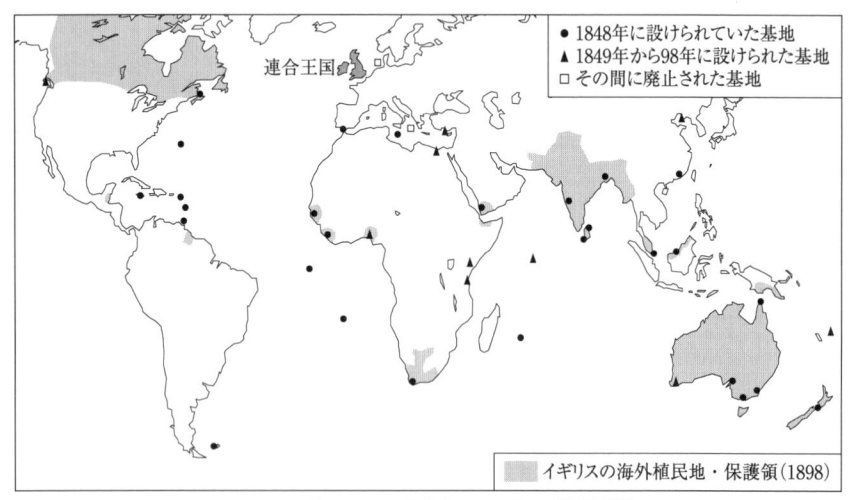

パクス・ブリタニカを支えたイギリス海軍基地
Porter 1999, p. 321 の地図を基に作成.

1 ―「パクス・ブリタニカ」

[イギリスの工業の優越と自由貿易主義]

　19世紀半ばのイギリスは工業・貿易・国際金融において他国を凌駕し，世界経済の中心国であった．イギリスの繊維産業は18世紀には羊毛を原料とする毛織物産業が主であったが，18世紀末までには綿工業の機械化が進み，主としてアメリカ合衆国南部から輸入される原綿を原料として，綿工業がイギリスの主力産業に成長した．しかし19世紀の産業先進国の技術文化の特色は，鉄道に代表される鉄の利用の増大である．イギリスは世紀半ばには鉄の生産で他国を引き離し，鋼の生産法の開発にも先鞭をつけ，鉄鋼産業の発展でも世界をリードした．19世紀はまた石炭の世紀でもあり，石炭は発展する鉄工業の溶鉱炉で使用され，また鉄道の蒸気機関車および船舶の蒸気機関の燃料，工業用機械の動力源となった．イギリスは石炭の豊富な埋蔵量をもち，最大の石炭生産国として国内需要を賄ったばかりでなく外国にも輸出した．歴史学者ホブズボウムは19世紀半ばのイギリスが石炭では世界の生産量の3分の2，鉄では2分の1，鋼では7分の5，綿製品では2分の1，金物類では5分の2を生産していたと推定し，それゆえ当時のイギリスは「世界の工場」と呼んでもよい地位を占めていたと述べている〔Hobsbawm 1996〕．

　工業における優位を確立し，工業の優位を背景に貿易を拡大したイギリスは，自由貿易体制への転換を推進した．国内産穀物の価格を維持するための1815年制定の穀物法は46年に廃止された．航海と貿易に関する諸法による通商規制は40年代に全面的に撤廃され，全般的な関税引き下げも実施された．イギリスは29年にカトリック教徒の参政権と公職就任権を認め，32年には第一次選挙法改正により新興都市の発達に合わせて選挙区の再配分を行い，都市有権者の層を拡大して政治体制への不満を緩和した．その後もチャーティスト運動が暴発したことはあったが，50年代以降は国民諸階層の個人所得が増大したので，イギリスは国内の社会的安定にも恵まれ発展した．

[世界経済の中心国としてのイギリス]

　イギリスの工業の発展はかなりの部分を海外市場の拡大に負っていた．綿工業の場合その傾向は顕著であり，1859-61年を例にとれば，綿製品生産総額7700万ポンドの約64％を輸出していた．鉄工業はまず国内需要に応えて発達したが，48年には生産総額の約3分の1は輸出されていた．60年のイギリスの輸出は綿製品を筆頭として，毛織製品，綿・毛織物の生地，鉄製品の順であり，工業製品が大部分を占め，他方，輸入では原綿，とうもろこしなどが上位にあり，原料と食料とが大部分を占めた．注目すべきことは，この国の商品輸入がつねに輸出を上回ったことである．イギリスは大輸出国である以上に大輸入国として，国際経済と自国経済とを結び付けた．イギリスは海運業，貿易業務の代行，海上保険業，海外投資利益など貿易外収入によって貿易赤字を補い，新たな投資のための資金をえることができた．

　自由貿易政策は，金融・貿易業界との結び付きを強めた土地貴族を主力とするこの時代の指導層によって，1840年代に採用されて定着した．50年代にはオランダはイギリスに倣って自国の穀物法と航海法を廃止して自由貿易を採用した．その他のヨーロッパ諸国でも保護主義は緩和された．ドイツ諸邦の関税同盟は工業製品関税を引き下げ，フランス，スイス，ベルギー，イタリアとスカンディナヴィア諸国も関税を引き下げ，最も保護的なロシアも関税を引き下げた．アメリカでも関税はそれまでの最も低い水準に引き下げられた．ナポレオン3世は英仏の貿易自由化論者に説得され，60年にイギリスとの貿易を大幅に自由化する条約を結んだ．そのころにはイギリスを中心とした国際経済が自由貿易に近づいているように見えた〔竹内 1990〕．

　自由貿易主義の信奉者たちは自由貿易が国際的に広がれば平和的国際関係が発展すると考えたが，卓越した海軍力の維持をイギリスの国益上の必要と見なすことはイギリス世論の一致した立場であった．19世紀半ばは蒸気船の発達期，軍艦の装甲化の時代であり，イギリスはフランスの造艦技術に脅威を感じたときもあったが，卓越した工業力と一貫した海軍重視の国策により，優越した海軍力を維持し続け，それによって海洋秩序の主要な形成者，維持者としての役割を果たした．

［パクス・ブリタニカと多極的勢力均衡］

　パクス・ブリタニカすなわち「イギリスによる平和」とは，主としてイギリスの優越した力によって国際経済秩序と海洋秩序とが形成・維持され，イギリスの世界的影響力が目立った状況を意味する言葉である．イギリスは経済力と海軍力とによって，ヨーロッパの国際政治に影響を及ぼしたし，時にはクリミア戦争の場合のように，かなりの規模の陸軍を遠方に派遣することも可能であった．しかしイギリスの陸軍力には限界があったから，ヨーロッパ大陸の国際政治においては，イギリスは他の諸大国とともに多極的な勢力関係を形成する一国にすぎず，とくに優越した立場にはなかった．島嶼海洋国家であるイギリスのヨーロッパ意識が微妙であったことも，この時代の大陸の問題への関与を限定する傾向を助長した〔細谷 2009（細谷，君塚）〕．

　ナポレオン戦争後の19世紀の世界には「イギリスによる平和」というべき面とともに，ヨーロッパにおける「多極的勢力均衡」という面も同時に存在していた．ヨーロッパの外におけるイギリスの立場への潜在的挑戦者であるフランスやロシアが大陸政治に深く関わり，ヨーロッパの外に大きな力を割けないことが，イギリスにとっての利点であった．大きな陸軍をもたないイギリスは，ヨーロッパ大陸でも，また海外でも，大陸国家に対抗する力に限界があった．北米ではアメリカ合衆国の発展とともに同国からカナダを防衛することが困難になったから，イギリスは北米の問題ではアメリカとの敵対を避けて慎重に行動した．またアジアでは，海軍力によって阻止できないロシアの南下政策は脅威と感じられた．イギリスがインドのような巨大な植民地を支配できたのは，インドに統一国家がなく，インド人傭兵を統治の拡大と維持に利用できたからであり，その傭兵の反乱によってインド支配が一時危機に陥ったこともあった．それゆえ「パクス・ブリタニカ」というほどイギリスは強力ではなく，この表現は誇張であるともいえる〔Chamberlain 1988〕．

［「自由貿易の帝国主義」］

　19世紀半ばのイギリスでは，自由貿易主義の下ではイギリスは新たに植民地を必要とせず，定住植民地（土着の先住民が少なく本国からの入植者が多数を占める植民地）を本国が支配下におく必要はないという考えが台頭した．し

かしそれは「小イギリス主義」を意味しない．イギリスはラテンアメリカ諸国，オスマン帝国，中華帝国などを独立国のまま自由貿易システムのなかに取り込もうとしていたので，そのためにはそれらの国々への政治的介入が必要であった．またイギリスにとってインド支配は重要であり，カナダやオーストラリアなどの定住植民地との政治的関係も，大幅な自治を認め緩やかな連帯を維持する方向で維持しようとした〔Porter 1999 (Porter)〕．イギリスの経済史学者ギャラハーとロビンソンにならって，それを「自由貿易の帝国主義」とよぶことができる〔Louis 1976 (Gallagher & Robinson)；竹内 1990〕．

彼らが指摘するように，イギリスは自由貿易主義に転じた時期にも，植民地を拡げていた．とくに1840年代には，イギリスはアフリカでゴールドコースト，ナタルなど幾つか植民地を獲得し，インドでもパンジャーブに領土を広げ，中国から香港を獲得し，南太平洋ではニュージーランドを併合し，北米ではオレゴン地方北半分の領有を確定するなど，植民地の拡張が目立った．しかしその後の20年間はアジアでビルマ南部，アフリカのシエラレオネ，ラゴスなどを新たに領有したのみで，植民地の拡張はあまり目立たない．この時期には新たな植民地獲得の意欲が鈍っていたことは確かである．

2 ─ アヘン戦争とアメリカ-メキシコ戦争

［イギリスのアジア貿易自由化］

イギリスで自由貿易論が高まるにつれて，アジア貿易を独占してきた東インド会社の特権は，綿製品など工業製品の輸出を阻害しているとして，非難されるようになった．イギリス議会は1813年に同社のインドとイギリスとの間の貿易独占権を廃止し，23年シンガポールを自由港として東南アジア貿易の独占を廃止し，さらに第一次選挙法改正後の33年の法律で，翌年から同社の中国貿易と茶貿易の独占を廃止するに至った．

広東貿易を独占していた当時，東インド会社は茶貿易を自らの手で行い，他の商品の貿易についてのみ，会社が免許を与えたカントリー・トレイダー（インドに本拠をおく商人）の参入を認めていた．アメリカ独立戦争後，イギリス政府が高額の茶税を大幅に引き下げたため，茶の需要が急増し，東インド会社

の中国茶の輸入も増大した．その結果，会社の中国貿易が大幅に入超になったので，同社はインドのアヘン生産を奨励して中国に輸出した．1796年に中国政府がアヘン輸入を禁止したので，東インド会社もアヘン貿易を一応自粛し，それをカントリー・トレイダーに委ね，アヘン密貿易は彼らと中国側アヘン商人との間で，中国官憲に賄賂を支払うことにより，事実上公然と行われた．そのため1820年代には東インド会社の中国貿易よりもカントリー・トレイダーの貿易の方が大きくなった．14年以降，イギリスの綿製品のインドへの流入が増え，他方インドの綿製品輸出は低落したので，インドは収支を償うためにますます中国や東南アジアなどへのアヘン輸出に頼り，それは30・40年代にはインドの輸出の40％を越えたこともあった〔Blake 1999〕．

　アヘンは中国やアジア諸国で薬として珍重されたが，中国では輸入が増えるにつれ，快楽をえるために吸引する風習が広がり，それがさらなる輸入拡大を促した．清政府は役人や軍人の間にアヘン吸引が広がったことをとくに憂慮した．また1826年以降アヘン輸入増大のため外国貿易は輸入超過になり，銀が国外に流出するようになったこともあって，清政府はアヘン密貿易対策を迫られた．政府内には公認による規制の強化と厳しい禁止措置との両論があったが，30年代後半に後者が勝利を占めた．政府は有力な厳禁論者林則徐を欽差大臣（地方で対外問題を扱う高官）に任命して広州に派遣し，その取締りに当たらせた．彼は強硬手段で中国側のアヘン販売組織の壊滅を図るとともに，外国商人に保管中のアヘンの提出とアヘン貿易からの撤退の誓約を求め，外国商館地域を封鎖して圧力をかけた．広州の官憲がそのような行動に出たとき，イギリス人が中国人を殺害する事件が起こり，イギリス側がその犯人の引き渡しを拒否したため，39年9月に香港近辺で英中の武力衝突が生じた．これがアヘン戦争の発端である〔坂野1973〕．

[アヘン戦争と南京条約]

　かねてから，清帝国の閉鎖的な貿易政策に不満を抱いていたイギリス外相パーマストンは，この機会に有力な遠征軍を派遣して，清帝国に貿易上の門戸開放と西洋方式の外交関係の樹立とを認めさせ，また香港島の割譲および償金等を獲得しようとした．イギリス議会にはアヘン密貿易に対する批判があったも

のの，内閣の強硬政策が支持された．1841 年にイギリス軍は中国沿岸や長江（「揚子江」とも呼ばれた）沿いの要衝を次々に攻略して，南京に迫った．イギリスは大砲を搭載して河川を溯航できる蒸気艦，いわゆる砲艦(ガンボート)を開発したことで，その武力を長江沿岸の内陸部にまで及ぼすことができるようになったのである．中国側もついに和を求め，42 年 8 月に南京条約が調印された．その内容は広州を含め 5 港の貿易港（条約港）としての開放，特許商人による貿易独占の廃止，公平な輸入関税，領事の 5 港駐在，軍艦の 5 港への配置，外交文書形式の対等化，償金の支払い，香港の割譲などを骨子とするものであった．その後数年の間に締結された補足的な条約や協定により，輸入関税は価格の 5％とすることが合意され（協定関税制度），イギリス人への領事裁判権（外国人の治外法権）および最恵国待遇の供与が規定された．この時期の英清間の条約や協定はアヘンには言及しなかった．アヘンの密貿易は依然として続けられた．中国側も長江河口以南の開港場では一定のルールの下で公然と密貿易が行われることを容認していた〔坂野 1973〕．

　広東貿易に参加していたアメリカとフランスも 1844 年に使節を派遣して中国に条約締結を求め，それぞれの条約の最恵国条項により，両国ともイギリスが得たのと同じ権利を得た．従来，中華帝国は朝貢―冊封関係を帝国の正常な対外関係とみなしてきたが，西洋諸国との関係のあり方は条約により定めることになった．近隣諸国との朝貢関係は存続するが，以後中国は西洋主導の「条約体制」の中に組み込まれていくのである．

［太平洋岸へのアメリカの領土拡張］

　中国が外国貿易に門戸を開放した直後，アメリカは領土を太平洋岸にまで拡大した．1840 年代後半はアメリカの領土の大拡張期で，この大陸に膨張し，そこにアメリカの政治制度を広げて行くことがアメリカ人の明白な運命であるという「マニフェスト・デスティニー」論が盛んに唱えられたが，そのような膨張主義はすでに 40 年代始めから目立っていた．

　アメリカ南部からメキシコ領のテキサスに移住した入植者たちが，奴隷所有の問題でメキシコ政府と対立し，1836 年メキシコ軍を撃退して独立を宣言した．彼らはアメリカとの合併を申し出たが，アメリカはすぐには応じなかった．

北部の政治家にはテキサス人が奴隷制度を保持することを好まない者が多かったからである。イギリスはテキサスを将来有望な綿の供給地と考え，またアメリカに対する勢力均衡のためにも独立国としての発展に好意をもっていた。アメリカのテキサス併合推進派は 45 年始め，イギリスのテキサス接近を防ごうとして併合を急ぎ，テキサスを一つの州として連邦に受け入れるという連邦議会の決議により，併合を実現した。ポーク大統領は同年末に議会あて教書のなかで，モンロー・ドクトリンを引証して「この大陸の人民のみが彼らの運命を決定する権利をもつ」と述べ，ヨーロッパの国にはこの大陸の勢力均衡のためと称して合衆国と他国との合邦問題に介入する権利はない，ヨーロッパの国が北米大陸に新たな支配地を獲得することは認められないと主張した〔Perkins 1965〕。

翌 1846 年 6 月にアメリカは，それまで英米の共同統治地域となっていたオレゴン地方を今日の国境線に沿って折半することでイギリスと合意した。44 年の大統領選挙戦で，民主党の大統領候補としてポークはオレゴン全域の領有のためには戦争も辞さないという強硬な主張を掲げたが，大統領就任後の彼は外交的な解決を望み，上院と協議してオレゴン地方を北緯 49 度線で折半するというイギリスの妥協案を受諾した。ポークがイギリスと妥協したのは，メキシコから広大な領土を入手するという狙いをもって，すでに 46 年 5 月にメキシコとの戦争に突入していたからである。

その前年 1845 年にメキシコはテキサス併合に抗議してアメリカとの外交関係を断絶したが，やがてテキサスの境界線を定める交渉を始めることに同意した。しかしポーク政権はテキサスの境界を南西に広く押し広げるだけでなく，さらにニューメキシコ（ヌエバメヒコ），カリフォルニア両地方を金銭的補償によって獲得することを狙い，そのための交渉使節を派遣した。メキシコが両地方の譲渡交渉を含めた交渉を拒否すると，アメリカはテキサスの境界線を巡る係争地域で発生した軍事衝突を理由に，46 年 5 月メキシコに宣戦した。

アメリカ軍は 1847 年にはメキシコの首都メキシコ市まで進撃した。軍事行動の拡大とともに，アメリカ国内には全領土併合論も登場したが，概してアメリカ人は人種的に白人とはいえない多数の住民を国内に取り込むことを好まず，カリフォルニアなど北部地方のみの併合を望んだ。翌年のグアダルーペ・イダ

ルゴ条約により,アメリカはカリフォルニア(金が発見されるのは併合直後である),ニューメキシコ地方を獲得し,リオグランデをテキサスとの境界線とすることをメキシコに認めさせ,その代償として1500万ドルを支払った.このようにしてアメリカは19世紀半ばまでにアラスカ,ハワイを除く48州に相当する領土のほぼ全域を獲得し,大西洋から太平洋に達する広大な領土をもつ国となった〔Schoultz 1998〕.

この時期には,北アメリカにおけるアメリカの領土拡張への反対を排除する論拠としてモンロー・ドクトリンが用いられたが,アメリカは他方ではイギリスの力には敬意をもっていたから,オレゴン問題で妥協的な解決に同意し,将来建設されるべき中央アメリカ地峡横断運河についても,その中立化と使用権の平等とを定めた米英条約を1850年に結んだ.また,イギリスは南米のアルゼンチンとウルグアイの紛争に際して,1845年から数年間,フランスとともにウルグアイに派兵したが,アメリカからの強い反対はなかった.当時アメリカ政府は自国に隣接する地域での領土獲得に関心を集中していたからである.

3 ― 1848年の革命とフランス第二帝政

[二月革命とその保守化]

19世紀前半,イギリスが内政改革によって政治的安定を維持したのに対して,大陸諸国は1815年以後も動揺を繰り返した.再建された権威主義体制は自由主義,共和主義,国民主義への願望を完全に封じ込めることができなかったから,それはしばしば革命運動となって噴出した.フランスでは復活したブルボン王政の権威主義体制はすでに30年の七月革命によって崩壊し,「ブルジョワの王」ともよばれたルイ・フィリップの七月王政が出現していたが,その王政も40年代後半にはギゾー首相の下で権威主義に傾いた.48年の二月革命は七月王政を支持してきたブルジョワ階級の中から起こった改革運動が発端である.彼らがパリで大衆集会を開いて政府に圧力をかけようとしたことが,当時の経済危機に生活を脅かされていたパリの民衆に暴動を起こすきっかけを与え,事態は穏健な改革派の思惑を越えて革命運動に発展した.ルイ・フィリップが孫に王位を譲ってイギリスに亡命すると,共和主義者が臨時政府を組織し

た．

　中欧ではフランスの二月革命の前からスイスの内乱と自由主義者の勝利，ポーランド人の独立運動，両シチリア王国（南イタリアとシチリアとを領土とする国）での革命運動などの事件が起こっていたが，二月革命に触発されて，その他の国々でも革命運動が起こった．フランスの革命支持者の間には国外の革命派への共感と連帯の願望があったが，臨時政府は国際内戦を誘発することを避けようとした．穏健共和派の外相ラマルティーヌは3月の声明で，革命政府が求めるものは平和であり，近隣諸国の革命に他国が干渉しない限り，フランスも干渉しないことを声明し，君主政と共和政とは「互いに理解と尊敬とをもって相接しうる」と述べて，君主政諸国との共存への希望を表明した〔岡 2009〕．

　男子普通選挙制度による国民議会の選挙では，地方の小農民は穏健な共和派の候補者を支持し，彼らが多数を占める議会が成立した．1848年6月に起こったパリの民衆の反乱が政府軍に鎮圧され，これを転機にフランスの革命は保守化へと向かった．国民議会は憲法制定に際して，普通選挙で国民から選ばれるアメリカ型の大統領制を採用した．12月の大統領選挙で圧倒的多数で当選したのは，ナポレオンの甥ルイ・ナポレオン・ボナパルト（後のナポレオン3世）であった．彼は急進的革命を恐れるブルジョワや保守的な農民を基盤として，ナポレオン時代のフランスの栄光への国民的な郷愁にも訴えて広い支持を集めた．彼は皇帝ナポレオンの後継者をもって任じ，共和主義憲法には忠誠心をもっていなかった．彼は51年に反対派議員を逮捕して独裁的権力を握り，翌年の国民投票により皇帝の称号を獲得した（第二帝政）．フランスは半世紀前の革命の場合と同じく，王政から共和政へ，そして帝政へと帰着するのである．ただし第二帝政後半期には次第に自由主義的改革を導入した．

［オーストリアとイタリアにおける革命と反革命］

　フランスの革命が保守化に向かったのと同じ1848年6月には，オーストリアでは旧体制派が退勢を挽回しつつあった．オーストリアではフランスの革命に刺激されて，3月に諸地域で革命運動が起こり，首都ウィーンでも自由主義者の運動が軍隊と衝突した．オーストリア皇帝は譲歩によって事態を収拾しよ

うとし，首相メッテルニヒを辞任させた．皇帝はウィーンでは憲法制定を約束し，マジャル人（ハンガリー人）にはハンガリー自治政府の樹立を承認した．オーストリア統治下にあるイタリア北東部のロンバルディア-ヴェネツィア地方でも革命が起こり，立憲政治に先鞭をつけた隣国サルデーニャ王国との統合を望んだ．サルデーニャ王カルロ・アルベルトは援助の呼びかけに応じてオーストリアに宣戦した．イタリアの他の国々にも革命が起こり，革命派はサルデーニャの対オーストリア戦争を支持した．

しかしオーストリア皇帝の軍は6月ボヘミアを制圧し，翌月ロンバルディアでサルデーニャ軍に大勝し，オーストリアの反革命派は危機を脱した．強腕の反革命派シュヴァルツェンベルクが首相となり，10月にはウィーンの自由主義者を排除して反革命派の権力を確立した．皇帝も交代して若いフランツ・ヨーゼフ1世が帝位についた．ハンガリーは革命派が支配しており，革命の指導者コシュートは共和国樹立を望んで皇帝との妥協を拒否した．マジャル人はクロアチア人には自治を拒否したため，皇帝軍はクロアチア人を味方につけた．49年マジャル人は徹底抗戦を試みたが，ロシア軍の干渉により敗北した．

その間にイタリアではローマで革命が起こり，教皇は1849年2月ローマを追われ，革命派はローマ共和国の建国を宣言した．この時期にサルデーニャ王はオーストリアとの戦争を再開したが，オーストリア軍に再び敗れた．オーストリアに先んじてローマに軍隊を送り教皇の君主権を回復させたのは，フランスであった．当時フランス共和国はすでにナポレオン政権の下にあり，彼はオーストリアのイタリア進出を封じるとともに，国内のカトリック教会勢力の支持をえることを狙う政策をとったのである．

［ドイツにおける革命と反革命］

二月革命に刺激されて，翌月ドイツ諸地方に自由主義者の改革要求運動が広まると，諸小邦の君主は彼らに譲歩して地位を保とうとした．ベルリンで民衆運動が始まると，プロイセン王フリードリヒ・ヴィルヘルム4世も軍による抑圧を避けて自由主義者の要求を入れ憲法制定に同意した．諸邦の自由主義者はまた連邦国家形成を目指してフランクフルトで国民議会を開催した．プロイセン王は一時この議会に協力する姿勢を示したが，6月以降オーストリアの状況

が変化すると，彼はプロイセン憲法制定議会を解散させ，自ら定めた憲法を公布した．彼は他の君主の領内秩序の回復のためにもプロイセン軍を提供した．

フランクフルト国民議会はドイツ連邦のための議会として機能しようとしたが，この議会が憲法論議などに時間を費やすうちに中欧の政治情勢が変わり，オーストリア皇帝のみならずプロイセン王もこの議会に冷たい態度をとるようになった．この議会で争点になった重要問題はドイツの範囲である．議会はオーストリア帝国のドイツ人地域のみを連邦に繰り入れることを決めたが，オーストリア皇帝は全領土を含めることを要求した．そのため，議会はプロイセン王にドイツ連邦皇帝への就任を要請したが，彼もその要請を拒否した．こうして国民議会は49年6月，解散に追い込まれた．プロイセン王はドイツの他の君主たちと協議して独自の連邦形成工作を試みたが，オーストリア皇帝も他の君主たちを味方につけて対抗したので，50年にはプロイセンとオーストリアとの関係が緊張した．しかしプロイセンはオーストリアとの対決を避けようとし，ドイツ連邦を1815年体制に戻すことに同意した．

[1848年の意味]

1848年の革命は，フランスでは第二のナポレオン支配を生み，中欧諸地域でも反革命の勝利に終わり，結局は挫折した．とはいえこの年の革命はヨーロッパ諸国の政治体制に一つの変化をもたらした．それはプロイセンでもオーストリアでも基本法としての憲法が制定され，ロシア以外の主要国で立憲政治が行われるようになったことである．その意味では旧体制派は自由主義者にある程度譲歩したと言える．君主が与える憲法であるにせよ，市民的自由や議会の権限が限定されているにせよ，立憲政治がヨーロッパにおける標準となった．またこの時期にベルギー，オランダ，デンマークでは波乱なく議会政治が定着し，スウェーデンも平穏にその方向に進んでいた．そして，これらの国々では王政が今日まで存続していることにも，注目すべきであろう．

マルクスとエンゲルスの『共産党宣言』が印刷に付されたのは二月革命が始まる直前であった．国家を階級支配の道具とみなし，ブルジョワ階級に対するプロレタリア階級の階級闘争の帰結として社会主義革命と国家の廃絶とを展望するこの文書は，当時のヨーロッパ大陸における国家体制と資本主義の発展段

階から見れば，政治文書としては極めて早熟な印象を与える．しかし彼らは，プロレタリア階級の急進主義に直面すれば，フランスの六月蜂起の場合のようにブルジョワ階級が保守化し国家権力支持に回るという48年の革命の帰結を予見していた．それゆえ彼らは，「祖国をもたない」プロレタリア階級のみが国際的連帯のもとに革命運動を組織できることを主張したのである〔マルクス，エンゲルス 1951〕．

1848年にはナショナリズムは概して自由主義と結び付いていたが，ナショナリズムの排他的攻撃的な面も露呈された．フランクフルト国民議会はポーランド人を排除していたし，デンマークに対しては攻撃的だった．ハンガリーのナショナリストはスラヴ民族の自治の要求には耳を貸さなかった．その意味で，マルクスとエンゲルスが革命運動の国際的連帯を強調したことは適切であった．しかしプロレタリア階級もナショナリズムから自由でありえようか．立憲政治に移行した国家は資本主義が発達するにつれ，公教育制度を整備し，社会保険制度を導入することなどによって，プロレタリア階級にも国家への帰属意識を与え，祖国を持たせようとするのである．そのような政策は徴兵制の軍隊を維持するためにも，19世紀後半の近代国家にとって望ましいものであった．

1815年の政治地図は，48年革命の危機を乗り越えて一見変わることがなく存続した．しかしフランスに登場したナポレオン3世は1815年体制に好意をもたない君主であり，50年から71年までのヨーロッパの地図の塗り替えには，彼の外交がさまざまな形で関わっていくのである．

4 ― クリミア戦争

[クリミア戦争の勃発]

1815年以来，ヨーロッパの大国が互いに戦った最初の戦争はクリミア戦争であり，これは19世紀において繰り返しヨーロッパ大国外交の争点となった「東方問題」，すなわちオスマン帝国の衰退に伴う外交問題に関わるものであった．オスマンの衰退に乗じて勢力を拡大しようとするロシアに対して，地中海，西アジア，インドにおける自国の勢力を守ろうとするイギリスが対抗者の立場に立っていた．この戦争はこの両者の対抗の図式の繰り返しであるが，戦争に

きっかけを作ったのはフランスのナポレオン3世であった。彼の対外政策は，海外でカトリック教会を擁護することで国内の教会勢力の支持をえることと，ヨーロッパにおける民族運動に好意を示しつつウィーン体制の国境の枠組を変えることを狙ったことが特色である。彼は前者の狙いをもって，聖地エルサレムにおけるカトリック教徒の立場を強めようとして，51年オスマンのスルタンにエルサレムのカトリック保護を要求し，翌年スルタンからその承認を得た。

　他方，東方正教徒の擁護者をもって任ずるロシア皇帝ニコライ1世は，エルサレムにおける東方正教徒の立場を擁護するのみならず，これを機会に軍事的外交的にオスマン帝国に圧力をかけ，この国におけるロシアの優位を確立しようとした。これに対しオスマンのスルタンは英仏の支持を頼み，1853年ロシアに宣戦した。ニコライは，イギリスやオーストリアには相応の分け前の提供を約束すれば，どちらもロシアの行動に反対すまいと楽観的に考えていた。しかしオスマン帝国の領土保全を最善とするイギリスはそれに同意せず，ロシア艦隊が黒海でオスマンの艦隊に壊滅的打撃を与えると，対抗姿勢を強め，54年3月オスマン側にたってフランスとともにロシアと戦うことになった。

　オーストリアはハンガリー革命の鎮圧でロシアには借りがあったが，バルカンでのロシアの軍事行動が両国の均衡を損なうことだけでなく，バルカン諸民族の独立願望を利用して勢力伸長を図るロシアの狙いにも脅威を感じていた。オーストリアとしては，この際ロシアと交渉して，オーストリア中立の代償として，ロシアにモルドヴァ，ワラキア両公国（現在のルーマニアの主要部分）からの撤退と，オスマンの宗主権下にある両公国の現状維持とを約束させようとした。ロシアはオーストリアとの戦争を避けるために両公国から撤兵し，オーストリア軍が一時両公国に進駐した。これでバルカンへのロシアの進出は阻まれたが，英仏はオスマン帝国に対するロシア海軍の脅威を除去するため，ロシア海軍の根拠地セヴァストーポリの攻略を目指して，さらに戦争を続けた。

[多数の犠牲者を出した戦争]

　英仏側は黒海の制海権を握り，船舶輸送により延べ20万を越える兵力を投入してロシアと戦い，激戦の末1855年9月セヴァストーポリを占領した。オーストリアは講和斡旋に動き，ロシアはセヴァストーポリ失陥後，講和条件で

譲歩をしても戦争を終結させることを望み，オーストリアが最後通牒とともに提示した講和条件を受け入れた．この年イギリス首相に就任したパーマストンはバルト海作戦によってロシアにさらなる打撃を与えることを計画していたが，ナポレオン3世の同意を得られなかったので，講和に同意した．ナポレオンはセヴァストーポリ占領によりフランスの名誉は守られたと考え，1815年体制の大きな改編についてイギリスが賛同しないのであれば，戦争を速やかに収束する方がよいと判断し，講和会議をパリに招致した〔君塚 2006；Royle 1999〕．

この戦争はナポレオン戦争と第一次世界大戦の間のヨーロッパ最大の戦争であり，戦死者の数ではアメリカの南北戦争に匹敵した．死者の数はフランス軍9.5万，トルコ軍4.5万，イギリス軍2.2万であったが，他方ロシア軍の死者は47万以上と推定され，合算するとこの戦争の死者は64万人に達した〔Baumgart 1999〕．戦場での死者よりも疫病の流行と医療体制の不備による死者が多かった．軍の病院での傷病兵の扱いの惨状がイギリスの新聞に報道されたので，イギリス政府はトルコに設けられたイギリス軍病院の看護の改善を看護の専門家ナイティンゲールに委嘱した．彼女がこの戦争中，傷病兵のための病院の衛生と看護の改善に指導力を発揮し，その後，看護婦の地位向上のために尽力したことはよく知られている．この戦争では，イギリスの例に習い，フランス，ロシアとも看護婦を戦地の病院に派遣した*．

* なお敵味方の区別なく傷病兵の治療に当たる国際組織として国際赤十字が1863年に創設され，その地位は64年のジュネーヴ条約において国際的に認知された．

[クリミア戦争の講和]

クリミア戦争の講和会議は1856年2月からパリで開かれ，講和条約は3月に調印された．ロシアはオスマン帝国内におけるキリスト教徒の保護権を放棄し，黒海の非武装中立化を甘受せざるをえなかったが，領土としてはベッサラビアの一部およびドナウ河口の領土を失っただけで，大国としての地位が揺らぐことはなかった．オスマン帝国はこの戦争による解体を免れ，その領土を保持した．イスラームの帝国は領土内のキリスト教徒にイスラーム教徒と対等の地位を認める改革を行い，それによってヨーロッパの国際法に基づく国際社会

に受け入れられた．かつてはキリスト教国の国際法の正統性を認めなかったこの帝国はそれを受容することで，自らの国際的地位を守ろうとし，ヨーロッパの主要国側もオスマン帝国をヨーロッパ国際社会に受け入れることで，衰退過程にあるこの国との関係を安定させようとしたのである．オスマン帝国はモルドヴァ，ワラキア，セルビアの諸公国に対する宗主権を保持するとともに，それら公国の地位は列強の共同保証の下に置かれることになった．またドナウ川の自由航行の確保のため国際的委員会の設立が決まった．

パリ会議は講和条約調印後，講和問題とは直接関係のない国際問題についても討議し，その席にはヨーロッパの五大国の一つであるプロイセンも参加し，戦時国際法について，いくつかの事項が確認された．しかし，1856年に成立したヨーロッパの秩序を維持しようという一致した国際的意志はなかった．フランスは56年の秩序の改編の主導者となる機会を狙い，敗者ロシアは講和の屈辱的部分を廃棄する機会を狙い，プロイセンはドイツ連邦内部での立場を強化する機会を狙った．現状維持に執着する大国はオーストリア一国であり，他の三大国は現状改変の機会を窺った．イギリスは中欧の現状改変の動きに関心を払ったが，中欧の政治に深く関わろうとはしなかった．

[スエズ運河の建設]

クリミア戦争と同じ時期の重要なできごととして，スエズ運河建設計画にも言及すべきであろう．1854年フランス人の技師で企業家だったレセップスがスエズ運河建設の権利を当時のエジプトの世襲総督から獲得した．レセップスは国際的な株式会社を組織して国際市場で広く投資家にその株を販売し，資金を調達しようとした．イギリスの資本家たちには運河建設を歓迎する向きもあったが，イギリス政府はフランス人による運河建設を好まず，イギリスの投資家たちに出資を控えるよう要望し，妨害工作を試みた．しかし，エジプトに名目的な宗主権をもつオスマン帝国のスルタンもレセップスの計画を認めたので，十分な資金が集まり，運河は69年に開通した．

フランスの投資家の出資が一番多かったので，会社の経営権はフランス人が握った．ナポレオンは当初，イギリスを刺激することを警戒し，運河問題への直接的関与を避けたが，運河会社の株式の購入者は主としてフランス人だった

から，彼はフランスの威信を高めるものとして運河開通を歓迎し，開通式には皇后が出席した．運河開通が確実になったとき，イギリス政府はフランスが運河を政治的に利用しないよう求めて，現実を受け入れざるをえなかった．イギリスが巻き返しに出るのは後年のことである．

5 ― 日本の開国と英仏対中国の戦争

［アメリカ艦隊の来航と開国の決断］

　1853年にオスマン帝国の問題で英仏両国とロシアとの間の緊張が高まってからは，これら諸国は東アジアに有力な艦隊を派遣できなかったし，東アジアにいる軍艦は互いに相手を警戒する必要があった．そのような状況は，53年から54年にかけてアメリカが有力な艦隊を日本に送り，日本の開国に主導的な役割を果たすことを容易にした．アメリカが日本への開国要求に特に関心をもったのは，アメリカ船が太平洋で手広く捕鯨業に従事し，日本近海で荒天のため遭難することがあったからである．極端な鎖国政策をとる日本では，その近海で遭難して救助を求めたアメリカ船員も人道的な扱いを受けなかったと伝えられ，アメリカ議会で問題になった．カリフォルニアやオレゴン地方が発達すれば太平洋を横断する貿易も盛んになると期待されたから，アメリカ船遭難時における乗組員への人道的な扱いの保証，アメリカ船が食料・水・燃料の補給のため特定の港に寄港する権利の承認，アメリカ船が日本との貿易を行う権利の承認という三つの要求が交渉の目的とされた．

　アメリカ政府はこれまで2回の接触の試みが無為に終わった経験から，有力な艦隊の示威によって日本に衝撃を与え，幕府の鎖国主義を改めさせようとした．その任務を与えられたのがペリー提督で，彼は蒸気艦2隻と帆走艦2隻をもって1853年7月，江戸湾に来航した．彼はアメリカ側の要求を記した文書を幕府の代表に渡して，翌年交渉にくることを予告していったん引き揚げた．ペリーは軍艦を7隻に増やして翌54年2月に再び来航し，横浜で交渉を行い，通商問題を先送りして，日米和親条約（神奈川条約）をまとめた．下田・箱館の開港とアメリカ船への水・食料・燃料の供給，漂流民の保護と引き渡し，アメリカ人への最恵国特権の供与が主な内容である．

老中首座の阿部正弘は徳川政権には有力な艦隊に対抗する武力がないことを自覚し，戦争という選択肢を除外した．戦って幕府の無力が露呈されれば，幕府体制の崩壊に繋がりかねない．鎖国政策の建前は守るとしても，ある程度それを変更せざるをえないと考えたのである．ペリーは即答を求めず，いったん退去して日本側に時間を与えた．彼は交渉には強硬な態度で臨んだが，アメリカ側の要求のすべてを日本に受け入れさせるという方針はとらなかった．彼は黒船艦隊の存在感を最大限，外交的武器として利用したが，武力行使には慎重であった．日米関係の出発点において，武家政権の代表とアメリカの提督の双方は現実的に行動し，交渉を平和的にまとめることに成功したといえる．日本は同年から翌年にかけてイギリス，ロシア，オランダと類似の条約を締結した〔三谷 2003〕．

[日米修好通商条約の調印と幕藩体制の動揺]

英仏両国が中国で戦争をしている間に，アメリカは日本と西洋諸国との通商条約の締結にも主導的役割を演じた．日米和親条約には領事派遣を認める条項があったので，アメリカは1856年ハリスを，条約交渉権をもつ常駐の領事（後に公使）として下田に派遣した．彼は艦隊の示威を背後にもたなかったが，粘り強い交渉により江戸駐在を幕府に認めさせた．そして，英仏両国が中国で軍事力を行使していることを指摘して，両国の艦隊が日本に来航する前にアメリカとの条約を結ぶことが日本にとって得策であると，日本側を説得した．合意された条約文は外交使節・領事の交換，神奈川等4港の開港と江戸・大坂の開市，アメリカ人居留地の設定，アメリカ人の信仰の自由の尊重などを定め，日本の輸入関税率については付属貿易章程で定めていた．この条約案には日本と他の国との紛争に際してアメリカ大統領が和解の斡旋をするという条項や，日本が自由にアメリカから艦船や兵器を購入しアメリカ人専門家を雇用することができるという条項があり，またアヘン輸入禁止の規定があったが，これらの諸規定は当時の日本側の関心を示すとともに，ハリスがアメリカの好意を示そうとしたことの反映でもある．

和親条約締結の際には，それは閉鎖的政策の放棄ではなく一時的変更であり，日本の軍事力が強くなれば，もとの政策に戻るという建前があった．しかし兵

器の水準に大差がある状況では、西洋の武器や軍事技術を手に入れなければならず、そのためには通商が必要であった。それゆえ阿部の後継者堀田正睦は通商関係の漸進的樹立を考えるようになった。しかし、ハリスとの交渉の結果、出来上がった条約案は、当初考えたものより開放的なものであったので、彼は反対論の盛り上がりを恐れ、調印前に京都の宮廷の同意をえようとした。京都の宮廷は幕府の権威が低下し、自らの権威が増大したことを意識する一方、世界情勢には無知であったから、すぐに同意を与えようとしなかった。この危機に大老の地位についた井伊直弼は58年7月、勅許なしに条約を調印する決断を下さざるを得ず、それにより攘夷派の反対運動を刺激することになった。なお、この日米修好通商条約の調印後、同じ年に、幕府はオランダ、ロシア、イギリス、フランスとも通商条約を結んだ（安政五ヵ国条約）。

　黒船ショックによって開国を迫ったのはアメリカであったが、武力行使はなかったので幕末の日本の指導層はアメリカにはむしろ好感をもち、1860年アメリカにまず使節を派遣した。中国を武力で威圧したイギリスに最大の警戒心をもち、アメリカという「夷」を味方にすることでイギリスという「夷」を牽制したいという心理が働いていた。

　1858年の通商条約をもって日本の開国は達成されたが、攘夷派の不満が高まり、井伊は60年に水戸藩の攘夷派浪士らにより暗殺された。外国人に対するテロ事件も頻発したので、イギリスは63年、攘夷派の急先鋒薩摩に艦隊を派遣して鹿児島を砲撃し（薩英戦争）、また翌年攘夷を試みた長州に対してはフランス、オランダ、アメリカの軍艦の参加も得て報復攻撃を加えた。攘夷派もこれらの経験を経て、西洋の軍事技術を取り入れて軍事力を強化することが急務であることを痛切に認識した。その後も倒幕派は攘夷を唱えたが、それは幕府支配から正統性を奪うための建前であり、政権を掌握した後は万国公法（国際法）により外国交際（略して「外交」と言うようになる）は世界の常法であると主張するようになる。

　日本の安全を守るためには西洋的な軍事力の取得が急務であることは認識されたが、徳川幕藩体制には泰平時代に出来上がった慣習と強固な世襲主義との拘束があり、急速な転換は困難であった。外からの軍事的脅威という衝撃の中で、幕藩体制は崩壊に向かう。明治維新を推進したのは武士階級のなかで比較

的地位の低い部分から台頭した指導者たちで，彼らは天皇を擁して革命の正統性を確保し，中央集権と士農工商の身分職分制の廃止とにより軍事的近代化を可能にする体制をつくるのである．

[アロー戦争（第二次アヘン戦争）と天津条約]

南京条約以後，中国では開港された5港のうち，とくに上海が外国貿易の中心として目覚ましく発達し，イギリスの中国との貿易額も増大した．しかし中国からの輸入に比べ，工業製品輸出は伸びなかったし，中国政府は外交使節の北京常駐を認めず西洋式の国交の樹立を拒否していたので，イギリス側には不満があった．清帝国支配層はアヘン戦争後も西洋諸国との交渉は北京から離れた開港場などで出先の官吏に行わせようとした．パーマストンはこのような中国側の態度を見て，適当な機会にもう一度武力を行使して西洋流の外国交際の仕方を受け入れさせる必要があると考えた．

1850年代初頭に始まった太平天国の乱は，中国に圧力をかける機会であったが，クリミア戦争のため，積極的行動は延期された．太平天国は貧しい農民などを組織した軍事革命集団で，その指導者はキリスト教を取り入れた宗教観をもち，当初は平等主義を強調した．しかし，この運動は南京を首都に国家的性格をもつようになると革命性を失い退廃した．太平天国に呼応した勢力が一時は上海を混乱に陥れたので，上海の外国人社会は租界*の自衛を強化し，また海関業務を監督するようになり，これがイギリス人を長とする外国人官吏が清帝国のために海関業務を行う制度の発端になった．イギリスはじめ諸外国は太平天国の乱には当初はやや好意的な中立の立場をとったが，後には非友好的立場に変わった．清王朝の下で中国の統一が保たれることが望ましいと考えたからである．

* 租界は条約により外国人に開放された条約港に設定された外国人居住区として始まり，1845年にイギリス人租界が自治権を獲得したことが先例となり，外国人が行政権・警察権，司法権をもつ中国進出の拠点として発達した．条約港が増大するにつれ，租界の数も増大した．租界は土地の取得方法により，コンセッションとセトルメントとに区別されるが，統治方式としては一国が単独で管理する専管租界と複数国が共同で管理する共同租界とに分けられる．

クリミア戦争が終わり，イギリス政府が中国で再び武力行使の機会が来たと考えたのは，1856年の「アロー号事件」発生のときであった．これは広州でアロー号という香港船籍の船のイギリス国旗が清軍によって引き降ろされた事件である．イギリスはフランスと共同で中国に出兵した．ナポレオン3世はイギリスとの提携関係を持続しつつ，この機会をとらえてインドシナに派兵し，この地域を植民地化することを狙って，中国に共同出兵した．ロシア，アメリカ両国は武力行使には参加せず，条約交渉では両国に歩調を合わせた．

英仏連合軍は同年末に広州を占領した．以後，連合軍の主力は北京に近い天津に進撃したので，1858年6月に清政府は上記4ヵ国のそれぞれと条約（天津条約）に調印した．それらの条約は西洋的外交慣例を中国に受け入れさせたものであり，中国は外交使節の北京常駐を受け入れ，それら使節が国際法上の外交官特権をもつことを認めた．これらの条約はそのほか長江の中下流の外国船への開放，新たな開港場の指定，外国人の内地旅行権，沿岸貿易権，キリスト教の宣教権などについて定めた．

天津条約は調印されたものの，清帝国指導層には根強い攘夷論があったので，清政府は天津条約を破棄して新条約を結ぼうとした．戦争が再発し，英仏軍は北京に進攻して，イギリス軍は円明園の宮殿を焼き払った．清政府は改めて和を請い，英仏とそれぞれ新たな協定を結び，両国への償金の大幅増額に同意した．天津諸条約の批准の後，清政府は中央に西洋諸国との外交問題を担当する機関を設ける必要を認め，1861年に総理各国事務衙門（略称は「総理衙門」）を設けた〔坂野 1973〕．

［西洋の衝撃と日中の対応］

西洋諸国への日本と中国との開国の過程を比較すれば，幾つかの共通点と相異点とが認められる．外国使節との応接の仕方には，外国使節をできるだけ首都に近づけない，交渉には地位の低い官吏を当てる，交渉をできるだけ引き伸ばす，何か相手の求めるものを与えて当座をしのぐ，夷をもって夷を制することを狙う，和平派と攘夷派との内部対立で方針が動揺するなどの共通性がある．また，外国と結んだ条約が外国貿易の場所と外国人の居住地を極めて限定する一方，外国人の領事裁判権を認め，自国の輸入関税を協定方式とするものだっ

たことも同じである．

　しかし西洋の軍事力の脅威については，日本はより敏感であった．それは中国が広大な大陸国家で，アヘン戦争の舞台となった広州はもちろん南京さえも首都北京から遠かったからであろう．アロー戦争で英仏軍に北京まで侵入され，宮殿を焼き払われて初めて，西洋の軍事力の強さを意識したといえよう．日本は細長い島国であるから，江戸湾に外国艦隊が進入したことで，幕府は大きな衝撃を受けた．攘夷を唱えた薩摩と長州も西洋艦隊の砲撃に晒された後，攘夷の試みは無為であると悟った．日本では和親条約調印後，まもなく幕府政権が主体的に通商を開く意志をもつようになった．それは西洋化の必要を認識したためである．条約の不平等性に気づくのも日本は早かった．19世紀末までに日本と中国との間に近代化の進展に大きな開きが生じるのは，中国には中華思想があったことも一因であるが，日本が明治維新という革命を行ったのに対して，中国では清帝国が存続し守旧派が根強く残ったという違いが大きい．

[セポイの反乱とインド直接統治への移行]

　1857年5月インドでセポイの反乱が起こったため，イギリスはアロー戦争のため中国に派遣する予定の一部の兵力をインドに送った．セポイ（シパーヒー）とは，インドのイギリス軍の兵力の大部分を構成したインド人傭兵のことである．イギリスはセポイによってアジアにおける大規模な陸軍力をもつことができた．1844年にインドには3万3000のイギリス正規軍，東インド会社雇いの1万7000の白人将兵，20万のセポイ兵士がいた．この陸軍力によってイギリスはインドにおける植民地を維持拡張することができ，必要な場合，それを他の地域におけるイギリスの利益の擁護のために利用することもできた．反乱と同時期のアロー戦争にもセポイ兵7000が派兵されている．

　セポイが1857年から58年にかけて北インド中部のガンジス川流域で大きな反乱をおこし，地方の住民の反乱をも誘発したことは，イギリスに大きな衝撃を与えた．その直接の原因は，50年代に東インド会社の総督が積極的に推進したイギリス化政策が既存の身分構造や宗教習慣と衝突を起こしたことにある．

　しかし，この反乱の参加者はセポイの一部であり，大部分はイギリス側に留まった．民衆の反乱も地域が限られていたので，イギリスは本国から援軍を派

遣し，1857年秋から翌年にかけて反乱を鎮定することができた．イギリス政府はこれを機会に東インド会社の統治地域を女王の直接の統治下に置くことにした．イギリスはインド諸君主の統治権を尊重することを約束し，直接統治地域では既存の身分構造や宗教習慣との衝突を避ける方針に戻る一方，50年代に始められた鉄道建設など社会資本の整備をさらに推進し，インド経済を活性化する政策をとった〔James 1997；Porter 1999（Washbrook）〕．

6 ― アメリカの南北戦争

［南北戦争の勃発］

太平洋岸へのアメリカの領土拡大は，南北の対立を増幅する結果となった．西方の領土に奴隷制度を広げるか否かは自由の国としてのアメリカの国民意識に関わる問題であり，この問題を先送りできない時期がきたからである．奴隷制度を廃止した北部諸州では新領土に奴隷制度が広がることへの反対論が強まり，既存の州における奴隷制度の存続は容認するが，西部への拡張を認めないと主張する共和党が台頭した．その立場は奴隷制度を合衆国の正統な制度とは認めないことを意味していたから，南部諸州はそれに対抗して，新領土全域に奴隷制度を持ち込む権利を主張した．1860年の大統領選挙で，共和党の大統領候補リンカーンが当選したことをきっかけとして，サウスカロライナなど南部7州が合衆国から脱退し，翌年2月「アメリカ連合国」（通称「南部連邦」）を形成した．

1861年3月リンカーンは大統領就任に際して，合衆国は不可分であることを強調し，合衆国の統一の維持のために全力を尽くすと声明した．彼はその翌月サウスカロライナ州のチャールストン港入口にある，合衆国に忠誠な指揮官が守るサムター要塞に補給船を派遣した．それを知った同州の州兵が要塞に対して攻撃を開始したので，リンカーンは反乱行為を鎮圧する方針を表明し，南北戦争が始まった．南部連邦には戦争の勃発時にヴァージニアなどさらに4州が参加し，11州の連邦として合衆国との戦争を戦うことになった．戦争の当事者である合衆国（北部）と南部連邦の双方にとって，諸外国とくにイギリスがこの戦争にどのような態度をとるかは重大な問題であった．

[イギリスの対応]

　イギリスとアメリカとは貿易上，相互に最大の顧客であった．イギリスの綿工業の発展はアメリカ南部の綿作と奴隷制農業の西方への急速な拡大を促した主要因であった．また穀物法廃止後はアメリカからの穀物や食肉の輸入が急速に増大し，アメリカが最大の食料供給国となった．アメリカは工業化過程にあったが，イギリスからの工業製品輸入は増大を続けており，また国内開発のために多分にイギリスの投資に依存していた．アメリカの海運は自国の貿易の大部分を扱い，イギリスに次ぐ海運国であったが，イギリスに比べて小規模の海軍の保持ですませていた．アメリカは概してイギリス海軍による海洋秩序の維持に便乗していたといえる．

　両国の間には独立戦争以来，愛憎半ばする国民感情があり，19世紀前半は北アメリカでは領土問題で対立する立場にあったから，両国の関係は必ずしも友好的であったとはいえない．しかし両国とも1812年戦争後は互いに戦争を望まず，対立を調整してきた．アメリカ側はイギリス領北アメリカの諸州はいずれ合衆国に加入を求めるであろうと考え，当面それらの併合を目指すことはせず，イギリス側もその防衛の弱点を意識してアメリカとの紛争については妥協的な解決を図ってきた．両者の間に発展した経済的相互依存関係がそのような傾向を促すことに役立った．

　戦争勃発後まもなくイギリスはフランスとともに，南部連邦を交戦団体と認め中立を宣言した．これは南部連邦に一定の国際法上の地位を認めるものであるが，イギリス政府は外交的に介入することには慎重な態度をとった．イギリスとしては，合衆国が南北に分かれ相互の均衡が生じることは望ましいとしても，南部が負けないことが明白になる前に干渉して，勝ち誇る合衆国を反英的な国にするような事態は避けたかったからである．

[南北戦争とイギリス経済]

　南部連邦の指導層は独立の達成には自信をもっていた．彼らは，幾つかの戦闘に勝利を収めれば，北部側は武力による征服を諦め，独立を認めるであろうと予想した．そして戦争が長引けば，南部の綿に主産業の原料を依存している

イギリスは綿の供給を確保するために戦争に介入せざるを得なくなることを期待した．戦争勃発当初，南部には，北部海軍による封鎖をまつまでもなく，綿の供給を故意に止めることで，イギリスの行動を速めようという動きがあったほどである．

イギリスの綿工業の中心地ランカシャー地方に不景気と失業とが生じるのは1862年である．60年はアメリカの綿が大豊作で，イギリスはそれを戦前に大量に輸入していた．61年には前年収穫された綿がアメリカから輸入されインド綿の輸入も増大したので，平年並の輸入量が確保された．62年にはアメリカからの輸入の激減で綿の原料価格が高騰し，ランカシャーの綿工業は困難に直面した．綿工業は依然として重要だったが，イギリスの産業の中心は重工業に移りつつあり，重工業部門は戦争景気によって潤った．また海運業は繁盛を極めた．アメリカ商船が南部の攻撃艦によりしばしば攻撃を受けたため，アメリカの海運業者のなかには，商船を手放して資本を他の産業に移す者が増え，アメリカ海運業と造船業とはこの戦争を転機として衰退した．イギリス経済全体をみれば，中立国として利益を享受したといえる．アメリカからの供給への依存という点では，北部からの穀物や食肉の輸入もイギリスにとって重要だった．南部指導層は南部の綿が彼らに与える外交上の利点を過信していたのである〔Crook 1974；Owsley 1959〕．

[フランスの対応とメキシコ干渉]

イギリス政府が他国と共同で休戦講和の斡旋を試みる場合に協力する国の候補とされたのは，フランスとロシアであった．しかしロシアはイギリスとは利害が対立する立場にあったから，合衆国の存在をイギリスに対抗する力として評価し，南北戦争に際しても合衆国の統一の回復を望み，合衆国に好意的態度をとっていた．戦後1867年にロシアが西半球からの撤退を決めたとき，アラスカの売却先に合衆国を選んだのも，そのような好意の表れである．他方ナポレオン3世のフランスはクリミア戦争でイギリスと同盟して戦い，中国のアロー戦争でも共同で行動したから，南北戦争への外交的関与についても英仏協力に関心があり，むしろイギリスよりも熱心であった．

南部連邦独立へのナポレオン3世の関心は彼のメキシコ政策と結び付いてい

た．メキシコでは1850年代後半，自由主義的改革派が政府を組織し，政府と宗教との分離，カトリック教会の財産の接収などの改革を行おうとしたため，保守派が巻き返しにでて，改革派政府がベラクルスに首都を置いたのに対して，保守派はメキシコ市を根城として，両者の間で内戦状態となった．ファレスを大統領とする改革派の政府は財政難のため外債の支払いを停止したので，英仏とスペインの三国は共同でベラクルスに出兵し，債権者の利益を守ろうとした．イギリス，スペイン両国は半年後に撤退したが，ナポレオン3世はフランスの軍を残して保守派を助けた．保守派に教会の資産と特権を回復させ，ハプスブルク家のマクシミリアンをメキシコ皇帝に推戴させて，メキシコをカトリック教徒の帝国にするのが彼の計画であった．ナポレオン外交の狙いはヨーロッパおよび世界の政治におけるフランスの勢威を高めることにあり，また国内の保守的なカトリック勢力の歓心を得ることにあったから，その一環としてメキシコ干渉を試みたのである．

　人口と工業生産力に劣る南部連邦は戦争が長期化すると次第に劣勢になり，イギリスが南部のために外交的に干渉する可能性は乏しくなってきた．南部連邦の希望はフランスに向けられた．フランスがメキシコを衛星国として保持するには，フランスの立場に好意的な南部連邦が存続することが望ましかったから，ナポレオン3世は，イギリスが共同行動をとるならば，南北戦争への外交的干渉に踏み切るつもりであった．しかしイギリスは消極的だったので，彼も静観政策をとらざるを得なかった．合衆国政府は戦争中メキシコ問題に関してフランスに強硬な態度を取れなかったが，戦争終結後は強く抗議するようになった．メキシコでは反帝政派がゲリラ活動を続け不安定な状況にあったので，ナポレオンのメキシコ政策への批判はフランス国内でも次第に高まり，ナポレオンは67年にメキシコからの撤兵を余儀なくされた．その数ヵ月後，メキシコ皇帝は革命軍に降伏し，処刑された．

[奴隷解放宣言と奴隷制度の廃止]

　リンカーンは個人としては奴隷制度反対論者であったが，彼の戦争の目的は合衆国の統一の回復であったから，戦争勃発当初は奴隷制度の存廃については明言を避けていた．奴隷制度をもつ4州を合衆国側に抱えていたから，まずは

その忠誠を確保することが重要だった．しかし激戦が続くにつれ，北部では南部人に対する敵意が高まり，また戦争の熱心な支持者たちは奴隷解放を唱えるようになった．リンカーンは1862年夏までには，奴隷解放宣言を行うことが戦争支持者の士気を高め戦争の遂行を容易にすると考えるようになった．奴隷制度の廃止には憲法修正が必要であるが，彼は軍の最高司令官としての大統領の戦時権限により，軍事上の必要措置として，反乱州の奴隷解放を宣言しようとしたのである．彼は北部が勝利を収めた戦闘の後の時期を選び，62年9月，反乱状態にある州の奴隷は翌年1月1日に自由になるという奴隷解放予備宣言を，そして63年1月には奴隷解放宣言を行った．

　これら宣言は国内の状況とともに対外的効果を考慮して行われたものであった．イギリスやフランスはすでに植民地の奴隷制度を廃止しており，両国には奴隷貿易と奴隷制度について拒否的な世論が定着していた．南部連邦の独立に好意的なヨーロッパ人も，奴隷制度を擁護することにはためらいがあった．リンカーンの宣言には，北部の戦争に道徳的意義をもたせることによって，英仏両国に南部連邦の独立を支持させまいとする狙いがあった*．

　　* 南部連邦も1865年の敗北寸前には，窮余の策として，独立を承認してもらえるなら奴隷を解放すると英仏に申し出たが，両国とも関心を示さなかった．

　リンカーンは解放宣言の後，憲法修正による全面的な奴隷制度の廃止の準備を始め，それは彼の死後まもなく実現した．これにより自由の国としての自己認識を巡るアメリカの危機はひとまず解消した．当時，西半球で奴隷制度を保持していたのはブラジルとキューバであるが，どちらもアメリカのような波乱なしに奴隷解放を実現した．ブラジルでは1850年には総人口800万人のうち奴隷人口は250万人ほどであったが，漸進的解放が進められ，奴隷制度は88年に全廃された．スペインの植民地キューバでも奴隷制度は80年から86年にかけて平穏に廃止された．

［南北戦争後のアメリカとカナダ］

　1865年5月，南部側で戦っていた最後の軍団が降伏し，南北戦争は終了した．戦争は4年にわたり，両軍の死者は約60万（北軍35万，南軍25万）に達したが，その後19世紀末までには，合衆国は世界最大の農業国の地位を保

持しつつ，イギリスを抜いて世界最大の工業国に躍進する．北部側の勝利による合衆国の再統一はそのような発展の政治的基礎を固めたものであった．戦闘はほとんど南部連邦の中で戦われたから，南部は戦争の被害を受け長く国内の経済的後進地域として留まったが，北部の産業や交通の施設は無傷で，戦後のアメリカ経済の急速な発展を可能にした．60年代から80年代にかけて，アメリカ人は国家的統一の再建と国内の経済建設に主たる努力を向けたので，アメリカは内向きになり，対外的には目立った行動を取らなかった．50年代にアメリカが開国に主導的な役割を果たした日本においても，アメリカの存在感は次第に低下した．明治維新当時，日本で影響力を発揮しようとしたのはイギリスとフランスであり，薩摩長州連合の勝利を予想していち早く維新の指導者たちに接近したイギリスの存在感が高まった．フランスは幕府の存続に賭けた誤算に加え，プロイセンとの戦争での敗北もあり，影響力を弱めた．維新後の日本政府にとって，西洋諸国の中では貿易大国イギリスと北辺に領土をもつロシアとの関係が最も重要になる．

　南北戦争中，北部人はアラバマ号事件でイギリスに悪感情をもったが，その賠償問題が未解決のままだったので，戦後新たに反英感情が高まった．これは，イギリスでアラバマ号など南部連邦の軍艦となる5隻の船舶が建造され，イギリス領海外で大砲を据え付け，大西洋で北部側商船を攻撃して，合衆国側に大きな損害を与えた事件である．アメリカは中立国の義務に反する行為としてイギリスに強く抗議し，損害賠償を要求した．当初イギリスは責任を認めることを渋ったが，アメリカとの関係修復のため，1871年に条約を結び中立国政府としての監督責任を怠ったことを認め，賠償額については仲裁裁判に服することを約束し，翌年1550万ドルを支払った．仲裁裁判が紛争解決に活用された例として著名な事件である．

　イギリスは戦争中から戦後にかけて合衆国との関係が緊張したので，北アメリカ植民地の安全を懸念し，戦争中カナダに軍隊を派遣する一方，戦後は北アメリカの植民地の政治的再編強化を行った．従来のカナダをオンタリオとケベックの2州に分け，別個に統治されてきたノヴァスコシアとニューブランズウィック植民地を加えて4州からなる連邦を作り，内政上の自治権をもつ自治領（ドミニオン）とするという改革である．これは1867年のイギリス領北アメリ

カ法として実現したが，73年までにブリティッシュ・コロンビアを含む3州が加わり，連邦自治領カナダの輪郭が出来上がった．カナダの自治領化はアメリカ人に好感を与え，英米関係も改善された．

7 ―イタリア王国とドイツ帝国の成立

［イタリア統一推進者としてのサルデーニャ王国］

1848年のイタリア革命では，イタリアに立憲政治と民族統一をもたらそうとする運動はいったん挫折したが，それは押さえがたいものであった．イタリア諸国の中で最も先進的で有力なサルデーニャ王国はオーストリアと戦って敗れはしたが，そうした運動を推進する意欲があることを示した．革命派の中には共和主義者もおり，民衆運動により統一共和国を作る選択肢もあったが，イタリアの統一はサルデーニャ王国の指導のもとに達成されるのである．

イタリアの統一に最も敵対的な国はもちろんロンバルディア-ヴェネツィアを支配するオーストリアであり，統一のためにはオーストリアとの戦争は不可避と思われた．イタリアとの関わりの深いもう一つの国はフランスである．フランスは近隣に新たな大国が出現することを好まないはずであり，またカトリック教国としてローマ教皇の世俗君主としての立場に関心をもっていた．サルデーニャ外交の立役者カヴール首相は，イタリアの統一を進めるために，まずフランスが反対せず，むしろその援助が得られる範囲を探ろうとした．ナポレオン3世には現状変革志向があり，彼は教皇の立場が守られフランスも応分の報償をえられるなら，イタリアの緩やかな統合には反対ではなかった．

［イタリアの統一］

1858年にナポレオン3世はプロンビエールでカヴールと極秘に会談し，①フランスはサルデーニャのオーストリアとの戦争を助ける，②サルデーニャがオーストリア支配下にあるロンバルディア，ヴェネツィアを統合して北イタリア王国を形成する，③北イタリア王国のほかに中央イタリアにもトスカーナを中心に王国を形成し，教皇領，ナポリ王国の四者で連合を形成する，④フランスは援助の代償としてサヴォワとニースの二地方をサルデーニャから贈与され

るという内容の合意を結び，59年1月に両国は正式な同盟を結んだ．

同年4月サルデーニャとオーストリアの紛争が戦争に発展すると，フランスは援軍を送ったが，数ヵ月後ナポレオンは突如オーストリア皇帝フランツ・ヨーゼフ1世と会談し，オーストリアがロンバルディアの大部分をフランスに譲り，それをフランスがサルデーニャに譲る，ヴェネツィアは現状のままとするという妥協的解決に合意した．サルデーニャ政府には寝耳に水の驚きであったが，単独での戦争は難しく，両国の妥協を受け入れざるをえなかった．ナポレオンが変心したのは，プロイセンとオーストリアの同盟の可能性やイタリア中部での革命の可能性を懸念するようになったためである．

サルデーニャはヴェネツィア併合を断念したが，トスカーナなど中央イタリア諸邦でサルデーニャとの合邦運動が起こり，合併協定が成立したので，1860年にサルデーニャはフランスがその合邦を認める代償として，サヴォワとニースを譲渡した．その年シチリアでナポリ王国に対する革命が起こると，熱烈なイタリア愛国者ガリバルディはカヴールの支持を受け義勇軍を率いてシチリアに赴き，シチリアから本土に渡ってナポリ王国軍と戦った．彼はさらにローマ進撃を目指していたから，フランスとの紛争が起こることを憂慮したカヴールは，口実を設けてピエモンテから教皇領に軍隊を送り，ローマ地方以外の教皇領を支配下に置いた．これはナポレオンには予想外の展開であったが，彼は容認せざるを得なかった．このようにして，ローマとヴェネツィアを除くイタリアの統一がサルデーニャ主導で実現し，61年3月サルデーニャ王のヴィットーリオ・エマヌエーレ2世が新生イタリア王国の王位についた．

［ビスマルクのドイツ統一戦略とプロイセン-オーストリア戦争］

1848年から52年にかけて，ドイツ統一を目指した自由主義者の試みは，オーストリアやプロイセンの政情が保守派に有利に展開するにつれて，フランクフルト国民議会の権威が低下したために失敗した．国民議会解散の後，プロイセン王は諸邦の君主に働きかけて統一のイニシァティヴを取ろうとしたが，それもオーストリアの反対で実現しなかった．しかし60年代のプロイセンは，オーストリアとの対決を避けた50年代のプロイセンとは違っていた．その違いは，同国における工業の発展，陸軍の強化，そして強固な意志と優れた手腕

をもつ指導者の出現によると言えよう．

　プロイセンによるドイツ統一の構想をたて，それを実現に導いた指導者は，1862 年に首相に就任したビスマルクである．彼はサルデーニャのカヴールと同じく，政策構想と外交術に長けた政治家であったが，カヴールがイギリス的自由主義者であったのとは異なり，権威主義的な政治を好むプロイセンの土地貴族であった．ビスマルクのドイツ統一構想は，プロイセンの権威主義的指導層が実権を握ることができるようなドイツ帝国を形成することであった．彼の政治手法は，彼がフランス駐在大使時代に観察したナポレオン 3 世のそれと共通性があった．ビスマルクはナポレオン流の権謀術数外交をより巧妙に実践した．内政面では，普通選挙制と権威主義とを結び付け，普通選挙によって君主政を革命から守り，権限が弱い議会を設けて議会政治を封じ込める手法「ボナパルティズム」を模倣した．

　プロイセンは三つの大国に囲まれていたから，ビスマルクの外交は敵を一国に限定することに気を配った．彼の目指す帝国統一のためには，まずオーストリアと，つぎにフランスと戦う必要があるように思われたので，その場合，他の諸大国の中立の確保が重要であった．1864 年ビスマルクはシュレースヴィヒ－ホルシュタイン問題でデンマークに対してオーストリアと共同行動を取った後，オーストリアとの紛争の種を残して，両国の緊張を高めた．彼はポーランド独立運動抑圧に協力してロシアの歓心を買い，フランスについてはナポレオン 3 世に直接会ってその意向を探った．ナポレオンはプロイセンとオーストリアの戦争には反対せず，そればかりかイタリアがヴェネツィアを獲得することを条件にプロイセンとイタリアの同盟を斡旋した．オーストリアもナポレオンと交渉し，中立の約束を得るとともに，勝敗のいかんにかかわらずオーストリアはヴェネツィアをイタリアに譲る，オーストリアが勝った場合には自由にドイツを再編できる，その場合フランスに若干の代償を与えるなどの内容の協定を結んだ．

　プロイセンとオーストリアの戦争は，ドイツ連邦議会でホルシュタイン紛争をめぐるプロイセンの立場を非難する決議がなされたことをきっかけに，1866 年 6 月に始まった（プロイセン－オーストリア戦争）．この戦争は「七週間戦争」と呼ばれるように，翌月にはオーストリアの敗北で終わった．ビスマルク

の戦争目的はオーストリアを盟主とするドイツ連邦の解体であったから，プロイセンによる幾つかの領邦国家の併合，プロイセン王を盟主とする北ドイツ連邦の形成をオーストリアに認めさせたが，その他の点ではオーストリアに屈辱感を与えない講和を結んだ．両国はまた，南ドイツ四邦が別の連邦を形成することで合意した．プロイセン側に立って参戦したイタリアは戦場では敗れたが，講和ではヴェネツィアを得た〔Albrecht-Carrié 1973〕．

［プロイセン‐フランス戦争への道］

プロイセンの一方的な勝利はナポレオンの誤算であった．彼は戦争が長引くことを予想して，仲介者として自分に好ましい秩序を中欧に形成する主導権を取るつもりであったが，戦争の予想外に早い進展のため，仲介者として講和に関与することができなかった．彼はプロイセンから北ドイツ連邦形成の代償を得ようとして交渉したが，ビスマルクは交渉に時間をかける一方，南ドイツ四邦とは関係修復の条件として，フランスに対する秘密同盟を結んだ．しかしこれら諸邦にはプロイセン主導の統一国家に入ることには抵抗感があり，とくにバイエルン王国はオーストリアとの繋がりが深いカトリック教徒の国であったから，プロイセンとは一線を画していた．これら四邦の北ドイツ連邦への吸収工作のためには，フランスとの戦争が必要であると思われた．

ビスマルクはフランスとの戦争における他の諸大国の中立を確実にするために，ロシアと協定を結び，プロイセンがフランスと戦う場合，ロシアがオーストリアの行動を牽制するという約束を得た．ロシアがプロイセンを支持したのは，パリ条約の黒海非武装条項を廃棄する機会を狙っていたからである．ナポレオン3世もプロイセンに対抗するため，オーストリアとの同盟あるいはイタリアを入れた三国同盟を結ぼうとしたが，交渉は失敗に終わった．オーストリアがプロイセンに敗北した後，マジャル人の不満を緩和するために帝国を改組していわゆる「二重帝国」オーストリア‐ハンガリーを形成し，ハンガリー政府の意向が外交に影響するようになったことが，オーストリアを消極的にした*．イギリスがフランス側にたって戦争に介入する可能性は乏しかったが，ビスマルクはその可能性を減らすために，プロイセンの領土拡張を容認する代わりにフランスのベルギー獲得を認めることを求めたフランス側の条約案をイ

ギリスの新聞に流して,イギリスの世論に影響を及ぼそうとした.

* ハンガリーは独自の領域と政府とをもち,帝国内にはウィーンとブダペストのそれぞれに政府があり,軍事・外交に関してのみオーストリア皇帝兼ハンガリー王の下に統合的機構をもつという体制となった.外相はウィーンにいたが,外交に関してもハンガリー政府首相の意向を無視できなかった.

プロイセンとフランスとの戦争にきっかけを提供したのは,スペインの王位継承問題である.スペイン議会は1870年6月ホーエンツォレルン家(プロイセン王の家系)に属するカトリック教徒のレオポルト公に王位提供を申し出たが,それにはフランスが強く反対した.レオポルトが辞退し,プロイセン王ヴィルヘルム1世も介入に消極的だったので,この件は落着かと思われた.しかし,フランス側がこの問題に関しプロイセン王の誓約書を得ようとしたため,ビスマルクはこの件を利用して戦争に持ち込むことを目論んだ.プロイセン王がフランス大使と避暑地エムスで接見した模様を記した王からの電報を受け取ると,ビスマルクはそれをプロイセン,フランス双方の敵対的世論を刺激するような内容に改竄して新聞に流したのである.彼の期待どおり両国の世論は興奮し,ナポレオン3世は7月プロイセンに宣戦した.

プロイセン軍は鉄道を利用して敏速に行動し,同年9月にナポレオン軍の主力をセダンに包囲して皇帝を捕虜にした.パリには臨時国防政府が組織され,共和政に戻ることを宣言して戦争を続けたが,退勢は挽回しようもなく,翌年1月に和を請うに至った.フランスは50億フランの償金の支払い,支払い完了までの特定城塞の保障占領などの条件を呑んだ.全国選挙によって選ばれた議会はまずボルドーで会合を開き,ヴェルサイユに移ったが,その間にパリでは急進派が権力を握り,3月には中央政府の支配を排除して,民主的な共同体パリ・コミューンを組織した.彼らは武装して政府軍に抵抗したが,5月に鎮圧された.議会では君主主義者が多数を占めたが,彼らは分裂していたので,共和政は存続した.しかし,この第三共和政が安定するには約10年を要した.

[ナポレオン外交の挫折と強国ドイツの出現]

ナポレオン3世は政権掌握以来,内政面では鉄道の建設促進など経済発展のための政策をとり,その国力を背景に対外的な威信を追求した.クリミアでロ

シアと戦い，かなりの犠牲を払って勝利を収めたのも，彼の帝国の威信を高めるためであった．彼はナポレオン 1 世とは異なり，イギリスを敵にすることを避け，海外ではしばしばイギリスと共同行動をとった．彼はヨーロッパの外でもフランスの威信を高める政策をとり，メキシコ帝国の設立を試み，またアルジェリアの植民地を広げ，インドシナに植民地を設けた．帝国の威信を高める政策はクリミア戦争では成功して国民の支持を得たが，メキシコ干渉の場合は不成功に終わった．中欧では彼はイタリアとドイツの現状変更に手を貸してヨーロッパ秩序の再編者となり，フランスの威信を高め領土を拡げようとしたが，どちらの場合にも彼の画策は狙いとは異なる結果をもたらした．とくにドイツ問題では老獪なビスマルク外交の術中にはまった．彼は準備不足のままプロイセンに対して開戦し，準備十分のプロイセン軍に敗れ，帝位を失ったのである〔Plessis 1985〕．

ビスマルクはフランスとの戦争に勝つと，南ドイツ四邦の連邦参加をとりつけ，プロイセン王のドイツ皇帝としての戴冠式を 1871 年 1 月に行った．この戴冠式は当時プロイセン軍が司令部を置いていたヴェルサイユ宮殿で行われた*．フランスとの講和条約は同年 2 月に調印された．講和交渉で，ビスマルクはフランスにアルザスとロレーヌの二地方の割譲を要求し，当時ヨーロッパ諸国の間にかなりの批判があったにもかかわらず，要求を押し通した．彼はフランスが統一ドイツの存在を嫌い長期的な敵対者になると予想し，それならば国境の二地方を獲得しておく方がよいと考えた．「誠実な友人になりえない敵をある程度害の少ない存在に変えて，われわれの安全を高める」ことが適切な政策だと彼は信じたが〔ガル 1988〕，その後の歴史を見れば，これは明らかに賢明な選択ではなかった．

* ドイツ皇帝はプロイセン王兼ドイツ皇帝であり，帝国は諸君主によって構成された連邦帝国であった．この帝国体制（ドイツの「第二帝国」）はプロイセンの支配層がプロイセン支配を通じて帝国を支配できるような連邦帝国として設計されていた．

1866 年と 70 年の戦争はヨーロッパ諸国間の力関係を大いに変えた．中欧に広い領土をもち，人口も多く，軍事力も強く，産業も盛んな大国が登場したのである．長年にわたり大陸における最強国だったフランスはその地位を失った．

中欧の雄邦としての地位を保ってきたオーストリアも斜陽化し，統一されたイタリアには大国としての実力がなかった．ロシアはこのような変動期に乗じて，56年の黒海非武装条項の廃止について国際的承認をえた．ロシアを含め，どの国も一国ではドイツ帝国に対抗できないとすれば，互いに連携するであろう．ビスマルクはドイツに対して他の国々の同盟が作られることを恐れた．それを防ぐためにドイツを中心とした同盟・協商関係のネットワークを形成し維持すること（「ビスマルク体制」の構築）が，ドイツ帝国首相としてのビスマルクの外交目的となるのである．

第Ⅳ章

帝国主義の時代の国際関係

フランス国旗を掲げるアフリカ人兵士（1894 年）
© Mary Evans／写真提供：PPS 通信社

　1880 年代から第一次世界大戦勃発までの期間は国際関係史では「帝国主義の時代」と呼ばれることが多い．それは，この時期にはヨーロッパ列強にとって東方問題が引き続き外交上の争点であったばかりでなく，アフリカの分割問題，中国における勢力圏問題が外交上の争点になり，列強のヨーロッパにおける勢力関係とヨーロッパ外諸地域における勢力関係とが連動するようになったからである．この時代に世界政治の舞台におけるイギリスの優越は次第に相対化され，世界は多極政治の舞台となった．

　ヨーロッパ列強による帝国主義，すなわち対外膨張を目指す政策は，それら諸国が海外市場の拡大とそのための戦略的拠点の獲得への関心を強めたことの表れであるが，それは統一ドイツの出現に伴うヨーロッパの勢力関係の変動によって促され

た．帝国主義はまた，国際政治における国威発揚を求めたナショナリズムとそれを利用して政権基盤を広げようとした政治指導者の意図の表れでもあった．

1890年代からアメリカがカリブ中米地域の勢力圏化を推進し，日本とともに東アジアを巡る帝国主義政治に参加するようになったことも，この時代の国際関係の特色であり，それは20世紀の世界政治の将来を示唆するものであった．

この時期は，ヨーロッパ列強間に緊張が生じたこともあったが，しかしそれら相互間の戦争は一度もなく，ヨーロッパが比較的平穏な時代であった．他方，海外ではヨーロッパ諸国は小規模な武力行使を植民地の辺境で恒常的に行っていた．それが小規模なものに留まる限り，つまり帝国主義が安上がりに行われるかぎり，それは国民の支持を受けた．しかし南アフリカ戦争の場合のように，そうした紛争が規模の大きいものになれば，国民の批判が高まる．ホブソンの帝国主義批判の書が書かれたのもその時であった．

この章の第1節・第2節は総論的に帝国主義の時代全般にかかわることを述べるが，その他の節では1870年代から19世紀末までを扱い，20世紀初頭から第一次世界大戦勃発までは次章で扱う．

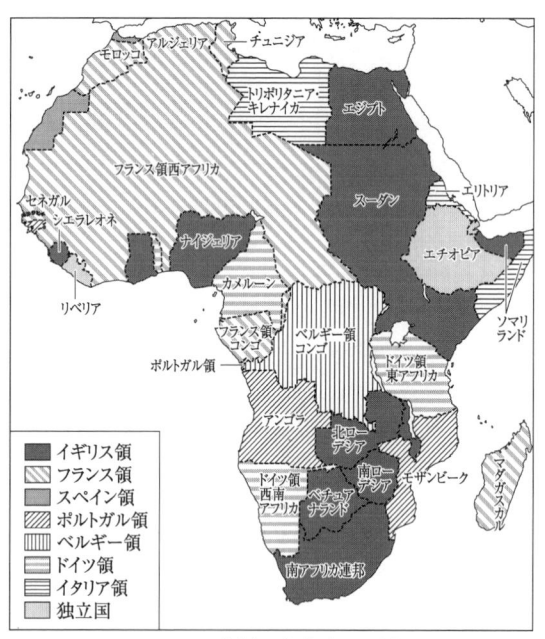

アフリカ分割の完成（1914年）
Darby & Fullard 1970, p. 246 を基に作成．

1 ―帝国主義時代の始まり

[用語としての「帝国主義」の登場]

「帝国」という言葉はヨーロッパではローマ帝国以来なじみ深い言葉であり，近年はアメリカについて用いられることが多いが，「帝国主義」という言葉が現れたのは19世紀になってからである．それは最初フランスの覇権を追求したフランス皇帝ナポレオン1世の政策を表す言葉として用いられたが，ナポレオン3世の第二帝政の登場とともに，帝国の威信を追求する彼の政策を指す用語となった．1870年代にイギリス保守党政権の首相ディズレーリがイギリスの帝国の栄光を国民に印象づける政策をとると，野党自由党の政治家は批判の意味をこめて，それを「帝国主義」と呼んだ．それに対して保守党は，イギリス帝国の地位を守り，それをさらに発展させる政策の必要を強調し，帝国主義を擁護したので，「帝国主義」はイギリスの政治論争で盛んに用いられる言葉となった*．

> * 本書で「帝国」ということばを用いる場合，通常それは皇帝によって統治される国，あるいは幾つかの異なる領域から構成される大きな政治的統一体を指すが，広い地域に秩序をもたらす中心的国家（覇権国家）あるいはその覇権の及ぶ範囲全体を指して用いることもある．

「帝国主義」という言葉を否定的な意味をもつ言葉として定着させたのは，イギリスの社会改革派の経済学者ホブソンの著作『帝国主義』（1902年）である．彼の著作は南アフリカ戦争（第二次ブール戦争）に対する批判がイギリスで高まっていた時に書かれ，広く読まれた．帝国主義の経済的分析を試みた彼の著作は他の国々の社会主義者にも影響を与え，社会主義者の国際組織「第二インターナショナル」も会合の度に帝国主義戦争反対を決議するようになった．レーニンもロシア革命直前，帝国主義論の執筆に際して，ホブソンの帝国主義論から幾つかの論点を取り入れた．ホブソンもレーニンも帝国主義を，海外に投資の場を求める資本の利益に奉仕するものとみなした．ただしレーニンは，帝国主義を発達した資本主義の基本的性格の表れとみなし，それを政策としてではなく，資本主義が最後にたどり着いた発展段階そのものとみなした．彼に

よれば帝国主義とは「資本主義の最高の段階」であり、「資本主義からより高度の社会経済制度」に移行する過渡期、つまり資本主義が死滅を迎える直前の段階であった。彼がそのように定義したのは、執筆当時、帝国主義戦争としての第一次世界大戦を国際的革命闘争に転化することにより、資本主義の終末を導くという期待をもっていたからである〔ホブスン 1951-52；レーニン 1956〕。

「帝国主義」という言葉は非難のための政治的用語として用いられてきたが、国際関係史における帝国主義の時代といえば、歴史家の間にその意味についてある程度共通の理解がある。本書では、「帝国主義」という言葉は、軍事的経済的に有力な国家が後進地域を植民地として領有し、あるいは保護国、勢力範囲（利益範囲）などとして政治的経済的従属の下におく政策を指して用いる。

［帝国主義国際政治の始まり］

国際関係史における帝国主義の時代の始まりを、イギリスのディズレーリ首相の政策に注目して、1870年代に置くことも可能である。75年にエジプトの君主イスマーイール・パシャがエジプト政府の財政難のため、彼が所有するスエズ運河会社の株式40％をパリで売却するという情報を得たディズレーリは、敏速に行動しエジプト君主の持ち株をイギリス政府が購入することに成功した。そして77年には、ディズレーリはインド総督をヴィクトリア女王の代理者として、デリーにおいて、インド政府およびインド諸君主の上に立つインド皇帝としての戴冠式を行い、帝国の栄光を演出したのである。

しかし国際関係史における帝国主義の時代の指標としては、帝国主義政治が多国間政治として展開されるようになることが重要であるから、その意味では帝国主義時代の始まりを1880年代に置くことが適切であろう。81年にフランスがチュニジアを保護国化し、82年にイギリスがエジプトを占領し、84年にドイツが南西アフリカに植民地を獲得し、84-85年にはアフリカのコンゴ地方を巡る権利の主張の対立からアフリカに関する国際会議がベルリンで開催されるというように、アフリカの分割が活発化し、アフリカがヨーロッパ多国間外交の対象となったからである。

1870年代には植民地獲得に関心がなかったビスマルクが80年代にアフリカに植民地を設ける政策をとったのは、大国としてのドイツは海外の「陽の当た

る場所」に植民地を所有すべきだという国内の意見が押さえがたくなったためでもあるが,また帝国主義政治に参入し,それを操作することにより,ヨーロッパにおける列強間の対立・協調関係をドイツに有利に保つという狙いがあったからでもあった.「わたしのアフリカの地図はヨーロッパにある」と彼が述べたのはそのためである〔ガル 1988〕.彼はフランスが北アフリカのチュニジアを保護国化することに肯定的だったが,これには同じく北アフリカ進出を狙っているイタリアをドイツ側に引き寄せるという狙いもあった.彼がフランスの海外進出を概して支持した主な理由は,海外での英仏の摩擦を増やすことにより英仏接近を予防できると考えたからであった.

1890年代以降は,ヨーロッパにおける大国間の勢力関係は東アジアにおける帝国主義政治とも連動するようになった.95年にドイツが日本に対する「三国干渉」に積極的だったのは,それによってヨーロッパにおける露仏同盟に割り込み,フランスの同盟国ロシアの目を西方よりも東方に向けさせるという狙いがあった*.1904年の日露戦争の勃発は,その意味でヨーロッパにおけるドイツの立場を有利にするものであったから,それを機に英仏両国の接近が図られたのである.

* ドイツ皇帝ヴィルヘルム2世が「黄禍論」(黄色人種の台頭が白色人種への脅威となるという議論)を唱えたのは,このような狙いと関連していた〔飯倉 2004〕.

20世紀初頭には,ドイツの海軍力強化が進み,イギリスはそれを脅威に感じるようになるが,帝国主義の時代を通じて,イギリスの海軍力の優越は維持されたと言える.それゆえ,1880年代に成立した多国間帝国主義政治は直ちにイギリスの重要利益に挑戦するものではなく,イギリスは帝国主義の時代に,帝国主義的利益の最大の分け前を保持し続けることができた.

[帝国主義と国民統合]

前項で述べたように,イギリスの首相ディズレーリが1877年にはヴィクトリア女王のインド皇帝としての戴冠式を行い,帝国の栄光を演出したのは,一面では帝国主義政策の活発な展開のために有権者の支持を動員しようとしたからであるが,その反面では,67年の第二次選挙法改正(保守党政権のもとで

実現）により有権者が増大し，政治が大衆化していく状況の中で，国民のナショナリズムに訴えることで，保守党の支持層を広げようとしたためでもあった．彼は政治の大衆化の時代の到来を意識して，帝国を国民統合のための表象として用いたといえる．イギリスが世界帝国として発展し，その最強の帝国としての地位を極めた時代に，60年以上の長きにわたって君臨したヴィクトリア女王は，帝国の栄光を具現した君主として国民から敬愛され，女王即位50周年（1887年），60周年は祝賀行事で満たされた．彼女の時代に帝国はイギリスの国民文化の中に根を下ろしたといえよう．ヴィルヘルム2世時代のドイツが海外に植民地を求めたのは，新たなナショナリズムの現れであり，またそれを満足させるための政策であった．他の帝国主義国についても同様のことがいえるであろう．それは国民国家意識の形成と帝国主義支配の拡張志向とが，相互に補強しあう特徴をもっていた．

　帝国主義の時代は西洋諸国でも日本でも近代的統治機構が整備された時代である．憲法によって国家権力の行使の手続きが定められ，国民の自由と権利とが規定され，議会の権限には国により強弱の差があったが，国民（有権者）が議員を選挙するようになった．国家は産業の振興，交通通信網の整備，初等中等教育の普及と高等教育機関の充実，公衆衛生の改善，社会保険制度の導入などさまざまな役割を通じて，国民形成を推進した．教育の普及は，公民の精神と愛国心の涵養という目的のために必要であったが，能率的な働き手および兵士の供給源である人民の教育水準を上げ，彼らの間から人材を発掘して産業国家が必要とする新たな中流階級に登用するためにも不可欠であった．

　どの国の支配層も，労働者階級の階級意識が社会主義思想の影響を受けて革命に向かうことを恐れたが，治安維持能力を高めて革命運動を押さえる一方で，労働組合や社会主義政党の活動を許容し，それらの運動の担い手を国民化すること，彼らの階級意識を非急進化することに努めた．社会主義政党が議会に議席をもつようになり，政治的影響力を獲得すると，社会主義政党は革命によらず漸進的に社会主義を実現するという立場に傾くようになる．ドイツ社会民主党のベルンシュタインにより提唱された「修正主義」は，革命を捨てた社会主義であるが，修正主義者を名乗らないにしても，議会政党としての社会主義政党の指導者は行動においては社会改良主義をとったのである．

上記のような近代的統治技術の発達により，帝国主義の時代の主要国では革命という国内混乱は生じなかった．唯一の例外は1905年のロシアの革命であるが，ロシアは帝国主義国のなかで唯一，純然たる専制政治が行われていた国であった．ロシアがまがりなりにも立憲政治を採用し，議会を開設するのは，革命の後のことである．主要民族を中心に国民意識の醸成に努めた国民国家の時代に，「国民」の創出に大きな障害を抱えていたのはオーストリア-ハンガリー帝国である．マジャル人を宥和するために「二重帝国」を形成したことが，他の少数民族の政治的要求を帝国の国家体制のなかで満足させていくことを困難にしていた．そして一つの「国民」を創出できないこの帝国は，帝国主義の時代のヨーロッパの大国のなかでは，帝国主義政策にもっとも消極的な国であった．しかし民族問題はこの国だけの問題ではなかった．連合王国イギリスの場合，この時代の国民統合にとって最大の問題だったのは，カトリック系アイルランド人のアイルランド・ナショナリズムの高まりであり，それにどう対処するかが重大な政治課題となっていた．

2　帝国主義の政治と経済

［イギリスの経済的優位の相対化］

　多元的帝国主義政治が成立した時代は，イギリスの経済的優位が相対化され，世界における経済力が多元化した時代である．19世紀半ばには世界はイギリス主導の下で自由貿易に向かうようにみえた．しかし1870年代後半にはヨーロッパ諸国に保護主義的傾向が現れ，79年にはドイツも保護貿易政策に転換し，90年代にはドイツ，フランス，イタリア，スウェーデンなどの関税率はそれまでの最高に達した．アメリカは南北戦争以後，再び保護関税政策をとりはじめ，90年まで関税率は繰り返し引き上げられた．工業力の育成が国力を強めるという意識，軍備や社会保障への財源の必要，70年代以降の不況下での国内圧力の増大などが保護主義への傾斜を生み出した．イギリスは自由貿易秩序を守ることを断念し，単独で自由貿易政策を継続した．イギリス国内にも，諸外国の保護主義に対抗するため関税改革を行うべきだという意見が出たが，自由貿易支持の産業資本家も多く，労働者は農産物価格の低下の恩恵を受けて

いたから，関税改革論は多数意見にはならなかった．

　米独両国は増大する人口を擁して（1900年にはアメリカの人口は9000万，ドイツ人口も6000万を越えた），鉄道網の整備により大きな国内市場を形成し，工業化を急速に進めた．20世紀初頭にイギリスは綿工業と造船業では依然として強さを維持していたが，鉄鋼生産では80年代にアメリカに，90年代にはドイツに抜かれ，第一次世界大戦勃発までにはイギリスの工業生産は米独のそれに大きく引き離された．イギリスの工業力の相対的低下は貿易政策のためではなく，主としてイギリスの産業資本家および政府指導層に過去の成功に伴う保守主義があり，新たな工業の発展期への対応が消極的だったためである．

　アメリカやヨーロッパにおける工業化が進むにつれ，これら地域へのイギリスの工業製品の輸出は伸びなくなり，その代わりインドや東アジア諸国，とくにインドが重要な輸出先になった．ただし，それは先進国市場での不振を補うには不十分で，イギリスの輸入超過が拡大した．工業製品輸出においては大戦前，イギリスはドイツとアメリカの急追を受け，三者の輸出額はほぼ同じになった．ただ海運業におけるイギリスの地位は依然として卓越し（第一次世界大戦勃発時にも，イギリスは世界の商船隊の44％を所有していた），イギリスの船は外国間の貿易の貨物輸送を多く引き受けており，海運は貿易外収支における重要な収入源であった．

　イギリスが終始圧倒的な優位を維持し続けていたのは海外投資であった．イギリスが工業製品輸出の伸び悩みによる貿易赤字の拡大にもかかわらず，国際的基軸通貨としてのポンドの地位を維持できたのは，何よりもイギリスの海外投資からの収入の増大のためであった．ロンドンは国際的な投資活動の中心，手形決済など国際金融サービスの中心としての地位を保持していた．この時期は，イギリスにならって世界の主要国が金本位制を採用し，金本位制が国際通貨体制として機能した時代で，この制度のもとで金産出の増大に助けられ，貿易は大幅に拡大した．1870年代にはドイツ帝国がフランスから獲得した償金を利用して金本位制に移行すると，まもなくフランスも金本位制を採用し，同年代末にはアメリカも事実上金本位制をとった．日本も19世紀末に金本位制に移行した．

　帝国主義の時代についてなお「パクス・ブリタニカ」と呼び得るとすれば，

それはイギリスの国際金融における優位であり、それに基づく国際金融秩序を維持する上での主導的役割である。イングランド銀行を主導者としてフランス、ドイツの中央銀行が金本位制の維持に協力し、経済的先進国間の貿易上の相互依存が増大し、資本の国際的な提携も見られた。ドイツにとってロシアは第一の、イギリスは第三の、フランスは第五の貿易相手国であり、イギリスにとってもフランスにとっても、ドイツは第二の貿易相手国であった。その面に注目すれば、戦争によって利益が得られると考えるのは、イギリスの評論家エンジェルが述べたように『大いなる幻想』(1910年)なのであり、「資本主義経済は資本主義国間の戦争によってもっとも強く脅かされる」のであるから、帝国主義の国際協調により平和的な「超帝国主義」の時代が到来するというカウツキーの予測には一理があった〔Angell 2007；カウツキー 1953〕。それにもかかわらず戦争が起こった理由として、シュンペーターやメイアに倣って、当時のヨーロッパ諸大国では、古い観念に囚われた土地貴族や軍事・政治官僚貴族が依然として政府を動かす立場にあったことを指摘することができよう〔シュンペーター 1956；Marwick, et al. 2001 (Mayer)〕。

[海外投資と植民地]

投資国としてのイギリスの地位が圧倒的に強かったとはいえ、大戦前にはこの分野でもある程度多元的状況が現れていた。1914年にイギリスの対外投資は38億ポンドであったのに対して、フランスは18億ポンド（450億フラン）、ドイツは12億ポンド（246億マルク）に達した。20世紀初頭にはアメリカも投資国として登場するが、その主な投資先はカナダ、メキシコ、キューバなど近隣諸国であり、外国資本の対米投資がアメリカ資本の対外投資を上回っていた。ホブソンもレーニンも帝国主義の議論において、それぞれ先進資本主義国から後進地域への投資の増大に注目し、それら諸国による世界の政治的分割は投資のための場の分割であると論じた*。

 * 金本位制度のもとでの為替レート（1913年）は以下のとおりである。1ポンド（英）は25.22フラン（仏）、20.43マルク（独）、4.87ドル（米）、9.76円（日）、1ドルは0.21ポンド、5.18フラン、4.20マルク、2.01円〔Hardach 1977〕。

とくに20世紀初頭に,列強の外交が清帝国やオスマン帝国の鉄道建設権や鉱山の開発権を巡って行われたことはよく知られている.しかし,帝国主義の時代に植民地として獲得された地域がすぐに有益な投資の対象になったわけではなかった.フランスやドイツの資本は両国がそれぞれ獲得した植民地にはほとんど投資されなかった.フランスはロシアへの投資がもっとも多く(25％),ラテンアメリカへの投資がそれに次ぎ(15％),ドイツの場合はヨーロッパ諸国(53％,トルコを含む)と西半球諸国(32％)への投資が大部分であった.植民地が重要な投資先だったのはイギリスだけである.イギリスの投資の47％は帝国内への投資であるが,そのほとんどはカナダ(14％),オーストラリアおよびニュージーランド(11％),インド(10％),南アフリカ(10％,新植民地を含む)への投資であり,帝国外ではアメリカ(20％),ラテンアメリカ諸国(20％)が主要な投資先だった〔Feis 1964〕.貿易面でも新たに獲得された植民地の占める割合は少なかった.この時代の植民地獲得には,他国をまねて先を争う性格があったから,経済的価値が未知数の植民地も獲得された.それゆえシュンペーターは帝国主義を「無目的な膨張」と定義したのである〔シュンペーター 1956〕.

これらの投資によって,投資を受けた地域の経済開発が進み,それら地域は拡大する資本主義世界に組み込まれていった.「定住植民地」と呼ばれたイギリス系入植者の植民地では農業など食料原料産業に特化しつつ,本国に準ずる生活水準を獲得することができた.それは入植者にとっては新天地での生活の向上を意味したが,その反面,少数者となった先住民の伝統的経済生活は破壊された.先住民を従属させ支配する型の植民地の場合,産業開発による現地の受益者はわずかであり,多数の先住民は生産性の低い貧しい労働者として世界経済に組み込まれた.それは独立国であっても先進国の投資によって開発されたラテンアメリカの場合も同様であった.

[植民地の戦争と軍事力]

帝国主義の時代における戦争といえば,アメリカ-スペイン戦争や日露戦争のような戦争がまず挙げられるが,この時代の多くの戦争は帝国主義国が植民地で現地人と戦った植民地戦争であった.それは小規模な武力行使を入れれば

恒常的に行われていたともいえる．競争国に対する植民地の防衛という目的を別としても，植民地の取得，維持，拡大のためには，現地の住民に対する軍事力の示威とその使用とが必要であり，宗主国は植民地に常時，若干の軍事力を配置しなければならなかった．

　ヨーロッパの帝国主義国は海外進出に際して，直接支配を好んだわけではなく，現地の伝統的支配機構が利用できれば，それを利用した．ただし西洋諸国の進出の結果，伝統的支配機構はしばしば不安定化したので，それに対応して進出国は好ましい秩序回復のため武力を行使し，植民地化を進めることになった．帝国主義国は植民地を設ける場合でも，植民地経営会社に秩序維持を委ねることも多かった．直轄植民地においても，現地駐屯の本国人将兵は最小限に止め，現地住民を訓練して植民地軍に組み込むことにより，植民地戦争に対応するというやりかたが一般的であった．大きな植民地の場合，現地人部隊が植民地軍のかなりの部分を構成した．19世紀末にインド軍はイギリス人7万7500人，インド人20万2500人で構成され，オランダ領東インド軍やフランスの植民地軍の場合でも現地人部隊は40-50％を占めていた．インド軍の場合はその大兵力の費用をインド政庁が負担しており，イギリス帝国の他の地域の戦争にも活用され，例えば義和団事件の際には2万人近いインド人兵士を含むインド軍が中国に派遣された〔松田・阿河 1993（秋田）〕．インド軍の場合はとくに目立つ例であるが，ある植民地で組織した原住民の部隊を他の植民地における軍事的目的に使用することは，通常のやり方であった．

　植民地戦争における宗主国の兵士の犠牲は通常は少なく，予想外の苦戦でかなりの犠牲者がでるような場合には，宗主国内で政治問題となり，帝国主義政策に対する国内の支持が少なくとも一時的に低下した．フランスのベトナム北部征服のための戦争での苦戦，イタリアのエチオピアでの敗戦，イギリスの南アフリカ戦争の長期化などがその例である．

　もちろん植民地戦争における宗主国の兵士の犠牲が少ない場合であっても，原住民側の犠牲者は多数にのぼることが普通であった．オランダがスマトラ北部のアチェ王国と戦った1870年代から20世紀初頭にかけてのアチェ戦争は，植民地戦争としては大規模なものであり，オランダ側も1万2000人の戦死者を出したが，アチェ側の犠牲者は約10万人と推定される．また1905年から

07年にかけてドイツが自国領の東アフリカ（現在のタンザニア）で戦った戦争では，ドイツ政府の発表によれば，原住民側の死者は7万5000人であるが，非公式な見積りでは25万人から30万人とも言われる〔Wesseling 1997〕．

3 ―「ビスマルク体制」と東方問題

［三帝同盟とベルリン会議］

　ドイツ帝国形成に並々ならぬ政治手腕を発揮したビスマルクは，その後20年間ドイツ帝国首相として国際舞台で主役を演じ続けた．彼は，ドイツ帝国は満足すべき版図を得たとみなし，ドイツにとって都合のよい国際的状況を維持するために，ヨーロッパ国際関係の中心的調整者の役割を果たそうとした．彼はまずロシアとの協力関係を維持し，さらにそれにオーストリア‐ハンガリー（以下「オーストリア」と略記）を加えようとした．オーストリアでは親独的なハンガリー人のアンドラーシが外相となっていたことは彼にとって好都合であった．これら三国の皇帝の相互訪問の後，1873年に三帝同盟が成立した．

　しかし，三帝同盟は長く続かなかった．東方問題がロシアとオスマン帝国の戦争に発展したからである．クリミア戦争を終結させたパリ条約は東方問題に一応の決着をつけたが，オスマン帝国内のキリスト教系諸民族には現状に不満があったから，東方問題を長く休眠させておくことができなかった．1875年ボスニア‐ヘルツェゴヴィナ（以下「ボスニア」と略記）で反乱が起こり，翌年オスマン軍によって鎮圧された．イギリスの提案でキリスト教徒の扱いの改善をオスマン政府に勧告するための会議が開催されたが，オスマン側は共同勧告を受け入れなかった．ロシアは単独の軍事行動をとることにし，オーストリアに中立の代償としてボスニアを支配する権利を約束して，77年4月オスマン帝国に宣戦した．78年になってロシア軍はオスマン軍の抵抗を崩し，イスタンブルに迫った．イギリスはロシアによる海峡地帯占領を恐れ，イギリス艦隊を派遣したので，ロシアは同年3月オスマン帝国と講和した（サンステファノ条約）．

　サンステファノ条約によるロシアの領土獲得は限られていたが，この条約の特色は黒海からマケドニアまで広い領土をもつ独立国ブルガリアを創出したこ

とにあり，しかもこの国は2年間ロシアの占領下に置かれることになっていた．セルビア，モンテネグロ，ルーマニアの三国はオスマン帝国の宗主権から離脱し，完全な独立国とされた．この条約はオーストリアの後見の下にボスニアがオスマン帝国の自治地域となることを認めていたが，オーストリアはロシアが得たものが大きいことに反発した．イギリスは海峡地帯に近いブルガリアにロシア軍が駐留することを認めるわけにはいかなかった．元来，東方問題の単独処理は1856年のパリ条約違反なのである．ロシアに対する好戦的な気分「ジンゴイズム」の盛り上がりを背景に，イギリス政府はロシアに強く抗議したので，ロシアも東方問題の処理を大国の国際会議で行うことに同意した．こうして78年6月からベルリン会議が開かれ，その結果，サンステファノ条約は大幅に修正された．

この会議で合意されたベルリン条約では，ブルガリアの領土は3分の1に減らされ，3分の1は東ルメリアとして自治地域となり，他の3分の1は純然たるオスマンの領土として残された．オーストリアはボスニアを暫定的に施政権下に置き，セルビアとモンテネグロとの間にある細長い地域に軍隊を配置する権利を得た．イギリスはキプロスをこれまた暫定的に支配する権利を得た．ロシアが戦争で得られたものは少なく，オーストリアとイギリスは戦わずして分け前を得た．ロシアは戦争に勝ち外交に敗れたという気持ちを拭えなかった．この会議の主催者となったビスマルクは「正直な調停者」として振る舞うと述べたが，ロシアはこの会議の結果に不満だったので，三大国の提携関係は崩れてしまった．

[ビスマルク体制の再構築]

ベルリン会議の後，ビスマルクは新たな「ビスマルク体制」の構築を目指した．そのために，ビスマルクが同盟国としてまず選んだのはオーストリアであった．オーストリアはドイツ統一の既成事実を容認し，関心をバルカンに向けていたから，もっとも安心できる同盟国とみなし，中欧二国の同盟をビスマルク体制の機軸にした．両国の1879年の同盟は主としてロシアに対するものであったが，ビスマルクはロシアを敵に回す意図は毛頭なく，むしろこの同盟がロシア側の関係修復への動きを促すことを期待した．そして81年には改めて

三帝同盟の締結にこぎつけた．この同盟は，軍事面では一国が戦争する場合他の二国は中立をまもることを約したものであるが（オスマン帝国との戦争については事前に同盟国の同意を要する），それとともに，東方問題に関するロシアとオーストリア両国の対立を回避するためのさまざまな合意を含むものであった．三帝同盟はドイツとオーストリアとの同盟を吸収したものではなく，この二国の同盟はそれとは別に維持された．

ビスマルクはさらに1882年にオーストリアとともにイタリアとの三国同盟を結んだ．イタリアにはオーストリア領土内に残るイタリア人居住地域（イレデンタ）を領土内にとりこむ願望があり，それゆえ反オーストリア感情があったが，保守派は共和国のフランスよりドイツやオーストリアの君主政に対する親近感があった．ビスマルクは，イタリアも関心をもっていた北アフリカの対岸の国チュニジアをフランスが81年に保護国にした機会をとらえて，イタリアをビスマルク体制に引き入れた．イタリアは孤立からの脱却を望み，イレデンタ問題を当分棚上げすることにしたのである．

ビスマルクは，フランスについても1871年の既成事実を受け入れ，ドイツとの関係改善を求めるなら，それにも応じるつもりであった．フランスが既成事実を受け入れ，海外への進出によって大国としての面目を維持しようとするなら，それは彼にとって好ましいことであった．彼が植民地拡張の積極的推進者フェリーと協力しようとしたのはそのためである．しかしフランス人の対独復讐感情は根強く，インドシナでの植民地戦争の失敗の後，フェリーは失脚した．

[末期のビスマルク外交]

ビスマルク体制の破綻はやはり東方問題から生じた．注意深くロシア，オーストリア両国の利害を調整する条約を結んだとしても，バルカンの諸民族にはそれ自身の意志があったから，バルカン情勢を管理することはできなかった．そして混乱が生じれば，ロシア，オーストリアの協調を維持することは困難であった．ブルガリアの君主アレクサンダル公はブルガリア人ナショナリスト派の台頭とともに彼らの立場に近づき，1885年には東ルメリアとの統一を支持した．これはブルガリアとセルビアの戦争を誘発し，セルビアはオーストリア

の軍事介入で完敗を免れた．ビスマルクはオーストリアに自重を促して紛争の収拾につとめ，ブルガリア問題はブルガリアの君主が東ルメリア総督を兼ねることを諸大国が承認して解決した．しかし翌年ブルガリアの内紛にロシアが軍事干渉する可能性が生じ，ロシアとオーストリアの関係が緊張した．ビスマルクは両国を抑えることに努め，またイギリスもロシアを牽制したので，ロシアは干渉を自重し，危機は収束したが，この危機により三帝同盟は崩壊した．もしロシア，オーストリア両国がバルカンを互いの勢力圏に分割できるならば，ビスマルクにとって問題は比較的簡単だったかもしれない．しかしオーストリアはバルカン諸民族のナショナリズムの高まりを恐れており，その意味で現状の維持を望み，ロシアの積極的な現状変更政策に反対した．そのため，三帝同盟の内部で両者の関係を調整することは困難だったのである．

ビスマルクは1887年に彼の国際システムの再構築を試みた．イギリス，イタリア（オーストリア，スペインも後から参加）による地中海の現状維持のための協定（第一次地中海協定）の形成を奨励して，ロシアとフランスに対する対抗力とし，またイタリアの要求する条件を加えて三国同盟を更新した．ドイツは北アフリカでフランスに対してイタリアを助けることを約束し，オーストリアはバルカンで勢力を広げる場合にはイタリアも応分の分け前を得ることを認めた．

ビスマルクは三帝同盟の復活を断念したが，ロシアを孤立させることを好まず，ロシアとの間に二国間条約，通常「再保障条約」と呼ばれる条約を結んだ．両国はバルカンの現状維持を約束したが，しかしドイツはブルガリアにおけるロシアの優越した立場を認め，さらに極秘文書でドイツはロシアによる海峡支配をも認めた．ビスマルクはブルガリアおよび海峡地帯へのロシアの進出を抑制する役割を放棄し，その役割をイギリス，オーストリア，イタリア三国の第二次地中海協定に委ねようとした．ビスマルクは89年にはイギリスへの接近をめざし，ソールズベリ首相に英独同盟を提議したが，しかし彼の時代はまもなく終わろうとしていた〔ガル 1988〕．

4 ─ アフリカの分割

[エジプト問題]

　スエズ運河が1869年に開通するとまもなく本国とインドおよび極東，オセアニアを結ぶイギリスの海運が運河の最大の使用者となり（通行船舶の90％はイギリス船），75年にイギリス政府はエジプト総督イスマーイールから彼が所有していた運河会社の持株を買収して筆頭株主になったことはすでに述べたとおりである．イスマーイールの性急な近代化政策は英仏などの外国投資家からの高利の借款によって賄われたため，エジプト政府の財政は破産状態に陥り，スエズ株の売却も一時を凌いだに過ぎなかったから，英仏は債権者の利益を守るため従順な総督を立て，エジプト財政を両国の管財人の管理下に置いた．しかし81年にナショナリストの軍人たちがクーデタを起こし，政情が混乱した．
　当時のイギリス首相は，ディズレーリの帝国主義を厳しく批判した自由党の政治家グラッドストンであった．当初彼は単独で軍事介入する意図はなく，名目的な宗主権をもつオスマン帝国の軍事介入を望んだものの国際的支持を得られず，対応策を模索するうち，82年にアレクサンドリアで反英暴動が起こった．彼はフランスに共同出兵を提案したが，フランスでは議会が派兵予算案を否決し内閣が辞任したため，結局イギリスは単独で軍事介入に踏み切った．イギリスは「暫定的に」エジプトを支配下においたが，親英政権を存続させるために，その暫定措置は無期限に延長されることになる．イギリスはエジプト政府の後見人という立場からこの国の財政を立て直そうとして，もっぱら債権者側に立つフランスと対立した．またイギリスはエジプトの属領スーダンでの反エジプト紛争に巻き込まれ，ハルトゥームで孤立したイギリス軍の救援が遅れたため，グラッドストン首相は愛国的世論の批判を受け，人気を失った〔Thornton 1968〕．

[アフリカ問題に関するベルリン会議]

　ビスマルクは南西アフリカのナミビアとカメルーンのドイツ人入植地をドイツ領とすることを主張して，アフリカ分割に参入した．彼は，帝国主義政策推

進に熱心なフランスの首相フェリーとの間で、アフリカ問題についての独仏の提携を推進しようとした。ビスマルクはフランスが1871年の独仏国境を再確認するならばイギリスに対する同盟を結ぶ用意があった。それが実現すればドイツを中心とした大陸同盟が成立する。しかしフランスの国民感情を考えればそのような同盟は問題外だった。フェリーが考えていたのは、アフリカ問題でイギリスに対抗してフランスの立場を強めるためのドイツとの限定的提携であった。独仏両国がアフリカ問題を議論する国際会議を開催することを主張したので、イギリスもそれに同意した。

1884年から85年にかけて開かれたアフリカ問題に関するベルリン会議は14ヵ国による国際会議で、ヨーロッパの国々のほかアメリカとオスマン帝国も参加した*。「ベルリン西アフリカ会議」「ベルリン・コンゴ会議」などと呼ばれる。この会議におけるビスマルクの主な狙いは、後発国ドイツに有利な帝国主義政治の原則づくりの可能性を探ること、帝国主義政治におけるドイツの存在感を示すこと、そして独仏接近の可能性をイギリスに印象づけてイギリスから譲歩を引き出すとか、フランスの対外政策を海外での拡張追求に誘導して独仏関係を改善するなど、植民地問題を利用して大国間関係を操作することであった。

* アメリカはリベリア建設の経緯から国際的に同国の後見役とみなされ、アフリカに利害を持つ国とされていた。リベリアは1820年代にアメリカで奴隷から解放されたアフリカ人をアフリカに再定住させることを目的とした諸団体が設立した植民地で、1847年に独立を宣言していた。

この会議は国際関係史において、どのような歴史的意義を有するであろうか。この会議ではコンゴ川およびニジェール川の自由航行、コンゴ川流域から中央アフリカ東岸までの地域における自由貿易、アフリカ植民地化に関する一般原則について合意された。それらのうち自由航行と自由貿易は特定の地域に限られたもので、それも実際には十分に守られたとは言いがたい。植民地取得に関する原則も漠然としたものではあるが、それがアフリカの分割を促進したことは確かである。植民地や保護地域を設定する国は諸外国に対してそれを宣言する必要があり、また実効的支配を樹立して初めて領有を主張できることが合意された。それはアフリカ進出の先発国の権利を限定して後発国に機会を与える

という意味があったが，そのことが先発国イギリスを駆り立て，また他の国々を駆り立てて，競って目をつけた地域を領土化することになり，またその傾向が他の地域，太平洋島嶼の分割の促進にも影響したと言えるであろう．

　この会議はアフリカに関する会議であるとはいえ，アフリカ人不在の中でアフリカの植民地問題を議論した会議であった．この会議の合意文書ではアフリカ人国家の主権については言及がなく，保護国の設定に関連して，それらの国が進出国に保護を委ねる権利としてのみ主権の存在が黙示的に示唆されていた．その意味でこの会議はまさに帝国主義時代の開幕期を象徴する会議であった〔Förster, et al. 1988〕．

［東アフリカにおける角逐］

　アフリカ問題に関するベルリン会議の実現を導いた独仏提携は長くは続かなかった．この会議中にもフランスでは，フェリーの独仏提携政策は失地回復を断念させようとするビスマルク外交への追従であるという批判があった．1885年にフェリーが進めたインドシナ植民地化のための戦争において，フランス軍が多くの犠牲者を出したことが報道されると，彼の内閣は議会で信任を失った．当時フランスでは対独復讐論が高まり，強いフランス再建を担う新たなボナパルトとしてブーランジェ将軍の人気が高まった．89年には大衆的人気を背景に彼がクーデタを試みる可能性も噂されたが，彼は同年ベルギーに亡命し，危機は収束した．しかしこれはアルザス-ロレーヌの傷痕が独仏関係の制約要因であることを強く印象づける事件であった．

　1880年代末には，ビスマルクはイギリスとの関係改善に力を入れた．ビスマルクは英独同盟をも視野に入れていたが，実際に成立した90年の合意はドイツ領東アフリカのザンジバル島（現在はタンザニア領）と北海のイギリス領の島ヘリゴランドとの交換に関するものだけであった．ただしこの時期のイギリスが地中海協定などにより三国同盟諸国に接近していたことは確かである．イギリスは東アフリカでのイタリアの植民地獲得にも好意的だった．イタリアはエリトリアとソマリランド南部（現在のソマリアの一部）に植民地を獲得し，さらにエチオピアの保護国化を狙った．カイロからケープタウンまで縦の線を繋ぐことを望むようになったイギリスは，フランス領コンゴからフランス領ソ

マリランド（現在のジブチ）まで横断的に勢力を張ろうとするフランスの野心を警戒し，それを阻止するためエチオピアへのイタリアの野心を奨励した．イタリアは89年，エチオピアと条約を結び同国の保護国化を宣言したが，エチオピア皇帝メネリク2世はそれを否認したので，95年には両国の戦争となった．エチオピア軍はフランスの武器援助を得て抗戦し，96年にエリトリアから侵攻してきたイタリア軍にアドワで壊滅的打撃を与えたため，イタリアはエチオピア支配を断念した．メネリクは自国の独立を守るために，ヨーロッパ国際社会から主権国家に相応しい君主として認知されることを望み，イタリア人捕虜を国際法に従って人道的に扱った．

　アドワでのイタリアの敗北により，東アフリカで仏伊間に緊張が高まる可能性は消え，代わって英仏間に直接対決の危機が生じた．英仏の争いの焦点となったのはスーダン南部であった．1898年9月スーダン南部のファショダ（現在のコドク）で，先に到着したフランス軍の小部隊と，スーダン北部のスーダン人独立派を制圧してから駆けつけたイギリス－エジプト軍とが対峙し，それぞれ本国政府の指示を求めた（ファショダ事件）．イギリスのソールズベリ首相はスーダン問題では断固として譲らない態度をとり，世論も強硬論で固まった．フランスはこの争いでイギリスと一戦交える決意はなく，同盟国ロシアもフランスに自重を求めた（露仏同盟の成立については第5節参照）．フランス政府は戦争を避けるためファショダからの撤退を決め，11月にこの危機は解決して，翌年双方の縄張りについての正式な合意が成立した．

［南アフリカにおける帝国主義］

　アフリカ南端のケープタウンは大西洋とインド洋とを繋ぐ航路上の拠点として16世紀にまずポルトガル人が利用し，それを17世紀にオランダ東インド会社が奪い，ケープタウンとその周辺にオランダ人を入植させた．イギリスはナポレオンがオランダを支配したとき，それを占領し，講和の際正式に植民地とした．オランダ時代に入植した住民（ブール人*）の一部はイギリスの支配下に住むことを好まず，1830年代に奥地に進んで独自の社会をつくった．イギリスの関心は航路の要衝を確保することにあったので，ブール人がナタールのような海岸地域に入植したときには，それを支配下においたが，内陸部には関

心が薄く，50年代には彼らがつくったオレンジ（オラニエ）自由国とトランスヴァール共和国を独立国として認めた．

＊ 「ブール」とは，オランダ語に原住アフリカ人の語彙が混ざった彼らの言語（アフリカーンス）では，農民を意味する言葉である．彼らは自らを「アフリカーナー」と呼んだが，彼らは主に農民であったため，イギリス人からは「ブール」と呼ばれた．

イギリスの内陸部への関心が強まるのは1867年にグリカランド西部（現在のキンバリー）でダイヤモンドの大鉱脈が発見されてからである．イギリスはこの地方を，オレンジ自由国が領有権を主張する前に自らの領土とした．イギリスはフランス系植民地を組み入れたカナダの連邦自治領と同じく，南アフリカにもブール人の二国を含めてケープ植民地主導の連邦自治領を形成することを目論んだ．オレンジ自由国の北にあるトランスヴァールはより独立心が強い国であったが，原住アフリカ人との武力闘争に苦しみ，財政難に陥っていた機会をとらえ，イギリスは77年に自国の支配下においた．

イギリスのケープ植民地の総督は1879年アフリカ原住民の強力な民族集団ズールー族の王国に戦いを挑み（ズールー戦争），本国からの兵力増強を得てようやく勝利を収めた．しかしトランスヴァールのブール人はイギリスの支配をしぶしぶ受け入れただけであったから，ズールー戦争により，強力な原住アフリカ人国家からの脅威がなくなると，クリューガーを指導者として80年から81年にかけて独立回復のためにイギリスと戦った（第一次ブール戦争）．グラッドストン首相は戦争の長期化を好まず，外交および原住民政策上の問題についてイギリスが監督権をもつことを条件に，内政に関する自治を認め，84年にはさらに譲歩して，ほぼ完全な独立国としての地位を与えた．トランスヴァールに金の大鉱脈が発見されるのは，その後まもなくの86年で，それとともにイギリス人を主とする多数の金採掘者たちが金鉱地帯に殺到した．

南アフリカにおける「帝国建設者」として著名なローズは1870年にケープタウンに移住し，ダイヤモンドの採掘権を零細採掘業者から買い上げて独占的ダイヤモンド採掘会社を築き，企業家として成功した．その後，オックスフォード大学で学びイギリス指導層に人脈をつくり，トランスヴァールに金鉱が発見されるとその採掘権を買い上げて大きな利権をえた．ローズはケープ植民地

政界にも進出して，90年には首相となるほどの勢力を築いた．彼はトランスヴァールの北にイギリスの植民地をつくり，それをスーダンに結び付ける野心を抱き，イギリス南アフリカ会社を設立して，89年に本国政府から植民地経営会社としての特許を得た．この会社は原住民君主の統治権を奪ってその地方（「ローデシア」と命名，現在のザンビアとジンバブエ）を支配下においたが，ローズが期待した金は発見されず，植民地経営の利益が上がらなかった．それゆえ彼はトランスヴァールへの関心を一層強めることになった．

ローズはトランスヴァールのクリューガー大統領と交渉して，彼が望むポルトガル領の港への鉄道建設に資金を提供する代わりに，ケープタウンからの鉄道を金鉱地帯の中心ヨハネスブルグまで延長することを認めさせた．したたかなクリューガーは一旦ポルトガル領の港への鉄道ができると，ケープタウンに繋がる鉄道の利用に高額の税金を課した．ローズは，金鉱地帯の新住民の政治的発言権を認めないクリューガー政権の転覆を狙い，95年に同政権に対する反乱と私的な傭兵の外からの侵攻とを連動させる計画をたてた（ジェイムソン侵入事件）．しかしこの陰謀は失敗し，ローズはケープ植民地の首相の地位を失った．彼は本国で査問を受けたが，植民地会社の特許の取り消しは免れた．実際には本国政府の植民地相ジョゼフ・チェンバレンはこの計画の協力者だったが，もちろん一切の関与を否定した．

この事件の際，ドイツは皇帝ヴィルヘルム2世がクリューガーに防衛成功の祝電を送るなど目立った行動をとった．ビスマルク引退後のドイツ外交が帝国主義政治に世界的規模で参入し，発言権を強めようとしていた時期であったから，イギリス政界ではクリューガーの共和国が金産出国として独自の国際的立場を取得することへの警戒が強まり，それを予防しようとする政策が世紀転換期の南アフリカ戦争（第二次ブール戦争）へと繋がる＊．

＊ ローズはこの戦争が終わる直前に病死するが，彼がオックスフォード大学に遺贈したローズ奨学金がイギリスの海外領土在住の優秀な青年とアメリカ合衆国およびドイツの優秀な青年を対象にしたものだったことは，ジェイムソン侵入事件の際のドイツの敵対的態度にもかかわらず，彼がイギリス－アメリカ－ドイツの民族的親和性を認め，三者の国際的協力の発展を期待していたことを物語る．

5―ビスマルク後のヨーロッパ

[ビスマルク時代の終わり]

　1888年にドイツ帝国初代皇帝ヴィルヘルム1世が死去し，その後皇位を継いだ息子のフリードリヒ3世もすぐに死去したので，帝位はその息子のヴィルヘルム2世に移った．若い皇帝は外交権をビスマルクに委ねることを好まず，就任早々から独自の訪問外交を展開した．そして90年に皇帝とビスマルクとは内政問題を巡って衝突し，ビスマルクは首相の座を去り，外交舞台から退場した．ビスマルクからヴィルヘルム2世へのドイツの主役の交代は，古いドイツから新しいドイツへの世代交代であった．

　ビスマルク世代のドイツは1871年の帝国の形成に満足し，その年に成立したヨーロッパの状況を保守しようとしたドイツであった．ビスマルクはそのためにドイツとオーストリア，ロシアとの連携を形成し，フランスを孤立させ反ドイツ連合が形成されることを防ごうとした．しかしバルカン諸民族の動向は彼の管理の範囲外にあり，情勢の変化とともに両国の間に新たな対立が生じるのは避けられず，三国間の長期的な同盟は維持できなかった．ビスマルクはロシアとの友好関係を存続させるために，ロシアのブルガリアや海峡地帯への野心に好意を示す一方，ロシア抑制の役割をイギリスに担わせようとした．末期のビスマルク体制はこのような姑息な手段によって辛うじて破綻を免れていた．ビスマルク体制がすでに破綻しかけていたことを考えれば，ドイツの新世代外交がそれと決別しようとしたのは，自然の成り行きだった．

　ビスマルクは大陸におけるドイツの立場を維持することに関心があり，海外への勢力拡張には積極的ではなかった．彼はアフリカに植民地を求め，アフリカに関する国際会議を主催したとしても，彼のアフリカ地図はむしろヨーロッパにあった．植民地をもったとしても一流の海軍国を目指すことはなかった．彼が外交舞台で調整者としての役割を果たせたのは，ドイツがヨーロッパで自らの拡張を望まず，帝国主義政治においても控えめに行動したからである．しかしビスマルク後のドイツは目覚ましい経済的発展によって工業生産力でイギリスを追い抜き，貿易国，海運国としてもイギリスに迫りつつあった．新世代

のドイツはもはや1871年の成果を守ることに甘んじる国ではなく，新たな世界的役割を望んだのである．ヴィルヘルム2世はそうした願望を強くもつ指導者であった．

　ビスマルク後のドイツは彼から二つの負の政治的遺産を受け継いだ．一つは隣国フランスとの冷たい関係である．彼はフランスとの長期的な敵対を予想してフランスから領土を奪ったが，それによって自らの予言を充足させることになった．1890年代初頭には独仏関係は実務的には穏やかであったが，冷たい平和関係以上の発展は期待できなかった．そしてビスマルク体制の解体は，ドイツに対抗する同盟を形成する機会をフランスに与えた．もう一つの遺産はドイツの急速な近代化にそぐわない権威主義的体制である．それは帝国政府と帝国議会との間につねに緊張をもたらした．また帝国憲法は皇帝に大きな権限を与えており，有力な首相がいない場合には，対外政策における皇帝の独走を許したり，政策の不統一を生み出したりする危険があった．

［フランスとロシアの接近］

　1879年にドイツがロシアのベルリンでの外債募集を認めなかったとき，パリの銀行がロシア債券等を引き受けて注目された．これはロシアとフランスの接近の最初の表れともいえるが，金融面でのフランスのロシアへの協力がそのまま直線的に進展したわけではない．92年にはフランスのロスチャイルド（ロトシルド）銀行がロシア債募集から手を引き，ロシア国債の価格を暴落させたことがあった．ロシアのギールス外相は新たな再保障条約締結に熱心だったから，ドイツ側にそれを結ぶ意志があれば，露仏同盟が実現する可能性はなかった．ギールスがフランスへの接近に関心をもったのは，ドイツ側が再保障条約に関心を示さず，三国同盟にイギリスを結び付ける政策を追求していたからである．ドイツはロシアとフランスとの提携が進展する可能性を軽視していた．フランスとロシアとは共通の利害をもたず，同盟を結ぶには政治体制も違い過ぎていると思われた．両国間にはたしかにそのような相違が存在したから，両国の同盟の成立には数年の時間を要し，そしてその同盟は正式の条約に基づくものとはならなかったのである．

　ロシアとフランスとの接近が国際的に脚光を浴びたのは，1891年7月フラ

ンス艦隊がクロンシュタット軍港を訪問したときであった。自身主催の晩餐会で、ロシア皇帝アレクサンドル3世はロシアでは禁歌扱いの革命歌ラ・マルセイエーズに、賓客の国歌として敬意を表した。この艦隊訪問は両国の新たな関係の始まりを印象づけたが、実際、両国間の政治協定のための交渉が始まっており、同年8月に双方の外相の交換公文の形で協定が結ばれた。しかしそれは、国際的平和を乱す恐れのある動きが生じたときに両国政府が協議する、実際に平和が乱されたときには共同行動について協議するという、具体性に乏しい合意であった。フランスはドイツを意識して、ヨーロッパに関する政治協定にすることを望んだが、他方ロシアはイギリスを意識して、国際的平和全般に関する協定を望み、結局ロシアの主張に沿った全般的で具体性のないものとなった。

［露仏同盟の成立］

　フランスにとって望ましい進展があったのは、その翌年である。1892年8月、フランスとロシアの軍首脳の間で軍事協定が調印された。これは、フランスがドイツあるいはドイツの援助を受けたイタリアから攻撃されたときにはロシアが、ロシアがドイツあるいはドイツの援助を受けたオーストリアから攻撃を受けたときにはフランスが、それぞれ直ちに陸軍を動員して援助するというものであった。そしてそれぞれが動員する兵力数についてもフランスは30万、ロシアは20万と決められた。フランスがロシアを上回る兵力の動員を約束していることは、フランスがこの協定の締結に積極的だったことを物語る。1891年の政治協定は特定国に対するものではなかったが、92年の軍事協定は明らかにドイツを中心とした三国同盟を仮想敵としていた。

　ただし、この協定は陸軍幹部の合意であり、それが有効になるためには両国政府間の合意が必要であった。この軍事協定が両国政府の承認により正式なものになるのは、1894年初めである。それまで時間を要したのは、ロシア側に共和国フランスは信頼できるかという疑念があり、とくにギールス外相はフランスとの軍事同盟に踏み込むことに消極的だったからである。彼は93年にもドイツとの関係改善を試み、その成果がなかったときはじめて、フランスとの軍事同盟に同意した。ロシアは同盟の具体的内容を秘密にしておくことを望み、フランスとしてもドイツを刺激することを望まなかったから、内容を公開しな

いことが利益であったが，共和国憲法では条約の批准には議会の承認が必要であった．そのため露仏軍事同盟は条約ではない外相の交換公文という形で成立することになったが，議会を迂回して重大な同盟を形成することについて，フランスのカルノー大統領が憲法上の妥当性に疑念をもっていたことも，同盟成立が遅れた一因であった〔Droz 1972；Kennan 1984〕．

　もっとも，露仏提携が成立したからといって，両国とドイツおよび三国同盟との関係が直ちに悪化したわけではない．ロシアもフランスもドイツとの関係を悪化させることは望まなかったし，ドイツ側にもそのような意志はなかった．1895 年にはドイツは両国に働きかけて遼東半島問題で日本に対する三国干渉を行い，両国とくにロシアをドイツ側に引き寄せようとした．97 年にロシアとオーストリアとはバルカンと海峡地帯に関して現状維持を協定したが，このことはそれぞれの同盟国であるフランスとドイツを安心させた．90 年代には，二つの同盟が存在するようになっても，まだ両陣営が対峙するという状況ではなかった．しかしこの同盟は，やがてバルカンでのロシアとオーストリアの争いをヨーロッパ大国間の勢力均衡の問題に転化する運命を与えられていたのであり，その意味では，ケナンが呼んだように，それは「運命的な同盟」であった〔Kennan 1984〕．

6 ―帝国主義政治への日本の参入

［明治政府による領土の確定と条約改正］

　1867 年に将軍徳川慶喜が幕府の政権を朝廷に返上したのを受けて，翌 68 年に明治維新を宣言した明治政府が，旧幕府派の抵抗勢力を制圧して国内の統一に成功するのは，69 年である．明治維新を実現した新政府の指導者たちは，かつて徳川政権の正統性を否定するために攘夷を唱えたことはあったが，攘夷は不可能であり，西洋諸国との外交関係の維持は日本の独立のために不可欠であることをよく理解していた．彼らは政権を掌握すると外国交際は万国公法が文明国に求めるものであると主張して，開国を擁護した．幕末維新期の日本の指導層がまず学ぼうとした西洋の法は万国公法であった．明治政府の指導者は，徳川政権が締結した諸条約は西洋諸国相互間の条約とは異なる不平等条約であ

ることに気付いていたが，新政権の正統性を西洋諸国に認知させるためには，それら条約の遵守と，幕府および諸藩の対外的支払い義務の継承を約束する必要があった．

　明治政府は主権国家の政府として日本の領土の確定に努めた．徳川政府が1855年にロシアと結んだ条約（日露和親条約）では，千島列島（クリル諸島）のエトロフ以南は日本領，その北はロシア領，サハリン（樺太）は共有とされていたが，明治政府はロシアと交渉し，75年，すでにロシアが植民の実績を作っているサハリンを放棄して，千島列島すべてを日本領とすることで合意した（樺太・千島交換条約）．76年には小笠原諸島を日本領と宣言して諸外国に通知し，その領有を確定した．明治政府は琉球については強引な方法を用いた．すでに述べたように，琉球は17世紀初頭に薩摩藩に征服されて，江戸政府に朝貢していたが，同時に清国との朝貢―冊封関係を維持していた．明治政府は琉球を主権国家としての日本の領土に組み入れようとし，72年に琉球王尚泰を琉球藩王に叙して日本の属国であることを明白にしたが，琉球藩は清への朝貢を続けたため，政府は藩王に清との朝貢―冊封関係の断絶を命じた．琉球側はそれに応じず，清の支持を得て従来の相対的独立を維持しようとしたので，日本は79年に琉球藩を廃して沖縄県とし，尚泰の東京在住を要求した．清はそのような日本の琉球処分を認めず，琉球問題は日清間の懸案事項になったが，積極的に琉球を援助しようとはしなかったので，琉球側は日本による直接統治を受け入れざるをえなかった．日本が最南部の島嶼を清に譲ることで日清の和解を図ろうとし，交渉がまとまりかけたこともあったが，そのときは清側が調印しなかった．結局，日本の沖縄諸島支配については清側が既成事実を容認することになり，日清間ではむしろ朝鮮問題が対立点となるのである．

　明治政府が多年にわたり鋭意努力した外交の課題は不平等条約の改正であった．1871年から73にかけて岩倉遣外使節を米欧諸国に派遣した時も，諸国政府に対して条約改正について協議しようとしたが，どの国も時期尚早として前向きの返事は得られなかった．西洋諸国は，日本を西洋中心の主権国家体制の中に組み入れたが，不平等条約の撤廃のためには日本の諸制度の近代化が条約改正の前提であるとしたからである．法典や裁判制度の整備，とくに憲法の制定は近代国家としての発展に不可欠なものであったが，日本政府がそれらの整

備を急ぎ，立憲国家を目指したのも，一つには条約改正を早める狙いもあった*．条約改正は，1894年に領事裁判権とともに外国人居留地制度を廃止した日英通商航海条約が締結されたのを手始めに進展したが，関税自主権の回復は日露戦争後の1911年に持ち越された．

> * 明治政府は条約改正のため国際基準の達成について国際的認知を得ることに努力した．日本の統治者としての天皇は，外国との条約や対外的宣言では日本語正文でも「皇帝陛下」と表記された．これは天皇が国際基準における「皇帝」であることを明示するためであった．

［朝鮮および清国との関係］

明治初期の日本では，「文明開化」が合言葉となり，西洋の学問，技術および制度の導入への関心が高まり，西洋に対する攘夷主義は力を失ったが，近隣諸国に対しては強硬論が有力で，世論はしばしば外交指導者より強硬な政策を主張した．維新後まもない1870年代前半に征韓論が高まり，台湾を巡って清国との戦争を望む世論があったのは，その例である．71年，明治政府は清国との間に対等な条約を結んだ（日清修好条規）．日本側は条約交渉の際に，清が西洋諸国と結んだのと同じような条約を提案した．これは西洋諸国に並びたい願望の表れであるが，当然ながら清国に拒否された．清側には，華夷秩序の伝統への執着があったから，日本と対等な条約を結ぶことにも不快感があった．しかし清政府は，日本を西洋諸国側に追いやるよりも，対等の条約を結ぶことで日本に影響力を及ぼし，日本を引き付けておくことを狙い，対等な国交樹立に同意して，日清修好条規が締結されたのである．この条約に相互援助条約のような条項があったのは，清側の意図の表れであった．なおこの条約では，相互に相手国内で自国民に領事裁判権をもつことが定められていた．

1872年，明治政府は鎖国政策をとる朝鮮に外交関係の樹立を求めて拒否されていたので，その非礼を咎めるために朝鮮に派兵すべしという議論が政府内で高まったが，翌年には岩倉具視，大久保利通，木戸孝允らが欧米視察から帰国し，海外出兵よりも国内体制整備が急務であることを訴えて，西郷隆盛ら征韓論者の主張を抑えた．70年代初頭に琉球や岡山地方の漂流民が台湾で先住民に殺害あるいは略奪される事件が起きていたので，74年には台湾出兵論が

国内に盛り上がった．西洋諸国に対する清帝国のアヘン戦争以来の度重なる敗北を見て，日本人は中国に対する伝統的な畏敬の念を失っていた．そのため，西洋諸国の力に敬意を払わなければならない不満を，近隣諸国への強硬な態度で補償しようという心理が働いていたのであろう．また旧武士階級の間には俸禄と身分とを失ったことへの反発があり，不満のはけ口を「対外硬」に求めたという事情もあったであろう．政府はそうした強硬論を背景に台湾に出兵したが，強硬論者の唱える清国との戦争を避けて，台湾を中国領と認め，その代わりに琉球・岡山の漂流民が被害を受けた事件の責任を認めさせて賠償を得ることで和解した．政府にはそれによって琉球の領有権の主張を固められるという計算があった．西郷派はこのときも戦争を望んだので，政府の慎重策に挫折感を抱いた．彼らの挫折感の蓄積が77年の内乱，西南戦争の原因となるのである．

　明治政府は征韓論を抑えたとはいえ，朝鮮に対して威圧的な国交樹立交渉を試みた．1875年には軍艦2隻を朝鮮に派遣し，朝鮮側からの砲撃を招いた（江華島事件）．西洋諸国がしばしば朝鮮に軍艦と使節を派遣して開国を求めていたことを背景に，日本は国際社会の利益のために行動する体裁をとりつつ，76年に軍艦6隻とともに使節を朝鮮に派遣した．日本は軍事力を背景とする外交により，朝鮮側に日本が用意した条約，日朝修好条規の締結を受諾させた．この条約では，日本は朝鮮に対する清国の宗主権を無視して，朝鮮を自主独立の国と規定し，使節の交換，釜山等三港の開港，沿岸測量権，領事裁判権などを獲得した．ただし朝鮮は日本や西洋諸国に門戸を開いても，清国との朝貢―冊封関係を維持した．攘夷主義をとった摂政大院君を失脚させて権力を握った国王高宗（李太王）の妃（閔妃）の一族閔氏は日本および西洋諸国の進出に対抗するため清国を頼りとし，他方，清国は朝鮮開国により朝鮮への列国の外圧を相殺し緩和しながら，朝鮮を朝貢国として保持しようとしたのである．1880年代にはアメリカなど西洋諸国も朝鮮と修好条約を結んだが，それらは清国の宗主権を認めた上で外交関係を樹立したものであった．

　幕末以来，日本の識者の間には日清提携論があったが，朝鮮での対立が深まるとともに消えていった．清国にとって朝鮮は最後に残された重要な朝貢国であったから，朝鮮における宗主国としての立場を守ることに力を入れた．朝鮮

の権力者は清国依存の立場をとる事大党であったが，鎖国攘夷派もおり，冊封関係から離脱し開化を目指す独立党もいた．82年に鎖国派軍人が反乱を起こし，大院君が復権したが，清国の出兵により鎮圧された（壬午事変）．その反乱中，日本人が殺傷されたので日本も出兵し，公使館警護のための駐兵権を獲得した（済物浦条約）．閔氏の政権は清国依存を強めたので，独立党は84年に，日本公使館守備隊の支持を頼んでクーデタを試みたが，優勢な清国軍の出動により失敗に終わった（甲申事変）．日本は外務卿井上馨を特使として軍艦と軍隊とともに漢城（現在のソウル）に派遣し，日本が蒙った人的物的損害の補償を要求して，翌年始め朝鮮にその要求を受諾させた．日本国内には清国と対決すべしという意見もあったが，政府は外交的解決を望み，両国軍の朝鮮からの撤退，一方が朝鮮に一時出兵する場合の事前通告などを定めた天津条約を結んだ〔原田 1997；武田 2000（糟谷）〕．

[日清戦争]

日本の指導層は朝鮮半島を日本の安全にとって重要な地域とみなし，朝鮮に影響力を保持しなければならないと考えるようになった．1889年首相となった山県有朋は日本の「利益線」は朝鮮にあると考えた．日本が朝鮮に影響力を保持しようとする政策は清国との紛争の種となったが，ロシアも朝鮮に関心をもっており，イギリスもロシアへの対抗上，関心を抱いた．朝鮮での日本の勢力強化政策は，朝鮮の国内情勢および清国の出方とともに，西洋列強の動向にも注意を払わなければならなかった．日本が行動を起こすきっかけとなったのは，94年朝鮮に起こった排外派「東学党」の反乱（甲午農民戦争）である．朝鮮政府は反乱の拡大に驚き，鎮圧のための出兵を宗主国に求めた．清国は出兵を受諾したので，日本もまた日清間の均衡を維持することを狙いとして出兵を決めた．

反乱はまもなく下火となり，大量出兵は不必要となったが，日本はこれを機に日清両国による朝鮮の内政改革を清国に提案した．この提案を清が拒否すれば，戦争に持ち込んで朝鮮から清の勢力を排除する計画であった．明治日本が西洋式兵力の強化に努めたように，当時は清帝国も開明派官僚が推進した洋務運動により西洋式兵力を備えるようになっており，とくに旅順を基地とする北

洋艦隊は日本にとって強敵とみなされたから，日本は先制攻撃を仕掛け，短期決戦によって清に対する勝利を得ようとした．短期決戦は西洋諸国の介入を封じるためにも必要であった．外相陸奥宗光は，外交録の名著とされる遺稿『蹇々録(けんけん)』において，出兵に際しては「被動者」の立場に立つものの，開戦に際しては「能動者」となって機先を制する策をとったと述べている〔陸奥1983〕．

　清帝国との戦争は近代日本にとって最初の軍事的大冒険であったが，戦況は予想以上に有利に展開し，黄海海戦で北洋海軍を破り，遼東半島の旅順・大連を占領し，さらに威海衛を攻略して，北洋艦隊の残存兵力を降伏に追い込んだ．清国は兵力では日本を上回っていたが，訓練が不十分で，また兵力を結集する態勢を欠いていたために，日本に完敗した．そのため清国側は講和の交渉において日本の要求を全面的に受け入れざるを得なかったのである．95年4月に調印された日清講和条約（下関条約）で，清は朝鮮に対する宗主権を放棄し，遼東半島，台湾および澎湖列島を割譲し，3億円相当の償金を支払うことになった．さらに清国は96年の日清通商航海条約により，日本に西洋諸国なみの経済的権利を認めることを余儀なくされた．日清戦争における日本の勝利は，この国が東アジアにおける一つの帝国主義国として登場したことを意味したのである．

［三国干渉］

　日清戦争期の陸奥外相は，日清講和に欧州列強の介入を招かないよう腐心したが，国内の強硬論に押され遼東半島の割譲を講和条約に含めたため，ロシア，ドイツ，フランスによる「三国干渉」を招いた．三国は日本の遼東支配は清国の首都を脅かし朝鮮の独立を危うくするとして，遼東の返還を求めた．三国の遼東返還要求に直面して，日本は英米に斡旋を依頼することを考えたが，これら諸国も斡旋に消極的であり，英米依存外交は日本の自主性を損なう恐れがあったから，陸奥は日本としては決着を急ぐことが最善と考え，清から支払われる償金の額を増やすことで，遼東返還に応じた．対外強硬派のナショナリストたちもこの際ひとまずの後退はやむをえないと考え，「臥薪嘗胆」（復讐を期して苦難に耐えること）を旗印とするのである．

ロシア，フランス，ドイツ三国のうち，遼東半島に強い関心をもっていたのはロシアだけである．ロシアはシベリア鉄道を建設中で，ロシア沿海州への近道として満州（清帝国の東北部）北部を横断する鉄道建設に関心があったし，また不凍港の獲得にも関心があった．三国干渉の翌年にはロシアはシベリア鉄道につながる満州北部の横断鉄道（東清鉄道）の建設権を清国から獲得している．ロシアとしては日本の遼東獲得を黙認できない理由があったが，フランスの参加は同盟国の誼みからであり，ドイツが積極的だったのは，この機会に露仏同盟を弱めるために極東問題で両者の間に割って入ろうという意図からであったが，それだけでなく，まもなく明らかになるように，ドイツ自身，中国進出の機会をつかもうとしていたためでもあった．イギリスは干渉に参加しなかったが，日本が遼東半島を返還することで，この紛争を平和的に解決することを希望した．清国内では三国干渉と類似の国際的圧力により台湾喪失を防ごうとする動きもあり，台湾では親中国的な人々が「台湾民主国」の建国を宣言した．この運動には国際社会は関心を示さず，それは程なく崩壊したが，日本統治への民衆的抵抗は台湾南部では約半年続いた．

日清講和により，日本は朝鮮に対する清国の宗主権を放棄させることに成功したが，日本指導の内政改革を通じて朝鮮に影響力を強めるという日本の狙いは実現しなかった．朝鮮宮廷の実力者となった閔妃はロシアの力によって日本を抑えようとしてロシアに接近し，日本の影響力の排除に努めた．朝鮮政府の態度に苛立った日本の三浦梧楼公使（陸軍の退役将官）は1895年10月，部下や協力者を使って王妃を暗殺し，親日政権を作らせた．しかし翌年2月にはロシア公使が巻き返しに出て高宗と王子がロシア公使館に逃れ，反日派がクーデタを起こして，親日派政府要人を殺害した．この事態に直面して，日本はロシアとの間で朝鮮についての合意の形成に努めた．朝鮮におけるロシアの影響力は大きくなっていたから，山県－ロバノフ協定（96年），西－ローゼン協定（98年）などの合意では，日本は朝鮮／韓国*では日露両国が対等な地位をもつことを認めざるをえず，日本の優位に関しては，西－ローゼン協定で，韓国における日本の商工業的発展を妨げないという約束を得られただけであった．

* 朝鮮は冊封関係を脱した自主独立の国として1897年に国号を「大韓帝国」と改め，高宗は「皇帝」と名乗った．

7―帝国主義国としてのアメリカ

[西半球における優越の主張]

アメリカは19世紀末までに世界第一の工業大国へと発展した．工業生産では1880年代にイギリスを抜いて1位になり，それ以来，当時の工業力の基幹である鉄鋼生産でドイツ，イギリスをはるかに引き離して発展した．アメリカはエネルギー源である石炭と石油にも恵まれた国であった．アメリカは世界第一の農業国としての地位を保ちながら，世界一の工業国に躍進したのである．

19世紀末になるまで，アメリカにとって，外国との交際はあまり重要ではなかった．ヨーロッパの主要国の間では相互に「大使」の称号をもつ外交使節を交換するのが習慣になっていたが，アメリカはその下のランクの外交使節である「公使」しか海外に派遣していなかった．アメリカは君主国によって構成されるヨーロッパとは一線を画し，その国際政治には関与しない方針をとっていたから，アメリカが派遣し，また受け入れる外交使節は公使で十分であると考えたのである．南北戦争が終わり，連邦国家再建の問題が片づいてからも，アメリカ人の精力と関心とは，広大で資源に恵まれた大陸領土を開発して産業を興すことに向けられた．アメリカの大工業国への発展は大きな国内需要に牽引され国内資源を原料としていたので，アメリカは経済的規模に比べて海外との貿易に依存する度合いが少ない国であった．そのためアメリカは海外への輸出拡大よりは国内市場の保護に関心があり，そのことも，アメリカが国際問題に目を向ける必要を少なくしていた．

しかしアメリカは1893年にはヨーロッパの主要国と相互に大使を交換することにした．それは自国が世界の大国であるという意識がアメリカ人の間に出てきたことの表れであった．90年代になると国際政治に関心をもつアメリカ人が増え，アメリカは西半球とアジア太平洋地域に勢力を拡張すべきだと主張する文筆家や政治家が登場した．90年代の経済不況期に国内需要が落ち込むと，経済回復には海外市場の拡大が必要だと感じられた．アメリカの海外進出の戦略について，もっとも明確な構想を提示したのは海軍史家のマハンであっ

た．国の繁栄の基礎は貿易にあり，貿易の拡大には商船隊と海軍の増強とが必要であるから，アメリカは中米の地峡に大西洋と太平洋とをつなぐ運河を建設し，カリブ海を勢力範囲として，さらに太平洋の島嶼に商船の寄港地と海軍基地を設けて，アジア太平洋地域への進出を目指すべきだと，彼は主張した．実際，アメリカ外交は世紀末に向かって活発化し，アメリカの政策は彼の主張に沿う形で展開した．

　アメリカがまず目指したのは，西半球におけるアメリカの立場の強化であった．積極外交の提唱者として知られた共和党の有力者ブレインが1889年に国務長官に就任すると，彼はラテンアメリカ諸国に働きかけて，米州諸国（北米・中南米諸国）間の関係強化を議題として，同年から翌年にかけてワシントンで最初のパン・アメリカ会議をワシントンで開催した．彼は米州諸国とともに関税同盟を形成する構想をもっていたが，ラテンアメリカ諸国の支持を得られなかった．ラテンアメリカ諸国の多くは関税同盟によってアメリカの保護関税体制の中に組み込まれ，それまでのイギリスとの密接な経済関係を損なうことを好まなかった．そこでブレインは90年の新関税法に互恵通商方式を導入し，ラテンアメリカの国との個別的な合意によって関税を相互に引き下げて貿易拡大を図ることにした．最初のパン・アメリカ会議は実際の成果に乏しいものであったが，情報交換を目的とする米州諸国の国際機関として，米州共和国国際局（後に「パン・アメリカ連合」と改称）を設立することが決まった．

　ヨーロッパ諸国の帝国主義政策が世界的に展開される状況の中で，アメリカは西半球におけるアメリカの政治的優越を主張して，西半球へのヨーロッパ諸国の介入をくい止めようとした．1895年にイギリス領ギアナとベネズエラとの国境紛争が起こった際，クリーヴランド大統領の政府は強硬な世論を背景に，問題をアメリカの調停に委ねるようイギリスに強く要求し，当時の国務長官オルニーはイギリス政府への覚書の中で，モンロー・ドクトリンを援用して西半球における合衆国の政治的優越を主張した．イギリスはモンロー・ドクトリンを国際的拘束力あるものとは認めなかったが，アメリカの強硬な態度に驚き，この問題ではアメリカの要求に応じた．帝国主義時代の国際政治において，他のヨーロッパ強国の挑戦を意識し始めていたイギリスとしては，アメリカとの友好関係の維持を望み，イギリスにとって重要性の低い問題でアメリカと対立

することを避けた．それ以来，西半球の問題については，アメリカの主張を尊重し，対米友好を強化し，他の地域の問題についてはイギリスの立場への支持を期待することがイギリスの政策となった．

[アメリカ-スペイン戦争]

　1895年にスペインの植民地キューバで反乱が起こり，独立を求める闘争に発展した．反乱が長期化するにつれ，アメリカの新聞が現地でのスペインの非人道的抑圧を書き立てたこともあって，アメリカの国内ではスペインへの反感とキューバ人への同情が強まり，抑圧を止めさせるために干渉すべきだという意見が高まった．97年に大統領になったマッキンリーはスペインに対して速やかにキューバでの休戦を実現し，住民に広汎な自治権を認めて事態を収拾するように要求した．しかしスペインはアメリカが求めたような譲歩をせず，反乱側もスペインの示した条件では和解に応じなかった．98年にはアメリカ市民保護のために派遣されたアメリカの軍艦メイン号がハバナ港で原因不明の爆発事故のため沈没する事件が起こったため，軍事干渉論がますます高まった．マッキンリーはアメリカの調停を受諾するようスペインに要求したが，スペインはそれを受諾しなかったので，彼は議会に開戦の決定を委ねる教書を送り，議会は同年4月に開戦を決議した．その決議の中で，議会はキューバ領有を否定し，キューバを独立させるべきことを表明した．

　スペインはアメリカと戦うに足る軍事力をもっていなかったから，同年8月に休戦協定が結ばれ，12月パリで調印された講和条約により，アメリカはスペインにキューバを放棄させ，カリブ海地域のもう一つのスペインの植民地プエルトリコと西太平洋のフィリピンおよびグアムをアメリカに割譲させた．この戦争中，アメリカのアジア艦隊はマニラ湾にいたスペイン艦隊を降伏させ，陸軍をフィリピンに派遣した．当時まだ大統領はフィリピン全島の領有を決めていたわけではなく，講和に際して熟慮の末それを決めたのであるが，当初から太平洋に足場を得るためにフィリピンに関して何らかの要求をする方針はあったといってよい．この年，ドイツやロシアが中国に租借地を獲得したことも，太平洋における足場を固めようとするアメリカの政策を加速させた．この戦争中，93年以来未確定だったハワイ併合を決めたのも，そのためである*．

＊　ハワイでは93年にアメリカ系住民が実力で権力を掌握し，王政を廃止してアメリカへの併合を申し入れ，条約が結ばれたが，その年新たに大統領に就任したクリーヴランドはアメリカの公使館がこの革命に加担していたことを遺憾とし，併合条約を握り潰したため，併合問題は懸案事項となっていた．

1898年には，アメリカではハワイ，グアムやプエルトリコを領土にすることには目立った反対はなかったが，地理的にも文化的にも遠い西太平洋にフィリピンのような住民も多い群島を支配下におくことには反対があった．反対論者は反帝国主義連盟を作って言論活動をおこない，条約の批准に反対したが，条約は上院で支持された．しかしフィリピン人はこの戦争前，スペインに対する独立運動を始めており，その指導者たちはアメリカがフィリピンの独立を認めることを期待していた．アメリカの領有方針に失望した彼らはアメリカの支配に対して抵抗し，アメリカはその鎮定に数年を要した．そのため世紀末には一時高まるように見えたアメリカ人の植民地支配熱はすぐに冷めた．1902年にアメリカはキューバでの軍政に終止符を打ち，キューバに独立を与えることにした．ただしアメリカはキューバが外国から借款を得ることに制限を設け，混乱に際して干渉する権利を留保し，また同国東端のグアンタナモを海軍基地として所有することをキューバに要求し，それらの権利を得てから独立を承認した〔May 1968；中野 2007〕．

[カリブ中米地域の勢力圏化]

以上述べたように，アメリカはスペインとの戦争の結果，カリブ海地域における自国の立場を著しく強めるとともに，アジア太平洋地域における足場を固めた．この戦争により，アメリカ政府は中米の地峡に運河を建設することの必要性をますます痛感するようになった．地峡運河は経済的のみならず，軍事的にも極めて重要なものと認識された．アメリカは1870年代末に，フランス海軍の軍人がパナマ運河建設権をコロンビア政府から入手し，スエズ運河の建設者フランス人レセップスがそれを買い取って81年にパナマ運河会社を設立した時には，強く反発した．レセップスは会社を国際化すること，運河は人類共同の利益のために建設されることを強調し，アメリカの反発を和らげ，アメリカ人からの出資を募ろうとしたが，アメリカの好意は得られなかった．しかし

彼のパナマ計画を失敗に導いたのは，アメリカの反発よりも，パナマの厳しい地形と風土病であった．彼の会社は運河の約40％を掘ったところで資金を使い果たし，89年に破産した．80年代にはアメリカの実業家グループがパナマ計画に対抗して，もう一つの運河建設の候補地ニカラグアでの運河建設を試みたが，これも失敗に終わったため，運河建設はアメリカの国家的事業として行うべきだという意見が強くなった．

しかしアメリカ政府としては，運河建設前に解決しておくべき問題があった．それは中米に建設される運河については米英両国が運営・防衛などについて対等な権利をもつという1850年のイギリスとの条約に代えて，アメリカがもっぱら運営や防衛に当たることをイギリスに認めさせることであった．両国の交渉の結果，1901年にイギリスは運河の通行においてイギリス船舶を差別しないという了解の下に，アメリカに運河の建設・管理・防衛を委ねる条約に同意した．

運河建設はセオドア・ローズヴェルト大統領時代に積極的に推進された．アメリカ議会は，パナマ運河会社の整理会社役員がワシントンで懸命のロビー活動をしたこともあって，パナマ・ルートを第一候補に選んだので，政府は1903年，パナマ地峡を領有するコロンビアと運河地帯の永久租借権に関する条約を結んだ．しかしコロンビア上院は条約の内容に異議を唱えて批准を拒んだ．運河建設権をアメリカに売却することを切望するパナマ運河会社はパナマ住民の独立派とともに，アメリカの軍事介入を期待してコロンビアに対する反乱を計画した．その計画に援助を密約していたアメリカ政府は軍艦を現地に送り込み，コロンビア軍のパナマ派遣を阻止し，パナマの独立を承認して事実上アメリカの保護下に置いた．アメリカはパナマとの間に一時金1000万ドル，年間租借料25万ドルの支払いにより運河地帯の永久租借権を得る条約を結んだ．このように強引な方法で運河地帯を入手したアメリカによる運河建設事業も，予想以上に難航したが，ローズヴェルトの強力なてこ入れにより，技術的問題と疫病問題が解決され，運河は10年をかけて14年に完成した．アメリカがパナマ喪失の償いとしてコロンビアに2500万ドルを支払うのは第一次世界大戦後の21年である〔Schoultz 1998〕．

運河建設に着手したローズヴェルトはカリブ中米地域をアメリカの勢力圏に

する政策をとり，ヨーロッパ諸国の介入を排除するために，モンロー・ドクトリンを拡大解釈して，アメリカのみがこの地域の不安定な国々に干渉して秩序の再建を監督する役割を有すると主張した．アメリカは20世紀初頭にはこの地域のいくつかの小国に対して海兵隊の派遣，選挙の監督，税関の管理などの干渉政策を繰り返した．第一次世界大戦参戦前にはアメリカは隣国メキシコに発生した政治的混乱にも深く関与した．

　メキシコではディアス大統領の長期政権下で英米の資本による経済開発が進んだが，経済開発が自国民を潤さないという不満が国民に広まり，1910年からメキシコは革命状況に陥った．11年に改革派の指導者マデーロが大統領に就任したが，13年には軍の指導者ウエルタ将軍に殺され大統領の座を奪われた．ウエルタは外国資本に好意的態度をとることで，米英両国の支持を得ようとしたが，ウィルソン大統領は人殺し政権を承認できないとして不承認政策をとって圧迫したので，彼の政権は14年に崩壊した．しかし反ウエルタ派もまとまりが悪く，穏健派と急進派との対立があり，穏健派のカランサ政権が安定するのは17年になってからである．その間に，16年に急進派指導者の一人ビリャがアメリカ人鉱山技師十数名を殺害し，さらに国境の町に侵入して狼藉を働いたので，ウィルソンは米軍がビリャを捕捉するためメキシコへの越境攻撃を行うことを認めたが，その結果メキシコ領内深く進出した米軍とメキシコ正規軍との衝突が起こり，彼は紛争処理に苦しむことになった．

8―中国を巡る帝国主義政治とアメリカ

[中国における租借地獲得競争]

　1898年は中国へのヨーロッパ列強の進出が目立った年である．かねてから中国への進出を狙っていたドイツは，その前年に山東でドイツ人宣教師2人の殺害事件が起こると，これを進出拠点獲得の好機と捉え，軍艦を派遣して膠州湾地域を占領した．そして98年3月に膠州湾地域の99年間の租借権と，青島から済南府に至る鉄道の建設権および沿線の開発権とを清帝国から獲得した．「租借」とは，中国の都市内の外国人居住者の自治区域として始まった「租界」設定とは異なり，期限付き借地の形をとることによって，清側の受諾を得やす

くして領土同然の完全な支配権をもつ地域を獲得する新たな方式である〔工藤・田嶋 2008，I（浅田）；英 1939〕．

　この方式は直ちに他の帝国主義国によって模倣された．ドイツから交渉について連絡を受けていたロシアは，同月，三国干渉で日本に領有を断念させた遼東半島の旅順・大連地域について25年間の租借権を獲得し，加えてハルビンから租借地までの鉄道建設権を獲得した．フランスも同年内に中国南部の広州湾地区を占領し翌年この地区の99年間の租借権を獲得した．他方，イギリスは98年6月に香港植民地を補強するため，対岸の九竜半島および近隣島嶼全域（新界）を99年間租借し，7月にはロシアの旅順・大連地域進出に対抗して，山東半島東北端の威海衛を租借した．また97年から98年にかけて，イギリスが清政府と長江沿岸の不割譲を，日本が台湾の対岸の福建の不割譲を，フランスが海南島などの不割譲を，それぞれ協定するというように，不割譲協定によって勢力圏を保持しようとする方式も採用された．

　イギリスはロシアが清帝国の首都の近い遼東に海軍基地を獲得して，海陸から清政府に圧力を加え優越した地位を得ることを警戒し，ロシアへの対抗上，威海衛を租借した．威海衛は日清戦争後，日本が一時保障占領していた港であるが，イギリスによる租借は黄海におけるロシア勢力との均衡を保つという意味で，日本にとって歓迎すべきことであった．中国に進出した国々は租借地を基点とする自国所有の鉄道を建設し，その周辺に経済的勢力範囲を作ろうとしていたから，中国は列強により事実上分割される危機にあり，中でもロシアが最大の脅威であるように見えた．このような情勢に直面して，イギリスは以前から自国が勢力を張っていた長江流域における優越の現状が尊重されるならば，ある程度，他国の勢力範囲政策と妥協することを考慮しはじめた．イギリスはそれまでアジアではインドの鉄道建設に力を入れ，中国では鉄道建設にほとんど投資せず，中国市場進出は長江という内陸河川の航路に依存していたが，いまや中国をめぐる帝国主義は租借地，勢力範囲，そして鉄道建設の時代に入ったのである．イギリスは，イギリス主導の国際借款により清政府に融資する形で鉄道建設を行い，長期的にそれら鉄道の管理運営に当たる方式を採用して，中国の鉄道建設時代に対応した〔Langer 1960；Porter 1999（Osterhammel）〕．

[門戸開放政策の発足]

　このとき，中国における門戸開放すなわち機会均等の維持を提唱して，中国に利害をもつ国々に同意を求めたのは，アメリカであった．アメリカの貿易の中で中国貿易は現実にはまだ重要ではなかったが，中国には潜在市場としての魅力があった．1898年アメリカ政府がフィリピンの領有を決めた一つの理由は，それによって，アジアに足場をもつ国として中国をめぐる国際政治について発言力を強化することができると考えたからである．アメリカは列強の勢力範囲政策の進展によって中国における経済的機会が失われることを恐れた．とくにイギリスが勢力範囲政策に転換すれば，経済的機会均等原則は大きな打撃をうけると思われた．アメリカは中国に勢力範囲を主張すべき地域をもたず，中国におけるアメリカの利益は多分に潜在的な経済上の利益であったから，商業上の機会均等の原則を主張することがアメリカにとって最善の方策であった．

　こうしてアメリカは1899年9月に国務長官ヘイの通牒によって門戸開放原則の尊重を提唱した．当時アメリカは勢力範囲の主張そのものに反対したわけではない．アメリカの主張はより限定されたもので，租借地や勢力範囲の貿易港においてアメリカ商船や商品が差別を受けないよう，勢力範囲の鉄道においてアメリカ商品が差別を受けないように求め，また中国海関制度による均等な関税の徴収が維持されるように求めたのである．ヘイのこの通牒は中国海関制度の崩壊を恐れる中国海関機構の次長ヒッピスリーの働きかけにより作成されたことはよく知られているが，ヘイはもちろん中国における門戸開放がアメリカの利益になると考え，それを提唱したのである．

　アメリカの提案に対する関係国の回答は条件付賛成の域を出ず，イギリスの反応も消極的賛成で，とくにロシアの回答はもっとも曖昧であった．しかしアメリカ政府は，アメリカが提唱した原則は全関係国の同意を得たので，国際的原則になったと声明した．中国に関するアメリカの門戸開放政策の原則という場合，(1) 中国における門戸開放すなわち諸外国の商業上の機会均等と (2) 中国の領土保全という二つの原則が含まれる．ヘイの上記の通牒は (2) について言及していなかったが，義和団事件（北清事変）勃発後の1900年7月のヘイの第二の門戸開放通牒では，(2) が主張され，(1) の主張が繰り返された．

　義和団とは19世紀末，山東省に発生した排外的な民衆運動である．西太后

ら清国宮廷内の守旧派は義和団を支持し，それを利用して武力で外国勢力を駆逐することを望んで改革派を排除して，1900 年 6 月に排外戦争を開始した．清国では日清戦争後，改革派官僚が台頭し，光緒帝は 1898 年に彼らを登用して近代化政策（戊戌変法）を開始したが，守旧派が義和団の運動を背景に権力を取り戻し，排外戦争を試みたのである．北京ではドイツ公使らが官兵により殺害され，北京駐在の外交官や外国人居留民が外国公館区域に籠城する事態が生じたので，8 ヵ国が連合して彼らの救援と排外運動鎮圧のために，遠征軍を派遣した．日本もイギリスから大量出兵の要請を受け数万の兵力を派遣した．アメリカ政府は中国が政治的に分割される可能性を恐れ，清帝国の中央政府が機能していないとしても地方政府が機能している場合には，地方政府による支配を尊重すべきだとして，中国の「領土的行政的保全」を提唱したのである＊．ただしアメリカはその原則の実現を目指して，中国を巡る国際政治における主導的な役割を果たす用意があったわけではない．ロシアが義和団事件後，満州駐兵を続けたとき，それに対抗するために積極的に動いたのはイギリスと日本であった〔Cohen 2000〕．

　＊　アメリカは以後一貫して中国の「領土的行政的保全」を主張したわけではない．1908 年の高平 - ルート協定および 17 年の石井 - ランシング協定では機会均等と「領土保全」の原則が謳われただけであった．

20 世紀初頭には，日英同盟協約（1902，05，11 年），第一回日露協約（1907 年），日仏協約（1907 年）などの条約や協定は，利益範囲の相互承認あるいは相互防衛のための取り決めであったとしても，中国における機会均等と領土保全の原則に言及するようになったという意味では，それらの原則はたしかに国際化したと言える．しかしそれはアメリカ外交の成果というよりも，当時の列強にとって，中国の分割を否定する一般論を掲げつつ，それぞれの個別的利害を主張し維持することが好都合だったからである．

第 V 章

帝国主義世界とヨーロッパの大国間関係

セオドア・ローズヴェルトと日露講和全権（1905 年）
写真提供：毎日新聞社

　この章は 20 世紀初頭，帝国主義をめぐる国際政治がヨーロッパの勢力均衡と密接に絡み合うようになる経緯を考察する．南アフリカ戦争に苦しんだイギリスは，北東アジアでは新興国日本との同盟により，この地域における自国の利益を守ろうとした．日本は日英同盟を後ろ盾として，北東アジアで南下政策をとるロシアとの戦争に踏み切り，陸海軍の健闘により，またロシアでの革命運動に助けられて，有利な講和を結ぶことに成功した．日本はこの講和により南満州に権益を獲得したことで，大陸帝国指向を強めた．アメリカが日露講和の斡旋に積極的に行動し，またモロッコを巡る国際緊張の緩和にも外交的に関与したことは，世界的大国としてのアメリカの登場を印象づけた．
　日露戦争の勃発は両国それぞれの同盟国であるイギリスとフランスとが相互に接

近することを促した．そしてこの戦争でロシアが敗北した後，イギリスとロシアとの関係が改善され，英仏露のいわゆる三国協商が成立する．日本とロシアも両国の関係を改善してそれぞれの勢力範囲を認めあう協商関係を結んだ．東アジアでは，日本と三国協商諸国とは，互いに同盟・協商関係を結ぶことにより，それぞれの利益を守ることに協力した．

ドイツはロシアが弱体化した時期にモロッコ問題やボスニア問題で強硬策をとり，英仏関係や仏露関係を弱めようとするが，その政策は裏目に出て，逆にこれらの関係を強化させ，自ら孤立することになった．イギリスにとってドイツは，工業生産力と海軍力の急速な強化を背景に，世界帝国としてのイギリスの地位とヨーロッパ大陸における勢力均衡とを脅かす二重の脅威として意識された．フランスにとっても，ドイツはヨーロッパ大陸における対抗国であるばかりでなく，帝国主義政治における対抗国になった．このようにして帝国主義の世界政治とヨーロッパの勢力関係の政治とが密接に連動し，1910年代には国際緊張は次第に高まる．二つの政治を密接に結びつけたのはバルカン戦争であるが，1913年にはまだ，事態は大国間の戦争に至ることなく，ひとまず収拾された．

19世紀末から20世紀初頭の時期には，他方では，紛争の平和的解決を目指す国際的市民運動が高まり，それを背景に政府代表による再度のハーグ平和会議が開催された．また先進諸国では社会主義運動が台頭し，社会主義者の国際大会では帝国主義戦争反対が繰り返し決議された．この章はそれらの平和運動についても言及する．

1―日英同盟の締結

[南アフリカ戦争]

　義和団事件当時，イギリスは南アフリカでブール人の二つの国と戦っていた．ローズが1895年にイギリス領南アフリカへのトランスヴァール共和国の編入を意図して仕掛けた私的な戦争が失敗に終わった後も，イギリスはその国をイギリスの勢力圏に組み入れることを意図して，圧力をかけ続けた．トランスヴァールのクリューガー大統領はイギリスが要求した内政改革にある程度応じる姿勢をとったが，イギリス側が満足しなかったので，彼はもう一つのブール人の国オレンジ自由国（オラニエ自由国）と同盟を結んだ．99年に，イギリスはトランスヴァール側が要求を拒否するなら戦争するという方針を固め，クリューガーもまた全面屈服より戦争を選んだ．彼は緒戦で勝利を収めればイギリスは譲歩すると予想し，他方，イギリス側もブール人の戦力を甘く見て，戦争は数ヵ月で終わると考えていた．実際にはこの南アフリカ戦争は2年8ヵ月におよび，イギリス側の動員兵力は45万人，戦死者2万人を越え，戦費は2億2000万ポンドを超えた〔Reader 1997〕．イギリスは1900年前半に両国の主要都市を占領し，両国の併合を宣言した．クリューガーはスイスに亡命したが，トランスヴァールではゲリラ戦争が1902年4月まで継続した．

　イギリスの世論は戦争を支持し，1900年の選挙では政権党である保守党‐自由統一党連合が快勝したが，戦争が拡大し長期化したために，後には戦争への批判が高まった．ホブソンが帝国主義批判の著作を著したのは，この戦争の取材に当たってからである．この戦争は国際的に不評であった．ヨーロッパ大陸諸国の世論はイギリスがヨーロッパ系移住者の国を征服しようとすることに批判的だったから，ドイツ，フランス，ロシアが連合してイギリスに調停を受諾するよう要求するという噂もあった．しかしどの政府もそうした反英的行動をとることには慎重で，積極外交を好んだドイツ皇帝ヴィルヘルム2世も首相ビューローもイギリスと事を構える考えは毛頭なかった．彼らが期待したのは，イギリスが自国の世界的地位の低下を意識してドイツに接近してくることで，その際には有利な取引ができると考えていた．

イギリス軍がゲリラ戦対策として焦土作戦や住民の強制収容を行ったことは，ブール人農民に大きな苦しみを与えた．トランスヴァールの将軍たちはゲリラ戦争をやめイギリスの協力者となることで，彼らの国の自治権を回復しようとし，イギリス側も地域秩序の再建と鉱業生産の正常化のために，彼らを協力者にしようとした．両者の握手のために犠牲となったのは先住アフリカ人で，彼らはイギリス軍に協力することで戦後の地位向上の見返りを期待したが，何物も得ることはできなかった．イギリスは1910年にケープ植民地，ナタール，トランスヴァール，オレンジ自由国をもって南アフリカ連邦を形成し，自治領の地位を与えた．この自治領で首相として政権を握ったのは，かつて将軍としてイギリス軍と戦ったトランスヴァールの政治家ボータやスマッツであった〔Brown & Louis 1999（Marks）〕．

[ロシアの中国進出政策をめぐる外交]

さて義和団事件で出兵した列国連合軍は1900年8月に北京を占領し，まもなく排外活動を鎮圧した．列国は翌年9月に締結された最終議定書（北京議定書）により，皇帝の地位保全を約束して清帝国との国交を再開することにし，清側は賠償金の支払いのほか，北京と海港との間の地域にこれら諸国が若干の軍隊を駐屯させる権利を認めた．

中国における排外闘争が鎮定された後もロシアが兵力を満州に残していたことは，他国政府にロシアの意図について懸念を与えた．イギリスが1900年10月にドイツと協定を結び，中国における領土保全，機会均等の原則の維持を表明したのも，ロシアに対する牽制策であった．翌年始めには，ロシアが清政府に提議した協定案の内容が国際的に知られるようになった．それは満州の秩序回復までロシア軍が残留すること，清軍を満州に配置しないこと，満州の秩序維持のための警察隊はロシアの同意を得て中国が組織すること，東清鉄道（中東鉄道）あるいはその南満州支線から万里の長城までの鉄道建設権を東清鉄道に与えること，義和団事件でロシア人および東清鉄道が受けた損害の賠償額は多国間交渉とは別の二国間交渉で定めることなど，機会均等・領土保全原則を危うくする要求を含んでいた．

日本はロシアの極東進出政策への不安を強め，イギリスもそれを阻止するた

めに外交的に動いた．イギリスはこの問題でドイツの同調を得ようとしたが，ドイツはロシアが極東でイギリスと対立することはドイツを有利にすると考えていた．ドイツの首相ビューローは，1901年3月にはドイツ連邦議会で，前年の中国に関する英独協定には満州は含まれていないし，ドイツはこの地域の運命に利害をもたないと言明して，ロシア寄りの立場に戻り，イギリスを失望させた．ドイツの指導者はイギリスとの提携には関心をもっていたが，提携を必要としているのはイギリスの方であり，いずれイギリスがドイツの条件を呑んで提携を求めると考えていた．ドイツが希望したのは地域的協定ではなく，イギリスと三国同盟諸国との全面的な同盟であった．イギリス指導層には英独提携への期待はあったが，ドイツが望むような三国同盟との提携が得策だという考えはなかった．

満州に関する露清間の交渉は清側の交渉者李鴻章が死去したため進展しなかったが，ロシアが満州を勢力圏にしようとしていることは明らかであった．日本の指導層には，ロシアとの間に朝鮮半島における日本の立場について満足すべき協定を結びたいという希望とともに，それが不可能な場合に備えてイギリスとの同盟を結ぶべきだという考えがあった．元老で1901年半ばまで首相を務めた伊藤博文は日露協商の成立を望んでいたが，外相の加藤高明は日英同盟論者であり，政府は二つの交渉を並行して進めることにした．伊藤退陣の後，後任の首相となった桂太郎と彼に影響力をもつ元老の山県，桂の下で外相に就任した小村寿太郎も日英同盟交渉の推進論者であった．

首相を退いた伊藤は欧米諸国漫遊の際に，日露協商についてロシア側と非公式な話し合いをすることを認められていた．彼の構想は，韓国が日本の勢力圏であるとロシアに認めさせることが日本にとってもっとも必要なことであるから，それと引き換えにロシアが満州を勢力圏にすることを認める協定を結ぶというものであった．彼は1901年12月ロシア外相ラムズドルフと日露協商について話し合い，彼としてはかなり満足できるロシア側の反応を引き出した．ラムズドルフは蔵相ウィッテとともに極東政策では穏健派に属していた．彼らは極東政策では当面穏やかな態度をとっても，シベリア鉄道が完成すればロシアの立場が強まるから，今は日本との関係を悪くしない方がよいという議論で，軍部の強硬派を説得していた．フランスは同盟国のロシアがイギリスおよび日

本と極東で衝突することを恐れていたから,日露協商の成立を希望し,日本にも協商成立の場合は資金調達に協力することを示唆した.

　伊藤はロシアの反応は極めて有望だと東京に連絡したが,当時内閣は元老会議の同意を得て,日英同盟締結のための交渉を進めていた.日露協商には,それがまとまったとしてもロシアの中国進出を抑えられない,清帝国および門戸開放を主張する他の列強の好意を得られない,経済的にロシアから得られるものが少ないなどの欠点があり,他方,日英同盟は,ロシアの中国進出への抑えとなり,門戸開放主義の擁護は列強の批判を受けない,イギリスとの親密な関係は経済的に得るものが大きいなどの利点があることが考慮されたからである.

　イギリス政府は日英同盟締結に踏み切る前,ロシアとも帝国主義的利害を調整する可能性を探った.満州におけるロシアの経済的優越だけであれば認めてもよいし,インドに脅威が及ばないようなペルシアにおける利害の調整も可能だと考えていた.しかしロシアはイギリスとの協商には消極的だったので,イギリス政府は日本との同盟に踏み切り,交渉は急速に進展して1902年1月,第一回日英同盟協約がロンドンで調印された〔Nish 1966;井上 1989〕.

[日英同盟の成立]

　日本政府が日英同盟を優先したのは,日露協商により朝鮮における日本の行動の自由を得たとしても,満州におけるロシアの行動の自由を認めてしまえば,中国における影響力を失うばかりでなく,いずれは朝鮮半島における日本の立場も危うくなるとの憂慮が大きかったからである.日本は,シベリア鉄道が完成すれば北東アジアにおけるロシアの立場は強まることを危惧し,その前に日露問題に決着をつけることを望んでいた.つまり日露交渉で満州問題について満足すべき結果がでなければ,近い将来ロシアと戦うことを覚悟していた.そのような交渉を有利に進めるために,また戦争が起こった場合に日本の立場が不利にならないように,日英同盟を求めたのである.対露戦争に至った場合,イギリスの参戦が得られれば,もちろん歓迎すべきことであるが,同盟交渉に当たって日本はそれを求めなかったし,また求めたとしてもイギリスにはそこまで踏み込む用意はなかった.

　1902年の日英同盟協約は,相互に清国と韓国の独立を承認しつつ,両同盟

国が清国において有する利益を相互に認め，またイギリスは日本が韓国にもつ政治上，経済上の格別の利益を認め，それら利益を守るために必要な場合には，各自必要な行動をとりうることを相互に承認した．また軍事面では，同盟国の一方が上記の利益を守るために第三国と戦争する場合には他方は中立を守り，第四の国が第三国側に立って参戦することを阻止し，阻止できなかった場合には自ら同盟国側に立って参戦することが約束された．

　日本がイギリスに望んだのは，まずイギリスが中国・朝鮮の問題で日本と同じ原則を主張して，日本の交渉力を高めてくれることであった．ロシアとの戦争が必要な場合，日本は単独で戦うことを覚悟し，イギリスには三国干渉のようなロシアと他のヨーロッパの大国との対日協調行動を阻止することだけを求めたのである．大畑篤四郎が日英同盟には協商的側面と軍事同盟的側面があり，第一回日英同盟協約においては協商的側面が著しいと述べているのはそのためであり，イギリスがこの同盟条約に応じた理由もそこにあったといえよう〔大畑 1986〕．

2 ― 日露戦争の勃発

［日露戦争への道］

　日英同盟の締結は，ロシアに対する圧力として働いたかに見えた．ロシアは1902年4月に清国との交渉で満州撤兵の条件を緩和して，段階的撤兵に関する協定に調印し，第一次撤兵を実施したのである．しかし，当時ロシア政府内には撤兵論と居座り論とがあり，前者は極東政策について他国を刺激しない範囲に止めようとしたが，後者はこの機会に満州・蒙古全域を支配下に置くことを目論んでいた．4月の露清協定は概して外相，蔵相，陸相らの穏健論に沿うものであったが，皇帝側近の強硬派が勢力を盛り返して，撤兵中止を主張した．そのためロシアは翌03年4月に定められた第二次撤兵を行わず，清政府に新たな要求を提示し，満州におけるロシアの優越した地位を認めさせようとした．ロシアは強硬派のアレクセーエフ提督を極東総督府総督に任命して大きな権限を与え，日本との交渉も彼の目が届く東京で行う方針をとった．日本政府はこのような情勢に対処し，満足すべき日露合意ができない場合には，ロシアのシ

ベリア―満州間の鉄道輸送能力が高まる前に戦争に踏み切ることを想定し（シベリア鉄道はバイカル湖を迂回する部分を除き，ほぼ全線開通していた），03年8月からロシアとの合意のための交渉を開始した．

　日本側は，清韓両国の領土保全と門戸開放という一般原則を双方で承認したうえで，日本が満州について，ロシアが韓国について，それぞれ相手国の特殊利益を認め合う協商を希望したが，ロシアは韓国に関して日本の経済的政治的優越を認めるものの，韓国領土を軍略上の目的に利用しないことと韓国北部に軍事的中立地帯を設けることとを要求し，韓国の独立と領土保全を主張する一方，満州における自国の権利についての制限を極力さけようとした．ロシアは韓国に影響力をもっているが，日本は満州には影響力をもっていないから，満州における自国の地位と韓国における日本の地位とは同列に議論できないというのが，ロシアの立場であった．

　翌1904年1月はじめ，日本は韓国領土の軍略的使用禁止と中立地帯の設定とを削除し，満州における領土保全の規定を加える最終的対案をロシア側に提出した．ロシア側は日本の提案への回答を遅らせていたので，日本政府は2月に開戦を決定し，国交断絶通告の2日後に戦闘を開始した．政策決定に当たる政府首脳の間では，首相の桂太郎や外相の小村寿太郎をはじめ閣僚や軍幹部には強硬派が多く，元老には伊藤博文をはじめ慎重派が多かったが，慎重派もロシアが満州から撤兵せず，「満韓交換」方式を拒否する以上，開戦はやむをえないという立場であった〔大畑 1989〕．

　ロシア軍の満州居座りが明らかになるにつれ，日本では対露好戦派が活発な言論活動を展開した．日露関係が緊迫する1903年半ばまでは，かなり有力な非戦論があったが，それ以降は強硬論が国論になった．盛んに叫ばれた開戦論には日本の戦争能力や国際情勢を弁えない感情論が多かった．他方，政府指導者は，開戦に踏み切るにしても，日本が大国ロシアを相手に長期戦を戦えないことは十分に理解していた．とはいえ彼らは満州の地上戦と極東艦隊との海戦ではまず勝利を収められると考え，緒戦で有利な立場に立てば，ロシアも朝鮮・満州の局地的利害のために戦争を継続するよりも応分の条件で日本と和解する方途を選ぶのではないかと期待した．彼らはとくに英米両政府には満州における領土保全と機会均等という方針を説明し，イギリスの好意的中立を確保

するとともに，機を見てアメリカに講和の周旋を依頼することを考えていたのである〔古屋 1966；松村 2003〕．

[20世紀最初の消耗戦争]

戦争は1904年2月8日，日本海軍がロシア軍艦に攻撃を加えることから始まった．対露宣戦は戦闘開始の2日後に布告された．開戦と同時に日本は仁川に陸軍を上陸させ，漢城に入城するとともに，韓国に対して，韓国の独立および領土保全の保証のために日本が韓国領土を軍事的に使用する権利を要求し，その同意を得た（日韓議定書）．開戦時に調印されたこの議定書では，日本は韓国の独立・領土保全と韓国皇室の安寧を保証していたが，日本政府部内では，この戦争を機会に，韓国の軍事・外交・財政・鉄道などを日本の管理下において，韓国を日本の完全な保護国にする計画が進んでおり，同年8月にはその第一歩として，韓国の財務および外交を日本人顧問の監督の下に置いた（第一次日韓協約）．

日本は清国に対して，この戦争における中立を強く希望した．日本としては，清の対露参戦は外交を複雑にするだけで利益がなく，また人種戦争という印象を国際社会に与えることは避けたかったからである．清政府も夷をもって夷を制することに期待するほかなく，日本軍が満州でロシア軍と戦うことを認めた．日本の陸軍は韓国から鴨緑江を越えて満州に進撃し，また遼東半島にも直接上陸してロシア軍と戦った．その間，海軍は上陸作戦を助けるため，旅順港の出口に多数の船を沈めたが，港を使用不能にすることはできなかった．しかし出港して来たロシア艦隊との8月の海戦（黄海海戦）で勝利を収め，またウラジヴォストークを根拠地とする艦隊にも大打撃を与えた．地上戦でも日本は1904年には南満州での幾つかの会戦で勝利を収め，半年を越える激戦の末05年1月には旅順要塞のロシア軍を降伏させ，3月に奉天（現在の瀋陽）会戦で勝利を収めた．日本はまた講和会議の直前サハリンを攻撃し，全島を制圧した．

ロシア側が日本の戦闘能力を軽視し戦争を甘くみたとすれば，日本側の戦争計画も甘く，兵員の犠牲，武器弾薬の消耗は予想をはるかに越え，戦争の費用もまた予想をはるかに越えた．政府は日清戦争の費用が2億2000万円であったことから，この戦争の費用を約5億円と見積もったが，実際には約20億円

を要し，その大部分を英米市場での外債募集で賄うことになった．地上戦闘での死傷者も予想をはるかに越えた．バルチック艦隊の来航前に攻略しなければならなかった旅順の攻撃戦での死傷者は5万9000を数え，また奉天会戦では実に7万の死傷者を出した．奉天会戦でのロシア側の犠牲はさらに大きく，軍の士気は衰えていたが，なお兵力増強は可能であった．日露戦争は20世紀最初の本格的な戦争であり，兵員と武器弾薬の消耗の激しさにおいて，第一次世界大戦の予兆となる「20世紀最初の大国間戦争」であった〔横手 2005〕．

3 ― 日露戦争のヨーロッパ政治への影響

［英仏協商の成立］

日露戦争の勃発と進展は世界の政治にさまざまな影響をもたらした．それは20世紀の国際政治が世界化したことを物語る．ヨーロッパの大国ロシアとアジアの地域大国日本とが戦い，後述するようにアメリカ大統領の斡旋により講和会議がアメリカで開催されたことは，まさしく国際政治の世界化であった．

ロシアの同盟国フランスは戦前，日露の和解工作を試みて成功しなかった．戦争が始まった以上，フランスはロシアに好意的な中立をとらねばならなかったが，日本の同盟国イギリスとの関係改善を促進しようとした．極東でのロシアの戦争はヨーロッパにおける露仏同盟の効用を弱めることになるから，フランスとしては対英関係の改善によってそれを補うことが望ましかった．イギリスも，国際的孤立から脱却する外交の一環として，前年から英仏間の懸案事項解決のための交渉に積極的になっていたので，日露戦争勃発後，1904年4月，両国の交渉は「英仏協商」に結実した．この協商により両国はヨーロッパの外での歴史的な対立点を解消したが，その中で，もっとも重要な合意はモロッコに関するものであった．19世紀半ばにモロッコの開国に先鞭を付けて以来，イギリスはモロッコとの貿易では首位を占め，ジブラルタルに近い北部海岸には戦略的関心をもっていたが，フランスもアルジェリアに隣接するモロッコに優越した地位を築くことを望んでいた．イギリスは，経済的戦略的利益が損なわれない形で，モロッコにおけるフランスの政治的優越を認めることにし，またそれを認める代償として，フランスがエジプトにおけるイギリスの優越を追

認することを求め，フランスの同意を得た〔Fieldhouse 1973〕．

　ロシアは極東艦隊が大打撃を受けたため，バルチック艦隊を遠路極東に回航することにした．この艦隊は1904年10月イギリスの近海を航行中，日本の魚雷艇の来襲と見誤り，イギリスの漁船を何隻も撃沈するという失策を冒し（ドッガーバンク事件），イギリス世論の怒りを買った．ロシアは責任を認めて賠償を約束したので，英露関係の緊張は緩和された．英露関係が緊張した際に，ドイツはロシアに戦後発効する独露同盟を提案し，まず独露で同盟を結んでからフランスを誘うという三国同盟の構想を示した．ロシアにとって，当面イギリスとの紛争解決には役立たない条約は魅力がなく，また露仏同盟を弱めようというドイツの狙いは見えすいていたから，ロシアは最初から三国間で交渉することを主張したので，この提案は立ち消えになった．

［第一次モロッコ危機の発生］
　フランスの同盟国ロシアが極東の戦争で苦戦していた1905年3月末，ドイツは新たな外交的行動をとった．ドイツ皇帝ヴィルヘルム2世はモロッコのタンジールを突如訪問し，ドイツはモロッコの独立と同国における門戸開放原則を支持することを表明し，第一次モロッコ危機を作り出した．ドイツは1890年代からモロッコ貿易を拡大していたが，従来，モロッコを巡る英仏の対立の発展を期待して，自らはモロッコ問題にとくに関与しなかった．しかし前年，英仏協商成立を受けてフランスがモロッコの保護国化を進める気配が見えたので，ロシアが極東の戦争に忙殺されている時期に，ドイツは劇的行動によってモロッコの独立と門戸開放原則の支持を表明し，モロッコ問題についての国際会議（門戸開放原則などモロッコとの関係を規定した1880年の多国間条約参加国の会議）の開催を強硬に要求した．

　フランスはモロッコ問題をドイツとの二国間交渉で解決しようとしたが，ドイツ側は外交的勝利を望んで，それを拒否した．フランス政府内では，デルカッセ外相はフランスも強硬に対応することを主張したが，ルーヴィエ首相や閣僚の多数は慎重論を主張したため，デルカッセは1905年6月，辞任に追い込まれた．ルーヴィエは国際会議前に両国間で予備折衝を行うことを提案したが，ドイツは国際会議での協議を主張して，それに応じなかった．そのとき国際会

議でフランスの利益を守ることを約束して，ドイツ案の受け入れをフランス政府に勧告したのは，アメリカのセオドア・ローズヴェルト大統領である．

ドイツ皇帝ヴィルヘルム2世はモロッコに関する国際会議開催が決まった後の1905年7月，ロシア皇帝ニコライ2世とバルト海岸のビョルケで会談し，日露戦争後に発効するという条件で独露同盟条約を結んだ（ビョルケ密約）．これは2人の皇帝の独断であり，外交担当者の同意を得たものではなかった．この条約はサンクトペテルブルクでは，範囲がヨーロッパに限定されているために魅力がなく，かつフランスとの同盟を損なうとして，大臣たちの強い反対に遭い，結局ロシア皇帝の申し入れにより条約は無効になった．独露同盟を結び，孤立したフランスも引き入れて大陸同盟を形成するというドイツ側の計画は再び失敗した〔横山 1963〕．

[セオドア・ローズヴェルトの講和斡旋]

ロシアのバルチック艦隊はもっぱらフランス植民地の港に立ち寄りながら，航海を続けたが，交戦国軍艦の長期滞在を許すことは中立国としては違反行為だったので，フランスもロシア艦隊を厚遇することは差し控えた．実戦経験がなく遠路の航海で疲れたロシア艦隊は，すでに旅順が日本の手中にあったから，1905年5月ウラジヴォストークを目指して対馬海峡に入ったところで，待ち受けていた日本の連合艦隊と遭遇し，壊滅的打撃を受けた（日本海海戦）．ロシア国内では戦争への不満が内政への不満に火をつけ，同年1月以来，革命運動が盛んに展開され，労働者のストライキも頻発していた．そのため政府では強硬派が力を失い，当局者は戦争を終わらせて国内の事態を収拾することを考慮するようになった．開戦前には，プレーヴェ内相のように，ロシアは「革命の潮流を阻止するために楽に勝てる小さな戦争を必要としている」と考える向きもあったが，日露戦争は楽に勝てる小さい戦争ではなくなり，かえって革命の潮流に勢いを与える結果となった〔Seton-Watson 1966〕．フランス政府はこの戦争の早期終結を望み，ロシアのアジア進出を支持したドイツ皇帝も革命を恐れて講和を勧告するようになった．他方，日本は陸海の戦いに勝利を収めたとはいえ，多額の軍事費を費やし，陸軍将兵の損害は大きく，兵員の補充は難しく，戦争を継続する余裕はなくなっていた．政府はすでに日本海海戦の前に

アメリカ大統領ローズヴェルトに密かに講和の斡旋を依頼していた．
　ローズヴェルトは南北戦争後のアメリカ歴代大統領とは異なり，広い視野をもち世界情勢全般に通じた政治家で，アメリカの大統領として初めて世界的政治舞台での活動を楽しんだ人物であった．彼は世界の大国間の利害関係や力関係についてよく知っており，アメリカも自国の利益を守りつつ，国際秩序の維持のために行動すべきだと考えていた．「イギリスがヨーロッパの勢力均衡の維持者としての役割を果たしている間は，アメリカにとって問題はないが，イギリスがその役割を果たせない場合には，アメリカが出て行かねばならない」と彼は1905年に述べた〔Beale 1956〕．
　彼がモロッコ危機の収拾に動き，また日露戦争の講和斡旋を試みたのは，アメリカの大統領として国際秩序の形成者，維持者としての役割を果たそうと考えたからである．彼がそのような役割を果たした背景には，もちろんアメリカの経済力の飛躍的発展や海軍力の強化などアメリカの大国化があったが，世界政治家としての彼の行動は何よりも彼自身の着想によるものであった．彼はヨーロッパの主要国の君主や首脳と連絡をとり，彼らからロシアに圧力をかけさせて，ロシア政府に講和会議開催を受諾させた．アメリカの大統領が彼以外の人物であったとすれば，アメリカ大統領が日露戦争の講和斡旋に同様に積極的に動くことはなかったであろう．ローズヴェルトはロシアの東アジアへの進出政策がこの方面における勢力均衡を危うくし，中国における門戸開放政策を脅かすと考えて，それを阻止しようとする日本に好意的であった．彼はロシアを後退させて東アジアに適切な均衡を作り出すために講和の斡旋に乗り出し，彼の提案によって講和会議は1905年8月アメリカのポーツマスで開催された．

［ポーツマス条約の調印］
　講和会議開催前，日本政府が日英同盟の改定強化の希望を表明すると，イギリスも条約改定を提案し，8月に第二回日英同盟協約が調印された．日本がまだ期限を残す条約の改定を望んだのは，韓国保護国化を進めるために韓国条項を改めたかったことと，再びロシアと戦う場合に備えイギリスの参戦義務を明文化したかったからである．他方イギリスは，海軍を失ったロシアが極東から後退して，代わりに内陸からインドを脅かすことを恐れ，その場合のインド防

衛への日本の協力を得ることを望んだ．第二回日英協約ではインドが協約区域に含められ，一方が戦う場合，他方は中立ではなく参戦の義務を負うことになった．イギリスは韓国に関しては，日本が卓越した利益を有する地域として監督権をもつことを認めた．またアメリカの陸軍長官タフトが7月に東京を訪問し，桂首相と会談した際，桂が日本はフィリピンに対して侵略的意図をもたない，米英との協調を肝要と考える，日本は韓国が他国の勢力を引き込まないよう宗主権を確立する必要があると言明したのに対して，タフトは同感の意を表明した（桂-タフト覚書）．このように日本は日露講和前に，韓国保護国化について英米の支持をとりつけていた．

講和会議でロシア側は日本が韓国を保護下におくこと，遼東半島租借地と長春―旅順間の鉄道の所有権および千島列島を日本に譲渡することを承諾したが，日本が要求した償金の支払いとサハリンの譲渡には強く反対した．公債の発行でようやく戦費を賄った日本としては償金に強い執着があったが，ロシア側も戦闘には負けたが戦争に負けた訳ではないと主張し，名誉にかけてその要求には応じられないとして，交渉は一時，決裂の気配を見せた．日本政府は戦争再開に利はないと考え，サハリンの南半分を得ることで償金を断念する方針を決め，ロシア側もそれに応じたので，9月に日露講和条約（ポーツマス条約）が調印された．ロシアがまだ有力な兵力を満州に残していたのに対して，日本は財政的にも兵力の点でも戦争を再開する余力に乏しかった．しかし政府は対外政策上不利益になることを恐れ，そのような窮状を国民には一切知らせなかった．そのため国内世論は講和条約に過大な成果を期待しており，条約調印が発表されると，国民はとくに償金がとれなかったことに失望した．条約反対運動が盛り上がり，日比谷焼き打ち事件のような民衆暴動も起こったのである〔横手 2005〕．

[日本の大国化と軍部の台頭]

さきに日清戦争に勝ち，今また日露戦争に勝った日本は，世界の大国の一つと見なされるようになった．それを象徴したのは，1905年末に同盟国イギリスとの間で相互の外交使節を公使から大使に格上げしたのを手初めに，世界の諸大国との間で大使を交換するようになったことである．岩倉遣外使節以来，

日本外交の悲願であった不平等条約改正については，すでに1890年代に西洋諸国に与えた治外法権の撤廃を達成していた．協定関税制度は残っていたが，その撤廃も時間の問題となった．日本は1911年のアメリカとの新通商航海条約および他の諸国との新条約の締結により，関税に関する自主権を獲得した．こうして日本の対外政策は，日露戦争によって獲得した北東アジアにおける日本の勢力圏を固め，それを強化拡大することに向けられた．

　ポーツマス条約に定められた，遼東半島の租借地（関東州租借地）および長春─旅順間の鉄道の所有権のロシアから日本への譲渡は，清国政府の同意を得て実施されることになっていたから，日本は講和条約締結後，清国政府と交渉し，1905年12月に，清国領土からの撤兵を約束するとともに（ただし日本の所有となる鉄道の付属地における駐兵権は当分保持することとされた），清国にこれらの権益の継承を承認させ，南満州地方の日本の利益を守るための幾つかの条項を入れた条約を締結した．日清戦争に勝った日本は清国と欧米諸国なみの不平等条約を結んだが，清国領土内に帝国主義的な権益をもっていなかった．日露の講和条約およびこの日清条約により，日本は南満州におけるロシアの帝国主義的権益を引き継ぎ，中国に既得権をもつ帝国主義国となった．日本はまた韓国の保護国化について列強の了解を得たので，同年11月には，第二次日韓協約により韓国の外交権を完全に掌握した．アジアの小国日本がヨーロッパの大国ロシアと戦って勝ったことは画期的なできごととして，ヨーロッパ諸国の支配下にあるアジアや中東の多くの人々に感銘を与えた〔Conrad & Sachsenmaier 2007（Aydin）〕．しかし，戦後の日本は近隣のアジア人に対して，帝国主義国として露骨な行動をとるようになる．

　日露戦争後の日本には，内政面では政党政治の発達，参政権の拡張など議会制民主主義に接近する傾向がみられたが，他方では陸海軍の政治的発言権が増大し，とくに朝鮮および関東州，南満州鉄道沿線に駐兵する陸軍の政治的発言力が強まり，日本の対外政策に大きな影響力を発揮するようになる〔北岡1978〕．

4 ― 三国協商の形成

[第一次モロッコ危機の収束]

　イギリスでは1905年末に保守党政権が崩壊し，自由党政権組閣後まもなく行われた翌年初めの総選挙で自由党が大勝し，自由党政権の時代が到来した．自由党政権の下で，さまざまな社会保障法の制定や貴族院の権限縮小が進められるが，保守党政権から自由党政権への移行により，対外政策に断絶が生じることはなかった．自由党政権のもとで11年にわたり外相を務めたグレイは，イギリスにとって世界帝国としての地位の保持が最重要であるが，そのためにもイギリスはヨーロッパ大陸の勢力均衡の維持に努めなければならないと考えていた．彼は就任早々第一次モロッコ危機に際して，ドイツがフランスを攻撃してその弱体化を図る場合には，イギリスは対抗行動をとると，ドイツ大使に警告した．また彼はそのような場合の参戦をフランスに保証したわけではないが，軍事的協力についての英仏軍部が協議することを支持した．ただし自由党内には大陸の国際政治への関与を深めることに消極的な意見があり，グレイの方針は内閣の一致した支持を得たものではなかった．

　モロッコ問題に関する会議は1906年初頭から数ヵ月にわたりスペインのアルヘシラスで開かれ，ドイツの要求通りモロッコの独立の維持と経済的機会均等が合意されたが，独仏の意見が対立したモロッコの警察問題ではドイツは多数国の支持を得られず，フランスの主張通りフランスとスペイン（前者を主とする）に監督権を与えることに同意せざるを得なかった．ドイツの外交関係者の中でモロッコ問題に関して危機の発生当初から強硬な態度を貫いてきたホルシュタイン外相は，この会議でも妥協を嫌ったが，皇帝や首相の支持を得られず，まもなく辞任した．ドイツはモロッコ問題では発言権を得たが，フランスを孤立させてドイツ中心の大陸同盟に引き込むという狙いは果たせず，この問題を巡るドイツ外交はイギリスに警戒心をもたせ，英仏関係を強めることになった．

　イギリスがドイツに警戒心をもつようになったもう一つの理由はドイツ海軍の増強計画である．1900年に外相から首相に昇任したビューローは農業と工

業の利益を結び付けるとともに，ドイツ人のナショナリズムに訴える帝国主義政策と海軍増強政策によって左翼勢力の台頭を抑えようとした．この政策を歓迎し，海軍の立場から海外進出と海軍増強について国民向けの宣伝活動を展開したのは，1897年に海相に就任していたティルピッツであった．旧来の小型艦艇を主とする防衛的なドイツ海軍を，大型戦艦を主力とする攻撃的海軍に変えたのは彼である．彼は98年に二つの海軍法案を成立させて以来，海軍の増強を積極的に推進した．彼はイギリス本国の艦隊に脅威を与える力をもつ海軍をつくることを目指し，とくに戦艦の建造に力を入れた．イギリス海軍もドイツ海軍の増強に対応して，本国防衛のため1905年までに地中海艦隊から精鋭戦艦4隻，極東からも5隻の戦艦を本国に移した〔Kennedy 1980〕．

[英露協商の成立]

　ロシア皇帝ニコライ2世は1905年10月に議会開設と立憲政治を約束して革命の沈静化を図った．革命鎮圧の後，極めて保守的な基本法の制定と保守的な議会の選出によりロシアの君主政治が一応の安定を取り戻すには，07年半ばまでかかった．英仏協商成立以来，フランスは英露の間に立ち，両国の関係の改善に努力していた．ロシア政府は敗戦と革命とによる国内の混乱を修復する必要があり，イギリスも極東進出を阻まれたロシアが進出の矛先を南アジアに向けないように，協定を結ぶことを望んだ．両国の対立点の解消に関する協議は06年にサンクトペテルブルクで始まり，翌年8月，南アジアにおける勢力圏についての合意，英露協商が成立した．これにより，両国は主要な対立点であったペルシアについて，北部はロシアの，南部はイギリスの勢力範囲とし，中部は緩衝地帯とすることで合意し，アフガニスタンについてはロシアがイギリスの優越した権利を認めた．チベットは相互に進出を控え現状のままとすることにした．またこの合意とほぼ同時にロシアはペルシア湾地域におけるイギリスの優越を認めた．

　1907年の英露協商の調印をもって三国協商が成立したとされる．しかし，この協商が英露関係を改善したことは確かであるとしても，合意事項自体は特定の地域についての勢力圏に関するものであって，全般的な協力関係を設定したものではない．とくにロシアはドイツとの関係を悪くすることはできなかっ

たから、ロシア外相イズヴォリスキーはこの協商がドイツに対抗的なものであるという印象を与えないよう気を使った。ロシアはドイツの政策、とくに中東政策に懸念をもっていたが、ドイツと良好な関係を保つことはロシア外交の目的であり、ロシアはその関係をできるだけ有利な条件で保つために、露仏同盟を維持し、またイギリスとの関係を改善したのである。三国協商が三国の政治的協力関係を意味するとすれば、それは英露協商調印後、第一次世界大戦勃発までに次第に発展したものである。ドイツの政策次第では三国間の協力関係は進展しなかったであろう。三国協商と言っても三つの二国間関係の総称であり、大戦勃発まで三国間の協定は存在しなかった。英仏間には第一次モロッコ危機の時から政治的協力関係が発展したが、英露関係が英仏関係の程度まで深まることはなかった。

[ボスニア併合問題]

　北東アジアでは日露講和後の現状の維持について1907年7月に第一回日露協約を結び、南アジアでは同年8月に英露協商を結んで勢力関係を定めたロシアは、国内が安定すると外交上の関心をオスマン帝国に向けた。イズヴォリスキー外相はボスフォラス、ダーダネルス両海峡のロシア軍艦の自由通航権を獲得することを望んだ。それは第一に海峡地帯（たんに「海峡地帯」という場合は両海峡を含む）がロシアの貿易、とくに穀物輸出のために重要な通路であったからであるが、黒海艦隊の他の海域への出撃を可能にしたいという海軍の事情もあった。イズヴォリスキーはこの問題でまずオーストリアの了解を得ようとした。彼は1908年オーストリア外相エーレンタールにオーストリアによるボスニア－ヘルツェゴヴィナ（以下「ボスニア」と略記）併合とロシアの海峡地帯に関する権利の獲得とについて相互に協力することを申し入れ、9月に両者の会合が開かれ相互に相手国の主張を擁護することで合意した。

　イズヴォリスキーは、これらは1878年のベルリン条約の修正であるから、国際会議の開催が必要だと考え、それについて同意をえるために欧州列強の首都を歴訪する旅に出たが、他方オーストリアには、国際会議を待つ意志がなく、1908年10月にボスニア併合を発表した。ボスニアは1878年以来、ベルリン条約により名目的にはオスマン帝国領土のままオーストリアの施政権下に置か

れてきた地域である．1908年7月にオスマン帝国で革命が起こり，青年トルコ人として国際的に知られる改革派「統一と進歩協会」が権力を握り，スルタンは立憲政治の復活を強いられた．この改革派はトルコ人ナショナリストではなく民族を問わずオスマン国家の国民として統合しようとしたオスマン・ナショナリストであり，彼らはオスマン議会にボスニアからも代表を出させようとした．他方セルビア人のナショナリストたちはセルビア人が多く居住するボスニアを自国に統合することを望んでいた．そのような情勢のためにオーストリア政府はボスニアの正式併合を急いだのである．

　イズヴォリスキーは海峡に関する権利獲得を重視し，交換条件としてオーストリアによるボスニア併合を認めてもよいと思っていたが，彼の考えは南スラヴ民族の擁護者という立場を捨てることを好まないストルイピン首相らの反対に遭い，ロシア政府はイズヴォリスキーの方針を覆した．イズヴォリスキーは海峡自由航行や国際会議の開催について諸国の支持を取り付けようとしたが，イギリスは反対し，フランスも消極的だった．1909年2月オーストリアはオスマン帝国から，若干の補償金と引き換えにボスニア併合を承認するという同意を得た．しかしセルビアはオーストリアによるボスニア併合に強く反対し，ロシアに支持を求め，ロシアはオーストリアに対して国際会議の開催を要求したため，オーストリアとロシアおよびセルビアの関係が緊張した．

　この危機に際してロシアの立場を支持する国はなかった．1909年2月にイギリスのエドワード7世がベルリンを訪問し，その際，ロシアとオーストリアの対立を調停することを提案したが，ドイツは賛成しなかったので，それ以上の外交行動をとらなかった．ロシアの同盟国フランスはその月，モロッコにおけるフランスの利益の優越についてドイツと合意していたので，ロシアにはボスニア問題で慎重な態度をとるように要望した．他方ドイツは併合問題に関して事前にオーストリアから知らされていたわけではなかったが，この危機に際してオーストリアの立場を強く支持し，速やかにオーストリアのボスニア併合を承認するようロシアに要求した．日露戦争と国内混乱とを経験してまもないロシアは自重してボスニア併合を承認したので，セルビアもオーストリアに対してボスニア併合に異議を唱えないことを誓約し，危機は収拾された．しかしこの結末はオーストリアの民族問題を解決するには役立たず，多くの南スラヴ

諸民族，とくにセルビア人を帝国内に抱え込むことにより，むしろ解決を困難にしたのである．

ボスニア危機におけるドイツの強硬外交には，同盟国オーストリアを支持するとともに，三国協商を弱める狙いがあった．ビューロー首相には結局ロシアはドイツに接近せざるを得なくなるという読みがあった．その狙いはひとまず成功したといえる．ロシアは外相交代とともに対独関係修復に乗り出した．1910年11月，新外相サゾーノフは皇帝に随伴してベルリンを訪問し，ドイツ外相キダーレン－ヴェヒター（以下「キダーレン」と略記）と交渉して，ロシアのペルシア北部への鉄道建設をドイツが認める代わりに，ロシアはドイツのバグダード鉄道計画を認め，その鉄道とペルシア北部のロシアの鉄道との連結を認めるという合意を結んだ．またキダーレンはサゾーノフから，英独紛争が起こった場合ロシアは中立的立場をとるという約束を得た．ドイツはフランスおよびロシアとの帝国主義的な利害の調整によって，三国協商を弱めようとしたといえる．

5 ─ 日露戦争後の東アジア

[日露戦争後の日米関係]

ポーツマス条約で日本が東清鉄道の南満州支線をロシアから譲渡されると，アメリカの鉄道王で海外での鉄道経営に関心をもっていたハリマンは，南満州鉄道に出資して共同経営者となることを日本政府に提案した．桂首相は政府の財政難の事情を考慮し，1905年10月その申し出を受け入れる予備協定を結んだが，アメリカから帰国した小村外相はこの鉄道を日本の満州経営の基幹と位置付けていたので，共同経営案に反対し，鉄道社債による資金調達が可能であると主張した．彼の主張により日本政府はハリマンとの合意を解消した．

ローズヴェルト大統領は日本が南満州に優越した経済権益をもつことに異議を唱えず，その代わりに日本が中国の領土保全と門戸開放の維持に協力することを期待した．そのような彼の考えは，1908年の日米協定（高平－ルート協定）に反映した．この協定が中国における機会均等という一般原則を述べる一方で，太平洋地域における現状維持を唱えたのは，日本が南満州で獲得した権

益をアメリカが尊重することの婉曲な表現と見なされた.

　日本との良好な関係を維持しようとしたローズヴェルトが憂慮したのは，日本人移民差別・排斥問題であった．20世紀初頭から日本およびハワイから太平洋岸諸州とくにカリフォルニアに移住する日本人が増加し，太平洋岸地方に日本人移民排斥の動きが出ていた．1906年にサンフランシスコ市は日本人生徒を一般の公立学校ではなく，非白人住民の生徒のための学校に入れる方針をとったので，日本政府は日本人に対する差別であるとしてアメリカ政府に抗議した．ローズヴェルト政権は移民問題で日米関係が悪くなることを避けようとして敏速に行動し，日本人移民の効果的制限を行うことをカリフォルニア州やサンフランシスコ市の当局者に約束して，日本人生徒に対する差別措置を撤回させた．日本政府の関心はアメリカに移民を送ることではなく，在米の日本人が現地で差別を受けないことであったから，ハワイに住む外国人が本土に移住することをアメリカが禁止することを了承し，日本からの移民については日本政府が一定の自主規制を行うことで，日本人がアメリカで差別や排斥の対象とされることを防ごうとした．07年から08年にかけて，日米政府間で書簡のやりとりがあり，それによって，日本は労働者として渡航を希望する者には旅券を発行しない措置をとることとし，アメリカ側はそれを了承した*．

　　＊　この合意は「日米紳士協約」と呼ばれたが，それは日本の体面を保つため，日本側が日本の主体的な方針として移民を自主規制することを伝え，アメリカ側がそれを了解するという形にしたからである．

　移民差別が外交問題化すると，太平洋岸諸州では日本艦隊が攻めてくるという噂が広まったことがあった．日本が有力な海軍国であることを意識するようになったからである．ローズヴェルトが1908年にアメリカ艦隊を太平洋岸に回航させ，世界一周航海に送り出したのは，そのような不安を払拭するためでもあった．国の威信を代表する存在としての海軍を国民に宣伝する機会とすること，日本をはじめとする世界諸国にアメリカ艦隊の威容を印象づけることも，この世界周航の重要な狙いであった．

[中国におけるアメリカの「ドル外交」]

　ローズヴェルト政権は日本との良好な関係を維持することを重視したが，中

国に駐在したアメリカの外交官の中には，日本による南満州囲い込みを懸念してワシントンの消極的態度に不満をもつ人々がいた．フィリピン総督の経験者タフトが大統領になると，彼らの意向が政策に反映し，中国政策は積極的になった．タフトは，英仏独三国の銀行団の融資により建設することが決定していた湖広鉄道（湖南省から広州に至る鉄道）計画にアメリカの銀行団を参加させるため，1909年7月に積極的な外交工作を行い，アメリカ資本の参加を実現した．ノックス国務長官は，満州において日本とロシアとが鉄道支配を通じて強固な勢力圏を築きつつあることに対して，11月には満州の鉄道中立化構想と錦愛鉄道建設計画とをもって巻き返しを試みた．

ノックスが提唱した満州の鉄道中立化とは，清国政府に国際借款を与えて日本やロシアが所有する鉄道を買収させ，債務返済が終わるまでそれら鉄道を国際管理下に置くという計画である．彼はこの提案を進める梃子として，錦愛鉄道建設計画の支持を打ち出した．この鉄道は南満州の錦州から北満州の愛暉に至る鉄道で，かつて奉天総領事を務めたストレイトがアメリカの投資家の代理人として清国側と交渉を進め，建設契約を結んでいたものである．ノックスはこの鉄道を国際借款により建設する計画を示し，それを梃子として，日露両国から中立化構想への同意を引き出そうとした．彼はイギリスがこの提案を支持することを期待したが，イギリスの反応は消極的で，日本やロシアが賛成であれば賛成するという態度であった．日露両国はそれぞれ満州の鉄道権益を重視していたから，中立化には反対であり，錦愛鉄道計画にも反対した．日英同盟と露仏同盟と日露協約があり，中国の国際的発言力が弱いという状況のなかでは，ノックス提案が実現する可能性はなく，彼の計画は中立化構想も錦愛鉄道計画もともに挫折し，北東アジアのそれぞれの利益を擁護しようとする日露協約を強化するという逆効果に終わった〔井上 1990；1989〕．

しかしタフト政権はその後も，中国全般における門戸開放の実現のためには，中国の鉄道建設も中国の国内開発への協力も，国際的銀行グループからの借款により行われるべきであり，そのグループにはアメリカの銀行も参加すべきだという考え方に沿って，政策を推進した．「ドル外交」と呼ばれたこのような構想に基づいて，タフト政権は，英仏独三国の銀行団とアメリカの銀行団が参加する国際借款団を形成し，清国政府に幣制改革および満州開発のための融資

を行おうとした．この四国借款団は満州の開発を借款の対象にしていたから，満州に大きな権益をもつ日露両国が異議を唱え，英仏も日露の立場に理解を示したので，アメリカも日露を排除するより借款団のなかに取り込む方がよいと考え，辛亥革命後の1912年6月に六国借款団が結成された〔Cohen 2000〕．

［日本による韓国併合と中国の辛亥革命］

　日本から強い圧力を受けて日本による外交権掌握を受諾した韓国皇帝高宗は，1907年に第二回ハーグ平和会議が開かれた際，この会議に密使を派遣し，第二次日韓協約の無効を国際社会に訴えようとした．韓国の密使はこの会議の提案者ニコライ2世に親書を捧呈してからハーグに赴いたが，会議への出席は認められなかったので，抗議書を新聞に発表するなど会議外で広報活動を行うに留まった．日本はこのハーグ密使事件に強く反発し，韓国皇帝を退位させ，第三次日韓協約によって統治の実権を完全に掌握した．

　当時日本の指導層では韓国併合促進論が台頭していたが，統監として韓国の事実上の支配者だった伊藤博文は韓国併合には消極的だったといわれる．彼は保護の名の下に統治の完全な実権を握っていたので，それで十分と考えたのであろう．しかし1909年に伊藤がハルビン出張中に韓国人安重根により暗殺されたため，日本は翌10年，併合についてロシア，イギリスなどに了解を求め，韓国政府に併合条約への調印を強要して，同年8月に韓国併合を実現した〔海野 1995〕．

　朝鮮半島を支配下に収め，中国における勢力拡大を目指した日本が直面したのは中国の革命であった．20世紀初頭以来，中国では清王朝のもとでの国内改革が遅れ，国内の権益が外国勢力により蚕食されてきたことへの不満が強まり，国会開設や立憲政治の実現を求める運動が高揚した．そして1911年には四川省で武力蜂起が起こり，長江沿いの他の地方に広がった（十干十二支で辛亥の年に当たるので「辛亥革命」と呼ばれる）．革命派は南京に革命政府を樹立し，翌年1月には孫文を臨時大総統に迎え，国号を中華民国に改めた．清帝国の宮廷は，引退していた袁世凱将軍を呼び戻して，彼に事態の収拾をさせようとしたが，袁は宮廷派と革命派の間に立って，自ら権力を握ることを目指した．中国に権益をもつ主要国はいずれも中国が大混乱に陥ることなく事態が収

拾されることを望んだ．日本は清王朝が継続する解決策を最善とし，その線で袁世凱が指導力を発揮することを要望したが，イギリスは彼自身が大総統になる野心をもっていることを察して，彼の手で秩序が回復されることを支援した．結局，袁が孫文に代わって共和国大総統となり，日本は袁政権との関係では出遅れた．日本が清朝温存にこだわったのは，それが旧来の政策を続けるために好都合であったからであり，また中国の共和政への移行が日本の君主政体に悪い影響を及ぼすという懸念もあったからである．

中国が共和国になったことを最も歓迎したのはアメリカであるが，タフト大統領は他の列強諸国との協調を重視するようになっていたので，袁世凱の政権をすぐに承認することはしなかった．中国への借款の供与についても日露を含む国際借款団で行おうとした．しかし1913年にウィルソンが大統領に就任すると，彼は共和国の先輩国としてアメリカは東洋の共和国に特別の好意を示すべきであると考え，他国に先駆けて袁政権を承認した．また六国借款団については，中国の主権を損なうおそれがある融資条件を定めた条項があるとして，アメリカの銀行家の参加を支持しないという方針をとった〔Cohen 2000〕．

ロシアは清帝国崩壊の時期を捉えて，外蒙古地方のモンゴル人が清国軍を排除するのを助け，モンゴル自治政府と協定を結んで同地方をロシアの保護下においた．中国政府の抗議に対しては，中国の宗主権を否定したわけではないと主張して，それを一蹴した．ロシアは当時バルカン方面に主たる関心を向けていたが，北東アジアでの帝国主義活動の手を抜いたわけではなかった．ロシアは日露戦争後には日本との対立を避け，日露の勢力圏協定を積み重ねながら，シベリア‐外蒙古‐満州北部を自らの勢力圏として固める政策をとっていた．

6 ─欧州列強間の対立意識の増大

[第二次モロッコ危機]

フランスおよびロシアとの帝国主義的利害の調整によって三国協商を弱めようとするドイツの政策は，ドイツがモロッコ問題で威嚇的行動にでなければ，挫折に直面しなかったかもしれない．1909年7月にドイツのビューロー首相

は税制改革案が議会の承認を得られず辞任し，内相だったベートマン・ホルヴェーク（以下「ベートマン」と略記）が後継首相となった．

　ドイツ政府は前述のように1909年にモロッコに関してフランスの政治的優越を認めており，フランスがドイツに代償を払うならフランスによるモロッコ保護国化にも同意する考えであった．しかし代償の交渉を有利にしようとして，キダーレン外相の意見により，11年7月モロッコ南部の港アガディールに軍艦を派遣するという威嚇的手段をとった．この年モロッコでは政情不安が発生し，それに対処してフランス軍が北部の都市フェズを占領したので，フランスがモロッコ保護国化を進めようとするなら，それについての交渉を急いでまとめようというのがキダーレンの真意であった．6月にフランス中道左派政権の首相になったカイヨーはドイツとの合意によりモロッコ問題を解決しようと考えていたので，この威嚇外交に当惑した．このときイギリス蔵相ロイド・ジョージがモロッコ問題はイギリスにとっても重大な関心事であると演説した．この演説はとくに反独的意図から行われたものではなかったが，ドイツではそのように受け取られ，反英感情が高まったので，イギリス政府は戦争の発生に備えて海軍が出動を準備したほどであった．これが第二次モロッコ危機であるが，独仏どちらの政府もこの問題で戦争する気はなかったから，11月には交渉が妥結した．ドイツはフランスからフランス領コンゴの一部の割譲を得ることでモロッコにおけるフランスの行動の自由を認めた．この程度の条件であれば，ドイツは穏やかな外交により手に入れることができたであろう．

　モロッコをめぐる独仏対立はこれで収まったが，アガディール事件に端を発したこの危機はヨーロッパ国際政治の対立的雰囲気を増幅した．この危機は独仏双方の国内で相手国に対する反感を強めたため，最終的合意はいずれの国でも弱腰外交として非難され，悪感情を後に残した．ドイツではベートマンとキダーレンは議会で腰くだけ外交と批判を受け，フランスでは翌年1月カイヨー内閣が退陣し，ドイツに対してより強硬な指導者ポアンカレを首相とする中道勢力の中の穏健派と急進派とが連合した内閣が成立した．この危機の特色は独仏関係以上に英独関係が緊張したことで，英独間の敵対感情も増幅された．ベートマンはイギリスとの関係を改善することを望んでいたが，モロッコ危機で英独関係は彼の希望に反する方向に進んだ．結果として英仏はドイツに対抗す

るために接近することになった．またこの危機におけるロシアの態度はボスニア危機の際のフランスのそれと同じであったが，アガディール事件の衝撃を受けたフランスではドイツに対抗して露仏同盟を強化する必要を認識し，バルカン問題で再び独露関係が緊張した場合，ロシアを支持しないわけにはいかないという考えが強まった〔Berghahn 1993〕．

[英独の海軍増強競争]

20世紀初頭には英独両国の海軍は互いに相手を競争者として軍備強化に努めた．この時期には大型戦艦が海軍力の中核とみなされたから，海軍の軍拡競争は戦艦中心に行われた．イギリスが1906年末に建造した戦艦ドレッドノートは世界で初めて12インチ砲10門を装備し，しかも巡洋艦並の速力21ノットを出せる（基準排水量1万7900トン）という画期的戦艦で，それまでの戦艦に比べると格段の破壊力と速力を備えていた．例えば日露戦争で連合艦隊の旗艦として活躍した新鋭戦艦三笠（1902年英国で建造，排水量1万5000トン）は12インチ相当の主砲（30センチ砲）4門（ほかに15センチ砲14門）を搭載し，速力18ノットであったが，これがドレッドノート登場以前の新鋭艦の標準であった．ドレッドノートの出現により，それまでの戦艦は旧式化したので，主要海軍国はイギリスを追ってドレッドノートに匹敵し，あるいはそれにややまさる能力をもつ戦艦（日本では「ド級戦艦」と略称）の建造に着手することになった．

戦艦は最も攻撃力が強くまた攻撃に耐える力をもつ大型艦で，敵の戦艦と戦い雌雄を決することのできる最強艦であるから，大口径の主砲を多数装備することが強みを増すことになるが，20世紀初頭には小艦艇や潜水艦による魚雷攻撃に備えて速力を上げることも重視された．ド級戦艦は前者の必要に応えるとともに，後者の要請にも応じるものであった．戦艦は敵の戦艦と戦うために大型砲弾に対する防備として装甲を厚くする必要があった．ドレッドノートはエンジンの改良により，厚い装甲という条件を満たしながら，あまり排水量を増やさずに速力を上げることができた．また12インチ程度の主砲を多く備えながら装甲を薄くすることで，速力を25ノット程度まで上げた「巡洋戦艦」と呼ばれる大型艦も同時に開発された*．

＊ これは貿易ルートを攻撃する敵の巡洋艦を追跡撃沈することを主な任務とするものであるが，戦艦同様の攻撃力と戦艦にまさる高速を活かして艦隊の会戦にも参加できると考えられたので，戦艦とともに主力艦として数えられた．

イギリスは1908年末にはド級の戦艦9隻と巡洋戦艦3隻を竣工ないしは建造中であり，ドイツもド級の戦艦7隻と巡洋戦艦2隻を竣工ないしは建造中であった．双方が09年から毎年4隻のペースでド級艦の建造を開始するとすれば，12年には双方のド級艦の現有勢力はイギリスが16隻，ドイツが13隻となることが予想された．イギリス海軍はこれではドイツ海軍に対する優位はきわめて相対化されてしまうと考え，またドイツ海軍がさらに戦艦建造を早める可能性を恐れたので，09年には4隻ではなく6隻の新ド級艦の建造を内閣に提案した．アスキス内閣は6隻か4隻かを巡って意見が分かれたが，アスキス首相の提案により，まず4隻を着工し，ドイツの出方をみて必要ならばさらに4隻を建造することにし，その場合いずれも1912年に竣工させることで意見が一致した．追加の4隻の建造も結局決まるが，それはドイツ海軍が議会の承認を得た年次よりも早く建造に着手していることがわかったからであった．これら戦艦はド級艦といっても排水量2万5000トン，主砲13.5インチ砲10門とドレッドノートより大型化しており，ドイツも同じ傾向を示した〔Kennedy 1980；Padfield 2000〕．

[英独海軍制限交渉の不成立]
　第二次モロッコ危機で英独関係が緊張した背景には，このようなドイツの海軍増強により両国間の対立意識が高まっていた事実があった．しかし両国間の関係を改善したいという希望はドイツのベートマン政権にもイギリスの自由党政権にもあったので，1909年から12年にかけて断続的に英独交渉が行われた．ドイツ側は海軍の制限について協定すると同時に，互いに相手国に対して敵対的なグループに参加しない，いずれかが戦争する場合には他方は中立を守る協定を結ぶことを求めた．しかしイギリスのグレイ外相ら外交当局者から見れば，この提案はイギリスの妨害を受けずにドイツが大陸での覇権を樹立することを可能にするものであり，受け入れられなかった．妥当な海軍制限協定ができれば両国の政治的関係は改善されるというのが，イギリスの主張であった．

ドイツは1908年から11年まで年間4隻のド級艦（戦艦3・巡洋戦艦1）を着工したが，08年の海軍法では12年から6年間のド級艦着工は2隻とすることになっていた．しかし海軍は11年になるとそれを毎年3隻に増やすことを主張した．他方，陸軍はロシア陸軍の強化が進み始めたことに焦燥感を抱き，性急な海軍拡張によりイギリスとの対立を激化させるより，陸軍の強化が先決であると主張するようになった．首相のベートマンもイギリスとの緊張緩和を望み，陸軍の主張を支持した．当時イギリスは，ドイツが英海軍の優越を認める海軍制限に同意するなら，イギリスとしてはドイツの植民地獲得に反対せず，ドイツに敵対的な同盟は結ばないという条件をドイツ側に提示していた．ベートマンやキダーレンはイギリスの支持を得てポルトガルやベルギーの植民地を獲得することが可能ならば，政治的得点も得られると考え，海軍の要求を抑えようとした．ティルピッツ海相は議会選挙で社会民主党が進出したのをみて，3隻の建造は隔年にすると譲歩したが，海軍支持の政治勢力も有力だったから，それ以上は譲らず，皇帝の同意をえた〔Kennedy 1980〕．

　ドイツの陸海軍がそのような海軍拡張案と陸軍増強案の議会提出を準備していたとき，1912年2月ドイツ語に堪能なイギリス陸相ホールデンがベルリンに赴き，皇帝を含むドイツ政府首脳と非公式な協議を行った．その協議ではドイツ側が戦艦建造の延期に同意したので，ホールデンは交渉がまとまる可能性があると考えたが，ドイツ側から帰国前に渡された海軍法案には駆逐艦，潜水艦の大量建造と兵員の大幅増員が含まれていたため，イギリス政府はその計画では海軍制限協定を結べないと回答した．ドイツ皇帝も海相ももうこれ以上譲歩しないという態度であったが，ベートマンはイギリスの中立を条件として海軍の計画をさらに縮小することを考えた．しかし，それはイギリスにとっては始めから問題外の条件であった．こうして海軍制限協定による英独関係改善は実現しなかったが，大戦勃発前には，イギリス側は海軍力におけるドイツの挑戦には十分対抗できるという自信をもつようになっていた．

7 — バルカン戦争

［バルカン同盟結成と第一次バルカン戦争］

　第二次モロッコ危機が収拾される方向に向かっていた1911年9月末（独仏協定成立は同年11月）に，イタリアはトリポリタニア－キレナイカ（現在のリビア）に出兵し，同地域をイタリアの植民地にしようとした．先のフランスとの合意により，フランスがモロッコにおける地位を確立できればトリポリタニア－キレナイカへのイタリアの進出を認めるという了解があったから，この時期を捉えて行動に出たのである．この地域はオスマン帝国（便宜上本節では「トルコ」とも略記）が宗主権をもつ地域であったから，この軍事行動はイタリアとオスマン帝国との戦争を引き起こした．このイタリア－トルコ戦争は翌年イタリアの勝利に終わり，同国はトリポリタニア－キレナイカを植民地とし，ドデカネーゼ諸島を支配下においた．第一次世界大戦前の小戦争としてのこの戦争の意義は，バルカン半島およびエーゲ海のトルコ領土の奪取を狙っていたバルカンの国々に，共謀してトルコに戦争を仕掛ける機会を与えたことにある．

　トリポリ戦争の継続中，まず同盟を結んだのはブルガリアとセルビアであった．両国に公使として駐在するロシア外交官の斡旋によって，ブルガリアとセルビアとは1912年3月，同盟条約に調印した．ロシアはかねてから，海峡地帯の支配あるいは軍艦通行の特権を得ることには関心があったが，これら両国がトルコと戦争することを望んでいたわけではない．出先の外交官はパン・スラヴ主義者であったが，ロシアのサゾーノフ外相は自国の態勢が整うまで，バルカンで混乱が起こることは避けるべきだと考えていた．彼がこの同盟を評価したのは，それがオーストリアおよびその同盟国ドイツのバルカン半島およびトルコへの進出を防ぐ対抗力になることを期待したからである．

　しかしバルカン諸国にはそれぞれの思惑があり，ロシアはこれらの国々の外交を意のままに動かせたわけではなかった．トルコがイタリアとの戦争に苦戦している間にバルカン半島のトルコ領を奪おうという誘惑はあまりに強かった．1912年5月末にはブルガリアとギリシアの間にも同盟が成立した．バルカン同盟はこの二つの同盟によって成立したものである．それぞれの同盟条約はど

ちらも軍事協定により補強された．ブルガリア，セルビア，ギリシアの三国はトルコから獲得する領土の分割について合意することなく，戦争を急いだのである．この同盟にはモンテネグロも参加した．

　バルカンの現状維持にもっとも強い利益をもっていた大国はオーストリアで，そのために諸大国が共同行動をとることを望んだ．他の大国もバルカン同盟諸国がトルコを攻撃してバルカン・中東に混乱をもたらすことを望まなかったから，ヨーロッパの諸大国はロシアとオーストリアとがバルカン同盟諸国にバルカンの現状維持の尊重を求める通牒を共同で送ることに合意した．この通牒はバルカン同盟諸国に伝達されたが，それは戦争を抑止するには遅すぎた．通牒が伝達された10月8日には，モンテネグロがまずトルコに宣戦した．バルカン同盟の他の三国も間もなく宣戦し，第一次バルカン戦争が始まった．トルコはイタリアと講和してバルカンでの戦争に対処したが，バルカン同盟軍との戦闘に敗れ，11月始めには大勢が決した．

　1912年12月にはブルガリア，セルビア両国はトルコと休戦し，講和の交渉に入ったが，ギリシアとモンテネグロはなおしばらく戦争を続けた．当事国による講和交渉が行われたロンドンでは，イギリスのグレイ外相の提唱で五大国の大使級会談も開催された．大国会議の中心議題はアルバニア問題であった．オーストリアはセルビアがアドリア海沿岸に領土を獲得することに強硬に反対し，それを防ぐために，アルバニアを独立国とすることを主張した．アルバニア人は東方正教徒であるセルビア人とは異なりイスラーム教徒であったから，バルカン半島からオスマン帝国領がなくなるのであれば，独立するのは当然であったが（同年11月に独立宣言），民族自決主義を好まないオーストリアがアルバニア独立を提唱したのは皮肉であった．イタリアもこの地域にセルビアが進出することを好まず，オーストリアの主張に同調した．ロシアはこの問題で中欧同盟国との戦争に巻き込まれることを望まなかったから，この問題ではセルビアの立場を積極的には支持しなかった．トルコがバルカン同盟側の領土割譲要求の一部を拒否したため，13年2月に戦闘が再開された．しかしトルコは再び敗れ，5月末の講和条約により，トラキア東部の狭い地方を除く，バルカン半島の領土すべてと，エーゲ海の大部分の島々およびクレタ島とを失った．しかしバルカン戦争はこれで終わったわけではなかった．

［第二次バルカン戦争とその帰結］

　ブルガリアはトルコに対する勝利にもっとも大きな貢献をしたという自負心があったので，勝利の利益の分配では大きな分け前を求めた．一方，アドリア海沿岸地方への進出を阻まれたセルビアはマケドニアでより多くの領土を得ようとしてブルガリアと対立し，ギリシアも領土問題でブルガリアと対立していた．交渉が行きづまり，セルビアとギリシアが同盟を結ぶと，6月末ブルガリアは機先を制して両国に戦争を仕掛けた．この戦争が第二次バルカン戦争である．トルコも，またルーマニアも，ブルガリアとの戦争に加わったから，この戦争は7月末にブルガリアの敗北で終わった．ブカレスト講和条約では，バルカンのトルコ領土はセルビアとギリシアに有利に配分され，トルコも東トラキアでの失地をある程度回復し，ルーマニアは南ドブルジャを獲得した．ヨーロッパ諸大国はそれを容認した．オーストリアはセルビアに対する軍事介入を考慮したが，戦争は短期間で決着し，介入に踏み切れなかった．

　この二つのバルカン戦争はバルカン諸国が主体的にトルコと戦い，次いで相互の対立を相互の争いで決着させた戦争だったといえる．講和は大国主導で実現したものではなかった．ヨーロッパの諸大国は大使級会議による協議を行い，戦争を局地紛争に留めたから，ウィーン会議以来の「ヨーロッパ協調」はまだ機能しているように見えた．しかしこれを最後に「ヨーロッパ協調」は幕を下ろすことになるのである．

　フランスのポアンカレ大統領は1912年8月のロシア訪問の際に，バルカン同盟の内容を知らされて，ロシアの政策がオスマン帝国解体を促すことへの懸念を表明したが，むしろ露仏同盟を強化することで，ロシアへの影響力を強めようとした．ロシア外相もバルカン同盟によるトルコ攻撃を押さえようと試みたが，バルカン同盟諸国のロシア離れを警戒して，強硬な圧力はかけなかった．ロシアがブルガリアに強硬な通牒を送ったのは，戦争中ブルガリアがイスタンブルに進撃する気配を見せたときであった．ロシアは他の国がトルコの首都であり戦略的要地であるイスタンブルを占領することを容認できなかったからである．ドイツのベートマン首相はオーストリアの忠実な同盟国であることを公言したが，オーストリアが戦争という手段に訴えることを望まず，自重を働き

かけた。彼には、バルカン同盟が崩壊すれば、ドイツがバルカンの新秩序形成に影響力を及ぼすことができるという期待があり、またバルカン問題でイギリスと協力することにより、英独関係を改善したいという思惑があったからである。そのためバルカン戦争が終わった当時、オーストリアの外相ベルヒトルトは彼の国が「ほとんど完全に孤立した」と感じた〔Berghahn 1993〕。

　大国間の得失という観点からみれば、バルカン戦争はロシアに有利、オーストリアに不利な結果になった。ロシアはバルカン同盟形成の後援者であったが、バルカン同盟の行動を監督することはできず、そしてバルカン同盟自体、トルコに対する勝利の後で崩壊した。しかしロシアがバルカン同盟結成に期待した、中欧同盟の勢力拡張を防ぐという効果は、反オーストリア的なセルビアが領土を倍加したことで達成され、その上、ルーマニアを自国の側に引き寄せるという成果を上げた。セルビアとルーマニアが中欧同盟に対する防波堤であるという状況が続くことはロシアにとって大いに望ましいことであったが、しかしもしセルビアとオーストリアとが戦争することになれば、ロシアも参戦せざるを得なくなるという重大な問題があった。

[1913年から1914年へ]

　オーストリアはアルバニアの独立を推進して、アドリア海沿岸にセルビアが領土を得ることを防いだが、第二次バルカン戦争でセルビアが領土を倍増するのを防ぐことはできなかった。戦後オーストリアは強硬な態度でモンテネグロに沿岸都市スキタリの獲得を断念させ、セルビア軍およびギリシア軍のアルバニアからの撤退を強硬に要求して、それを実現した。しかしそのような行動は戦勝により盛り上がったセルビア人のナショナリズムの矛先をますますオーストリアに向けさせた。セルビアの反オーストリア的なナショナリズムはボスニアのセルビア系住民にも影響を及ぼすであろう。オーストリアはバルカン戦争中セルビアを攻撃するとことを思い留まったが、戦後になってみると、やはりセルビアを叩いておくべきだったという思いがウィーンの指導層に広まった〔ベラー 2001〕。

　ドイツの発展の将来は海外植民地の拡大にではなく、ヨーロッパ大陸の中央にドイツを中心とした政治経済圏を形成し、バルカン諸国とオスマン帝国をそ

のなかに吸収することにあるという「ミッテルオイローパ」構想は，1912年から14年にかけてドイツ指導層の間で盛んに議論されていた．ドイツにとってバルカンおよびトルコ情勢は，同盟国オーストリアに関わる重大問題としてヨーロッパ大国間の勢力均衡におけるドイツの立場に影響を及ぼすゆえに重大関心事であるばかりでなく，バグダード鉄道計画が具現するように，ドイツは自国を中心とした経済圏の拡張のためにも，バルカン・トルコ方面への関心を強めていた．1913年には，まだドイツ政府はバルカン戦争が大国間の戦争に発展することを望まなかった．しかし，その翌14年にサライェヴォ事件が起こると，ドイツ政府は，オースオリアがセルビアを叩くことを支持し，むしろ奨励した．その変化の理由については次章で述べる．

8 ― 平和運動と社会主義運動

[国際的平和運動の展開]

19世紀の最後の数十年は，西洋諸国では国家体制が整備され国民意識が発達する一方で，国際交流が盛んになり，平和のための国際的活動も活発になった時期である．1889年には国際仲裁のための国際議員会議が開催され，仏英米などの議員有志が集まった．その際，イギリスの平和運動家クリーマー卿やフランスの平和運動家パシーの呼びかけにより，国際議員連盟とその事務局を設立することが決まった．同じ年に平和主義団体の国際会議，世界平和会議も復活し，まもなく国際平和事務局が設置された．この二つの国際組織の双方に属する活動家もいたが，国際議員連盟の会議は諸国の国会議員による組織であり，世界平和会議は平和主義団体の集まりであったから，前者がより現実主義的であり，後者がより理想主義的であった．ただし世界平和会議に参加した平和団体も立場はさまざまであった．

平和運動家たちは軍備の制限ないしは縮小のための国際合意，国際司法機関の設立，国際問題についての合意形成と合意の実施のための国際機構の設立などの目標をもっていたが，国際議員連盟と世界平和会議が共通して熱心に推進したのは仲裁による国際紛争の解決の制度化であった．仲裁による解決とは紛争の当事者が双方の合意した仲裁者の判決に従って紛争を解決するもので，19

世紀には英米間のいくつかの紛争が双方の合意によりこの方式で解決された．とくに南北戦争中，イギリスで建造された南部側の軍艦アラバマ号が合衆国船舶に多大な損害を与えたことに関わる賠償紛争が，1872年に仲裁裁判により解決されたことは，仲裁裁判という解決方式の先駆的成功例とみなされた．この方式が多くの国際紛争に適用されるようになれば，戦争によることなく紛争を解決できると考えられ，仲裁裁判の制度化が平和を願う人々の目標になったのである．世界平和のためには世界連邦が必要だと主張する団体もあったが，国家の存在を前提として国家の行動の法的準則を整えること，つまり国際法の発展を通じて，より平和的な国際社会を形成しようという考えが，この時期の平和運動の中で強くなっていた．それゆえ国家からやや距離を置いて国際法の在り方を議論できる国際法学者の国際団体の決議や提言が重要性を増した．そうした団体として国際法協会と国際法学会とが1870年代に発足し，次第に活発に活動するようになった〔Hinsley 1963〕．

[ハーグ平和会議]

　仲裁裁判の制度化の具体的進展をもたらしたのは，第一回ハーグ平和会議として知られる1899年の国際会議である．この会議は国際議員連盟や世界平和会議の働きかけによるものではなく，ロシア皇帝ニコライ2世の発議によって開催されることになった．彼がその前年にこの会議を発議したのは，当時ロシアでは自国の財政状況から国際的軍備制限が望ましいという事情があったためと言われる．ロシア外相はこの会議で軍備制限，戦争法規の整備，国際仲裁裁判手続きの改善などを呼びかけた．この呼びかけには国際平和を願う理想主義的な言葉が用いられていたので，平和運動家から歓迎される一方，各国政府はロシアの意図に疑念を抱いたが，参加国は26ヵ国に達し，アジアからは日本，清国，シャム（現在のタイ）が参加した．

　世界の主要国はロシアを除いて軍備制限には同意しなかったので，軍備制限については進展がなかったが，国際紛争平和的処理条約，陸戦の法規慣例に関する条約などが採択された．国際紛争平和的処理条約により仲裁裁判が制度化され，常設仲裁裁判所が設けられることになった．ただしこれは常設仲裁裁判所の名称から想像されるような常勤の裁判官を擁する裁判所ではなく，仲裁に

よる国際紛争の解決に便宜を提供するために，各国から推薦された国際法の専門家のリストを用意しておき，紛争当事国が仲裁による解決に同意したときに，そのリストの中から双方が同意できる仲裁裁判官を選べるようにするものにすぎない．また中立国の調停による紛争解決を促すために，調停の申し入れは干渉行為には当たらないことも規定された．陸戦に関しては南北戦争中に合衆国軍が定めた規則などを取り入れて，捕虜の待遇や戦闘，降伏，休戦，占領などについてのルールが定められた．

平和運動家にとってこの会議の成果は満足すべきものではなかったが，彼らはその会議で第二回会議を開いてさらに作業を進めることが合意されたことに希望を見出した．世紀が改まると平和団体は第二回会議の開催を提唱した．アメリカのセオドア・ローズヴェルト大統領は国際議員連盟の会合の際，彼が主催者になる用意があることを表明したが，ロシア皇帝も日露戦争後，引き続き発議者になることを希望したので，第二回会議も彼の発議の形をとり，1907年に再びハーグで開催された．第二回会議には44ヵ国が参加した．ドイツはこの会議で軍備制限を議論しないようロシアに要請したので，第二回会議でも軍備制限については実質的な議論は行われなかった．この会議での主な成果は戦争法規の整備で，非人道兵器の禁止，交戦国と中立国の権利と義務などが定められ，また戦争の開始に当たっては「理由を付したる開戦宣言」か「条件付き開戦宣言を含む最後通牒」を必要とすることが条約で定められた．これは，日露戦争では宣戦布告前に日本が軍事攻撃を行ったことから，ロシアが開戦のルールを定めるよう主張して，合意されたものである．

二つのハーグ会議は期待をこめて「平和会議」の名で呼ばれたが，戦争法規の整備がその主なる成果であった．平和運動家の間で期待があった仲裁裁判の制度化では一定の成果はあったが，仲裁裁判への付託を一般条約によって義務付けようとする試みは国家主権にこだわる諸国政府の反対に遭って実現しなかった．ただしアメリカなどいくつかの国は二国間の仲裁裁判条約を結んで紛争を仲裁裁判に委ねることに合意した．しかしその場合にも自国に不都合にならないよういろいろな限定を設けており，アメリカの場合は上院の同意が必要条件とされた〔Tuchman 1966〕．

[社会主義者の国際的連帯]

社会主義者は列強の帝国主義政策が戦争の原因であると考え，戦争への反対を帝国主義への反対と結び付けた．社会主義政党の国際組織「第二インターナショナル」はフランス革命百周年の1889年に設立され，社会主義政党と労働組合の国際的連帯の組織として発達した．この組織の国際会議で主役を演じたのはヨーロッパ諸国の指導的社会主義者たちだったが，世界諸地域の組織の指導者が参加するようになった．1907年のシュトゥットガルト大会は日本，南アフリカ，オーストラリア，アメリカ，アルゼンチンからの代表を含んでいた．ヨーロッパの社会主義政党は多くの国で次第に勢力を獲得し，選挙権が労働者層にも拡大するにつれて議会にも進出した．とくにドイツの社会民主党は大戦前には世界最大の社会主義政党で，帝国議会でもかなりの議席を占めていた．このように国家体制の中である程度の勢力をもつようになれば，実際問題として革命よりは改革を目指さざるをえず，一般論として戦争反対のための国際的連帯を唱えたとしても，国家体制の範囲での行動に止まらせる傾向が生じる．

シュトゥットガルト大会では，戦争の危機が迫った場合，労働者階級は総罷業（ゼネスト）によって戦争を阻止すべきだという急進派の主張は，ドイツ社会民主党など穏健派の主張によって阻まれ，採用されなかった．採択された宣言は，戦争勃発の恐れが生じた場合，関係諸国の労働者階級がとるべき行動は「適当と思われる手段により戦争阻止のために全力を尽くすこと」であると述べる一方，もし戦争が勃発した場合には，それをできるだけ速やかに収束させるよう努力し「資本家の支配の没落を早めること」を目指すと述べ，急進派が主張した戦争の革命への転化の主張を取り入れて均衡をとった．ヨーロッパの国際関係の危機が切迫するにつれて，社会主義者も平和運動家が推進していた国際仲裁裁判制度に，紛争の平和的解決の方法として期待をかけるようになった．1910年のコペンハーゲン大会は「国家間の紛争はすべて国際仲裁裁判所の解決に委ねるべしとの要求を絶えずおこなうこと」を決議し，その後，仲裁裁判の活用は社会主義者の国際会議で繰り返し言及された．

前述のように1911年の第二次モロッコ危機における独仏の緊張は収束したが，その間にイタリアがオスマン帝国に戦争を仕掛け，12年には第一次バルカン戦争が勃発した．この間，第二インターナショナルの国際事務局は各地で

反戦デモを開くことを呼びかけ，またバルカン諸国民の国際協調を促すことを試みた．12年11月に開催された第二インターナショナルのバーゼル大会はシュトゥットガルト大会の反戦決議を繰り返すとともに，諸国民の権利の尊重を原則としてバルカン問題を解決すること，中近東を列強の帝国主義的争いの場としないことを主張した．ヨーロッパ主要国の社会主義指導者，とくに独仏英の社会主義政党の間には，彼らはそれぞれの国で一定の政治的影響力を得ており，それゆえ彼らの戦争反対の立場は政府の政策へのある程度の歯止めになっているという自負心があった．しかし，ひとたび政府指導者が戦争を決断し，それを祖国防衛のための戦争であると定義すれば，社会主義者としてはそれを阻止することはできなかったのである〔西川 1989〕．

第Ⅴ章　帝国主義世界とヨーロッパの大国間関係

中国における列強の勢力範囲

ロシア　日本　ドイツ　フランス　イギリス　＿＿租借地

1910年の東アジア

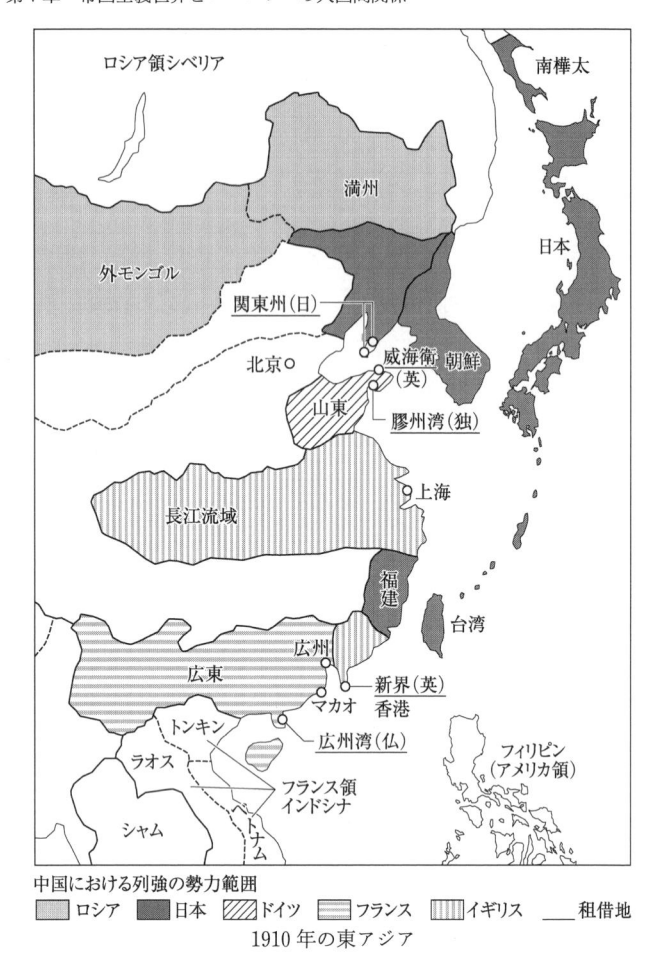

増田・佐藤 2007，31頁，尾形・岸本 1998，353頁の地図等を基に作成．

第VI章

第一次世界大戦と国際情勢の新展開

ソンムの戦いで塹壕戦を戦うイギリス軍（1916年）
© Bridgeman／写真提供：PPS通信社

　1914年，ヨーロッパはナポレオン戦争終結以来，ほぼ1世紀間回避してきた「大戦争」に突入した．ヨーロッパの国際危機の際には，諸大国が国際会議を開いて紛争を収拾する「ヨーロッパ協調」がしばしば機能してきたが，この年には作動しなかった．オーストリアとドイツは国際会議の開催を意図的に避けた．ヨーロッパの国際的均衡の調整者となるべきイギリスもその役割を果たすことができなかった．サライェヴォ事件をめぐるオーストリア対セルビア関係の危機がヨーロッパの主要大国を巻き込む大戦争に発展する前，ヨーロッパの社会主義者たちは平和のための努力を誓い合ったが，開戦に際しては，概して自国の戦争政策を支持した．
　ヨーロッパの諸大国は二つの陣営に分かれて戦うこととなり，双方は軍事的にも外交的にも膠着状態に陥った．ヨーロッパが大戦争を起こし収束できない状況は，

自律的なヨーロッパの政治的崩壊を意味していたが，そのことはロシア革命の発生とアメリカ合衆国の参戦との後，ますます明白になった．戦争の長期化と予想外の人的・物的な損耗は，各国にとって重い負担となったが，ロシアはその負担に耐え切れず，1917年には革命状況に陥り，やがてボリシェヴィキ（共産党）がロシア革命政府の権力を掌握した．

　ヨーロッパで始まったこの戦争はオスマン帝国，日本，中国，アメリカおよび英仏の自治領・植民地の戦争参加により，世界的規模の戦争となった．とくにアメリカの関与は重要で，1917年に参戦し，戦争の終結と国際秩序の再建とのために主要な役割を演じた．アメリカの参戦とロシア革命とは，在来型の大国間戦争に，国内・国際秩序の民主的あるいは社会主義的変革という新たな目標を導入した．したがってこの戦争は1917年を区切りとして二つの時期に分けることができる．

　この戦争はイギリス，フランスでは1930年代までは「大戦争」，ドイツとアメリカでは「世界戦争」と呼ばれていたが，次の大戦争が「第二次世界戦争」と呼ばれたので「第一次世界戦争」と呼ばれるようになった（ただし日本では「世界大戦」という名称が慣用化しているので，本書でもそれを用いる）．

1―サライェヴォ事件と中欧同盟二国の対応

[オーストリアの開戦決意とドイツの積極的支持]

　バルカン戦争の結果，セルビアは領土を倍増したが，その成果はセルビアを満足させなかった．それまでオスマン帝国とオーストリア-ハンガリー帝国（「オーストリア」と略記する場合もこの帝国を意味する）との両方に向けられていたセルビア人のナショナリズムは，この戦争後はもっぱらオーストリアに向けられた．彼らはオーストリア-ハンガリー帝国内部の非圧迫民族の分離主義が高まり，いつの日かこの帝国が崩壊して，セルビアが同帝国内のセルビア人のみならず，南スラヴ系諸民族を大セルビア国家に統合することを待望するようになった．このような反オーストリア民族主義はセルビア国内からボスニア-ヘルツェゴヴィナ（以下「ボスニア」と略記）にも浸透していた．

　1914年6月28日，オーストリア陸軍の大演習に際してボスニアを訪問した帝位継承予定者フランツ・フェルディナント大公夫妻がサライェヴォ市内でボスニアのセルビア人ナショナリスト団体の青年によって暗殺される事件が起こった．ウィーンの指導層は，反オーストリア傾向を強めるセルビアを帝国内の多民族統治を脅かす外的要因とみなすようになっていたから，この事件が起こると，老帝フランツ・ヨーゼフを含めて，この機会をとらえて，セルビアに軍事制裁を加え，その反オーストリア路線を粉砕すべきだと考えた．セルビアと戦う場合，ロシアが介入してくる可能性が大きかったから，ウィーンの政府は7月5日ベルリンに特使を送り，ウィーンの対応について支持を求めた．

　ドイツ皇帝ヴィルヘルム2世もベートマン・ホルヴェーク首相（以下「ベートマン」と略記）もモルトケ陸軍参謀総長も，ウィーンの強硬策に対して全面的な支持を約束した．サライェヴォ事件は広くヨーロッパに衝撃を与え，オーストリアに同情が集まっていたから，ドイツ皇帝も首相も，オーストリアがすぐに軍事行動を起こせば，ロシアもセルビア側に立って戦争に介入することを控えるであろうと予想し，それゆえ戦争はオーストリアとセルビアとの間の局地的戦争に留まると期待した．そのため，ドイツ首相は戦争の開始は早いほどよいとオーストリア側に伝えていた．

ウィーンの指導者たちは戦争を決意していたが，動きは遅かった．オーストリア‐ハンガリーの二重帝国としての性質上，開戦方針の決定にはハンガリー政府のティサ首相の同意が必要であった．ティサは帝国内でのマジャル人の特権を維持する立場から，セルビアとの戦争により，南スラヴ民族をさらに多く帝国内に取り込むべきではないと考えており，ロシアの参戦を招く可能性が大きい冒険的政策に反対した．ドイツから強硬策への支持が得られた1週間後，彼はセルビアとの戦争による領土拡張はしないという条件で，ようやく戦争を受け入れた．ウィーンの政府はセルビアが受諾できそうもない要求を突き付け，拒否されれば開戦するという方針を決めたが，軍部は臨戦態勢が整う8月まで開戦を延期することを希望した．ベルリンからより速やかな行動を促されて，オーストリア政府は最終的にはセルビアへの最後通牒を7月23日に手交することにし，自らの臨戦態勢が整わないうちにセルビアに宣戦することになった．7月23日を選んだのは，フランスのポアンカレ大統領とヴィヴィアーニ首相兼外相とが，ロシア訪問を終え軍艦で帰国の途についた直後で，政府首脳の航海中はフランスが敏速な行動をとれまいという思惑からである．

　オーストリアは，反オーストリア的出版物の抑圧，反オーストリア的宣伝を行う愛国団体の解散，学校における反オーストリア的宣伝の中止，反オーストリア宣伝を行う軍人および官吏の罷免，セルビア人の事件関係者訴追のための調査にオーストリア政府官憲の参加を認め彼らに協力することなどを要求し，72時間の期限で全面的受諾を迫った．セルビアは今度の事件については，国内で過激な反オーストリア主義団体の活動を許容し，セルビア領内で暗殺計画を立てた暗殺者たちが事件を起こしたという弱みがあったから，国際的支持を得られるように，相手側に戦争を正当化させないように注意深く，慎重に回答した．セルビアはほとんどの要求を受け入れる態度をとり，自国の主権を侵害するようなオーストリアの官憲の国内行政および司法手続きへの参加は認められないが，それらについても第三者の調停に服すると答えた．ドイツ皇帝もこの回答を知って，セルビアはほとんど全面的に屈服したのだから，開戦理由がなくなったと考えたほどであった．しかしオーストリアはそれを拒否回答とみなして外交官を引き揚げ，28日にセルビア側から攻撃があったとして同国に宣戦した〔ベラー 2001；Herwig 1997；世界史史料 10〕．

[ヨーロッパ協調の消滅]

　サライェヴォ事件から1ヵ月，その間に外交的に危機を解決するために「ヨーロッパ協調」のシステムが作動しなかったのは，オーストリアもドイツも大国間外交による解決を望まなかったからである．オーストリアは暗殺された大公夫妻の葬儀に際して，葬儀がこの危機への対応策をめぐる大国間外交の機会となることを恐れ，外国の君主や政府要人の出席を謝絶する方針をとった．

　ドイツの指導者たちがバルカン戦争の際とは異なり，オーストリアの開戦方針を抑えず，むしろ積極的にそれを奨励したのはなぜであろうか．オーストリアの指導層が帝国体制の存続に危機感をもち，セルビアを軍事的に叩くことで，その危機を打開しようと決意するならば，同帝国の存続を自国のために重視するドイツとしては，同意せざるをえないことは確かである．しかし，バルカン戦争後のバルカン情勢がドイツにとっても好ましいものではなかったことも，戦争による局面打開への衝動を強めた．もう一つの理由は，モルトケらドイツ陸軍の幹部が，大国間戦争を戦うのであれば，ドイツ陸軍の拡張が済んだ今がよいと考えたことである．彼らはロシアの陸軍の強化と戦略的鉄道の建設への警戒心を強め，近い将来，軍事バランスがドイツに不利になることを恐れていた．ロシアの将来の巨大化への懸念は首相も共有していた．

　もしドイツの強い牽制によってロシアが参戦せず，オーストリアとセルビアだけの戦争になり，オーストリアがバルカンでの覇権を樹立できるなら，それはドイツにとっても大国間勢力関係の著しい改善であり，安い代価で大きな成果が得られたことになる．しかしドイツ陸軍には，露仏同盟との全面戦争になるとしても，戦争を避けようという考えはなく，ベートマン首相もその危険を冒す用意があった．彼はイギリスからの大国会議の開催提案に消極的な態度をとり，その実現に協力しなかった．

　ベートマンの関心事は，社会民主党の支持を得て国内の挙国一致を確立することと，イギリスの参戦をできるだけ遅らせることであった．そのために彼は，ロシアの行動がドイツの参戦を不可避にしたという形で，露仏同盟との戦争に入ることを望んだ．ヴィルヘルム2世はセルビアの回答を概して満足すべきものとみなし，外交に時間を与えるために，軍事行動をベオグラードの保障占領

に限定するようにオーストリアに働きかけることを指示したが，首相はその勧告を曖昧な形でしかウィーンに伝達しなかった．イギリスのグレイ外相から全面戦争回避のための最後の外交努力に協力を求められたとき，ドイツ首相はそれに協力する姿勢をとり，オーストリアに自重を求めたが，強い圧力をかけることは控えた．同じ頃，ドイツ陸軍は軍事行動の全面的展開をオーストリア側に促していた．

イギリスが参戦すれば，戦争が長期化した場合，ドイツは不利な立場に立たされる．しかしベートマン首相は1913年から14年にかけてイギリスとの関係改善に努力してきたので，イギリスが大陸での戦争に少なくともすぐには参戦しないことを期待していた．フランスとの戦争になってもフランスの大国としての地位を保証するとか，ベルギーの中立を侵犯しても領土を保全すると約束すれば，当分イギリスは中立に留まるのではないかと希望的に予測していた．陸軍はもともと短期決戦でフランスを軍事的に圧倒する作戦であったから，イギリスを敵にする不利益が顕在化するまえに，大陸での戦争に勝敗をつけられると考えていた．ベートマンは14年7月末にはイギリスの中立の可能性に悲観的になったが，戦争への歯車をとめることはしなかった〔Berghahn 1993；Evans & Pogge von Strandmann 1988 (Pogge von Strandmann)；Koch 1984 (Fischer)〕．

2 ― ヨーロッパの大戦争への道

[ロシアの総動員令と開戦を急いだドイツ]

ロシア皇帝ニコライ2世もサゾーノフ外相も陸軍の幹部も，ドイツとの全面戦争は避けたかった．ロシアは日露戦争後に軍事力を再建する過程にあったから，大きな戦争は先送りすることが望ましかった．それゆえ将来の巻き返しを期待して，セルビアに全面的譲歩を勧告し，戦争を回避するのが安全だったかもしれない．しかしそのような政策選択も帝政ロシアに政治的不安定をもたらす可能性があった．ある程度政治的影響力をもち始めた議会や新聞は，外交政策においてはパン・スラヴ主義の傾向が強く，バルカンでの著しい外交的後退には激しい政府批判を浴びせたであろう．そして支配層にも分裂が生じるかも

しれなかった．地主貴族層には気質的に共和政のフランスより帝政のドイツに親近感があったが，当時はドイツの関税政策への不満もあり，親独派の発言力は弱まっていた．

サゾーノフ外相はセルビアおよび同国に支持されたモンテネグロのアルバニアへの進出に対するオーストリアの強硬な反対の姿勢を容認してきた．しかしオーストリアがセルビアの内政に関与する権利を要求して全面受諾か戦争かを迫ったときには，彼も軍事的にセルビアを支援する態勢をとる以外に方策はないと考えた．オーストリアとセルビアとの戦争の危機に直面して，ロシア政府は，オーストリアに対抗する部分的動員態勢をとることを決めた．ドイツを対象としない部分的動員に留めることにより，大国間の外交に時間を与えようとしたのである．しかしオーストリアが戦争を開始すると，軍は部分的動員を行えば，その後総動員を行うことが困難になると主張し，総動員を行うことを強く主張した*．皇帝は1914年7月29日にいったん総動員令を出した後，それを撤回して部分的動員を命じ軍の主張に抵抗した．その間に中欧同盟両国との交渉の余地を残そうとしたからである．しかし翌日には外相も陸軍の主張に同調したので，皇帝は総動員令に署名した．

＊　総動員とは平時編成の軍隊を戦時編成に変え，本格的戦争のための戦闘体制を整える一連の措置である．予備役の将兵を招集していくつかの指定の場所に集合させ，装備を与え，戦時編制の軍隊組織に編入し，諸師団の将兵を前線あるいはその後方に配置するために輸送することなどが含まれる．

ドイツ側は7月31日ロシアの総動員発令を知ると，ロシアに12時間期限で総動員の中止を要求した．ドイツは翌8月1日午後その要求が無視されたとして総動員を開始し，晩にはロシアに宣戦した．ロシア軍が実際に戦闘体制を整えるまでには相当の時間がかかるはずだったから（ドイツ陸軍の作戦はこのことを考慮して立てられていた），ドイツが主としてまずロシアと戦う戦争を考えていたのであれば，余裕をもって総動員を行うことができるはずであり，急いでロシアに宣戦する必要はなかった．しかしドイツは露仏同盟に対する二正面戦争の場合，まずロシアを攻めるのではなく，逆に東部戦線では守勢をとり，西部で全面攻勢をとるという作戦を立てていた．

モルトケ陸軍参謀総長は彼の前任者シュリーフェンの構想を基本的には継承

していた．シュリーフェン構想はロシアが相当の兵力をもってドイツ国境を脅かすには時間がかかるから，ドイツは国内の鉄道網（ドイツの鉄道は国有であり，軍事的目的を考慮して作られていた）を活用して速やかに戦闘態勢を整え，陸軍の主力をもってフランスに侵攻し，フランス軍に大打撃を与えてから，大部分の兵力を東部戦線に転送してロシアを叩くというものであった．フランスに早く侵入するためには，ロシアの戦闘態勢が整わないうちにロシアに宣戦し，それによってフランスに中立の保証を要求する最後通牒を突き付けて拒否されるという過程を急ぐ必要があったのである．独仏国境からフランスに敏速に進攻することは困難だったから，ドイツ陸軍は主力部隊をベルギーにまず進入させ，北からフランスに攻め込もうとした．永世中立国としてのベルギーの地位を侵犯することは，シュリーフェンが二正面戦争の作戦を立てたときからの既定の方針であった．彼の構想にはフランスへの進攻速度を早めるためにオランダの中立をも侵犯する計画があったが，モルトケはオランダの中立を侵犯しない方針をとった．短期決戦による勝利を目論むモルトケも，万一に備え，世界から物資を調達する貿易経路としてオランダを中立国にしておく方がよいと考え，進攻軍の一部にルクセンブルクを経由させることにした〔タックマン 2004〕．

[フランス，イギリスの対応]

フランス政府の指導者たちは，ポアンカレ大統領もヴィヴィアーニ首相兼外相も，外交的な解決を望み，セルビアが独立国としての体面を維持できる範囲で最大限オーストリアの要求を受諾するようにセルビア政府を説得することをロシアに要望した．しかしロシアの忠実な同盟国という外交的立場をとることが，瀬戸際で戦争を回避するためにも必要だと考えた．戦争回避のために露仏同盟を弱めれば，戦争は回避できても外交的敗戦であり，それはフランスの立場に重大な悪影響をもたらすと考えたからである．それゆえロシアが戦争を選択すれば，フランスは同盟国としての義務を果たさなければならないのであった．ヴィヴィアーニはロシアに外交の余地を残すため，しばらく部分的動員に留めるよう要請を送ったが，それはロシアがすでに総動員を決めてからであった．ドイツの高圧的な最後通牒に対してフランスは8月1日，自国の利益に従

って行動すると回答し，総動員態勢に入るのである．

　フランスはドイツと戦う場合のイギリスの参戦を強く要望した．イギリスの参戦を望む点ではロシアも同様であった．イギリスは三国協商のメンバーであり，とくにフランスとの間には軍事協定（1912年の英仏海軍協定）もあったが，独仏戦争の場合の参戦については何も約束していなかった．イギリス駐在ドイツ大使はイギリス参戦の回避を切望していたので，8月1日に電話での会話のなかでグレイ外相が述べたことを誤解して，ドイツがフランスに宣戦しなければ，イギリスは中立を守るだけでなく，フランスの中立を保証すると言明したという電報をベルリンに送った．ドイツの首相と外相は皇帝に電報を示して西部での陸軍の越境を止めることを具申し，皇帝も軍に越境中止を命じたが，参謀総長はすでに動き出した総動員計画を変更できないとして強硬に反対した*．まもなく大使から誤りを訂正する電報が届いたので，ドイツ陸軍は計画通り戦闘部隊の輸送を継続し，同日ベルリンはパリに最後通牒を送った．

* ドイツ陸軍鉄道部は，このような場合に備えて，軍隊の西への輸送を中止して東方へ転送する詳細な計画をもっていたという．陸軍にはシュリーフェン構想の主計画のほかに，それとは逆の計画，すなわち西方では守勢をとり東方に主力を配してまずロシア軍と戦うという計画も存在したが，開戦に当たってモルトケはそれを一顧だにしなかった．西方進攻作戦をとったことは，後に彼自身も認めたように，ドイツにとって政治的にも軍事的にも愚策であった〔タックマン 2004〕．

　8月1日にはグレイはフランス大使との会談で，参戦について何の保証も与えず，大使を大いに失望させた．自由党内閣の閣僚には参戦反対派もおり，内閣の立場は固まっていなかったから，グレイは参戦について明言することはできなかった．アスキス首相はドイツがフランスを敗北に追い込むことを許す考えはなかったが，ドイツが開戦したとしても西部戦線で守勢にたっているかぎり，対独参戦を急ごうとは思わなかった．英仏海軍協定によりフランス艦隊は地中海に集中していたので，イギリス海軍には，独仏戦争勃発の場合ドイツ海軍からフランス西海岸を防衛する道徳的義務があったが，その目的のため海軍を出動させることについても，一部の閣僚に反対があった．その晩ドイツがロシアに宣戦した知らせが届くと，首相と外交・軍事担当閣僚とは海軍に戦闘態勢をとらせることに合意し，翌2日には閣内の反対論を抑えて，フランスに大

西洋岸の防衛を約束することを決めた．

　ドイツは8月3日フランスに宣戦し，ベルギーに侵入した．ドイツ軍の領内通行に無抵抗主義をとったルクセンブルクと異なり，ベルギーは永世中立国としてドイツ軍の領内通行を拒否し侵入軍と戦った．このことがイギリスの世論を大きく変えた．分裂していた世論は，ドイツがフランスに大軍を振り向けていること，永世中立国ベルギーの中立を侵犯してその領土を全面的に利用しようとしていることを知って，急速に対独参戦に傾いた．このような経過を経て，翌4日アスキス内閣は一致してドイツへの宣戦を決めた．こうして五大国は参戦国となったが，第六の大国イタリアは三国同盟による参戦の義務はないとして中立を宣言した〔Evans & Pogge von Strandmann 1988；Stevenson 1988〕．

[挙国一致体制の成立]

　国際的危機が進展するなかで，ヨーロッパ諸国の社会主義者たちは各国で反戦運動を展開しつつ，国際的連携を維持して戦争を防ごうとした．7月29日から30日にかけて第二インターナショナルの事務局会議がブリュッセルで開かれたときには，オーストリアはすでにセルビアに宣戦していたから，オーストリアの代表は彼らにとって戦争反対闘争はもはや不可能であると述べ，戦争不拡大の希望を他の国の社会主義者の運動に託した．ドイツ，フランス，イギリスなど他の国々の代表は戦争がすぐに拡大しないと予想し，戦争拡大を阻止する運動を進めるための時間はまだあると考えていた．彼らは8月9日にパリでインターナショナルの大会を開催することに合意して散会した．

　しかし事態は彼らの予想を越えた速度で進み，1週間足らずのうちにヨーロッパ主要国は戦争に突入したのである．ドイツのベートマン首相は帝国議会の第一党である社会民主党の戦争反対活動を弾圧せず，彼自身も戦争回避に努力していることを同党の幹部に印象づけ，彼らを挙国一致体制に取り込んで戦争を戦おうとした．彼の事前工作が功を奏し，8月4日に帝国議会が開かれると，社会民主党議員は戦時公債の発行に賛成投票した．彼らを代表して演説した議員が述べたように，戦場に赴く兵士たちのことを思い，ロシアの専制主義が勝利したときのことを考えれば，平和を求める社会主義者も「祖国を見殺しにはできない」のであった〔西川 1989〕．

フランスでも，防衛戦争のための「神聖連合」の形成を呼びかけたポアンカレ大統領の声明は国民的支持を受けた．一貫して平和を主張してきた社会主義者のジョレスはブリュッセルから帰った翌日，右翼に暗殺された．しかし彼が生きていれば，8月4日の時点では祖国防衛のためのやむをえない戦争として，戦争に賛成したであろう．戦争がドイツの社会民主党員にとってロシア専制主義に対する戦いであるならば，フランスの社会党員にとってはドイツ軍国主義に対する戦いであった．ドイツの社会民主党は政権外の協力者として「城内平和」挙国一致体制に参加したが，フランスでは社会党は2人の議員を閣僚として政府に送りこみ，「神聖連合」体制の積極的な担い手となった．イギリスでもドイツによるベルギーの中立侵犯が報道されると，ドイツの不法な侵略行為に対する反発から世論がにわかに参戦論でまとまり，労働党と労働組合の大勢も参戦を支持した．労働党は翌年5月，挙国内閣形成に参加し，労働組合も戦争遂行に協力した．開戦時にはどこの国でも愛国心が高揚し，前線に赴く兵士たちは盛大な見送りを受けた．ヨーロッパには長い苦しい戦争は久しくなかったので，人々は戦争がどれほど長く続き，どれほどの犠牲を払うことになるかについて想像できなかった．クリスマスまでには終わるという楽観的な期待が広く存在した〔ジョル 2007〕．

3―戦争の長期化と参戦国の増大

[ドイツ短期決戦計画の挫折]
　ベルギーを通路としてフランスに進攻しようとしたドイツ軍は，ベルギー軍から予想外の激しい抵抗を受け，ベルギー東部の防衛拠点リエージュを占領するのに手間取った．しかしフランス軍はドイツとの国境からライン川地方に進攻することを重視する従来の作戦計画にこだわり，ベルギーに有力な兵力を派遣しなかったので，ドイツ軍はベルギーを突破して，1914年9月始めにはパリから約40キロにまで到達し，フランス政府は一時ボルドーに移転したほどであった．ベートマン首相と周辺の人々が勝利を期待して，ドイツを覇権国とするヨーロッパ秩序の具体的な構想「九月計画」を描いたのはこの時期である*．

* この文書を重視したドイツの歴史学者フィッシャーは『世界強国への道』(1961年)において,第一次世界大戦当時のドイツ指導層が,首相ベートマンを始めとして,大帝国への道を追求したことを強調し,彼らの政策とヒトラーの第三帝国の政策との連続性に注意を喚起した.彼の見解を巡ってドイツ歴史学界では長く盛んな論争が展開され,国際的にも注目された〔フィッシャー 1972-83〕.参戦に至るドイツの政策についての本章の記述は,フィッシャー論争後に書かれた Berghahn 1993 等に依拠しているが,第一次世界大戦中,ドイツ指導層が戦況の有利なときに目指したもの(東方への拡張はブレスト-リトフスク条約で一時実現)と,ヒトラーが第二次世界大戦において目指したものとの間に共通性があることは明らかである.交戦諸国の戦争目的については,おもに Stevenson 1988 を参照した.

しかしドイツ軍が優勢を信じて2軍団をロシア戦線に移動させたこと,ドイツ軍兵士が徒歩での連日の強行軍のため疲労の極にあったこと,フランス軍がライン進攻作戦を断念して態勢を立て直したことなどにより,9月5日から始まったマルヌ河畔での激しい戦闘では,結局ドイツ軍は多大の犠牲を払って退却を余儀なくされた.他方,フランス軍も追撃して一挙に勝勢に転じる力はなく,戦線はパリとベルギー-フランス国境とのほぼ中間地点で膠着することになった.この戦いで双方とも約25万人の死傷者を出したと言われる.ドイツの陸軍参謀総長モルトケは短期決戦計画の挫折のために鬱状態に陥り,解任された.イギリスから急遽派遣された陸軍の主力はベルギー東部で英仏海峡に進出しようとするドイツ軍を激戦の末食い止めたが,その戦闘で兵力の大半を失い,イギリスの参謀総長も衝撃を受けた.一方,東部戦線ではロシア軍が,対独早期攻勢を求めたフランスとの約束を守り,8月に東プロイセンに進入したが,同月下旬から9月中旬にかけてドイツ軍の反攻に遭い,タンネンベルクの戦いおよびマズール湖地方の戦いで大敗した.ドイツ軍はロシア領ポーランドに進出し優勢を維持したが,二正面での戦争を強いられることになった.

戦争が長期戦の様相を帯びるとともに,交戦国の双方は中立国の参戦を誘い,あるいは中立に留めることを狙って外交を展開し,イタリアやバルカンの中立国も自国の利得を考慮して参戦することになる.ただし,大戦勃発後まもなく参戦した東アジアの日本の場合,積極的に誘われた参戦ではなく独自の行動であり,オスマン帝国の場合はドイツの勝利を予想した参戦であった.

[オスマン帝国参戦の波紋]

　オスマン帝国政府の首脳部にはバルカン戦争後，親独的傾向とともにロシア，フランスに接近する動きがあった．しかし両国とも同帝国との提携にはあまり関心を示さなかったので，7月に危機が切迫したとき，同帝国は親独派の陸相の主導によりドイツに同盟を申し入れ，8月始め秘密同盟条約を結んだ．この条約により，ドイツの対ロシア開戦とともに同帝国にも参戦義務が生じたが，同帝国は戦争準備の不足を理由に中立を表明した．同盟締結のときに予想しなかったイギリスの参戦に直面して，中立派がイギリス海軍による攻撃を恐れたからである．イギリスがオスマン海軍のために建造した軍艦の受け渡しを拒むと，ドイツは地中海にいた自国の軍艦を海峡地帯に送り込んだ．オスマン政府はそれら軍艦を購入し中立の体裁を繕いつつ，協商国と中立継続の交渉を行ったが，オスマン側の要求は満たされなかったので，中立よりもオスマン援助に積極的なドイツを明確な後ろ盾にする方が安全だという考え方が政府を動かすようになった＊．ドイツが優勢に見えたことが決め手となった．

　＊　オスマン帝国では1908年の立憲主義の試みは短命に終わり，1913年には統一進歩協会幹部による寡頭支配に移行していた．彼らは基本的にはオスマン主義者であったが，ある程度トルコ民族主義の意識を併せ持つようになったという〔鈴木 2000〕．その意味で彼らは過渡期の指導者たちであった．

　結局10月末，上記の軍艦がドイツ人司令官の指揮の下でロシア領を砲撃し，これによりオスマン帝国は協商国との戦争に突入した．同国が中欧同盟側についたため，英仏側からロシアへの物資の主要な供給路が閉ざされた．英仏は地中海から黒海に入る補給路を再開するため，イギリス軍を主力とする海峡地帯の占領作戦を計画した．この交通路が再開されればロシアの戦争遂行には好都合であったが，ロシアはイギリスが海峡地帯に居座ることを恐れた．ロシアはまず英仏両国から海峡地帯を戦後ロシアが支配することを承認するという約束を得ようとした〔Hale 2000; Stevenson 1988〕．

　イギリスはイギリス商船の海峡地帯の自由通航権，イスタンブルの自由貿易港化をロシアが認めることを条件に，ロシアの海峡地帯支配を認めることにし，また英仏もロシアに認めるものに見合う利益を，オスマン帝国の他の地域で得

ることを認めるようロシアに求めた．イギリスは軍需物資不足によるロシアの戦力低下と戦争からの脱落つまり単独講和とを恐れていたので，この海峡地帯占領作戦の主要な役割を自ら引き受け，しかもこの戦略的要地へのロシアの進出を抑えることが自国の伝統的政策だったにもかかわらず，戦後ロシアが海峡を支配することを認めたのである．これは伝統的政策からの大きな転換だった．フランスもロシアの海峡支配を認めることには不安があったが，イギリスと同じ理由によって，それを認めた．このような外交折衝を経てダーダネルス海峡地帯北側ガリポリ半島の占領作戦は1915年2月に始まったが，この作戦は多大な死傷者を出しながら海峡地帯を確保することに失敗し，同年末から翌年1月にかけてイギリス帝国軍を主力とする遠征軍はこの地域から撤退した〔Stevenson 2004〕．

［オスマン帝国分割への道］

イギリスがオスマン帝国の領域の中で，自国の勢力を伸ばすことに関心をもっていたのは，アナトリアの南に広がるアラブ人居住地域であった．イギリスはトルコ参戦後，それまで名目的にはオスマン帝国の宗主権の下にあったエジプトの世襲総督を王としてオスマン帝国から独立させ，正式にエジプト王国をイギリスの保護国とした．イギリスはエジプトのカイロ駐在のマクマホン高等弁務官を通じてメッカのシャリーフ（宗教的政治的指導者），フサインと接触し，1915年から16年にかけて，彼との一連の往復書簡により提携に合意した．フサインがオスマン帝国に対するアラブ人の反乱を起こすならば，その見返りとして，イギリスは後のシリア，イラク等に相当する地方を除くアラブ人地域を支配するアラブ国家の独立を認めるという約束である．ただしフサインの反乱は自発的活力に乏しく，あまり大きな運動にはならなかった．

フランスもシリア，レバノンなどへの進出に関心をもっていたので，英仏両国はそれぞれ代表を任命して双方の利害の調整を行った．アラブ人地域に関する英仏の合意はそれら交渉者の名前をとって「サイクス－ピコ協定」と呼ばれる．この協定は1916年1月に合意され，5月に正式に承認された．この協定は英仏両国が統治する地域をできるだけ限定してアラブ人国家の領土を広く設定しながら，他方ではアラブ人国家の領土となる地域を南北に分けて，北部で

はフランス，南部ではイギリスが優越した影響力をもつことにしていた．イギリスはアラブ人の中にある独立への願望を引き出し，戦争のためにそれを利用しながら，他方では自国の帝国主義的な利益を伸張しようとしたのである．ロシアはトルコ北東部を支配しようとしていたので，それを英仏が認めることと引き換えに両国によるアラブ人地域の分割を承認した．

ロシアは1915年にコーカサス地方からオスマン領土を攻撃したが，その際オスマン領内に住んでいたキリスト教徒であるアルメニア人にロシア領土内のアルメニア人との政治的統一を呼びかけて，彼らの協力を得ようとした．そのためトルコ人はアルメニア系住民の忠誠に猜疑心をもち，彼らを武力により国境に近い居住地から強制移住させた．その過程で数十万人のアルメニア人が死亡したという〔Roshwald 2001〕．この事件は欧米諸国では広く知られており，トルコは近年もなおそのことでEU諸国から非難を受けることがある．

次項で述べるように，イタリアは1915年に参戦するが，三国協商の国々によるオスマン帝国分割の合意形成から除外されていたので，イタリアはそれらの合意について知る権利と自国への分け前とを要求した．その結果，1917年に英仏伊三国間にサン-ジャン-ド-モーリアンヌ協定が調印され，イタリアが既存の分割案に同意する見返りとして，他の二国はイタリアがアナトリア南西部に支配地と勢力圏とをもつことを承認した〔Stevenson 1988〕．

[イタリアおよびバルカン諸国の参戦]

大戦勃発に至る国際危機の間，ドイツもオーストリアもそれぞれの政策について同盟国イタリアには一切明かさなかった．両国ともイタリアに同盟国としての参戦を期待しなかったし，ロシアに接近していたイタリアに情報を伝えればロシアに筒抜けになる恐れがあった．イタリアの中立宣言はどの国も予想していたことであった．

戦争が長期化すると，中欧同盟側はイタリアを中立国にしておくために，協商国側は同盟国にするために，ともに活発な外交的働きかけを行うようになった．それはいずれも，イタリアに対してどのような代価を払うかをめぐるものであった．オーストリア帝国内にはイタリア系住民が約80万人いたから，イタリアには彼らの人口が多いトレンティーノ-南ティロル地方，イストリア地

方，およびアドリア海対岸のダルマツィア地方を領有したいという願望があり，さらにアフリカや中東への帝国主義的進出を図りたいという関心もあった．協商国側にとっては，これらはほとんど敵国の犠牲において支払える代価だったから，協商国はイタリアの要望に応えることに前向きだった．

　ドイツはイタリアに大物大使として前首相ビューローを派遣するとともに，オーストリアを説得してイタリアの要求にできるだけ譲歩させようとした．オーストリアはイタリア系住民が多数を占める地域の譲渡に応じたが，イタリアはより広い戦略的領土の譲渡と，領土移転の即時実現とを要求したため，交渉はまとまらなかった．イタリアは1915年4月，参戦の代価として大きな見返りを約束する三国協商諸国とロンドン秘密条約を結び，5月に独墺との三国同盟条約を破棄した．

　しかし，イタリア政府の参戦方針は国内ですぐに支持されたわけではない．イタリアは議院内閣制の国であり，議会では中立論が多数を占めたので，サランドラ首相は立場に窮して辞任した．国王は中立を是とする元首相ジョリッティに組閣を依頼したが，主戦派ナショナリストたちが熱狂的民衆運動を扇動してローマは騒然となり，ジョリッティは組閣を辞退した．国王はサランドラに政権への復帰を求め，サランドラは求心力を失った中立派を切り崩して議会の信任を得たので，イタリアは1915年5月下旬まずオーストリア-ハンガリーに，8月にトルコに宣戦した（対独参戦は16年8月）＊．この年に起こったイタリアの参戦を求める熱狂的民衆運動は後のファシストの暴力的民衆運動の先駆と見なすことができよう．そのときの雄弁な扇動者の中に当時社会党員だったムッソリーニがいた．しかしイタリアの軍事力は弱体で，イタリアの参戦は戦争の帰趨には何も重要な影響をもたらさなかった．オーストリア領土に進撃しようとしたイタリア軍はオーストリア軍に撃退され，イタリア戦線は膠着したままであった．

　　＊　イギリス，フランス，ロシアの三国協商諸国は戦争勃発後，同盟を結んだが，本書では戦前と同じく「協商国」の名称を用いてきた．イタリアが同盟に加わった後は協商国とせず，「連合国」と呼ぶことにする．これら諸国は同盟を結んだ国々であるが，中欧同盟国側と区別するために，「協商国」あるいは「連合国」とするのが，日本における表記の慣例である．

バルカン半島ではオーストリア-ハンガリーとセルビア，モンテネグロとが戦っていたが，オーストリア軍はロシアとの戦闘に大きな兵力を割いたので，セルビアを積極的に攻めることはしなかった*．しかし1915年に英仏軍が海峡地帯の占領を企てたことで，バルカン半島の戦略的重要性が浮上した．海峡作戦の困難に直面して協商国側はブルガリアを味方に引き込もうとし，他方，中欧同盟側はそれを阻みつつ，ブルガリアを味方につけようとした．この外交合戦では，より大きな領土分配を約束できた中欧同盟側が勝ち，15年9月にブルガリアは中欧同盟に加わったので，トルコへの通路を確保するための中欧同盟のバルカン作戦が翌月開始された．ドイツ軍も参加した攻撃によりベオグラードは数日で陥落し，セルビアは11月中に制圧された．

* ドイツ陸軍は戦争勃発とともに西部戦線に主兵力を送り，東部戦線を手薄にする計画だったので，オーストリア-ハンガリー陸軍に主兵力を対ロシア戦線に投入することを強く要請した．そのためオーストリア軍は本来の目的であったセルビア攻撃を先送りせざるをえないという皮肉な状況に陥っていた．

英仏両国はブルガリアが敵側について参戦すると，ギリシアのサロニカに派兵し，ギリシアを同盟国に引き入れようとした．ドイツ皇帝の妹を王妃としていたギリシアの王は中立主義に執着したため英仏の圧力で退位を余儀なくされ，1917年ギリシアは連合国側に加わった．バルカン北部のルーマニアはイタリアと同じく独墺との同盟関係にあったが，戦争直前にはロシアに接近しており，戦争勃発後はイタリアに倣い中立を守ったが，ロシアなど連合国がトランシルヴァニア等の領土獲得を保証したので，16年に連合国側について参戦した．

4―日本の参戦と勢力拡大政策

［日本の対ドイツ宣戦］

ヨーロッパで大戦が勃発したとき，日本の指導層は欧州列強が欧州を舞台に大戦争に突入したことで，東アジアで自国の優位を築くための絶好の機会を得たと感じた．日英同盟の誼みは日本の対独参戦の口実として用いられたが，それはイギリスがとくに望んだものではなかった．たしかに大戦勃発当初，イギリスは太平洋におけるドイツ軍艦や武装商船の活動を押さえ込むために日本海

軍の協力を得ようとして参戦を求めた．しかし日本が膠州湾租借地を含む東アジア太平洋地域のドイツの勢力に対する大規模な作戦を計画していることを知ると、それに不安を感じ、参戦要請を取り消した．ドイツ，中国，アメリカがそれぞれの立場から極東中立化のために動き始めたので、日本はイギリスがそれに同調することを警戒し，日本の参戦決意が堅いことをイギリス側に伝えた．イギリスも同盟国である日本の意志を無視することは得策ではないと判断し，日本の参戦に同意した．1914 年 8 月 15 日，日本はドイツに日本・中国近辺海域からのドイツ艦艇の退去ないし武装解除，膠州湾租借地を中国に還付するため日本に引き渡すことを要求する最後通牒を送り，23 日に宣戦した．

　日本が対独最後通牒の中で中国への膠州湾租借地の還付に言及したことには理由があった．日本の支配層は日露戦争後ロシアから引き継いだ関東州租借地の租借期限切れが 1923 年に迫っており，南満州鉄道の所有期限も 30 年代末に切れることを憂慮し，南満州における日本の勢力を長期的に維持するために，それらの期限を大幅に延長しなければならないと考えていた．第一次世界大戦勃発により，そのための外交のやり方が見えてきたと，加藤高明外相は考えた．彼は膠州湾租借地をドイツから奪って中国に還付する代価として，山東に経済権益を獲得するとともに，関東州の租借年限と南満州鉄道の所有年限をそれぞれ 99 年に変更しようという外交構想を抱いたのである．

［日本の対華二十一ヵ条要求］

　日本軍は膠州湾租借地を攻めてその中心都市青島を占領し，ドイツ資本の膠済鉄道（青島―済南府間）沿線を占領して鉄道を接収した．また，日本海軍は太平洋の赤道以北のドイツ領の島々を占領した．加藤外相にとって，膠州湾租借地の施政権返還の代償として膠済鉄道の所有権などの経済的権益を山東に獲得し，南満州における既得権を長期的に確保することが対華外交の主要目的だったが，それらに関する要求を 1915 年 1 月，文書にまとめて中国側に提示するまでには，政府内にあったさまざまな主張を取り入れたため，中国政府への要求は 21 ヵ条（1 号から 5 号までに類別されていた）に膨らんだ．この中には上記の諸要求のほか，南満州・東部内蒙古における日本の経済権益の強化を狙うもの，中国の鉄鉱・製鉄の有力企業漢冶萍（かんやひょう）公司の日中合弁化などの要求が

あり，また希望事項とされた第5号の諸項目には中国政府への有力な日本人政治・財政・軍事顧問の招聘，特定地域の警察の日中合同または日本人警官の招聘，日本からの兵器の恒常的調達ないしは兵器生産の日中合弁など，中国の国家的独立を損なう項目が含まれていた．

日本は国際的に批判を招きそうな第5号の諸項目を伏せて，要求の概要をアメリカと協商国（連合国）諸政府に伝え，第5号の存在が中国側から漏らされると，これらは希望事項であると説明した．中国は日本を牽制する役割を主として中立国のアメリカに期待した．アメリカは当初は南満州や山東に関する日本の要求には理解を示し，中国の主権を害すると思われる第5号の諸項目について撤回を求めた．しかしアメリカは，中国側との交渉では日本が第5号についても強く受諾を迫っていることを知ると，対日不信を募らせ，日本に国際的圧力をかけようとして協商各国に働きかけた．

中国は日本の要求に抵抗し，交渉がまとまらなかったので，日本政府は高圧的手段により中国から受諾を取り付けようとした．武力衝突の可能性を憂慮したイギリスは日本に平和的解決を要望し，中国にはできるだけ日本に譲歩するよう勧告した．5月に日本は国際的な反対が強い第5号の諸要求を外して，その他の要求の受諾を中国政府に迫った．中国側としては，イギリスからの勧告もあり，日中戦争が起こった場合にアメリカが助けてくれることまでは期待できなかったから，日本の最後通牒を受諾した．このようにして，日本はヨーロッパの戦争という状況を利用して，中国における既得権益を確保し，多くの新たな権益を得た．しかしこの行動は中国人の反帝国主義ナショナリズムを刺激し，その矛先を何よりも日本に向けさせることになったのである〔堀川 1958；細谷 1988〕．

［大戦勃発後の中国情勢］

袁世凱は辛亥革命に際して清帝国に見切りをつけ，1912年に孫文ら革命派と取引して中華民国への移行を実現したが，翌年には議会制民主主義の樹立を目指した指導者宋教仁を暗殺し，革命派を排除して，彼らの蜂起（第二革命）を抑圧した．彼は権力掌握のために便宜的に共和国の大総統となったが，元来共和主義に理解をもたず，自ら帝位に就く機会を狙っていた．日本の最後通牒

を受け入れる形で二十一ヵ条要求問題に一応の決着をつけた後，彼は15年秋には翌年皇帝に就任することを目指して準備を整えた．しかし彼の帝政計画に対しては，革命勢力が雲南省などで第三革命を起こしただけでなく，彼の部下の実力者たちも反対し，日本を始め諸外国の反対もあり，結局彼は帝政計画を撤回せざるを得なくなった．彼は16年2月に帝政延期を発表し，同年6月，失意のうちに死亡した．

日本およびヨーロッパの連合国側四国は，帝政計画が内乱を引き起こし，諸外国の利益を害するおそれがあるとして，それに反対を表明し，とくに日本は彼の計画に強く反対した．他方，アメリカは彼の帝政計画に反対しない方針であった．ウィルソン大統領は，隣国メキシコでは，軍人ウエルタの独裁政権に反対し政権崩壊に追い込んだが（第Ⅳ章参照），中国ではそれまでも民主主義を抑圧する政策をとった袁世凱を支持していた．アメリカ政府は中国が統一政権の下で安定することが何よりも重要であり，袁以外に中国を統一できる実力者はいないと考えていたので，彼が独裁者であり，皇帝就任を望んだとしても，彼を支持する立場を変えなかった．他方，孫文に対しては，ワシントンは冷淡であった*．

* 孫文も英米には親近感をもたず，対独断交間際まで，より無害な国としてドイツとの友好を重視しており，ドイツも彼を味方に付ける工作を展開した．彼の親独的態度は大戦後も変わらなかった．彼は多くの知己をもっていた日本への親近感があり，大戦後も英米対中ソ日という対抗軸形成の構想をもっていた〔服部ほか2007（田嶋）〕．孫文は三民主義を唱えたが，トルコのケマルと同じく議会制民主主義の導入には否定的だった〔横山1996〕．

中国は袁世凱の死後，彼の政権基盤だった北洋軍の領袖たちが地方に割拠して，彼らの間の離合集散により，ときには武力抗争により，政権がしばしば交代する軍閥政治時代に入った．軍閥とは自らの軍隊をもつ首領に統率された集団である．ヨーロッパの戦争が長期化すると，中国の中立維持を望む中欧同盟側に対して，連合国側は中国を参戦させようとしたが，日本は中国が参戦国として講和会議に発言権をもつことを好まず，参戦要請に反対した．1917年3月，中国政府は参戦の代償に連合国から借款を得て財政を再建することを望み，ドイツとの外交関係を断絶したが，国内の混乱のため同年8月まで参戦しなか

った．アメリカの中国駐在公使は中国に参戦を働きかけたが，ワシントンの政府は国内安定を優先的に考え，参戦には必ずしも賛成ではなかった*．

> *　中国は約10万人の労働部隊をフランス等に派遣することで軍事的に貢献した．なお1917年7月にはシャムも独墺に宣戦し，小規模の軍隊をヨーロッパに派兵した．ペルシアは中立の立場をとった．

　参戦を決めた段祺瑞政権に単独で一連の借款を与え（いわゆる西原借款），政治的影響力を行使しようとしたのは，日本であった．ヨーロッパ諸国に資金的余裕がなく，アメリカもヨーロッパの戦争に深く関わっていく時期に，日本は戦争特需で得た資金により中国に融資することができた．アメリカはそのような状況のなかで，日本が参戦後の中国にさらに影響力を強めることを恐れた．しかし中国の参戦は同国の国際的立場を有利にする結果となった．中国は講和会議で自国の利害に関わる問題に関して発言する機会をえたからである．

5 ―アメリカの中立と参戦

［アメリカの中立政策］

　アメリカは中立の立場を守っていたが，アメリカのヨーロッパ交戦国との経済関係は連合国側に偏ったものになった．アメリカの英仏両国への輸出額は1914年の7億5400万ドルから16年には27億4800万ドルへと急増したのに対して，ドイツへの輸出は14年の3億4500万ドルから16年には200万ドルに激減した〔アメリカ歴史統計，II〕．この対照的な変化は，海軍力にまさるイギリスが公海を支配し，交戦国の権利を拡大解釈して，中立国と敵国との貿易を極力妨害したからであるが，それはまたアメリカ政府がそのような状況を黙認したからでもあった．イギリスはアメリカ人を怒らせないように注意しつつ，中立国と敵国との貿易を押さえこむ政策を次第に強化していった．アメリカ政府はイギリスによる中立国の権利の侵害に繰り返し抗議したが，英米関係を悪くしない範囲に止めた．ウィルソン大統領も彼の助言者の大部分も文化的にイギリスには親近感があったし，またドイツが戦争に勝って西半球への影響力を拡大することへの警戒心があったからである．

　1915年9月にアメリカ政府は交戦国にアメリカ金融市場で資金を調達する

ことを認めた．これは当時，英仏がアメリカからの物資輸入を継続するための支払い手段に窮するようになったことに対処する措置であった．これは英仏への輸出増大によってもたらされたアメリカ経済の好況を維持するための対策でもあるが，このような措置がとられたのは，アメリカ政府当局者がアメリカからの物資調達を困難にして，英仏を不利な立場に追い込むことを望まなかったからでもある．アメリカの投資銀行家は英仏への拡大した輸出を継続することを望んでいたから，英仏両国はアメリカで多額の資金を調達することができた．他方ドイツはわずかな額の資金しか調達することができなかった．17年4月までに，英仏はアメリカで20億ドルの資金を得たが，ドイツの得た資金は270万ドルに留まった〔Becker & Wells 1984 (Becker)〕．

　アメリカ政府首脳はドイツの勝利を望まなかったが，ドイツが大敗することも望まなかった．ウィルソンや彼が信頼した助言者ハウスはヨーロッパに適当な勢力均衡が再建されるべきだと考えていた．戦争が長期化するとともに，ウィルソンはアメリカが支持できる公正適切な講和を実現するために調停者として行動する可能性を探るようになった．彼は1916年始め，非公式の代理人としてハウスを英仏独三国に派遣し，そのような可能性を探らせた．ハウスはロンドンでイギリスのグレイ外相と協議し，「ハウス－グレイ覚書」として知られる非公式な了解に達した．それは，①英仏両政府が講和交渉に入る用意があるとウィルソンに知らせたとき，ウィルソンは講和会議の開催を関係国に提案する，②その会議が開かれれば彼は英仏に不利にならない講和の条件を提示する，③ドイツが講和会議開催を拒否した場合，あるいは講和会議で理不尽な態度を取った場合にはアメリカは（多分）ドイツとの戦争に加わるという内容であった．この合意をウィルソンが支持したのは，彼もハウスもイギリス政府首脳が講和について自分たちと同様の考えをもっていると考えていたからである．またアメリカでは戦争宣言は議会の権限であったから，ウィルソンが「多分」ということばを挿入させたのは当然であるが，この了解は彼が当時，公正な講和の実現のためにはアメリカの参戦もありうると考えていたことを示すものとして興味深い〔May 1959；Buehrig 1955〕．

　ウィルソンは英仏両国から早い時期に講和交渉に応じるという意思表示があることを期待したが，この年には英仏とも講和会議は時期尚早と考えていた．

戦況は，ドイツがロシアとフランスの領土の一部を占領したまま膠着状態になっていたが，英仏は戦争がさらに長期化すれば状況は英仏により有利になると期待し，当面講和を交渉するつもりはなかった．徴兵制度の伝統を持たないイギリスも，戦争の拡大と長期化に対処して，1916年1月には徴兵制度を採用するに至った．戦争が長期化するにつれて，アスキス首相の戦争指導への不満が保守党の中で強まり，首相と同じ自由党の政治家で閣僚だったロイド・ジョージ*が保守党指導者と連携して首相の交代を迫り，1916年12月アスキスに代わって首相の座についた．

* デイヴィッド・ロイド・ジョージのロイドは母方の姓であるが，彼はこのミドルネームをファミリーネームの一部のように用いたので，ロイド・ジョージを彼の姓として扱う．彼は大戦勃発時には参戦反対派であったが，16年末までには全面的勝利を目指す立場をとるようになった．この年の彼の行動により，自由党はアスキス派とロイド・ジョージ派とに分裂し，アスキス派は閣外に去った〔Pugh 1993〕．

ウィルソンは1916年11月に再選されたのち，独自の立場からヨーロッパに平和攻勢をかけることにした．彼は交戦国に戦争目的を尋ねた後，17年1月，講和の基礎になるべき諸条件について演説した．彼は西半球諸国が参加しない戦後秩序の再建はありえないと主張し，永続的平和は「勝利なき講和」の上にのみ築かれると述べた．彼は引き分け的な講和を提唱するとともに，その上に永続的平和を築くためには世界諸国が「平和のための連盟」に参加することが必要であることを力説し，また民主主義が世界政治秩序の基底であるとも述べた．ウィルソンはこの演説によってアメリカ国民に戦後秩序の再建とその維持にアメリカが積極的役割を果たすべきことを訴えるとともに，戦後秩序へのアメリカの参加を約束して彼の発言に重みを与え，彼の講和構想への支持をヨーロッパ諸国の人々から獲得しようとしたのである*．しかし彼が「勝利なき講和」演説をしたときには，ドイツは無制限潜水艦戦争の開始を準備しつつあった．

* ウィルソンの再選は中道左派連合の勝利であり，彼の内政・外交構想はそれを反映するものであって，このような外交構想はイギリスの自由党左派・労働党の考えにも合致するものであった．他方，国内では対独参戦とドイツ打倒とを望む共和党の政治家から批判された〔Martin 1958 ; Knock 1992〕．

［潜水艦戦争をめぐる米独の対立］

　戦前ドイツは強力な海軍建設に力を注いだにもかかわらず，ドイツ海軍はイギリスの海上支配に挑戦することができなかった．1916年5月31日からその翌日に戦われたユトラント海戦は，この大戦中に双方の主力艦隊が出撃して戦った唯一の大海戦である．この海戦ではイギリス側にもかなりの損害が出たが，ドイツ側が喫した痛手はさらに大きく，その後ドイツの外洋艦隊は軍港に留まり，ほとんど出撃しなかった．結局，戦前威容を誇ったドイツの巨艦群は高価な無用の長物に過ぎなかったのである．そのためドイツ海軍の期待はますます潜水艦による敵国の通商破壊に向けられることになった．潜水艦の利点は潜水したまま攻撃目標に魚雷攻撃を加えられる隠密性にあったが，そのような隠密攻撃は中立の大国アメリカとの紛争の原因となった*．

　　＊　海戦法規では，軍艦は相手国商船を無警告で攻撃してはならず，警告を与え乗組員が退去する時間を与えてから攻撃することになっていた．しかし潜水艦の場合この規定に従うことは自らの利点を放棄し，厚い装甲を持たない弱点を晒すことを意味した．商船も武装している場合があり，潜水艦に向かって突進してくることもあったから，浮上することは，潜水艦にとって危険なことであった．

　1915年5月，イギリスの大型客船ルシタニア号がニューヨークからイギリスに向けて航行中，アイルランド沖でドイツの潜水艦に魚雷攻撃され沈没した．1000人以上の死者のうちには，128人のアメリカ人乗客がいた．アメリカ政府はこれを国際法に反する非人道的行為とみなし，ドイツ側の「責任を厳しく」追及すると声明し，このような事件を二度と起こさないという保証をドイツに要求した．アメリカの抗議の厳しい語調と世論の興奮にもかかわらず，ウィルソンが望んだのは戦争ではなく，外交的な解決であった．ドイツも，アメリカの中立が経済面では英仏を利するものであるにせよ，アメリカを敵国にするよりは中立国に留めることを望んでいた．同年6月ドイツ皇帝は潜水艦が客船を攻撃しないように命じ，そして翌年2月にはルシタニア号のアメリカ人犠牲者に賠償を支払うことを約束した．別の商船攻撃事件でアメリカ市民に死者が出ると，ドイツは客船のみならず商船についても当分攻撃を差し控えることをアメリカ側に伝えた．こうしてウィルソンの粘り強い外交は成果を収めたように

見えた〔May 1959〕.

しかし,この問題についてのドイツの政策は1917年始めには転換することになる.英仏側に比べ外部からの資源の調達の道が限られていたドイツの政策決定者たちは,戦争の膠着状態が続けば戦局が不利になると判断し,膠着状態の打開を模索していた.ベルリンでは,潜水艦の増強に努めてきた海軍が無制限潜水艦戦争による戦局の打開を主張し,勝利への決め手をもたない陸軍もそれに同調した.ベートマンや外務省はアメリカを敵に回す政策には懐疑的だったが,皇帝も無制限潜水艦戦争を支持したので,彼らもそれに同調した.ドイツは開戦時に,イギリスを敵に回すことになっても,イギリスが相当の兵力を大陸に派遣する前にフランスを敗北させる可能性に賭けたように,今度はアメリカを敵に回すことになっても,アメリカが相当の兵力を戦線に派遣できる前に無制限潜水艦戦争によってイギリスを屈服させる可能性に賭けたのである.

[アメリカの参戦]

無制限潜水艦戦争とは,指定水域（敵国の周囲の水域）に侵入する船舶に対しては,敵国のものであれ中立国のものであれ,また軍艦であるか商船であるかを問わず,無警告で攻撃するという戦争の方法である.これは中立国の権利の公然たる侵害であったから,1917年1月に無制限潜水艦戦争が開始されると,ウィルソンは2月にその撤回を要求してドイツとの外交関係を断絶した.何隻かのアメリカ船が実際に攻撃され,またドイツ外相からメキシコ駐在ドイツ大使宛の「ツィンメルマン電報」*が露見して,ドイツとの戦争を支持する世論が高まった4月に,ウィルソンはドイツとの戦争を議会に提議し,われわれは「世界をデモクラシーにとって安全なものにする」ために戦うと述べた.議会は両院とも大多数の支持で宣戦を決議した.

* 「ツィンメルマン電報」とは,アメリカとの戦争が始まった場合,メキシコをドイツの同盟国にするための交渉をせよというメキシコ駐在大使あての訓令である.ドイツがメキシコに注目したのは,アメリカが1916年にビリャ捕捉のため米軍を越境させたことにより,アメリカ－メキシコ関係が緊張していたからである（第IV章参照）.なおこの訓令には,メキシコを仲介者として日本を同盟

に引き入れる工作をせよとの指示もあった．ヨーロッパ情勢に対応するため，ウィルソンは17年1月にメキシコからの米軍の撤退を命じ，3月カランサ大統領の政府を正式に承認した．しかしメキシコが17年憲法により，国土と地下資源とはメキシコ人民のものであることを定めたので，その規定とアメリカ企業の権益とをめぐる対立が生じ，円満な関係は築かれなかった．

ウィルソンは当初から総力を挙げてドイツと戦う方針をとった．すなわち海軍を対潜水艦戦争に投入するだけでなく，できるだけ速やかに大量の兵力をヨーロッパの西部戦線に送り出そうとし，そのために1917年5月，徴兵法を導入した．アメリカの生産力は自国の軍事的必要を満たすためだけでなく，ともにドイツと戦うヨーロッパの国々に物資を供給するためにも動員された．アメリカ政府はまた総額116億ドルに及ぶ戦時借款をともに戦う国々に提供した〔EUSFR, 4〕．アメリカは戦争の勝利のために連合国と密接に協力したが，自国を「提携国(アソシエイテッド・パワー)」と呼んで，それらの国々と若干の距離を保つ姿勢をとった．

アメリカが参戦国として講和と秩序再建により大きな発言力をもつことが予想されたから，日本政府は二十一ヵ条要求以降冷えていたワシントンとの関係を改善し，東アジアにおける日本の特殊な立場について承認を獲得しようとした．ワシントンにとっても，アメリカの力と関心とがヨーロッパに向かう前に，日米関係を調整しておくことは望ましいことであった．1917年8月に日本の石井菊次郎特使が訪米してアメリカのランシング国務長官と協議した結果，同年11月に石井-ランシング協定が結ばれた．この協定で両国は中国における経済的機会均等および同国の領土保全の原則を確認するとともに，アメリカは日本が地理的近接のゆえに中国に「特殊利益」を有することを認め，日本は非公表の議定書において極東の状況を利用して友好国の利益を害する行動を取らないことを約束した〔高原 2006〕．

6 ── 二つのロシア革命

［二月革命──ロシア帝政の崩壊］

「総力戦」ということばが生まれたように，第一次世界大戦は主要交戦国に

自国の人的物的資源を最大限活用して戦うことを求め，多大な人命と莫大な物資とを消耗する大戦争となった〔Marwick, et al. 2001；Aron 1956〕．経済先進国であり能率的な政府をもっていたイギリス，フランス，ドイツはこのような試練によりよく対応することができた．イギリスとフランスは，イギリスの海上支配のおかげで，海外からの資源の調達が容易である一方，ドイツに対しては海外からの資源調達を難しくすることができたので，長期戦を戦う上で有利であった*．オーストリア－ハンガリーとロシアは古風で非能率的な政府をもち，経済の面でも先進国とはいえなかったから，総力戦を戦い続けることが次第に困難になった．中欧同盟の戦争での役割では，ドイツが主役でオーストリアは脇役であったから，オーストリアは，東部戦線で孤立して中欧同盟と戦っていたロシアより長く戦い続けることができた．総力戦の重圧に耐えられず最初に政治体制が崩壊したのはロシアであった．ロシアでも戦争勃発当初は戦争を支持するナショナリズムの高揚がみられたが，それはまもなく崩れた．議会が戦争協力のため議院内閣制を要求すると，専制君主政に執着する皇帝は議会を解散し，無能あるいは凡庸な側近を頼りとした．1917年までには，ロシアでは食料と軍需物資の不足が目立ち，反政府感情と厭戦気分とが国民の間に広がっていた．

* 英仏両国は物的資源だけでなく，多数の人的資源を海外から調達した．イギリスは自治領諸国軍およびインド軍の参戦を得ただけでなく，インドから多くの軍事労務要員を調達し，フランスもアフリカ人兵士を西部戦線に投入し，ベトナムなどアジアの植民地からも労務要員を得た．

1917年3月（旧ロシア暦では2月）に首都ペトログラード（現在のサンクトペテルブルク）で，工場労働者たちが始めたストライキが発端になって，大規模な反政府暴動が起こった．暴動制圧のために軍隊が送られたが，その兵士たちは命令に従わず革命に加わった．首都における反乱の指導者たちは政府要人を逮捕し，警察署を占拠した．彼らは革命権力の機関として，労働者および兵士のペトログラード・ソヴィエト（評議会）を組織した．士気が低下した軍隊を鼓舞するために軍本営で指揮をとっていた皇帝ニコライ2世は，このような革命状況に直面して退位を決め，帝位を病弱な息子にではなく，弟のミハイルに譲ろうとしたが，ミハイルは当面それを辞退した．この状況の中で，解散前

の議会指導者たちは自由主義的な貴族リヴォフを首相とする臨時政府を組織した．ペトログラード・ソヴィエトは穏健な社会主義者の指導下にあったので，議会指導者が政府権力を握ることを認めた．これが「二月革命」と呼ばれるロシア革命の第一段階である．

臨時政府は政治犯を釈放し，多面的な改革方針を発表し，食糧不足に対処するため穀物取引の国営化を行った．しかし土地制度の改革のような重要案件は，やがて選出される憲法制定議会の決定にゆだねることにした．臨時政府が上からの革命を具現するものであったとすれば，ペトログラード・ソヴィエトやその他の地域に設けられたソヴィエトは下からの革命を具現していた．臨時政府はこれら下からの革命の権力機構と共存し，その支持を受けなければならなかった．防衛戦争については，ソヴィエトも反対しなかった．ペトログラード・ソヴィエトは帝国主義戦争に反対するが，ドイツの権威主義と帝国主義とに対する革命的防衛戦争は戦うと表明した．しかし臨時政府の外相となった立憲民主党のミリューコフは国益のためにダーダネルス・ボスフォラス海峡地帯の獲得を重視し，他の連合国に対して，相互の利益分配に関する諸条約を守ることを通知した．5月はじめ，そのことが判明すると，ペトログラードでは臨時政府への批判が高まり，臨時政府は危機に陥った．戦争目的を巡る政治において，穏健左派が勝利を収め，政府はミリューコフら評判の悪い閣僚を辞任させ，下からの革命権力との融合を図るため，ソヴィエトからの入閣を求め，ソヴィエト側もそれに応じた〔メイア 1983〕．

[十月革命──ボリシェヴィキの平和攻勢]

しかし，亡命先のスイスから帰国したばかりのレーニンはそのような臨時政府との協力に反対し，「四月テーゼ」を発表して，すべての権力をソヴィエトに集中し，社会主義革命を目指すことを主張した．彼がボリシェヴィキ党（ロシア社会民主労働党の急進派，後に独立）の指導権を握り，そしてこの党がペトログラード・ソヴィエト内での発言力を強めるにつれて，臨時政府がソヴィエトの支持を得ることは次第に困難になった．ボリシェヴィキ党の指導者として活躍し亡命を余儀なくされていたレーニンは，二月革命の後，亡命先のスイスからドイツ，スウェーデンを経由して帰国した．ドイツ軍部が彼をドイツ経

由でロシアに送り返すことにしたのは，彼がロシアの攪乱要因となって，ロシアを戦争から離脱させることを期待したからである．

　国民の厭戦気分が強いなかで臨時政府が戦争を続け，混乱の中で権力の確立に努めることは至難の業であった．リヴォフのあとを受けて7月に首相となった社会革命党のケレンスキーは，前任者より活動的な指導者であったが，この状況に対処して政府権力を強化することは，彼の能力を超えていた．彼が任命した陸軍の総司令官コルニロフ将軍は臨時政府をソヴィエトに乗っ取られたものとみなし，軍隊によるクーデタを試みた．この試みは失敗したが，政府の権威はさらに低下し，国内の混乱はさらに広がった．

　こうした状況のなかで，11月（旧ロシア暦では10月），レーニンらボリシェヴィキ党はペトログラードで崩壊寸前の状態にあった臨時政府を倒して権力を掌握した．彼らは直ちに「平和に関する布告」を発表し，全交戦国の国民と政府とに対して全面的停戦講和のための交渉の開始とを提案した．この布告の中で彼らは，公正で民主的な講和の条件として，無併合，無償金，民族自決権の尊重などを挙げ，また秘密外交の廃止を提唱し，戦時中ロシア帝国政府が連合国との間に結んでいた秘密条約を公表した．それらは連合国が戦争に勝利した際の帝国主義的な利益の分配に関する取り決めであり，彼らがそれらを公表したのは，戦争が自衛のためではなく帝国主義的目的のために戦われていることを連合国の人々に印象づけようとしたからである．連合国側はその呼びかけには応えず，それに応じたのは，ロシアの戦争離脱を歓迎した敵国のドイツとその同盟国のみであった〔メイア 1983；Stevenson 1988〕．

　レーニンは，政府機構のすべては階級支配の道具として必要とされたものであり，社会主義の実現により階級が廃止されれば消滅するものと考えていた．しかし階級のない社会が実現するまでの過渡期においては，彼が労働者階級の唯一の前衛と見なしたボリシェヴィキ党（まもなく「共産党」と称するようになる）が政府の全権力を掌握しなければならないのであった．このようにして彼の革命権力の構図では，労働者階級の独裁とはボリシェヴィキ党による独裁を意味することになり，この前衛党は党幹部を頂点とする巨大なピラミッド型の権力組織へと変容していった〔Freeze 2002〕．

[ウィルソンの「十四ヵ条」]

　連合国諸政府が結んでいた秘密条約がボリシェヴィキ政権により公表されたことは，ロシアとともに戦ってきた国々の国内政治に衝撃を与えた．それらの国の政府は自衛の戦争であることを強調してきたにもかかわらず，同盟国との間で帝国主義的な利益の分配を約束していたからである．アメリカのウィルソン大統領が「勝利なき講和」の構想を述べて以来，講和の構想，別の言葉でいえば戦争目的を巡る議論が行われるようになっていたが，ボリシェヴィキ政権による平和の布告と秘密条約の暴露とは連合国における戦争目的を巡る議論を活発にした．連合国の指導者たちは，自由主義者，社会主義者を含めた挙国一致体制を維持していくために，戦争目的を再定義する必要を感じた．とくに領土が侵略されていないイギリスではその必要が強く意識された．1918年1月には，ロイド・ジョージ首相も戦争目的を再定義する演説を労働組合の大会で行ったが，彼はアメリカのウィルソン大統領にも戦争目的に関する声明を発表することを要望した〔メイア 1983〕．

　そのような状況に対応して，ウィルソンは戦後に再建されるべき国際秩序の構想を14項目にまとめた演説を行った．この演説によって彼は西欧の連合国の挙国一致体制の維持を助け，自らの国際的指導力を高めることを狙い，またロシアのボリシェヴィキが民主主義的な政治勢力と連合して，ドイツに抵抗することを奨励しようとしたのである*．

　　* ウィルソンの十四ヵ条演説が，14項目を列挙する前の部分を，主としてブレスト-リトフスク交渉におけるドイツ側の要求が理不尽であることへの非難に当てていたことは注目に値する．

　「十四ヵ条」の戦後秩序構想は，戦争の終結と戦後の秩序再建に大きな役割を果たすことが期待される有力な国アメリカの大統領の声明として，世界に大きな影響力を及ぼした．公開外交の推進，軍備の縮小，民主的な政府の形成，諸民族の自治あるいは独立，自由な国際経済の構築，世界平和のための国際組織の設立などを柱とする自由主義的な世界秩序の構想が世界の多くの人々に伝えられたのは，何よりもウィルソンの伝道者的な指導力によってであった．彼は，このような世界秩序がアメリカを含めた世界の全体の利益に役立つと考えたのである．

ウィルソンの戦後秩序構想が中・東欧や中近東の諸民族の自治あるいは独立を支持するものであったことは，植民地支配の下にある諸民族を元気づけた．十四ヵ条の第5条の「植民地問題を住民の利益にも配慮して公正に人道的に扱う」という文言は，植民地の独立を支持したものとはいえないが，少なくとも従来の植民地主義への批判を含んでいた．しかし彼は連合国支配の植民地の問題については講和会議が取り上げる問題ではないとして取り合わなかったから，彼の支持を求めてパリに来た朝鮮やベトナム，インド，エジプトなどの民族解放運動の代表を失望させた〔Manela 2007〕．

　彼はヨーロッパ内の民族集団についても，必ずしも独立が適当な選択であるとは考えなかった．十四ヵ条の中で彼が独立を明白に述べたのはポーランドだけであり，ポーランドについては，連合国側も中欧同盟側も，それぞれの思惑により，とにかく独立を約束していたから，彼がその独立に言及したのは当然であった．そのほかのオーストリア－ハンガリー内の諸民族は「自治的発展」の機会が保証されたに留まり，この国の諸民族の連邦としての再編が示唆されていた．そしてロシア領内の諸民族については何の言及もなかった．彼にとっては，ヨーロッパにおいても，民族自決よりも民主主義がより重要な事柄であり，民族問題も民主主義のなかで解決されるべきものなのであった*．

* ただしウィルソンは戦後国際秩序構想を補足的に述べた後の演説では，民族自決について一般原則として言及している．

7 ―ブレスト－リトフスク講和とシベリア出兵

[ブレスト－リトフスク講和]

　厭戦気分はヨーロッパ全体に広がり，中欧同盟側の民心にも浸透していたから，ドイツがロシアと寛大な講和を結び，和解の精神による講和を連合国側に呼びかければ，戦争に疲弊していた連合国側もそれに応じないわけにはいかず，ウィルソンもそれに賛同したであろう．オーストリア政府にはそのような願望があった．しかしドイツ政府の政策を牛耳っていた陸軍のルーデンドルフ将軍のグループは，そのような考えをまったくもたず，ロシアの戦力崩壊の機会をとらえて，東欧においてドイツの最大限の勢力拡張を一気に実現し，その勢い

を駆って西欧でも勝利による講和を実現することを夢見た．こうしてドイツ帝国は，名誉を保って戦争を終結できる機会を失ったのである〔Herwig 1997〕．

　中欧同盟側は講和条件として，ポーランド，リトアニア，バルト海地方，ウクライナ，フィンランド，コーカサス地方などの放棄をロシアに要求した．このことを知ったウィルソンは十四ヵ条演説のなかで，ブレスト－リトフスクでの交渉におけるドイツの要求は理不尽であり，ロシアの主張は正当であると述べ，十四ヵ条のロシアに関する項目のなかでは，国民の自ら選んだ政府の下でロシアが国際社会に復帰することを歓迎するというロシアに対する最大限の好意を示したのである．彼が望んだことは，ボリシェヴィキ政権がドイツの要求を拒否し，ロシアの民主的諸勢力と提携して，ドイツとの戦いに復帰することであった．

　ボリシェヴィキ政権はドイツの講和条件の受諾はあまりにも屈辱的であると思い，「講和は結ばないが戦争もしない」という立場を表明したが，ドイツはそれを許さず軍事行動を再開した．ボリシェヴィキの幹部会には徹底抗戦論もかなりあったが，レーニンはひとまずドイツ側の要求を受諾して講和せざるを得ないと判断し，抗戦派を説得して，1918年3月3日ブレスト－リトフスクで講和条約に調印した*．レーニンは，ドイツでプロレタリア革命が実現すればこの講和条約もご破算になるであろうと期待し，したがって多大な領土を放棄するものであっても，とにかく講和条約に調印して，ボリシェヴィキ政権が切実に必要としている息継ぎの時間を獲得すべきだと考えたのである〔サーヴィス 2002〕．

　＊　この講和はドイツに，ウクライナの食料を入手できる，西部戦線に兵力を転用できるなど，即効性がある利点を与えると思われたが，それらの利点は実際には大きいものではなかった．ドイツはロシアに放棄させた広大な地域を勢力下に置こうとしたために，相当数の兵力を東方に残す必要があり，ウクライナの食料も軍用を優先すると中欧同盟国の民需に振り向ける分は少なかったからである〔Herwig 1997〕．

[シベリア出兵]

　イギリス，フランス，イタリアの三国はブレスト－リトフスク講和の後，ド

イツ軍が東から西に転用されることを恐れ，日米両国政府に対して，シベリアに相当の兵力を送り込み，ロシアの戦争継続を支持する人々を助けて東部戦線を再建することを要望した．アメリカ政府はこの要望には応じなかった．ワシントンの当局者は軍事的にはアメリカ軍を西部戦線に集中的に送り込む方が有効であるとの立場をとり，また日本のシベリア出兵が北東アジアにおける日本の勢力拡張につながることを警戒したからである．日本政府も，アメリカが賛同しなければ日本としても派兵しないという立場をとった．ただし日本政府の内外には，シベリアに単独でも出兵すべきだとする有力なグループがあった．

　1918年5月には，アメリカ政府に，この方針について再検討を促す事件が起こった．それはシベリア鉄道でウラジヴォストークに向け移動中だった数万のチェコスロヴァキア軍団の兵士たちがシベリア鉄道沿線で，送還されるドイツ兵捕虜と小競り合いを起こし，ボリシェヴィキの官憲から武装解除を求められて抗争状態に入ったという事件である．彼らはチェコスロヴァキアをオーストリア＝ハンガリーから独立させるために，ロシア側に立って戦ったチェコスロヴァキア人（主としてチェコ系）の兵士たちで，臨時政府成立後は独自の軍団を組織して戦うことが許されていたが，ブレスト＝リトフスク講和の後，ウラジヴォストークから西部戦線に転戦することを志し，ボリシェヴィキ政権の了解を得て，シベリア鉄道で移動中だった．ウィルソンは人道的理由からチェコスロヴァキア軍団の兵士たちを助けなければならないと考えた．彼はまたチェコスロヴァキア軍団の兵士たちがボリシェヴィキ権力に対抗している間に，シベリアの自由民主主義的なロシア人が彼らの軍事力を盾として独自の政府を作ることを期待した．チェコスロヴァキア人はロシア人と同じスラヴ民族であるから，両者は協力しやすいと考えたのである．

　7月にアメリカ政府は日本政府に対して，チェコスロヴァキアの兵士たちの安全を確保するために，それぞれ7000人の兵士をシベリアに派遣するという日米共同出兵を提案した．日本は共同出兵に同意したが，より多くの兵力が必要だとして，1万2500人まで増員すること，緊急の場合にはそれを上回る増員も可とすることで，アメリカ側の了解を得た．この共同出兵は「協力なき共同出兵」といわれるように，それぞれの思惑に隔たりがあり，両国間の深刻な摩擦の種になった．アメリカにとって出兵はチェコスロヴァキア兵士の安全の

確保に加えてシベリアの自由民主主義的勢力の自立を助けることが狙いであったが，日本では出兵政策の主導権は北東アジアに日本の勢力を拡張することを狙う人々に握られた．日本は一時7万3000の兵力を北満州とシベリアに展開した．これは日米の了解の範囲を大きく越える兵力であったから，アメリカはそれに強く反発した．日本で初めての政党内閣の首相に立憲政友会の原敬が就任すると，彼は対米関係の改善を望み，陸軍を説得して派遣兵力を縮小し，シベリア政策における日米協調を実現しようと努力したが，ウィルソン政権の対日不信は変わらなかった〔細谷 1972；2005；高原 2006〕．

8 ― 第一次世界大戦の終結

[ドイツ革命と戦争の終結]

　潜水艦戦争はドイツ政府指導者たちが期待した結果を達成することができなかった．英米両国は海軍の護送船団方式により潜水艦攻撃の被害を限定しつつ，失う船舶よりも多くの船舶を建造するようになった．東欧で勝利を収めたドイツは，アメリカ軍兵士の戦線参加が目立つ前に，フランス戦線の決着をつけようとして，1918年3月に大攻勢をかけた．しかしドイツ軍は英仏連合軍に大打撃を与えることにも，パリを占領することにも失敗した．アメリカ軍の来援の増大により（7月にはフランスにいる米軍兵員数は100万人を超えた），士気上がる連合軍は，多くの戦車（当時は飛行機とともに開発途上の新兵器）を投入して反撃に転じた．ドイツ軍は劣勢に陥り，7月以降，退却を強いられた〔Stevenson 2004〕．

　他方，ドイツの同盟国は崩壊寸前の状態に追い込まれつつあった．秋までには，ルーデンドルフらドイツの軍部も望みのない状況から最善の結果を引き出すため，アメリカのウィルソン大統領がさきに提唱した十四ヵ条に基づく講和を結ぶことを希望するようになった．ウィルソンはドイツの軍国主義的政府とは講和交渉をしないと言明していたので，10月はじめドイツには自由主義的なマックス・フォン・バーデン公を首相とし，社会民主党からも2人の閣僚を入れた内閣が成立して，この新内閣が十四ヵ条に基づく講和を結ぶために休戦することをウィルソンに申し入れた．ウィルソンはマックス政権の民主的性格

を見極めてから,10月23日ドイツとの休戦交渉について連合国諸政府の賛同を求めた.10月末ヴェルサイユで開催された連合国首脳会議でハウスは十四ヵ条を講和の原則とすることについて関係国の同意をとりつけたが,休戦の軍事条件については,フランスが主張したドイツ軍を無力化する厳しい条件を課すことに同意した〔Knock 1992〕.

バーデン公を首相とする内閣は帝国議会に責任をもつ議院内閣制や文民による軍の支配の原則を導入するなど,民主的な改革を行った.これらの改革はより良い時期ならば,政府が大衆的支持をえるために十分大胆な改革だったであろう.しかし敗戦に直面して国内の雰囲気は,皇帝ヴィルヘルム2世および君主政に対して次第に敵対的になりつつあった.ウィルソンが休戦条件について他の連合国政府と協議している間に,11月はじめドイツでは革命が起こり,皇帝は身の危険を恐れてオランダに亡命し,社会民主党が臨時政府を組織して,共和政を宣言した.11月11日に休戦協定に署名したのは,穏健な社会民主党員エーベルトを首班とする政府であった.その時までには,ハプスブルク帝国はそれを構成していた幾つかの民族部分に解体しており,縮小したオーストリアおよびハンガリーも戦争から脱落して共和政を採用していた〔Craig 1978〕.

[古いヨーロッパの崩壊]

戦争はヨーロッパの古い秩序を破壊した.戦争に敗れた三つの帝国の歴史的王朝,すなわちロシアのロマノフ家,オーストリア-ハンガリーのハプスブルク家,ドイツのホーエンツォレルン家は滅亡した.ハプスブルクの二重帝国はヨーロッパの伝統的勢力均衡においては不可欠の要素であったが,多民族複合国家だったために,敗北とともにいくつかの小国家に分解した.三大王朝の滅亡はヨーロッパにおける君主政の正統性を著しく弱めた.ロシア帝国も18世紀以来ヨーロッパの大国の一つとして勢力均衡を構成する要素であったが,その国を引き継いだソヴィエト・ロシアは国際社会の革命を標榜する国となった.こうしてヨーロッパの伝統的勢力均衡体制の再建はもはや不可能であった.

伝統的保守主義の弱体化は民主主義の発展を促した.ドイツでは民主主義と福祉国家の理念を結びつけたヴァイマル憲法が採択された.この憲法は成年男女に参政権を認めた.戦勝国のイギリスでも総力戦の民主的効果が参政権の拡

大をもたらした．イギリスでは1918年に男子普通選挙権が初めて実現し，30歳以上の女性に選挙権が与えられ，28年には21歳以上の女性に拡大した*．しかしヨーロッパの伝統的保守主義の弱体化は，議会制民主主義を定着発展させることにはならなかった．それは共産主義革命への恐怖心および戦後の経済混乱と結びついて，新たな種類の権威主義を生み出した．戦勝国であるイタリアでのファシズムの勝利は，そのような不吉な傾向を例証した．ドイツのヴァイマル共和政も議会制民主主義を定着させることはできなかった．

* 民主主義の国アメリカで，それまでの女性市民の参政権運動が結実して，女性が全国的に参政権を得たのは1920年である．イギリス自治領のニュージーランド，オーストラリア，カナダの方が女性参政権を本国より早く実現した．女性参政権を認めた国は戦間期にはまだ少なかった．

戦前には，保守的な君主主義者と進歩的な社会民主主義者とは，ドイツ，オーストリア，イタリアなどの国々で，しばしば辛うじてであったにせよ，思想的隔たりにもかかわらず，一つの政治的枠組のなかに共存することができた．これは君主主義者が，一般有権者から選挙によって選ばれる議会の存在を許容し，また社会民主主義者が，改良主義的な議会政党という役割を果たしていたからである．しかし今や革命政党である共産党が左翼陣営に登場し，この左翼の急進化が右翼の側での急進化を刺激した．こうして，ヨーロッパにおけるこれまでの政治的枠組は国際政治の面でも国内政治の面でも崩壊したのである．

膨大な人的物的資源を大戦争によって浪費することにより*，ヨーロッパは世界においてもその立場を弱めた．ヨーロッパは世界貿易や国際投資における戦前の分け前を取り戻すことができなかった．ロンドンは国際金融の比類なき中心としての地位を取り戻すことはできず，中心的な地位をニューヨークと分け合い，やがて後者に主役の座を譲ることになった〔Hardach 1977〕．ヨーロッパはまだ植民地を保持していたが，その植民地主義に対する抵抗はアジアでもまたアフリカでも次第に強くなっていた．

* 従軍兵士の戦死・戦病死者数は，連合国側総計542万（ロシア181万，フランス140万，イギリス72万〔イギリス以外の英帝国20万〕，イタリア58万，セルビア27万，ルーマニア25万，アメリカ11万6000），中欧同盟国側総計403万（ドイツ204万，オーストリア－ハンガリー110万，トルコ80万，ブルガリア8万8000）であった〔Ferguson 1998〕．

より重要なことは，ヨーロッパがそれ自身の秩序維持能力を失ったという事実であった．第一次世界大戦は「ヨーロッパの政治的崩壊」〔Holborn 1951〕，すなわちヨーロッパ内部での相対的平和を維持し，世界を支配することを可能にしていたヨーロッパ国際システムの崩壊をもたらし，それとともにヨーロッパ文明の価値への自信を失わせる「精神的危機」をもたらした．ヨーロッパは戦争を終わらせるためにアメリカの力を必要としたのであり，そして平和を再建し，平和と秩序とを維持するためにもアメリカの力が必要であった．それゆえ，アメリカがヨーロッパの問題に長期的恒常的に関与する用意があるかどうかが，ヨーロッパの将来を決める鍵となったのである．

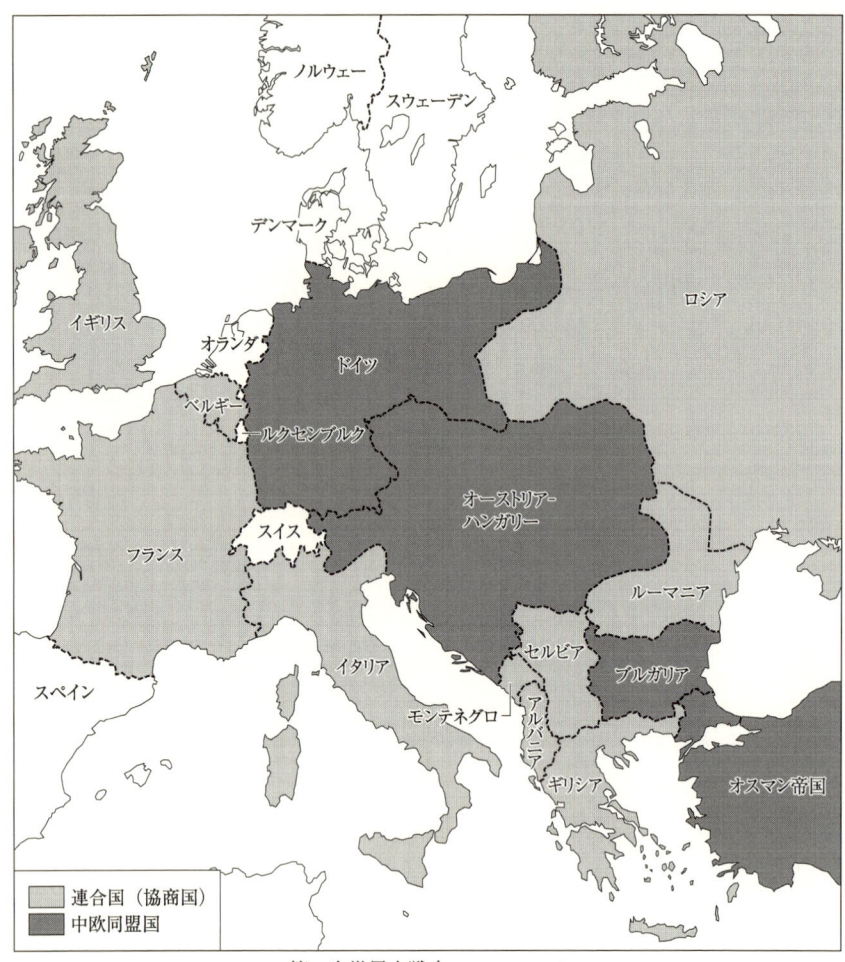

第一次世界大戦中のヨーロッパ
Albrecht-Carrié 1965, p. 53 の地図を基に作成.

第Ⅶ章

パリ講和と戦後世界の混乱

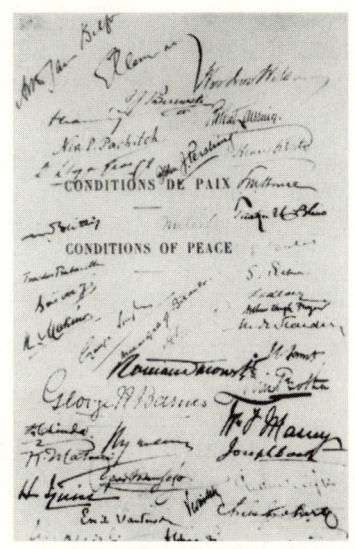

ヴェルサイユ講和会議での各国代表の署名（1919年）
写真提供：毎日新聞社

    戦争を終わらせるためにアメリカの力を借りたヨーロッパは，戦後の平和と秩序を再建するためにも，その力を必要としていた．しかしヨーロッパ問題への不介入を伝統としてきたアメリカは，戦後のヨーロッパへの関与について及び腰だった．そのことが，ヴェルサイユ講和後20年にしてヨーロッパを再び大戦争の震源地にする大きな理由となった．
    アメリカのウィルソン大統領は，新たな国際秩序のヴィジョンを示しつつ，ヨーロッパおよび世界の問題に積極的に関与する使命感を抱いてパリ講和会議に赴いたが，彼の構想と指導力には二つの大きな限界があった．第一は，彼が戦後のヨーロッパ経済復興のためにアメリカとして応分の経済的貢献をする用意を欠いていたことである．そのような用意があれば，ドイツ賠償問題も険悪な対立を起こさず解決

され，ヨーロッパの経済復興も早められたであろう．第二は，彼が世界の最も有力な国となったアメリカの利益と責任とを国民に十分自覚させることができず，自国の国際連盟加盟を実現できなかったことである．

　連合国と旧敵国との講和条約は締結されても，ヨーロッパの平和と安定とは回復しなかった．ヨーロッパ諸国，とくに敗戦国の国内情勢は不安定であり，戦勝国の一つであるイタリアではファシスト党が政権を握った．ユーラシア大陸にまたがるロシアは革命状態にあり，その国の革命政権は共産主義イデオロギーによって諸国の労働運動，社会主義運動の革命化を働きかけていた．中・東欧に成立した多くの新たな独立国の国家建設には大きな困難があった．オスマン帝国を解体した後の中東政治も混乱が続いていた．第一次世界大戦中から戦後にかけて，東アジアの国際関係にも大きな変動があり，新たな秩序の形成を必要としていた．

　本章はパリ講和会議の経緯について述べた後，賠償問題をめぐる仏独関係の悪化，中・東欧における政治的再編，中東の帝国主義政治とトルコ革命，戦後のアジア太平洋情勢，ソヴィエト・ロシアの対外政策，アメリカ抜きでの国際連盟の発足などを考察する．

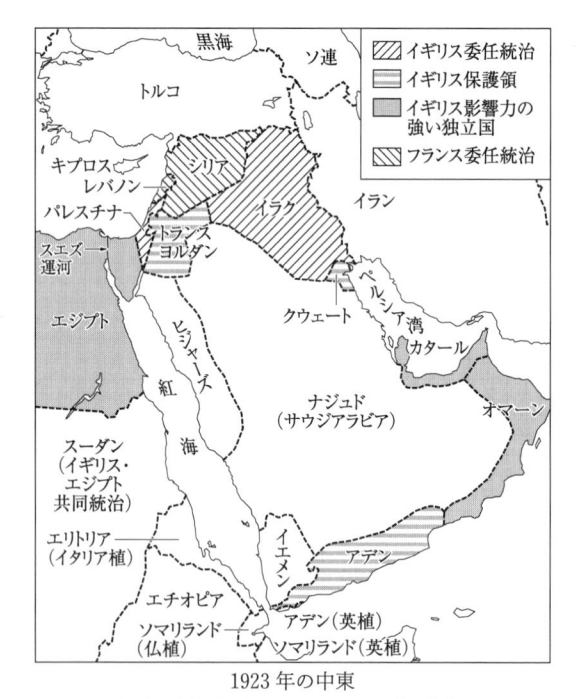

1923 年の中東
Darby & Fullard 1970, pp. 174-75 を基に作成．

1―パリ講和会議の開催

[大国首脳外交の場としての講和会議]
　1919年1月に開幕したパリ講和会議は，同じくヨーロッパの大戦争の後に開催された約1世紀前のウィーン会議が純然たるヨーロッパの会議であったのとは異なり，世界的な規模の会議であった．それは西半球の国アメリカやアジアの日本，中国およびシャムが参戦国であったことから当然であるが，この会議にはイギリス帝国の自治領およびインドの代表団を含め，世界の全大陸から代表が集まった．パリ会議における主要戦勝国，いわゆる五大国にはアメリカとともに日本が入り，とくにアメリカはもっとも有力な大国であった．英語がフランス語とともに多国間会議の公用語となり，条約の正文となったことも，この会議の特徴であった．

　ウィルソンはこの講和会議に参加するために，現職のアメリカの大統領として初めて大西洋を渡った．世界秩序の再建を指導しようという決意を抱いて，彼は自らアメリカの首席全権として会議に臨んだ．ヨーロッパの諸国もそれぞれ首相を会議に派遣した．このようにして，パリ講和会議は20世紀最初の主要国首脳外交の場となり，主要国首脳は半年近く会談を繰り返したのである．

　ウィルソンはこの会議におけるもっとも有力な指導者であった．それは彼が最強の戦勝国アメリカを代表していたからであり，また戦後に再建されるべき国際秩序の諸原則を提示した指導者であったからである．ただしアメリカは最終的勝利に不可欠な貢献をしたとはいえ，参戦期間は1年半であり，4年以上にわたりドイツと戦ったフランスやイギリスの指導者が，講和会議でウィルソンとともに大きな発言力をもつことは当然であった．それゆえ，イギリス首相ロイド・ジョージとフランス首相クレマンソーとはウィルソンとともに，この会議の「三巨頭」と呼ばれた．

　講和会議でのウィルソンの指導力は，戦争終結後，彼の新国際秩序構想を支持する政治勢力が，国際的にもまたアメリカ国内でも弱まっていたことにより制約された．戦後，ヨーロッパの戦勝国では狭量なナショナリズムが強くなり，世論は領土や賠償等について強硬な立場をとることを要求した．イギリスでも

1918年末から19年春まではドイツに対する懲罰的な講和を求める声が強かった．アメリカでは18年11月の中間選挙で民主党が敗北し，翌年の新議会では野党の共和党が両院で多数を占めた．共和党の政治家の中にはウィルソンの国際連盟構想がアメリカの国益を損なうとして彼の構想を批判する者が多く，ドイツに対する懲罰的な講和を主張する者もあった．講和会議における彼の立場はそのような国内の意見によって影響を受けた．彼の支持者たちもヨーロッパの経済的復興と安定の問題に深く関わることには概して消極的であった．ウィルソンは長期的平和のためには公正な講和が必要であると考えていたが，他方では彼自身ドイツに対する態度は硬化しており，野蛮な戦争を行ったドイツ人は厳しい講和を甘受しなければならないという気持ちがあった．彼は厳しい講和は公正な講和とは矛盾しないと考え，それゆえに厳しい講和を求めるフランスの要求の多くを受け入れることができた．

　ロイド・ジョージとクレマンソーとは，ウィルソンと同じく，それぞれの国でリベラルな中道派というべき立場にあった．ロイド・ジョージは1916年から挙国一致内閣を率いた自由党の政治家であるが，終戦直後の総選挙では，当時高まっていた狭量なナショナリズムに訴えて保守党が人気を得たので，彼もまたドイツへの賠償要求に関しては強硬論を唱えた．彼の自由党は議席を減らし，保守党が議席を増やしたので，両党の連立派を中心とする連立政権を率いたロイド・ジョージは，このような戦後の風潮に影響されざるを得なかった．

　ロイド・ジョージは国内の政治動向とともに，自治領政府の立場をも考慮しなければならなかった．イギリスは戦争の長期化により，自治領諸国およびインドの協力をますます必要とするようになったので，1917年以来，本国政府とともに自治領諸政府およびインド政府の代表が参加する帝国戦時会議を開催し，その会議での意見を戦争政策に反映させる方策をとっていた．諸自治領およびインドの政府は，講和会議にイギリス代表団とは別にそれぞれが独自の代表団を会議に参加させることを強く主張したので，ロイド・ジョージは主要国に了解を求め，自治領諸国とインドの代表はそれぞれ独自の全権として認知された．自治領諸国とインドは講和条約に調印し，国際連盟の加盟国となった．この会議でオーストラリアなどいくつかの自治領諸国の代表は賠償問題で強硬論をとり，また近隣の旧ドイツ植民地の併合を主張して，ロイド・ジョージの

立場に影響を及ぼした．

　フランスのクレマンソーは急進社会党（穏健な中道左派政党）に属し，1917年から挙国内閣を率いて戦争を勝利に導いた老政治家である．彼は戦争においてと同じく平和においてもフランスに勝利をもたらすことを念願として会議に臨んだ．彼にとって，平和における勝利とは，ドイツからの脅威を取り除いて，フランスの長期的安全を確保できる国際秩序の形成であった．彼はそのような秩序形成のために，ドイツの力を極力弱めようとする一方，英米との協力関係を壊してはならないと考えていた*〔Knock 1992；MacMillan 2001〕．

　　＊　クレマンソーは青年期をアメリカで過ごし，アメリカ女性と結婚した（後に別居）知米派フランス人で，若い大国アメリカに魅力と不安とを感じていた〔Pachter 1976（Duroselle）〕．

[日本とイタリアの限られた役割]

　アジアの国である日本がこの会議で五大戦勝国の一つとして遇されたことは歴史的な出来事であった（世界の大国としての日本の地位は，新たに設立される国際連盟の常任理事国となることにも表れる）．日本がヨーロッパでの戦争に実質的な貢献をしなかったにもかかわらず，講和会議の十人委員会（五大国会議）に二つの席を与えられたのは，台頭してきたアジアの大国に対する外交儀礼であった．しかし日本は自国が獲得すべき事柄以外の問題には関心がなく，日本代表は概して発言を控えたので，「サイレント・パートナー」と呼ばれた．この十人委員会は1919年3月には四人委員会に改組され，それはアメリカ大統領と英仏伊三国の首相をメンバーとする委員会となった．首相級の全権を派遣していなかった日本の代表は自然にその委員会から外れた．

　この戦争でのイタリアの軍事的貢献は大国に相応しいものではなかったので，四人委員会に残ったオルランド首相も，三巨頭から同列には扱われなかった．彼の主な関心事は隣接する旧オーストリア-ハンガリー帝国領に領土を拡張することにあった．オルランドは四人会議で自国の領土的要求をしきりに弁じたが，彼の要求を他の首脳が十分受け入れないことを不満として一時会議を離れて帰国したため，四人会議における彼の発言力はさらに低下した．イタリアも日本も自国の帝国主義的利害にのみ関心をもつ後発帝国として振る舞うことに

より，この会議における自らの役割を矮小化した．

ただし，牧野伸顕全権ら日本の代表が一つの普遍的原則を国際連盟規約に挿入しようと努力したことは特筆されるべきである．国際連盟規約委員会で日本は人種平等の原則を連盟規約に入れようとして運動した．日本の代表は表現を和らげることで委員の過半数の支持を得たが，当時「白豪主義」をとっていた自治領オーストラリアの働きかけもあってイギリスの代表が強く反対し，議長役だったウィルソンもコンセンサスがないとして不採択にした．人種差別主義の強い当時のアメリカの国内事情を考えれば，彼がこの原則の挿入に消極的なのは当然であった．それから26年を経て，この原則は国際連合憲章の前文に明記される〔高原 2006〕．

［講和会議の審議の方式］

講和会議には32ヵ国（ポーランド，チェコスロヴァキアなど新独立国および英帝国の自治領とインドを含む）が参加したが，全体会議は概して儀礼的なものであり，1919年6月までは重要な決定は主要国会議（当初は十人委員会，のちに四人委員会）で行われた．中小国の全権はおりに触れて，これら会議で自国の利害に関わる問題について意見を述べる機会を与えられた．主要国会議は講和に関連する諸問題についての委員会を設けて，検討と答申を委嘱したが，それらの委員会には通常中小国の代表団からも委員を出した．この講和会議には予め合意された議事次第がなく，主要国会議はとくに順番を定めずに講和に関する諸事項を検討した．ドイツおよびその同盟国の代表は，連合国側でそれぞれ講和条約案がまとまったときに会議に招かれたが，交渉する機会は与えられなかった＊．

> ＊　ウィルソンは十四ヵ条の第1条で「講和条約は公開のうちに締結され，公開されなければならない」，外交は「公衆の目の前でおこなわれなければならない」と公開外交の原則を強調したが，彼は講和条約作成過程を公衆の目に晒すべきだと考えたわけではなく，むしろ非公開に徹し，パリに集まった報道関係者を失望させた〔Nicolson 1943〕．

1919年3月下旬から5月までの間に，ドイツとの講和条約の諸条項がまとめられた．ウィルソンとロイド・ジョージとは2月から3月にかけて一時帰国

したが，2月の彼らの帰国前に，ほぼ草案がまとまっていたのは国際連盟規約であった*．ウィルソンが自らの国際秩序再建構想の中でもっとも重視したのは国際連盟の設立であったから，彼は自ら国際連盟規約を起草する委員会の議長となってまず規約草案をまとめ，彼の主張に従って，その規約はこの会議で調印されるすべての講和条約の中に組み入れられた．

* スコットランド長老主義誓約者（Covenanter）の家系の出身者ウィルソンが，国際連盟規約にCovenantの語を用いたのは，それに諸国間の厳粛な誓約という意味をこめたからである．

ウィルソンと西欧諸国の首相とが講和会議を取り仕切ったのは，最重要課題であるドイツとの講和条約（ヴェルサイユ条約）の策定と調印までであり，その他の旧敵国との講和条約の策定は主席代表会議や大使級会議に委ねられた．ただし，ヴェルサイユ条約が調印され四人委員会が解散するまでには，ドイツとの講和条約の内容だけでなく，旧オーストリア–ハンガリー帝国崩壊後の中・東欧地域の再編，ロシア革命への対応，オスマン帝国との講和および中東地域の再編などの諸問題も主要国首脳によってある程度議論されていた．オーストリアとの講和条約（サンジェルマン条約），ブルガリアとの講和条約（ヌイイ条約）がそれぞれ調印されたのは1919年9月および11月で，講和会議は翌20年1月に散会した．ハンガリーとの講和条約（トリアノン条約）とオスマン帝国との講和条約（セーヴル条約）の調印は会議散会後，20年6月および8月に行われた．

2―ドイツとの講和条約

[ヴェルサイユ講和――領土問題]

ドイツとの講和に関する重要な問題は三大国首脳の話し合いによって決まったが，彼らの間にはドイツの軍事的脅威の除去や賠償取り立ての問題で，かなりの意見の相違があり，調整が難航した．クレマンソーはドイツ軍の侵攻を受けたフランスの首相として，ドイツを弱体化させることにより自国の安全を確保することを，講和の最大の目的と見なしていた．ウィルソンはドイツの軍備を厳しく制限するという英仏の構想を支持し，それを一般的な軍備縮小の第一

歩とみなした．しかし彼はライン川左岸をドイツから切り離し，別個の国にするというクレマンソーの要求を支持しなかった．民族自決原則からの著しい乖離とみなしたからである．フランスが休戦に際して，ライン川左岸地方と右岸の三拠点を連合国軍が占領することを休戦条件として要求したことは，このような要求を提起するための伏線であった．

　ウィルソンは国際連盟が新時代の安全保障の問題を解決する枠組を提供すると考えたが，クレマンソーは現実主義者として，試されたことがない新しい国際機構に自国の安全保障を委ねる気はなかった．彼はフランスのためにより確かな国際的な保証を求めた．フランスが勝利を収めたのは，イギリス，そしてアメリカの参戦があったからであり，ロシアとの同盟だけでは勝利はおぼつかなかったであろう．その同盟国ロシアはボリシェヴィキ革命の渦中にあり，今後同盟国として期待することはできなかった．ロイド・ジョージもラインラント分離には反対だったから，安全保障を求めるフランスを満足させるために，英米両国がそれぞれ，ドイツからの攻撃に対してフランスを助けることを保証する二国間条約を，対独講和と同時に結ぶことを提案し，ウィルソンもそれに同意した．

　クレマンソーはこれら保証条約を歓迎し，ラインラント分離要求を撤回したが，ライン川左岸地方と右岸の三拠点を長期間，連合国軍の占領下に置くことを要求した．彼はライン川左岸全域と右岸50キロまでの非武装化だけでは満足しなかったので，英米首脳は彼に譲歩し，15年間これら地域を連合国の占領下におくことに合意した．フランスはアルザス－ロレーヌの返還に加え，ザール地方の領有を主張したが，英米首脳に反対され，結局，ザールを国際連盟の統治下に置き，15年後に住民投票によりその帰属を決めることとし，その間ザールの炭鉱はフランスが支配することで妥協した．米英との協力関係を重視したクレマンソーは，このようにラインラントやザールの問題で妥協したが，それはまた，彼が15年後にザール住民がフランスへの合併を希望することに楽観的であり，その間にラインラントも独自の共和国形成へと動くようになると期待していたからでもあった．

　ドイツの領土問題に関するもう一つの難問はドイツの東部国境の問題で，これはウィルソン自身の原則の矛盾によるものであった．彼は十四ヵ条でポーラ

ンドの独立を支持し，同国が「海への自由かつ安全な通路を保証されねばならない」と述べていた（第13条）．それがポーランドに自由に使える海港とそこに至る通路（ポーランド回廊）を領土として与えることを意味するとすれば，ドイツ人住民が多数を占める港湾都市ダンツィヒ（現在のグダンスク）をポーランド領にし，東プロイセン地方を他のドイツ領から切断しなければならなかった．この問題はダンツィヒとその周辺を国際連盟が管理する自由市とし，税関はポーランドに属させることで解決が図られた．ウィルソンはドイツの東の国境線問題に関しては，ロイド・ジョージよりクレマンソーに近く，ポーランド回廊についても，上部シュレージエンの帰属についても，ポーランドに有利に裁定した．

　ドイツはまた，海外にもっていたすべての植民地と権益を喪失した．中国におけるドイツの権益は山東権益を除いて中国に返還されたが，山東権益を巡ってはともに連合国である日本と中国との間で激しい対立があった．山東問題については第5節で取り上げるので，ここでは他のドイツ植民地の処分について述べる．ウィルソンの十四ヵ条には，植民地問題を植民地人民の利益や希望にも配慮して公正に処理すべきことを述べた項目があった（第6条）．彼は当初ドイツ植民地を国際連盟による国際管理下に置くことを考えたが，結局，国際連盟が適当な国にその統治を委任する委任統治方式を採用することにした．これは国際社会がまだ自立できない，あるいは長期的に自立が困難と判断する地域を，受任に適した国が国際社会から委託を受けて地域住民のために統治するという理念であるが，実際には戦勝国による植民地再分配に正統性を与える制度となった*．講和条約はドイツに植民地を主要連合国グループに対して放棄させた．どの国が委任統治国になるかという問題は，それらの国によって国際連盟の発足前に決められ，連盟はそれを追認することになった．ドイツの植民地と交戦し，その大半を占領していたのは，主としてイギリスあるいはその自治領の軍隊だったので，ドイツの植民地の大半はイギリスおよびその自治領の委任統治地域となり，一部がフランスあるいは日本の統治下に置かれたのである〔MacMillan 2001〕．

　　＊　連盟規約では，委任統治地域はABCの三つの種類に分類され，近い将来独立
　　　が予想される地域（A）とされたのは旧オスマン帝国領に設けられた委任統治地

域だけで，アフリカや太平洋にあった旧ドイツ植民地は自立まで時間がかかる地域（B）あるいは自立の可能性が低い地域（C）とされ，受任国はその軍事的利用を禁じられたが，長期的にあるいは事実上無期限に統治できることになった．

[ヴェルサイユ講和――賠償問題と戦争責任]

ドイツとの講和で領土問題とともに重要だったのは，賠償問題である．かつてアメリカが中立であった頃，ウィルソンは参戦前には戦勝国が敗戦国から「償金」をとる慣行を批判したが，1918年には，中欧同盟諸国は侵略行為により相手国の国民に与えた損害を償う賠償責任を負うという立場をとるようになった．ただし彼は，賠償責任は相手国市民に与えた損害に限られるべきであり，また過大な賠償金を敗戦国に科すべきではないと考えていた．ドイツ軍の侵攻を受け被害の大きいフランスとベルギーは当然，巨額の賠償をドイツから取ろうとした．イギリスのロイド・ジョージもまた，戦後間もなくの議会選挙の際には，ドイツに戦費のすべてを支払わせよという強硬論が人気を得たので，講和会議では強硬論に与する立場をとり，イギリスの分け前を増やす賠償方式を主張した．講和条約に，この戦争を引き起こした責任はドイツおよびその同盟国にあり，それらの国は連合国政府および国民が受けた一切の損害について責任を負うという条項を書き入れることを主張したのは，ロイド・ジョージであった*．

> * ヴェルサイユ条約には，戦争責任に関連して，戦争犯罪処罰に関する諸条項があり，元ドイツ皇帝ヴィルヘルム2世の国際道義と条約上の義務への違反を裁く特別の国際法廷を設置することや戦争法規違反容疑者の軍事裁判を行うことが定められた．この国際法廷は実際には開かれなかったが，この発想は第二次世界大戦中に連合国で復活し，戦後ドイツおよび日本の戦争責任者を裁く国際法廷が開かれる．

賠償問題について英仏の立場が強硬だったので，ウィルソンは賠償額の決定を先送りする方がよいと考え，条約には賠償支払いの義務と当面の暫定的な賠償支払いを定め，賠償総額については，1921年の連合国賠償委員会の決定に委ねることにした．もしウィルソンが講和会議で戦後の経済復興のための国際的協力の計画を提示していたとすれば，英仏の首脳もドイツに対する過大な賠償を要求しなかったであろう．そうであれば，ヨーロッパはより早くより円滑

に経済的健康と政治的安定を取り戻したはずである。しかしウィルソンはヨーロッパ経済復興を助ける公的借款の供与や，連合国への戦時貸付の減免には，議会の支持は得られないと考えており，ヨーロッパ経済復興への協力については消極的だった。

1919年5月に戦勝国の間で講和条約案がまとまったとき，ブロックドルフ-ランツァウ外相を首席全権とするドイツの全権団は講和会議に招かれ，提示された条約案について意見を述べる機会を与えられた。その後の交渉は文書のやりとりのみが認められた。講和会議の開催当初は，ウィルソンが講和会議でヨーロッパの安定のために十四ヵ条原則に沿う寛大な講和を主張するであろう，他の連合国首脳もボリシェヴィズムの脅威に対処するためにドイツに苛酷な講和を課することを控えるのではないかという期待がドイツ側にはあったが，そのような期待は裏切られた。全権団は出発前に連合国側の条約案の大要を察知していたが，修正交渉の余地はあると考えていた。

ドイツ全権団はドイツの名誉に関わる事柄として，戦争責任を一方的にドイツに押し付ける条項と元皇帝の裁判に関する条項には強く反対した。彼らはアルザス-ロレーヌ地方とポーランド国境について住民投票による帰属の決定を受諾すると述べ，それ以外の領土の放棄に強く反対し，軍備制限条項についても不満を表明した。そして，ドイツはすでに民主主義国家として再生したのであるから，ラインラントの保障占領は不必要であるとして，連合国軍の講和後の速やかな撤退を要求し，また国際連盟へのドイツの加盟はその発足時から認められるべきだと主張した。彼は賠償条項について金額を提示されることなく無限の賠償責任を負わされることに抗議したが，総計100億金マルク相当の賠償を支払う意志があることを表明した。

ベルリンではエーベルト大統領が条約案と十四ヵ条との乖離を批判し，連合国の十四ヵ条原則への復帰を強く要望した。ドイツ全権団は賠償問題など経済条項では協力的態度を示すことで，領土など国の名誉に関わる問題で連合国から譲歩を勝ち取ろうとした。彼らは条約案への説得的な批判を発表することで，ウィルソンを動かし連合国内の進歩的世論に訴えて，実質的な交渉に持ち込むことを狙った。全権団がヴェーバーらの碩学を顧問としてパリに同伴したのも，知名度の高い学者の国際的影響力を期待したからである〔Boemeke, et al.

1998 (Mommsen); Craig & Gilbert 1994〕.

　6月になると，ロイド・ジョージは，講和に関するイギリス国内の世論の変化を反映してドイツに対する態度を軟化させ，条約案の見直しを提議した．しかしウィルソンはロイド・ジョージの変心に付き合う気分ではなかった．アメリカ全権団のなかにも条約案見直し論がかなりあったが，彼は野蛮な戦争を始めた国はそれなりの罰を受けなければならないと語り，条約案の基本的妥当性を主張した．結局，連合国側は上部シュレージエンをポーランド領とせず，住民投票で帰属を決めることにしたこと以外は，小さな手直しをしただけで，ドイツ側にその条約への調印を要求した．ブロックドルフ-ランツァウは，調印を拒否した場合，かりに連合国がドイツを全面的に占領しようとするならばそれを許容すればよく，やがて連合国は手詰まりとなり，ドイツにより有利な条件で講和を結ぼうとするであろうと予想し，戦争はしないが講和もしないという選択を政府に進言した．社会民主党を中心とするドイツの中道左派政権は，連合国の軍事行動が再開された場合に国内が大混乱に陥ることを恐れ，苦渋の選択として条約調印を決断し，調印式は6月28日にヴェルサイユ宮殿で行われた〔MacMillan 2001; Schwabe 1985〕.

3 ― 中・東欧地域の政治的再編

［多数の中小国の形成と少数民族の権利］

　前章で述べたように，敗戦とともにオーストリア-ハンガリー帝国は崩壊した．1918年10月，チェコスロヴァキアと南スラヴ系諸民族が独立を宣言した．11月にオーストリアのドイツ人地域はオーストリアの共和政を宣言し，オーストリアから分離したハンガリーのマジャル人もハンガリーの共和政を宣言した．旧帝国内の南スラヴ系諸民族は南スラヴ諸民族の大同団結のためセルビアと連合することになり，その結果，12月始めにはセルビア王を君主とするセルビア人-クロアチア人-スロヴェニア人王国の成立が宣言された．モンテネグロの王は統合に反対したが，同国の議会はその王を廃して，新王国との統合を決めた．旧二重帝国の東北部のポーランド人地域は独立したポーランドに編入され，ルーマニア人が多く住んでいたトランシルヴァニア地方はルーマニア

領となった.

　戦後の新しい国境線の設定に際しては, できるだけ民族分布に沿うことが基本であったが, 自然地理的条件や歴史的事情なども考慮された. 講和会議では旧敵国との国境は連合国や新独立国に有利に裁定されたが, 連合国あるいは新独立国同士の争いは講和会議で調整が難航し, 解決が後に持ち越された場合もあった. 解決が難航した連合国の間での領土争いはイタリアとセルビア人－クロアチア人－スロヴェニア人王国との対立である. イタリアはオーストリアからブレンネル峠以南の南ティロル地方を得ることについては, 講和会議で三巨頭の同意を得たが, さらに港町フィウメ（それまではハンガリーの貿易港, 現在はクロアチア領のリエカ）を含むイストリア半島全域, さらにはダルマツィア海岸地方の獲得を主張した. フィウメの町自体にはイタリア人が多いが, その周辺は南スラヴ人の方が多く, 帰属決定が困難なところである. ウィルソンは新王国北部の唯一の港であることを考慮してフィウメを新王国に与えようとし, 英仏首相もそれを支持したが, イタリア国内ではフィウメの獲得がにわかに重要な外交課題として浮上した. 結局この問題は1920年には当事国の妥協によりフィウメを自由市とすることで一応解決された. しかしムッソリーニ政権は強引にフィウメを獲得しようとし, ユーゴスラヴィアの譲歩により24年フィウメはイタリア領となった.

　ヨーロッパの東半分はその西半分に比べて, 民族が混住している地域が多く, 民族分布に合わせて国境線を引くことは困難であった. 講和条約が東プロイセン南部など幾つかの地域について, 住民投票によって帰属を決める方式をとったのはそのためである. どのように国境線を引くにしても, それぞれの国に少数民族が含まれることは避けられなかったが, 連合国側についたために戦後領土を拡大したルーマニアや, 連合国の支持を受けて独立し国境問題では好意的扱いを受けたポーランド, チェコスロヴァキアの場合, とくに多くの少数民族を国内に抱えることになった.

　これら各国内で少数民族が主流民族により圧迫されないように, 主要連合国は中・東欧諸国*に少数民族を差別しないことを約束させることにし, 主要連合国はまずポーランドと少数民族保護条約を結び, 同様の条約や取り決めを中・東欧のすべての国との間に結んだ. これは国際連盟理事会を監督者とする

少数民族保護の国際レジーム形成の試みであって，パリ講和会議が生み出した新機軸と言える．

* オーストリア-ハンガリー帝国の解体とロシア領土の縮小によって，第一次世界大戦後のヨーロッパでは，ドイツの東，ソヴィエト・ロシアの西に多くの独立国が存在することになった．それらの国々のうち，フィンランド，オーストリアを除く諸国（バルト三国，バルカン諸国をも含めて）を「中・東欧」と呼ぶことにする．東欧，中欧，中・東欧，東中欧，南東欧などの地理的概念の意味については，羽場 1994；2004；谷川 2003等を参照．

主要連合国がまずポーランドと条約を結ぼうとしたのは，この国が多くの少数民族を抱えることになったためであるが，直接的にはユダヤ人迫害事件がきっかけであった．新生ポーランドでは人口の10分の1をユダヤ人が占めた．ポーランドには以前から反ユダヤ主義があったが，独立後，ポーランドでユダヤ系住民迫害事件がいくつか起こったので，アメリカや西欧のユダヤ人団体が彼らの権利擁護を連合国首脳に訴えたからである．ウィルソンは当初，国際連盟規約の中に，新独立国の承認および国際連盟加盟の際には，民族・人種的および宗教的な少数派の権利の尊重を誓約させるという規定を入れようとしたが，イギリスから反対され，また日本からは人種平等の原則を連盟規約に加えるべきだという主張が提起されたため，彼はその案を撤回し，代わりにポーランドなどの新独立国との特別の二国間条約や旧敵国との講和条約などに少数民族保護に関する規定を入れることにした．ポーランドその他の国々は少数民族を同じ国民として平等に扱うこと，彼らの信仰の自由を尊重することなどを約束し，条約の履行に問題あるときは国際連盟理事会が対応することになった．こうした取り決めができたことは有意義であるが，国際連盟の権威の低下とともにこの条約の実際の効果も低下した〔Boemeke, et al. 1998（Fink）〕．

[民族意識の統合と分裂]

第一次世界大戦終結時には，民族自決原則に基づいて，「一民族一国家」がヨーロッパの国家再編の基礎原理となった．その原理からすれば，オーストリア人の間に，民族を同じくするドイツとの統合を希望する人々が出てくるのは不思議ではなかったが，そのような統合によりドイツが領土と国民を増やすこ

とは，連合国として勢力関係の観点から容認できないことであった．それを防止するために，ドイツおよびオーストリアとの講和条約にはそれぞれ両国の合邦禁止条項が入ったのである．

　新たに誕生した国々の中には，従来異なる民族として意識されていた複数の民族の共通性を強調することで，統一国家としての建国の根拠とした場合があった．チェコスロヴァキアはチェコスロヴァキア人の国として，後に「ユーゴスラヴィア」と改称するセルビア人‐クロアチア人‐スロヴェニア人王国はこれら南スラヴ民族を統合する国として成立した．民族的帰属意識は不変なものではなく，時の推移とともに変化するものではあるが，短期間には新しい民族意識が確立することはない．今日，チェコスロヴァキアもユーゴスラヴィアも統一国家として残っていないことは，かなりの時間をかけても，これらの新しい民族意識の形成が完成しなかったことを物語っている．

　南スラヴ系三民族の国は，オーストリア‐ハンガリー帝国内のクロアチア人とセルビア人の一部にセルボ‐クロアチア民族意識が形成されたことを背景に，旧帝国内の南スラヴ民族と独立国だったセルビアとが提携して成立した．この新しい国の住民はこれら三民族を合わせれば70％以上を占めたが，そのほかに多様な少数民族を含む国であった．この国の円滑な存続のためには，三民族，特にセルビア人とクロアチア人との提携によるユーゴスラヴ民族意識の醸成が必要であった．しかし，この三民族の中で最大の人口をもつセルビア人にはそうした認識が欠けていた．独立国民として戦前から強いナショナリズムをもっていた彼らは，国王の下に中央集権的政府を形成し，政府および軍の幹部をセルビア人で独占し，議会でも諸民族を分断することにより，セルビア人の主導権を保持した．

　そのため，連邦制国家の形成を希望し，国家の運営に相応の発言力を求めた第二の民族集団であるクロアチア人は不満を強めた．彼らは文化的経済的にはセルビア人より進んでいるという自負心があり，またセルビア人とは言語的には違いが少ないが，宗教的にはカトリック教徒であったので，正教徒であるセルビア人とは異なっていた．統一国家を作ってみると，彼らはセルビア人のセルビア主義に幻滅し，両民族の摩擦が次第に激しくなった．とくに1928年に議会の議場で数人のクロアチア人議員が射殺された事件はクロアチア人を激高

させ，クロアチア人議員は連邦制への移行なしには議会に復帰しないという立場をとった．それに対してアレクサンドル1世は29年には国王独裁体制をとり，全政党を解散して，「南スラヴ民族」の国家であることを強調する意味で国名を「ユーゴスラヴィア」に改めた（以下の記述では29年以前についても便宜上「ユーゴスラヴィア」の名称を用いる）．

　チェコスロヴァキアはチェコスロヴァキア人の民族国家を標榜したが，この国は西部の国境線沿いのズデーテン地方に多数のドイツ人住民（彼らはオーストリアへの帰属を望んだ）を抱え，東南部国境沿いにはマジャル人，最東部にはルテニア人住民を含むことになった．講和会議ではズデーテン地方の帰属が問題になったが，その地方は自然地理的，歴史的理由により，チェコスロヴァキアへの帰属が決まった．「チェコスロヴァキア人」という民族理念は第一次世界大戦中，チェコ人の間に独立願望が生じてから唱えられた新しい民族理念である．チェコ人とスロヴァキア人とはハプスブルク帝国北部に住むスラヴ系民族で，言語は極めて類似していたが，前者が帝国の先進工業地帯であるボヘミア・モラヴィア地方に住み，経済的に豊かだったのに比べ，スロヴァキア人は経済的発展の遅れた地方に住み，大部分が農民であった．前者がオーストリア議会を通じてある程度，政治的発言力をもち寛大な扱いを受けていたのに対して，後者はハンガリー王国に属し，マジャル人に支配されていた．前者は宗教的にはリベラルであったが，後者では素朴なカトリック信仰が支配的であった〔Roshwald 2001〕．

　大戦中チェコ人の民族主義者たちがオーストリア-ハンガリー帝国の全面的再編を望み，さらに独立を目指し始めると，彼らはスロヴァキア人を同族とみなし，「チェコスロヴァキア人」と称するようになった．戦時中の独立運動の指導者は主としてチェコ人あるいはチェコ化したスロヴァキア人であり，日米シベリア出兵のきっかけを作ったチェコスロヴァキア軍団の将校や兵士も主としてチェコ人によって構成されていた．したがって独立後の国の運営もチェコ人の主導で行われた．彼らは西欧型の自由主義的民主主義を導入し，戦間期に中・東欧の国として唯一それを維持したのは，彼らが中・東欧の経済先進地域に住み幅広い中流階級を擁したからである．スロヴァキア人はチェコ人主導の政治を受け入れたが，スロヴァキア人という意識を捨てたわけではなく，チェ

コ人が主導権を握る傾向には潜在的な不満があった．国家形成後70年以上を経て，1993年にチェコとスロヴァキアとが別の国になったのは，そのことを示している．他方その分離が穏やかに平和的に行われたことは，チェコスロヴァキアが戦間期に自由主義的民主主義を維持した伝統の反映であるといえよう〔Dunn & Fraser 1996〕．

[中・東欧地域の安全保障]

　ドイツとソヴィエト・ロシアとは敗戦と革命で大国としての力を一時失っていたが，ともに現状に不満をもつ潜在的強国であった．その両国に挟まれた地域に多くの中小国（その大部分は新たに誕生した国々）が存在し，それらの国々が概して国内に多くの少数民族を抱えていたことは，戦間期のヨーロッパ国際政治の不安定要因の一つであった．戦後秩序の受益者である国々は現状維持を望み，他方では自国の安全に不安を感じた．それらの国々は国際連盟が強力であることを望んだ．
　これらの国々はまた相互の提携により自国の立場を強めようとした．中・東欧の大国を志向したポーランドはソヴィエト・ロシアが軍事的に弱体である間に，ウクライナの反ボリシェヴィキ国家としての独立を助け，ウクライナとの提携によりロシアとドイツ双方に対する強い立場を築こうとしたが失敗した．ポーランドは1921年には西方の大国フランスと同盟し，さらに隣国ルーマニアと同盟を結んだが，もう一つの隣国チェコスロヴァキアとの関係は良好でなかった．ポーランドは人口・領土の大きさでは大国に準ずる国になったが，このことで国内に多くの少数民族を抱えこむことになった．
　「小協商」とはチェコスロヴァキア，ユーゴスラヴィア，ルーマニアの三国が，1920年から21年にかけて，相互の二国間条約により成立させた同盟に与えられた「小国同士の協商」という意味の蔑称であるが，外交史上その名で知られている．それはハンガリーに対抗する同盟であったが，各国はそれぞれ異なった大国の脅威をも意識しており，ルーマニアにとってはロシアが，チェコスロヴァキアにとってはドイツが，ユーゴスラヴィアにとってはイタリアが第一の脅威であったから，それぞれの脅威認識が共通していないという弱点があった．これらの国々も頼れる大国を求めてフランスに接近し，フランスもドイ

ツに対抗するためこれらの国との関係を強化しようとした．

4 ― 第一次世界大戦後の中東とトルコ革命

[英仏によるアラブ人地域の分割]

　第一次世界大戦の間，1915年から17年にかけて，イギリス，フランス，ロシア，イタリアの四国は，オスマン帝国を分割するための幾つかの協定を結んだ．これらの協定では，ロシアは海峡地帯を獲得し，イタリアは11年以来支配していたドデカネーゼ諸島の領有のほか，アナトリアの南西部に進出することを認められた．帝国のアラブ人地域については，イギリスはエジプトとクウェートを保護国として支配し，本国の軍隊のみならずインドやオーストラリアの軍をこの地方に振り向けることができたから，そこに勢力を広げるには有利な立場にあった．しかしフランスもまたレヴァント地方（地中海東岸地方）には長年の関心をもっていたから，イギリスは同盟国フランスの立場を考慮し，16年の協定でオスマン帝国のアラブ人地域をそれぞれの領土および勢力範囲に分割することを約束した．イギリスは他方ではアラブ人君主との間にアラブ国家の樹立を支持する約束を結んでおり，またシオニスト（パレスチナにユダヤ人の国を樹立することを目的とする運動家）たちにはパレスチナにユダヤ人の「ナショナル・ホーム」を作ることを約束していた．

　ロシア革命後ロシアが戦争から脱落し，オスマン帝国に対する領土請求権を放棄したことは同帝国解体を巡る国際情勢に大きな変化をもたらした．ロシアに代わって，イギリスの支持を受けてオスマン領土の分割に参加した国はギリシアである．1920年のオスマン帝国との講和条約，セーヴル条約により，同国はトラキアのほとんどを領土に加え，領土を海峡地帯北岸にまで広げた．さらにスミルナ（現在のイズミル）およびその周辺地域の管理権を獲得し，5年後の住民投票で支持されればこの地域を領有できることになった．スミルナはアナトリアの西海岸にある都市で，ギリシア系住民が多いところであった．海峡地帯の水路は国際管理のもとに置かれることになった．またこの条約ではアナトリア東部にはアルメニア人の独立国が設立されることになっており，またクルド人には自治地域が認められることになっていた．この条約と同時に調印

された英仏伊三国の条約では，アナトリアの西南部にイタリアとフランスがそれぞれ広い勢力範囲を獲得した．

セーヴル体制のもとでは，トルコ人の純然たる領土として残されたところは僅かであった．アメリカはオスマン帝国とは戦争しなかったので，元来講和の当事国ではなかったが，ウィルソンの十四ヵ条にはトルコ条項があった．それはオスマン帝国のトルコ人地域の保全と主権の保障，非トルコ人諸民族の自治的発展の保障，海峡の通商路としての国際的開放などを主張しており，連合国による解体計画への牽制の意味を含んでいた．しかしウィルソンはトルコ人によるアルメニア人の大量虐殺を知ってからはトルコに反感を抱き，講和会議ではトルコ人の自決権を積極的に弁護しなかった．彼はアルメニア人には強い同情心をもち，東アナトリアにアルメニア人の国を設けてアメリカがその委任統治に当たる構想を抱いていた．アメリカがアルメニアを引き受けるなら，イギリスがクルド人の国の委任統治を引き受けるという考えもイギリスにはあったが，アメリカが国内事情により正式にアルメニアの委任統治を断ったので，イギリスもクルド人地域の委任統治を断念した．

オスマン帝国のアラブ人地域については，英仏両国は双方の勢力圏を定めるために交渉を繰り返した．中東地域*の戦線を取り仕切ったのはイギリスであり，フランスはこの地域では軍事的貢献をしなかったので，ロイド・ジョージは戦時中の約束通りフランスに支配地域を認めることを渋り，中東問題は英仏間の戦後の不和の原因となった．最終的には，イギリスがメソポタミア（現在のイラク），パレスチナ，トランスヨルダン（現在のヨルダン）を取り，フランスがシリアとレバノンを得て，イラク北部の石油利権の分け前に与ることで合意が成立した．将来の独立への希望をもたせることでこれら地方のアラブ人たちを宥めるために，また新たな植民地支配に反対するウィルソン主義にも配慮して，両国はこれら諸地方を国際連盟のA式委任統治地域（近い将来独立が可能となるように統治される地域）とすることにした．

＊ 19世紀のヨーロッパ外交史では，「東方問題」はオスマン帝国の衰退に伴って生じた国際問題を指し，「中近東」という地理的用語はバルカン半島（第一次世界大戦まで），アナトリアおよびその南方のオスマン帝国領，ペルシア，アフガニスタンを指して用いられた．「中東」という用語が一般的となったのは第二次

世界大戦後であるが，本書ではこの章以降，「中東」という用語を用いる．

大戦中イギリスが主な協力者としていたアラブ人の首長はアラビア半島西部に勢力をもつハーシム家のフサインであった．フサインは，アラブ人地域の自決権を認めると約束したイギリスと協力することで，彼の民をオスマンの支配から解放しようとした．彼の息子のファイサル1世は1918年にトルコ軍を破ってダマスクスを占領し，自ら王となってシリアを支配しようとした．しかしシリアを支配しようとしていたフランスはそれを許さず，彼はフランス軍によってシリアを追われた．イギリスはシリアの支配をフランスに委ねたので，シリアを失ったファイサルにイラクの王位を提供した．イラクは，イギリスがそれまでオスマン帝国の属領だったメソポタミアの三つの地方を合わせて一つの国として自らの委任統治下に置いたところである．イギリスは豊富な石油資源があるメソポタミアに着目し，戦争中この方面にインド軍，オーストラリア軍などを含む多くの兵力を投入した．

フサインのもう一人の息子アブドラは同じくイギリスの保護の下に当初パレスチナの一部であったトランスヨルダンの王となった（1946年まで保護国）．フサイン自身はアラビア半島西部を領土とする独立国として認知されたヒジャーズ王国の王位に就き，講和会議にも出席した．しかしアラビアにおけるフサインの地位はイブン・サウード（アブドゥルアジーズ）によって挑戦を受けた．サウード家はアラビア半島の中央部を支配してヒジャーズ王国と戦い，フサインを破ってアラビア半島の大部分を支配下に収め，32年にはサウジアラビア王国を形成した．

アラブ文化の中心であったエジプトは1922年までイギリスの保護下にあった．エジプトでは1919年3月に反英暴動（1919年革命）があり，22年に名目的には独立国となったが，イギリス人がスエズ運河を管理し，強力なイギリス軍が駐留していた．従属的独立へのエジプト人の不満はさまざまな形で表れたが，イギリス政府はイギリス帝国にとって戦略的要地であるエジプトを自国の勢力範囲に留める方針であった．それゆえ，エジプト人のナショナリズムとどのように折り合っていくかが，イギリスにとって次第に難問となるのである〔Roshwald 2001；Mansfield 1973〕．

イギリスの中東政策におけるもう一つの難題は，パレスチナにおけるユダヤ

人の増加であった．戦争中，イギリスの有力な銀行家ロスチャイルドはシオニスト運動の要求を支持するよう政府に働きかけた．連合国は戦争へのユダヤ人の協力を得ようとして，シオニストの要求に好意を示した．1917年11月，イギリスはバルフォア外相の声明によって，パレスチナにユダヤ人のための「ナショナル・ホーム」の設立を約束した（バルフォア宣言）．戦争終了後，ユダヤ人国家設立を志すユダヤ人がパレスチナに移住し始め，ユダヤ人口が増加したため，パレスチナではユダヤ人とアラブ人との紛争が生じた．イギリスはパレスチナの委任統治国として，二つの民族の利害を調整しようとしたが，その調整は難航した．イギリスは1932年にイラクの委任統治を終了し独立国にしたが，パレスチナについては委任統治後の統治体制について二つの民族間に合意が成立しなかったため，委任統治を継続した〔Shepherd 1999〕．

[トルコ革命と講和条約の改定]

　連合国がオスマン帝国にセーヴル条約の調印を強要した1920年8月には，スルタンのメフメト6世は統治者としての実態をほとんど失っていた．トルコは革命状況にあり，ケマル・パシャ（アタテュルク）＊に率いられたナショナリストたちがアンカラを本拠地として勢力を獲得しつつあった．彼らはセーヴル条約の受諾を拒否し，祖国解放の戦いを開始した．ケマルは連合国にセーヴル体制撤廃を迫るためにソヴィエト・ロシアとの友好関係を望み，ソヴィエト軍がコーカサス地方を征服することに好意を示した．彼はロシアから武器の入手を望んでいた．ケマル政権の協力によりコーカサス地方を奪回したソヴィエト・ロシアは，ケマル政権が反連合国という立場をロシアと共有することを認め，1921年3月に同政権と友好条約を結び，海峡問題は黒海沿岸国で決定すべきことなどに合意するとともに，ケマルに資金や兵器をコーカサス経由で提供した．ロシアとの合意により，トルコは東部国境地帯が安泰になっただけでなく，ロシアから兵器供給を得られるようになり，連合国側に強い態度で臨むことができた．

　＊　アタテュルクは1934年に議会から贈られた姓（トルコ人の父）．この年トルコ人は姓をもつことが決まり，また官職をもつ人の敬称パシャやベイは廃止された．

ケマルの軍隊は進撃してきたギリシア軍と戦ってそれを撃退し，1922年9月スミルナを占領した．イタリア，フランス両国はアナトリアの経済権益と交換に撤兵しようとしたが，ケマルは妥協を拒否しつつ，両国軍隊を撤退させることに成功した．フランスは賠償や安全保障問題でイギリスから支持を得られなかったので，トルコ問題ではイギリスに同調せず，むしろケマル政権に接近した．ケマル軍が海峡地帯に向かって北上したとき，ギリシアは敗戦の衝撃で厭戦的になっていた．孤立したイギリスは自治領諸国の軍事協力も得られなかったので，海峡地帯からの撤兵を決断し，ケマル政権と休戦協定を結んだ．連合国はナショナリストのケマル政権と新たな講和条約の交渉を行うことにした．ギリシアを協力者として東地中海でのイギリスの利益を守ろうとしたロイド・ジョージ首相の政策が失敗したことが引き金となって，自由党と保守党の連立内閣は10月に崩壊し，6年にわたり政権を担当したロイド・ジョージは失脚した．

連合国はスルタンの政府にも新講和会議への招待状を送ったので，ケマル政権は会議前に二政府併存を解消することにし，同年11月スルタン制の廃止を決定した．メフメト6世は国外に退去し，オスマン帝国は正式に幕を下ろした．連合国は同月から，セーヴル条約に代わる条約を締結するケマル政権との交渉を開始し，翌年7月ローザンヌ条約が調印された．連合国はソ連を会議に招待することを好まなかったが，ケマル政権はソ連の参加を求めた．ケマルはソ連を参加させることで連合国を牽制しようとしたが，海峡地帯の軍艦通航の問題では，ソ連と距離を置いてむしろイギリスの立場に同調し，イギリス軍艦の黒海進出の可能性を残すことで，必要な場合ソ連に対する対抗力にしようとした．トルコは海峡地帯とアナトリア全域の支配権を回復したが，海峡地帯については非武装を約束した．またトルコは治外法権（いわゆるカピチュレーション）の撤廃について国際的同意を得，当分低関税率を維持することを条件に関税自主権も獲得し，また賠償支払いを免じられた．トルコはイスラーム以外の宗教の自由を尊重することを約束した．

ナショナリストのケマル政権はトルコをできるだけ純粋なトルコ人国家にするために，アナトリアのギリシア系住民を排除することにし，ギリシア政府と交渉して，彼らとギリシア領内のトルコ系住民とを交換移住させる協定を結ん

だ．ケマル政権にとってアルメニア人地域の分離もクルド人の自治も論外であった．ケマル政権はクルド人についてはトルコ人の同族であるという立場をとり，クルド人が住むモスル地方はイラクではなくトルコに帰属すべきだと主張して，イギリスと対立し，ローザンヌ会議中には合意が成立せず，この問題は26年両国が国際連盟の裁定を受諾するまで解決しなかった．

　ローザンヌ条約は上記のようにセーヴル条約に比べると内容に格段の相違があり，トルコにとって大きな外交的成果であった．小国の革命政権が講和条約の変更や国権回復にこれほど短期間にこれほど大きな成果を挙げたことは稀である．その成功の理由は何よりもトルコ人の民族意識の高まりとケマルの卓越した軍事・外交上の資質とが結合したことに求められる．もちろん，ロシア革命によりロシアがトルコ分割のための連合から離脱したこと，西欧の連合国も戦後の経済的財政的困難に直面して軍事力行使に消極的だったこと，英仏関係が冷却し両国がトルコ問題で協力しなかったことなど，トルコに有利な国際情勢が存在したことが，この外交的成功の重要な要因である．しかしケマルの非凡な政治手腕がなければ，新生トルコはこれらの有利な国際情勢を巧みに活用できなかったであろう．ケマルは新生トルコの大統領に就任し，民族主義，共和主義，世俗主義によって国家の近代化を推進した〔Hale 2000；新井 2001〕．

5―第一次世界大戦後のアジア太平洋情勢

［第一次世界大戦後のアジア］

　第一次世界大戦は東アジアの国際関係を大きく変えた．大国間の力関係では，敗戦によりドイツが力を喪失し，戦争の被害を受けたフランスおよび革命状況にあるロシアの力が低下し，アメリカと日本の力が増大した．しかし，この地域の国際関係の変化は大国間の力関係の変化に留まらなかった．アメリカのウィルソン大統領は植民地人民の独立を支持したわけではなかったが，彼の国際秩序構想には旧来の帝国主義政治の正統性を原理的に否定する意味合いがあったから，従属的立場あるいは植民地支配下にある人民の独立願望を刺激した〔Manela 2007〕．

　ソヴィエト・ロシアは社会主義，反帝国主義，民族自決主義を標榜し，その

イデオロギーによってこの地域の人民に新たな影響を及ぼすようになった．中国に関しては，旧来の関係を清算し対等の国家関係を形成する意志表示が行われた（カラハン宣言）．中国の反帝国主義的ナショナリズムは，大戦中の日本の高圧的な政策に刺激され，ウィルソン主義やレーニン主義に力づけられて，戦後著しく強くなった．ヴェルサイユ条約が公表されると，中国では1919年5月に山東条項に反発して「五・四運動」が起こり，親日派要人排斥や日本製品不買運動が展開された．中国政府自体は弱体であったが，都市住民の間ではこれまでになく民族意識が高まっていた．

　朝鮮とインドでも，民族自決主義に刺激されて，独立を求める機運が生じた．1919年3月に朝鮮で発生した「三・一運動」は日本支配に反対する革命闘争であり，また4月には海外在住者による臨時政府が上海に設立された．朝鮮でこのような独立運動が起こったのは，多年中華帝国の宗主権の下にあったとはいえ，長らく独自の王国を維持してきた国であり，強引に日本の統治下に入れられてから日が浅く，日本の植民地政策に強い反感があったからである．日本は中国で反日的ナショナリズムに直面しただけでなく，朝鮮の独立運動にも対処しなければならなかった．日本はそうした運動を鎮圧する一方，軍人総督による統治を文官総督に変えるなど若干の統治の改革を行ったが，独立願望への譲歩はまったく考えなかった〔長田 2005〕．

　日本は大戦中，中国における権益を拡大強化し，中国の軍閥政権を財政的に支援して影響力を強めたが，アメリカの発言力の増大，それに伴う日英同盟の意義の低下，帝国主義のパートナー帝政ロシアにおけるボリシェヴィキ革命，中国ナショナリズムの高まりなどにより，従来の帝国主義国際政治の枠組が崩れたために，日本の東アジアにおける立場は戦前より強くなったとは言えなかった＊．

　　＊　1918年に将来の貴族政治家近衛文麿が発表した論文「英米本位の平和主義を排す」には，旧来の帝国主義的国際政治の中で後発帝国日本が達成してきた勢力拡張の継続が英米主導の平和主義体制の下で否定されることへの憂慮が表れている．彼は政治家として，一方で英米との協調と日中の和解協力とを希望したが，他方では東アジアにおける日本の主導性の容認をそれらの前提としていた〔近代外交史研究会 1987（庄治）〕．

イギリスの植民地インドでも民族意識が高まり，1919年4月には大規模な抗議運動が展開された．イギリスは戦前から引き続き南アジア・東南アジアの植民地を保持し，中東のアラブ人地域で勢力を拡張したが，インドでは大戦中に協力を得た見返りとしても，インド人の自治の要求に譲歩する必要があった．イギリスの戦争へのインドの貢献は帝国内でも別格で，インドは大戦中，在住イギリス人を含めて150万人近い兵士および軍労務者を海外に派遣し，1億5000万ポンドの戦費を提供した．それはどの自治領にもまさる貢献であった．前述のように，イギリスは17年から帝国戦時会議を開催するようになったが，それにはインド政府の代表も参加した．講和会議にも，自治領とインドの代表が帝国代表に加わり，他の主要国の同意を得てそれぞれ講和条約に調印し，そしてそれぞれ国際連盟に加盟した．

　しかし，もちろんインド政府は総督以下，文武高官をほとんどイギリス人で固めた政府であり，インド政府が直接統治しない部分は伝統的君主である藩王たちの支配下にあった．イギリス政府は1917年にインド統治の目標は「責任政府」への漸進的移行であると声明し，19年にはインド統治改革を実施した．それは諸州に公選議会を設立し，民生に関連する事項を議会に責任をもつ行政者に担当させることにし，中央政府にもある程度議会政治的要素を導入するものであった．しかしその前に，治安維持法（ローラット法）を制定したことが裏目に出て，同年4月には大規模な抗議運動を誘発した．パンジャーブ州では運動が暴徒化してイギリス人が殺害されると，軍司令官が集会中の民衆への銃撃を命じて多数の死傷者がでる事件が発生し，さらなる抗議行動が展開された．ガンディーの率いるインド国民会議派はこの事件後，要求を急進化させつつ，他方では非暴力主義を貫こうとした．国民会議派は19年の改革を不満足な懐柔策として拒否したが，インド人指導者の一部は，政治改革によって提供された機会を活用して，政治に参加する漸進主義の立場をとった．当面の改革は限定されたものであったが，第一次世界大戦はイギリスのインド統治にとって重要な転機となったことは否定できない．イギリス政府は29年にはインド統治の目標は自治領の地位の供与であると声明するようになる．貿易面でもインドのイギリスとの関係は弱まった．イギリスは戦争中，海外市場に工業製品を輸出する余裕がなかったために，インド市場でも日本やアメリカの進出を許し，

インド自体の工業化も進展した〔James 1997〕．

イギリスのその他のアジア植民地でも反植民地主義ナショナリズムの兆候は見られたが，まだそれは兆候の段階に留まり，フランス領インドシナやオランダ領東インドでも事情はほぼ同じであった．

中国におけるイギリスの影響力も，政治経済の両面で大戦前に比べて低下した．イギリスはイギリス帝国主義に好意的とは言えないアメリカの発言力の増大，新興帝国主義国日本の中国進出，そして中国で高まるナショナリズムに直面し，それらと折り合いをつけつつ，自国の権益を維持していく方途を模索していくことになる．ドイツの敗北によりイギリスにとっての日英同盟の意義は低下したが，自国にとって好ましくない日本の行動を抑えつつ，できるだけ共同行動を引き出すという効用はあった．しかし中国でも日英同盟は不評であったし，何よりもアメリカが同盟の存続に不快感を示すようになった．日英同盟にまだ若干の効用があるとしても，アメリカの反対を押し切って日英同盟を継続することに利益はなかった．日本は日英同盟の存続を望んだが，この同盟はアメリカが参加する新たな条約体制によって置き換えられる運命にあった．

［ヴェルサイユ条約と山東問題］

帝国主義国としての日本が大戦中に達成した最大の外交的成果は，日露戦争でロシアから引き継いだ関東州の租借期限と南満州鉄道の所有期限を25年から99ヵ年に延長し，満州における日本の立場を強化したことであり，これは二十一ヵ条要求の中心部分であった．それに比べれば，山東に関する要求は二次的な重要性しかもたなかった．日本は山東の経済権益には関心があったが，ドイツの膠州湾租借地を戦後保持する意図はなく，むしろそれを中国に返還する代わりに，満州における既得権益を長期的に確保することが当初の狙いであった．日本がドイツ権益のすべてをいったん継承することは，中国参戦後も日本の方針であり，中国側がそれに同意してから，日本は中国の参戦に賛成したのである．日本は戦時中，参戦した中国政府に借款の提供などにより影響力を強めていたので，講和会議で中国代表が中国への山東権益の直接返還を強く要求することを予想しなかった．中国参戦後に，膠州湾の返還について正式に取り決め，保持すべき権益について協定し，戦争終結をまたずに返還を実行して

おくことが，帝国主義国日本の戦時外交として最善策だったであろうが，日本外交にはそのような先見性はなかった．

パリ講和会議では，反日ナショナリズムの高まりを背景に，強硬論が中国全権団を支配し，条約には山東権益を含む旧在華権益がすべて中国に帰属することを定めるべきであると強く主張した．ウィルソンは中国の主張に同情的であったが，英仏の首相は，両国と日本との間で，日本艦隊の地中海派遣と引きかえに山東権益継承に同意するという1917年の約束があったから，日本の主張に反対できなかった．ウィルソンはさまざまな妥協案を考えたが，日本はこの問題では譲歩できないと主張し，場合によっては会議からの引き揚げもありうることを示唆した〔高原 2006〕．

当時はイタリア首相がイタリアの領土的主張が容れられなかったことに抗議して会議から引き揚げた後だったので，ウィルソンは，日本もまたこの問題を不満として会議から脱退することになれば，五大国のうち二国が抜けることになり，国際連盟の普遍性が失われることを憂慮した．彼は日本から，経済的権益を保持するが政治的権益は中国に返還するという約束を得て，日本の山東権益継承を容認することにした．しかし中国ではこの山東条項に対する反対が反政府運動に発展したので，中国政府は親日派とみなされた有力高官を罷免し，条約には調印しないことにした．日本が講和会議で山東権益の一括継承実現に外交上の面子をかけたように，中国人のナショナリズムはそれに対抗して山東権益の一括返還に国の面子をかけることになった．この山東条項は二十一ヵ条要求を改めて想起させ，日本帝国主義の横暴の象徴となり，激しい反日ナショナリズムの噴出をもたらした．中国政府は山東についての協議を求める日本の申し入れに対しては一切拒否の姿勢を貫いたので，日本は山東から撤兵もできないまま，外交的な手詰まり状態に陥り，打開策を苦慮することになった〔川島 2004〕．

[日米関係の摩擦]

アメリカはヴェルサイユ条約を批准しなかったから，山東条項にも拘束されない立場にあった．アメリカでヴェルサイユ条約が批判される際には，山東条項は旧来の帝国主義的利益分配の典型としてつねに槍玉に上げられた．日本が

旧ドイツの山東権益の一括継承を強硬に主張したために，日本がすべてを保持しようとしているという印象を与えた．日本とアメリカの間には，そのほかにも，未解決のまま摩擦対立の要因として残されていたいくつかの問題があった．アメリカは日本が委任統治国となった旧ドイツ領南洋群島のなかのヤップ島については，それが海底電線の中継地であるため国際管理の下に置かれるべきであると主張し，日本と対立していた．シベリア出兵に関しては，アメリカは自国が撤兵した後は日本も速やかに撤兵することを求め，駐留継続の意図を問題視していた．またアメリカ国内では日本人移民差別・排斥運動があり，日米紳士協約もそれを沈静化させることができず，そのことが日本側の不満の種となっていた．日米間のこれら未解決の問題に加え，両国とも海軍を増強する計画を推進しており，それが継続すれば両国間の緊張を高めることも予想された．アメリカ人にとってドイツが敗北した後には，日本が唯一の仮想敵国になった．

6 ― ソヴィエト・ロシアの対外政策

[講和会議におけるロシア問題]

パリ講和会議において連合国はドイツおよびドイツ側に立って戦った国々との講和条約に調印した．しかしこの戦争における主要な交戦国の一つであるロシアはこの会議に参加せず，それらの条約の調印国にはならなかった．当時ロシアは革命状況にあり，国際的に承認された政府が存在しなかったからである．連合国指導層の一部にはロシアのボリシェヴィキ政権に対する反革命戦争を行うべきだとする意見があった．帝政ロシアと関係が深かったフランス政界や軍部には強い軍事干渉願望があり，またイギリスでもチャーチル陸相は干渉論者であった．

連合国はヨーロッパ・ロシアに少数の兵力を派遣して反革命勢力に軍事援助を与えており，シベリアには日米両国が出兵していた．しかし米英仏首脳には，ボリシェヴィキ打倒を目ざして大規模な出兵を行う考えはなかった．英仏とも財政的に新たな戦争をする余裕はなく，世論の支持を得ることも困難だったからである．ウィルソンは，自由主義的な勢力がロシアで強くなることを希望し，有望な集団に限られた軍事援助をする用意があったが，大掛かりな軍事干渉に

は反対した．そのような戦争は成功が難しいばかりでなく，また連合国の経済復興を遅らせ，社会不安を増大させ，かえって共産主義革命の温床を作ることになると考えたからである．

　ウィルソンはロシアを平和再建の政治過程に参加させたいと思い，ボリシェヴィキ政権のほかロシアに存在する幾つもの政治勢力に対して，相互に休戦してそれぞれ代表をパリに送るよう呼びかけ，それら代表を連合国側の代表と会談させることを四人委員会に提案したが，ボリシェヴィキの代表をパリに入れることにはフランスが難色を示したので，マルマラ海のプリンキポ島でそのような会議を開催することにした．しかしこの計画は，ボリシェヴィキ以外の政治勢力がボリシェヴィキとの同席を拒んだため実現しなかった．

　ウィルソンがこのような会議を望んだもう一つの理由は，ロシアに自由で民主主義的な統一政府を形成する可能性を探るためであったが，彼はシベリア西部に台頭したコルチャークを指導者とする政権に民主的ロシアの形成の中核の役割を期待するようになった．ウィルソンが戦後もシベリア派遣軍を残していたのは，コルチャーク軍を力づけるためであった．1918年末から19年春にかけて彼の軍は一時ウラル地方に進出して，ヨーロッパ・ロシアを窺う勢いを見せた．アメリカはコルチャーク政権の承認を検討したが，結局，承認には踏み切らなかった．この政権の安定性に不安があり，また民主的政府になり得るかを疑問視したからである．ウィルソンはコルチャーク政権に反ボリシェヴィキであるだけでなく，民心を掌握するに足る革新的で民主的な性格を求めた．彼は19年6月，他の連合国の同意を得て，援助継続の条件として，ロシア統一後の自由選挙の実施，旧特権階級復活の否認，土地改革の推進などを約束するよう，コルチャークに申し入れた．コルチャークはそれに応じたが，その頃には，彼の軍は赤軍（ソヴィエト陸軍）に反撃され，劣勢になりつつあった．その年の末までにはコルチャーク政権は瓦解したので，アメリカは撤兵を決定し，翌年4月に撤兵を完了した．

　ソヴィエト・ロシアは日本を牽制するために，アメリカの力を利用しようとした．モスクワの指導者たちは1920年に東シベリアから北サハリンまでを領土とする極東共和国を設立し，この国は資本主義とブルジョワ的民主主義を掲げて外国資本の投資を歓迎する姿勢をとったが，それにはシベリアから撤退し

たアメリカのこの地方への関心を引き付け，日本軍の撤退への圧力を強める狙いがあった．22年に日本軍がウラジヴォストークから撤退した直後に，極東共和国はソヴィエト・ロシアに吸収された〔細谷 1972；Mayer 1968〕．

[ロシアの内戦とヨーロッパの革命]

　レーニンや彼のボリシェヴィキの同志たちは，ロシア一国で社会主義政権は維持できないと考える一方，ロシア革命が起爆剤となって他のヨーロッパ諸国で革命が起こることを予想していた．彼らがブレスト－リトフスク条約のような不利な講和条約を結ぶことにしたのも，やがてドイツに社会主義革命が起これば，意味を失うと考えたからである．しかし彼らがブレスト－リトフスク条約を反故にすることができたのは，実際にはドイツの社会主義革命ではなく，連合国の勝利の結果であった．しかし連合国はロシアのヨーロッパ部分の反ボリシェヴィキ勢力を助けるために，北極海や黒海の沿岸に小規模の軍隊を派遣し，また日米両国はシベリアに出兵していたから，ソヴィエトの指導者は連合国がさらなる軍事干渉を行う可能性を恐れた．レーニンがプリンキポ会議の呼びかけに応じたのも，そのような可能性を封じるためであり，当面の危機を切り抜ければ，やがてヨーロッパのプロレタリアートが革命に立ち上がるに違いないと期待していたからであった．

　たしかに 1919 年の始めから春にかけては，共産主義者が一時ドイツでもオーストリアでもハンガリーでも優勢になりつつあるようにみえた．ボリシェヴィキは党の名称を 18 年 3 月に「ロシア社会民主労働党（ボリシェヴィキ）」から「ロシア共産党（ボリシェヴィキ）」に改めたが，世界各地の人民に革命的社会主義政党としての共産党を組織することを呼びかけ，共産党の国際的連帯の組織として，19 年 3 月にはコミンテルンを設立した．とくに中欧諸国には有力な党員を派遣して，党の結成と革命運動の組織化を助けようとした．レーニンがもっとも期待したのはドイツのプロレタリアートの決起であった．「スパルタクス団」を中心に結成されたドイツ共産党が 19 年 1 月と 3 月の 2 回にわたり，ベルリンで武力蜂起を試みたが，いずれも権力奪取には失敗した．それらを敗北に導いたのは，正規の軍隊や警察の力ではなく，陸軍の将校たちが組織した武装組織「フライコール」の活動であった．南ドイツのバイエルン州

では，共産党は19年4月にソヴィエト政府を樹立したが，ここにもフライコールが集結してミュンヘンを包囲し，4週間後にソヴィエト政府を壊滅させた．

ハンガリーでは3月にクンを指導者とするソヴィエト政権が成立し，スロヴァキア奪還を企てたが，ルーマニアがハンガリーに軍隊を派遣して反革命派を助けたので，ソヴィエト政権は数ヵ月で崩壊した．オーストリアの首都ウィーンでも，一時増大した共産党の勢力はまもなく抑えられた．こうしてレーニンが期待していた，この年の中欧におけるロシア型のプロレタリア革命は，結局失敗に終わった〔Mayer 1968〕．

しかしロシア内部の武力闘争では，ソヴィエト政権は1919年中に勝利を収めた．ロシア南部に勢力を張っていたデニキン政権の軍は同年秋には一時モスクワを脅かしたが，撃退されて勢いを失った．ソヴィエト・ロシアは20年にバルト三国（エストニア，ラトヴィア，リトアニア）およびフィンランドの独立を承認した．ボリシェヴィキはこれらの国のソヴィエト化を望んだが，当面それらの国での共産党の勝利あるいはロシアによる軍事的制圧は無理だと判断したからである．

ソヴィエト・ロシアはポーランドの独立を認め，領土問題を解決しようとしたが，合意は成立しなかった．ポーランド政府側はソヴィエト・ロシアが軍事的に強力にならないうちに，ウクライナを友邦として独立させることを狙っていた．ポーランドは20年4月ウクライナに出兵し，赤軍を駆逐しようとしたが失敗した．赤軍が攻勢に転じたとき，ロシア側は一挙にポーランドを軍事的に制圧しようとした．赤軍がポーランドを制圧すれば，敗戦国ドイツのプロレタリアートの決起を促すことができるという期待があった．しかし赤軍の兵力はワルシャワを攻略するにはまだ不十分であり，フランスの援助を得て態勢を立て直したポーランド軍に敗れ，退却に転じた．ロシア側はこの情勢変化に驚き，戦争の長期化は不利とみて，10月にはポーランドと停戦協定を結び，翌21年ポーランドに有利な国境線を受諾して講和条約を結んだ．その結果ポーランドは，パリ講和会議でイギリスのカーゾン外相が民族分布から妥当な東の境界として提示した「カーゾン線」よりも東に広い領土を得た．

1921年にはソヴィエト・ロシアは南側の隣国トルコ，ペルシア，アフガニスタンとも条約を結んで国交を樹立した．レーニンは西側資本主義国でのプロ

レタリア革命を期待する一方，植民地あるいは半植民地的状況にあるアジアの国々に反帝国主義的ナショナリズムが高まることを期待していた．モスクワの指導者たちはアジア途上国では共産党そのものの育成よりも，より幅の広い支持を得られる反帝国主義ナショナリズムの台頭を奨励しようとした〔ウラム 1978-79，I〕．

[新経済政策の開始]

　十月革命以来，1919年末までボリシェヴィキ政権は反ボリシェヴィキ勢力との内戦に勝利することに全力を傾注し，20年にはポーランドとの全面戦争を戦った．その間，権力による経済活動への非現実的な統制や切迫した軍事情勢下での生産者からの強引な収奪などが行われ（いわゆる戦時共産主義），国内生産は低下し，流通も滞り，経済は混乱状態にあった．そして西側諸国でのプロレタリア革命は次第に期待薄になっていたから，ボリシェヴィキ政権が存続するためには，自国の経済再建を推進することが切実な必要となった．こうして21年3月には，私企業と市場経済とをある程度復活させる新経済政策（ネップ，NEP）が採用されることになった．これは農民の生産意欲を高めるために，供出分以外の作物の自由販売や，中小の私企業の復活を認めるものであった．外国貿易の必要も認識され，ボリシェヴィキのイデオロギーからすれば敵性国家である主要な資本主義国との通商関係さらには外交関係を設定する方針が取られた．イギリスとは21年3月に通商協定が調印され，22年にはジェノヴァ会議にも参加を承諾した．

　ソヴィエト外交は当分の間，社会主義国ロシアが資本主義諸国と共存しなければならないことを意識したが，資本主義諸国間の対立と競争を利用する外交によって，社会主義ロシアの経済再建のために，資本主義国との経済関係を役立てようとした．1922年4月ジェノヴァ会議の間に，ソヴィエトの代表がドイツの代表と個別に会談して，ラパロ条約を結び，両国間の国交正常化と相互協力に合意したのは，そのようなソヴィエト外交の一つの成果であった（第8節参照）．ドイツ陸軍とボリシェヴィキ政権との間ではそれより前から秘かに軍事協力について協議しており，24年までには，そのような軍事協力はかなり進展していた〔カー 1972〕．

なおソヴィエト・ロシアは1922年末，ウクライナ，ベロルシア（現在のベラルーシ），ザカフカース（コーカサス地方三民族の連邦共和国）とともにソヴィエト社会主義共和国連邦（ソ連）を形成した．ロシア帝国の継承国家が一つの連邦共和国ではなく，複数の民族共和国の連邦になったのは，民族自決の建前を重視したレーニンの主張に沿うものであった．連邦加盟の共和国の地位を与えられなかった諸民族はロシア連邦共和国の中で自治を認められた（36年の憲法によりザカフカースの3共和国と中央アジアの5共和国とを含めて，連邦は11共和国で構成されることになる）．ソ連は連邦としてはドイツ帝国型の連邦であり，プロイセンと帝国の指導部が重複していたように，ロシアとソヴィエト連邦の指導部が重複していた．しかもソ連の共産党はモスクワの幹部を頂点とする中央集権的な組織であった．それゆえ，ソ連は名目的には国家の連邦であったが，実質的にはきわめて中央集権的な国家であった〔木村 1993；サーヴィス 2002；カー 2000〕．

7 ―アメリカ不参加の国際連盟

[ウィルソンの国内での敗北]

ウィルソン大統領がヴェルサイユ条約の調印を終えて帰国したとき，アメリカ国内の理想主義的な彼の支持者たちは，講和条約の十四ヵ条原則からの乖離に落胆していた．彼らは講和条約が勝者のための平和の具現化であり，ヨーロッパの戦勝国や日本に戦利品を与える条約であると思い，国際連盟がそのような講和を永続させるための装置になることを恐れたからである．一方，世論は概して国際連盟設立を支持し，アメリカの加盟に賛成していた．しかし，上院（アメリカでは憲法上，条約の批准には上院で3分の2の多数による承認が必要である）では前年の中間選挙で共和党が多数を占め，ウィルソン外交にきわめて批判的なロッジが上院外交委員長の座を占めていた．

ウィルソンは講和会議から一時帰国した際，国際連盟とモンロー主義との関係について国民の間に懸念があることを察知し，1919年3月パリに戻ると，モンロー主義はこの規約によって影響を受けないという文言を国際連盟規約に入れることについて他の国々の了解を取り付けた．その結果，連盟規約の第

21条には，本規約は「モンロー主義のごとき一定の地域に関する了解にして平和の確保を目的とするもの」の効力には何ら影響を及ぼさないという文言が挿入された．ウィルソンが南アフリカ連邦次席代表スマッツの示唆に従って，この文言を採用したのは，彼がモンロー主義をアメリカ一国の外交原則とは考えず，ラテンアメリカ諸国も支持する国際的外交原則とみなしていたからである．しかしロッジにとって，モンロー主義とはあくまでもアメリカ独自の外交原則であった．

ロッジは西半球におけるアメリカの覇権を維持しつつ，国益に応じて世界政治に関与することを是としたが，国際連盟については，それがアメリカの対外行動に拘束を課し，とくにモンロー主義の維持を困難にする危険を強調し，連盟規約が改定されるか，アメリカが付ける多くの留保が国際的に承認されるのでなければ，加盟には反対するという立場をとった．彼は大国主義的な視点から，主要連合国が連携すれば戦後平和は維持できると考えた．彼は共和党上院議員の主流の支持を得たが，共和党上院議員の中には，いかなる留保をつけても国際連盟加盟には反対という頑固な孤立主義者たちがおり，その逆に国際連盟に好意的で，穏和な留保だけで加盟を支持する国際派議員も十数名いた．

もしウィルソンが共和党の国際派議員と提携すれば，共和党議員の主流を切り崩して上院議員3分の2の支持を積み上げることも可能だったであろう．しかし彼はなぜか議会工作には消極的で，自らの全国遊説により連盟支持の世論を盛り上げることで，条約批准の戦いに勝とうとした．彼は西部遊説の途中発病し，ワシントンに戻ってから脳梗塞で倒れ，しばらくは半身不随の状態に陥った．

同年11月の上院での票決では，連盟規約第10条に関する留保など14項目の留保を列挙して，それらを主要連合国が受諾すれば，条約の批准を認めるというロッジの決議案は，共和党の一部議員も反対に回って否決された．他方ウィルソンが同意した穏やかな留保案を審議することを求める動議も否決された．アメリカによる講和条約批准と国際連盟参加が遅れることを憂慮して，ウィルソンにロッジとの妥協を求める声は国の内外に強かった．上院では留保問題を巡る意見対立を調整して，条約批准案をまとめるための話し合いが行われ，1920年3月に，条約承認の条件および留保の表現を前年11月のロッジ決議案

よりかなり穏和にした新決議案が採決にかけられた．前回の決議案にあった「主要国がアメリカの留保について同意しなければ条約を批准しない」という文言は除かれていた．民主党議員もこの決議案支持に傾きかけていたが，ウィルソンがそれに反対するという書簡を民主党上院幹部に送ったため，この決議案は可決に必要な3分の2の多数を得られなかった．ウィルソンはこの年の大統領選挙および議会選挙で民主党が勝つことを期待して，妥協を拒否し，アメリカを連盟に参加させる機会を逸したのである．

この年の選挙では，国民の第一の関心は国際連盟問題ではなく，経済問題であった．ウィルソン政権には戦時経済から平時経済への移行を円滑にするための計画の用意がなかったから，戦後に経済的混乱が起こり，そのため有権者の民主党離れが生じていた．有権者は「平常への復帰」を唱えた共和党の大統領候補ハーディングを大差で当選させ，議会でも共和党が議席を増やした〔Bailey 1963〕．

［国際連盟の発足］

国際連盟本部はスイスのジュネーヴに置かれることになり，アメリカ不参加のまま，1920年1月に正式に発足した＊．この年の大統領選挙に際しては，共和党は国際連盟については曖昧な態度をとっていたので，多くの連盟加盟国はまだアメリカの参加を期待していた．ハーディング新大統領と彼の国務長官ヒューズは留保を付けて国際連盟に加盟することを検討したが，共和党議員には強固な国際連盟反対派がいたので，連盟問題で党の結束を乱すのは得策ではないと判断した．翌年新大統領は連盟への不参加を明言し，旧敵国とは二国間の講和条約を結んだ．最も有力な国アメリカの不参加により，世界的国際機構としての国際連盟の威信は大きな打撃を受けた．ただしアメリカが参加していても，主権国家の世界で国際連盟が万能の機関になれるはずはなく，安全保障面では，連盟の役割は基本的に大国間外交を補うことに留まったであろう．

＊ 発足時の加盟国は42ヵ国（地域別内訳は南北アメリカ17，ヨーロッパ16，アジア5，アフリカ2，大洋州1）で，1920年から24年までに13ヵ国（ヨーロッパ10，中南米2，アフリカ1）が加盟し，ヨーロッパの加盟国は26ヵ国となった．アジアの原加盟国は日本，中国，シャム，ペルシアと，イギリス統治下

にあったインドである．

　国際連盟の成立が主権国家間の政治としての国際政治に及ぼす影響は元来限られたものであったとしても，またアメリカが不参加だったとしても，国際社会の意見を集約し，国際紛争の平和的解決を助けるための国際機構が成立したことは，国際関係史における画期的なできごとであった．国際連盟規約が国際社会の新たな規範となり，連盟理事会と総会とが多国間外交の常設的舞台を提供し，また連盟理事会あるいは総会の決議が国際社会をある程度結集する力をもったこと，連盟のさまざまな活動を支える国際官僚組織が設けられたことは，第一次世界大戦後の国際関係の新たな特徴であった．

［安全保障のための機構としての国際連盟］

　国際連盟規約の第10条は，各加盟国が他の加盟国の領土保全と政治的独立とを尊重し，その領土と独立とを外部からの侵略に対して擁護することを義務づけた．第11条は平和への脅威は加盟国すべての関心事であることを声明し，第12条から第15条までは国際紛争を解決する手続きを定めたものである．それらの条項により，すべての加盟国は国際紛争を仲裁または司法的解決（そのために常設国際司法裁判所が設立された）に委ねるか，連盟理事会に裁定を求めなければならないこととなった．

　連盟理事会が当事国代表を除く全会一致で解決策を示し，一方の当事国がそれを受諾したときには，他の当事国はその紛争解決のために武力を行使することを禁じられた．連盟理事会で当事国を除く全会一致の解決策が得られないときには，当事国は3ヵ月の冷却期間の後に戦争に訴えることは許されていた．第16条は加盟国がこれらの規定に反して戦争に訴えた場合は，全加盟国は違反国との通商・金融上の一切の関係を断絶するだけでなく，違反国と全国際社会との経済的関係を遮断するために協力する義務を負うことを定めていた．連盟による違反国に対する主な制裁手段は経済制裁であったが，理事会は連盟の規約を守るために軍事力が必要な場合，軍事的分担を加盟国に提案することになっていた．

　国際連盟には理事会と総会という二つの議決機関とそれを補助する事務局が設けられた．連盟の理事会と総会は現在の国際連合の安全保障理事会と総会と

に対応するもので,理事会は常任理事国(連合国の中の五大国)と非常任理事国4ヵ国(総会で選出)から構成され,総会は全加盟国によって構成された.国際連盟においても,国際紛争に関する問題は有力国の集まりである理事会で扱うことになっていたが,国際連合とは異なり,理事会の決定により紛争の審査を総会に委ねることができ,また当事国の一方から請求があれば紛争の審査は総会に移されることになっていた.

国際連盟規約は戦争を全面的に禁止したわけではないが,紛争の平和的解決のための手続きを定め,それに反して戦争を行うことを禁止した.国際連盟の発足とともに,加盟国はそれまで主権国家の権利と見なされてきた交戦権に,一定の制限を課された.そのことはまた,他の国々の間で戦争が生じた場合に,加盟国が中立の立場をとる権利もまた制限されることを意味した.連盟規約はある国が規約に違反して戦争を始めた場合,各加盟国がそれを全加盟国に対する戦争と見なして,経済断交を行い,違反国の経済的隔離のために協力することを求めたからである.その意味で,連盟規約は戦争と中立の権利に関して国際法の伝統的考え方を大きく変えるものであった〔石本 1998;森 2009〕.

しかし国際連盟規約の規定によって,加盟国の主権国家としての行動が実際どの程度拘束されるかは,また別の問題である.連盟規約第10条と第16条による加盟国の義務を巡って,自国の将来の安全に不安をもつ国々と不安をもたない国々との間には立場の相違があった.前者は連盟の安全保障機能を高めるために,加盟国の義務を厳格に解釈することを望んだが,後者はそれには消極的で,むしろ加盟国の義務を緩やかに解釈しようとした.他方,国際連盟が規約第8条により平和維持のために目指した軍備の大幅な縮小については,前者が安全保障機能の充実との連動を主張して消極的であり,後者がより積極的であった.そのような立場の相違は連盟発足後間もなく,連盟総会での議論に表れた.フランスとその中・東欧の同盟国は将来ドイツが強国として復活した場合の自国の安全について不安があったから,加盟国の相互安全保障上の義務の強化を望んだが,イギリスはそれには消極的であり,自治領諸国はさらに消極的であった.逆に全般的軍縮問題については,イギリスや自治領諸国は積極的,フランスは消極的であった.アメリカの連盟不参加は,自国の安全に不安の少ない国々の間で,相互安全保障に関する加盟国の義務を狭く解釈しようとする

8 ― 賠償問題を巡るヨーロッパ情勢の悪化

[賠償支払いの「ロンドン・スケジュール」]

　1921年5月，連合国最高会議は賠償委員会の原案に基づいて，ドイツが支払うべき賠償額を1320億金マルク（金本位制におけるマルク，約66億ポンド，330億ドルに相当，そのうち500億金マルクは利子付）と定め，毎年20億金マルクに年間輸出額の26％を上乗せした額を支払わせることを決め*，最後通告の形でドイツ政府に受諾を迫った．この「ロンドン・スケジュール」と呼ばれた賠償支払い方式は，講和会議開催当時，フランスやイギリスで議論された金額に比べれば，現実的な賠償請求であった．1320億金マルクのうち，当面ドイツが支払うべき賠償総額は500億金マルクであり，残りの820億金マルクの支払いは500億の賠償支払いを終えたときに始まることになっており，それについては無利子と定められていた．ドイツ政府は30年間毎年10億金マルクを支払う賠償案を提示していたので，連合国側の決定には不満があったが，これを受諾して賠償義務を履行する姿勢をとりつつ，支払いの猶予や減額を求めて交渉していくことにした．ドイツ政府は21年夏，最初の10億金マルクを支払ったが，賠償支払いを続けるための増税政策を行う意思と内政上の基盤とを欠いていた．当初はドイツ通貨を国際市場で売って外貨を入手することができたが，通貨としてのマルクの価値は下落したから，その継続は困難であった．ドイツ経済はインフレの中で混迷の度を増し，ヨーロッパの経済も低迷を続けた〔Steiner 2005；Kent 1989〕．

　　＊　なおドイツから取り立てる賠償の配分は，前年7月に，フランス52％，イギリス（英帝国）22％，イタリア9.3％，ベルギー8％などとすることが合意されていた．

　ロイド・ジョージはドイツの賠償支払いとドイツおよびヨーロッパの経済復興とを両立させる必要を認識し，経済問題についての国際的対話を進めようと試みた．1922年1月，連合国最高会議のカンヌ会合で，彼はフランスのブリアン首相と協議し，英仏同盟の再建と引き換えにヨーロッパの経済復興のため

の計画への協力を得ようとした．彼は，ドイツの侵略に対してフランスの安全を保証した19年の米英の約束をイギリス単独で再確認することをブリアンに示唆しつつ，経済復興を促進する国際協力を検討するために，ドイツやロシア，そしてもちろんアメリカを含めた国際会議をイタリアのジェノヴァで開催することについてフランスの協力を求め，国際会議の開催についてブリアンの同意を得た．彼らはソヴィエト・ロシアとの経済関係を発展させるための前提条件についても合意したが，ブリアンは，ドイツ賠償問題についてはさらなる譲歩はできないと述べ，防衛上の保証については，1919年の条約より踏み込んだ具体的な保証を希望した．当時，彼の政治立場は弱く，彼はまもなく辞任して戦時中の大統領ポアンカレが首相となった．ポアンカレもジェノヴァ会議開催など前首相の外交方針を当面継承した．

[ジェノヴァ会議とルール占領]

アメリカは1922年4月に開催が決まったジェノヴァ会議への参加を拒否し，ヨーロッパ諸国を失望させた．共和党政権復帰とともに，アメリカの経済政策は孤立主義的色彩を再び強めていた．21年にアメリカは伝統の高関税政策に戻り，またヨーロッパ諸国が戦争中アメリカ政府から得た戦時借款の債務返済を減額することを拒否し，また応分の利子の支払いを要求した．当時のアメリカ外交は，アメリカがホスト国となった海軍軍縮およびアジア太平洋地域秩序に関するワシントン会議の成功に関心を集中していた．フランスはアメリカの不参加を知ると，ジェノヴァ会議の議題から賠償問題を除くことを参加の条件としたので，この会議はドイツには魅力に乏しいものになった．

ソヴィエト・ロシアはこの会議への参加の意向を表明した．新経済政策の時代へと移行し，経済再建を急いでいたロシアは，資本主義国からの信用供与による貿易の発展を望んでいたので，帝政時代の債務継承や国有化された外国人資産について，条件次第では資本主義国側の要求にある程度応じる用意があった．しかし，主要連合国側代表たちとソ連代表が交渉した結果，双方の立場には隔たりがあり，合意には至らなかった．ドイツ外相ラーテナウは，ドイツを除外して西側諸国とロシアの代表が会合したことを知ると，ロシア代表のチチェーリンらとジェノヴァ近郊のラパロで会合し，相互の経済協力の発展と政治

的提携の強化とを図るための二国間条約，ラパロ条約に調印した．資本主義諸国間の矛盾を利用したいロシアとしては，当面まずドイツとの関係を強化することが得策と判断したのである．

　このような条約についてはかねてから両国間で交渉が行われてきたが，多国間会議の最中にこの条約が調印されたことは国際的に大きな反響を呼んだ．ジェノヴァ会議の仕掛け人だったロイド・ジョージはこの抜け駆けの行動についてドイツを非難したが，彼としては会議を継続して何らかの成果を挙げようと努力した．しかしラパロ条約調印によりフランスは対独不信を改めて強めたので，包括的合意の成立はますます困難になり，戦後初めてドイツとソヴィエト・ロシアとが参加した国際経済会議は特段の成果なく終わり，ヨーロッパ経済の混迷はさらに深まった*．そのような状況の中で，ジェノヴァ会議のホスト国を務めたイタリアでは，1922年末にファシスト党の指導者ムッソリーニが首相の座につき，ファシストの独裁体制を固めていく〔Fink 1984〕．

　　*　日本はジェノヴァ会議の招集国の一つであったが，主な関心はロシアの債務問題にあった．他方ソヴィエトは日本軍がまだシベリアに残っていることを理由に，この会議では日本には敵対的であった．

　ジェノヴァ会議の後も，ドイツの賠償支払いの一時停止を認めようとするイギリスとそれに反対するフランスとが，賠償委員会で対立した．フランスは戦時債務と賠償問題とを関連させる交渉をイギリスと行う一方，賠償と復興の問題を関連させる交渉をドイツと行ったが，いずれも合意に至らなかった．ドイツが現物による賠償支払いを滞らせ，賠償委員会が多数決でドイツによる賠償不履行を宣言すると，1923年1月，フランスとベルギーとはドイツの重要な工鉱業の中心であるルール地方を占領し，この地方の工場や鉱山から直接賠償を取り立てる姿勢を示した．

　ドイツはルール占領に反発して，非協力政策（消極的抵抗）をもって抵抗し，フランスはそれに対処してさらに占領軍を増派したので，ルール紛争は「戦闘なき戦争」ともいうべきものとなった〔高橋 1983〕．しかしこの非協力政策はドイツ経済の混迷を深め，すでに政府の紙幣増刷政策によって進行していたドイツのインフレを天文学的比率に高めた．ドイツの経済状態が最悪の状況では，その近隣諸国の経済の改善も望めなかった．

第Ⅷ章

相対的な安定の回復

ロカルノ諸条約調印後の各国代表（1925年）
© Topham Picturepoint／写真提供：amanaimages

　第一次世界大戦後に国際秩序の相対的安定を回復したのは，ヨーロッパよりも東アジア太平洋地域の方が先であった．それは世界の最有力国となったアメリカが国際連盟に不参加を決め，ヨーロッパの国際問題への関与に消極的姿勢をとる一方で，海軍制限の国際的合意形成には積極的であり，それに関連して東アジア太平洋地域の新たな秩序形成にも，外交的主導性を発揮したからである．海軍力における米英の対等，日英同盟の解消によるこの地域の大国間関係の再編，門戸開放政策の諸原則の国際条約化というアメリカの主張をイギリスが受け入れ，日本もそれに同調することで，1922年にワシントン体制が成立した．ヨーロッパでは，アメリカが遅まきながら経済の安定と復興に関与し，イギリスが独仏国境の平和の保証者となることで，独仏関係の緊張が緩和され，25年にロカルノ体制が成立した．

ドイツは英米仏との協調外交に転じたことで，自国の経済の復興と国際的地位の回復に大きな成果を上げた．それでもドイツ人には不満があり，賠償問題の決着を図った 1929 年のヤング案には特に失望感が強く，それに乗じてヴァイマル共和政に批判的なナショナリスト政党がヴェルサイユ条約打破を唱えて，勢力を伸ばした．

戦後，中欧・西欧の資本主義世界が混乱と革命状況に陥ることを期待していたソ連は，1924 年以降，ヨーロッパが安定に向かうと，中国における反帝国主義革命に期待をかけ，中国国民党のボリシェヴィキ化を狙って国共合作を指導した．国民党は「連ソ容共」の方針を掲げて北伐に乗り出すが，国民革命軍総司令蔣介石は共産党勢力の弾圧に転じ，資本主義諸国との対決を避けつつ，国権回復を目指す．そのような国民政府の出現はソ連にとって挫折であったが，より大きな衝撃を受けたのは日本であった．不平等条約体制の撤廃を要求する中国人ナショナリズムの台頭に直面して，米英は国民党政権と折り合う道を選ぼうとするが，日本では，対外強硬論を主張するナショナリズムが台頭し，穏健路線の追求は困難になる．

ドイツ問題の総決算を目指した 1930 年のハーグ会議と，ワシントン海軍軍縮条約を補完する条約をまとめた同年のロンドン会議とは，20 年代の国際主義の残照というべく，この年には国際協調の精神は日独両国から失われていくのである．

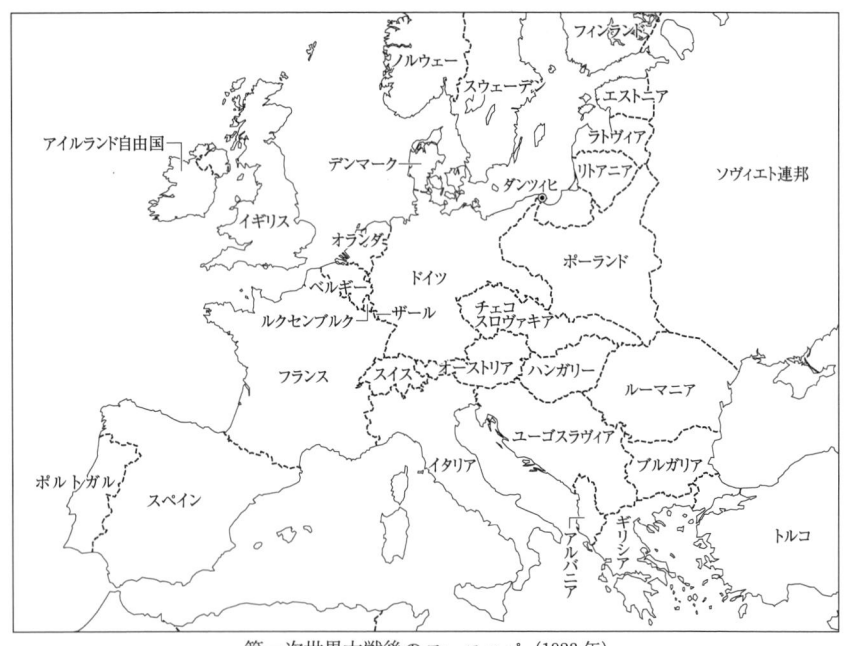

第一次世界大戦後のヨーロッパ（1923 年）
筆者作成．

1―海軍軍縮の実現と日米関係の安定

［アメリカ政府によるワシントン会議の提唱］

　国際連盟不参加を決め，ヨーロッパの国際問題への関与に消極的態度をとったハーディング大統領の政府が，海軍の縮小・制限と東アジア太平洋方面の秩序形成については主導的役割を果たしたので，東アジア太平洋地域の国際緊張の緩和は，ヨーロッパにおける混乱の収拾や緊張の緩和よりも早く実現した．戦時中アメリカは大規模な海軍増強計画を推進してきたが，戦争終結後はアメリカの議会も世論もその継続を望まず，国際条約による海軍の軍縮を望んでいた．アメリカ国民の間には，軍拡競争は戦争を導くという懸念があり，平時に戻ったことで軍事支出削減による減税願望が強くなっていた．

　頑固な国際連盟反対派だったボラー上院議員は，海軍軍縮への希望が国際連盟加盟論の復活に繋がることを恐れ，アメリカ政府が主要海軍国に働きかけて海軍軍縮会議を開催することを提唱した．彼の提案は世論の支持を集め，議会決議へと発展したので，ハーディング政権は海軍軍縮のための外交的イニシャティヴをとった．アメリカ政府は関係国にワシントンで国際会議を開催することを提案したが，海軍縮小・制限問題とともに東アジア太平洋地域における政治問題を議題とすることにし，この地域にアメリカにとって好ましい秩序を形成することを目指した．アメリカ政府がそのような秩序のための基本条件とみなしたのは，第一に，残存する旧秩序の象徴というべき日英同盟の解消であった．

　イギリス政府は海軍軍縮の実現を強く望んでおり，アメリカが動かなければ，自ら海軍軍縮会議を提唱する意図もあった．イギリスは世界最強の海軍力の維持という伝統的な原則を維持できる時代が終わったことを自覚し，英米がほぼ対等の海軍力を維持できるような軍縮を実現したいと考えていた．イギリスには日英同盟にはまだ効用があるという見方もあったが，アメリカが強く反対する同盟を維持することは外交上得策ではなかったから，その代わりとなる東アジア太平洋地域に関する英米日三国の新たな合意を望んでいた．

　日本もまた海軍軍縮条約の成立を望んでいた．日本にも海軍増強計画はあっ

たが，その経済力には限りがあり，アメリカがこのまま建艦計画を続ければ，それに対抗できないことは十分に意識されていたからである．しかし日本には，東アジアの問題が多国間会議の議題となることについて重大な懸念があった．アメリカが山東問題等で日本を批判し，日本が被告的立場に立たされることを恐れていた．しかし原敬内閣も，高橋是清を首相とする後継内閣も，海軍軍縮問題と東アジア太平洋地域の政治問題についてアメリカが参加する新たな合意が成立することの意義を認め，ワシントンからの呼びかけに応じることにした．日本としても日英同盟の存続が困難になった状況を認識し，日英の協力を新たな日米英三国協商の枠組みの中で維持することを希望した．

パリ講和会議で，日本は山東のドイツ権益のすべてが日本に譲渡されるべきことを主張し，ヴェルサイユ条約により要求したものを獲得した．しかし，そのことは中国における反日運動に火をつけ，中国の全権は条約調印を拒否した．ヴェルサイユ条約を批准しなかったアメリカでも，山東条項は，国際連盟規約の幾つかの条項とともに，条約反対派の主なる非難の対象であった．日本は二国間交渉による山東問題の解決を中国に再三申し入れたが，二国間での交渉を嫌う中国側の拒否に遭っていた．日本はワシントン会議において山東問題が議論されることを好まなかったが，この会議を機に二国間交渉によってこの問題を解決することに希望を託した．

[海軍軍縮条約の成立]

1921年11月に開催されたワシントン会議で，アメリカの首席全権ヒューズ国務長官は開会劈頭の演説で，三大海軍国すなわち日英米の主力艦の大幅な削減の具体案を提示した．調印された海軍軍縮条約はフランスとイタリアを加えた5ヵ国の条約であったが，主要な交渉は三大海軍国の間で行われた．ヒューズは建造中の主力艦（戦艦と同義であるが，巡洋戦艦を含む）すべての廃棄を提案した．建造中の主力艦の数はアメリカが一番多かったから，アメリカの代表が自らその全面的廃棄を提案したことは大胆で公正な行為として国際社会から賞賛された．ヒューズは三大海軍国の主力艦の勢力比率は，装備の新旧を勘案し，建造中のものも完成度に応じて計算に入れれば，英米がいずれも5，日本が3となるとして，その比率に従って主力艦保有量の基準値を英米各52万

5000トン，日本31万5000トンとすること，現有勢力をその数値に近づけるために相当数の就役中の旧式主力艦を廃棄すること，10年間は新主力艦の建造を行わないことを提案した．

日本側は当初，対英米70％の保有を認められるべきことを主張したが，首席全権加藤友三郎海相は，西太平洋におけるアメリカの基地を強化しないという条件があれば60％でもよいと考え，その線で合意の成立を目指した．アメリカ側も日英の特定の領土についても同様の制限を課すことを条件にフィリピンやグアムの基地の現状維持に同意し，このようにしてワシントン海軍軍縮条約の骨格が決まった．穏当な合意点を求めた加藤海相の外交は国際的に評価され，彼は「アドミラル・ステーツマン」という声望を得た．

フランスとイタリアの主力艦保有量は英米の33.3％（17万5000トン）とされた．主要な海軍国としての伝統をもつフランスは海軍制限交渉の蚊帳の外に置かれ，数量的にもイタリアと同列に扱われることには強い不満があったが，この会議で孤立することがヨーロッパにおけるフランスの立場に及ぼす悪影響を考慮し，不満足ながら条約には調印した．この条約は主力艦のみに関する制限であり，その他には新しい艦種である航空母艦についての制限が決まったのみで，補助艦艇の制限は将来の問題として残された．

この条約は国際会議で軍縮についての合意が成立し，それが10年以上に亙って守られたという点で，軍縮条約の数少ない成功例の一つである．条約がまとまったのは，建造中の主力艦の数が多く，いまや最大の経済力をもつアメリカが率先して建造中の主力艦の全廃を含む妥当な軍縮を提案したからである．アメリカの海軍の制服幹部はむしろ軍拡論であったが，議会も世論も軍縮を望んでいたから，ヒューズは容易に彼らの主張を抑えることができた．この会議の時期には，日英とも国民の間に軍縮願望があり，海軍内部の強硬論は抑えられた．海軍の軍縮であるため，主要当事国が日英米の三国だけだったこと，主力艦のみの制限であるために，その制限に不満があっても補助艦艇の増強で埋め合わせるという手段があったことも，合意の形成とその存続とを容易にした〔Asada 2006；麻田 1993；日本政治学会1970（有賀）〕．

[東アジア太平洋地域の秩序形成]

東アジア太平洋地域の政治問題に関しては，四国条約，九国条約がまとまり，また会議期間中，米英の斡旋のもとに行われた日中交渉により，膠州湾租借地の返還，中国への鉄道権益の漸進的譲渡，日本軍の撤退などについての合意が成立した．1921年12月に調印された四国条約は，日英同盟に代替するアメリカ参加の大国間の国際的合意であるが，フランスを入れて四国条約としたのは，アメリカ側が日英同盟に参加したという印象を国民に与えることを避けようとしたためであり，また海軍制限交渉から実質的に除外されて傷ついたフランスの大国意識を慰撫するという配慮があったからである．この条約が太平洋の島嶼のみを対象として相互にその現状維持を約束したのは，アメリカとしては中国における帝国主義的権益の現状を支持することを好まなかったからである．このように四大国間の協商の対象地域は中国を含まず，中国に関する取り決めとは峻別されていたことが特徴である．

中国に関しては，この会議では主要関係国8ヵ国および中国を当事者とする九国条約が1922年2月に調印された．この条約の特徴は，第一に，従来諸列強の一国と中国との間の二国間条約および列強相互間の条約の累積によって形成されていた，中国を巡る帝国主義的国際秩序に代えて，中国を当事国に含めた一つの多国間条約によって中国と諸外国との関係のあり方を規定しようとしたことである．第二に，この多国間条約が「中国の権利と利益を擁護」することを謳うものだったことである．この条約では，8ヵ国は中国に対して「門戸開放および領土的行政的保全の原則を尊重し」「中国が有力で安定した政府を確立し維持する機会を供与すること」を約束した．第三に，この条約にはどの国も中国において勢力範囲を主張せず，相互に勢力範囲を認め合うこともしないことなど，機会均等原則についてのより徹底した文言が書き込まれていたことである．ただし，この条約の第四の特色として，それが原則を述べたものにすぎず，具体的な問題には言及しなかったことを挙げるべきであろう．

この会議に中国代表が提出した，不平等条約撤廃に関する10項目の具体的要求については，8ヵ国は将来の検討課題とすることを約束しただけであった．関税自主権承認への過渡期の措置として関税率の引き上げを決めた条約が締結されたが，フランスが批准を渋ったため，すぐには実現しなかった．中国の政

情が混乱し真の中央政府というべきものを欠いていた条件の下では，中国が得られる外交的成果は限られていた．中国にとっての大きな外交的成果は，日中交渉の結果，山東問題の解決が合意され，とくにドイツから日本が引き継いだ膠済鉄道の所有権が国庫証券により買い取る形で中国側に譲渡されることになったことである．なおイギリスも山東半島北側の威海衛租借地を返還することにした．

日本が山東の鉄道問題で譲歩したのは，前に述べたように，日本にとって山東の旧ドイツ権益は99ヵ年に期間を延長した満蒙（南満州・東部内蒙古）権益に比べればはるかに重要度が低かったからであり，日英同盟の解消と山東問題での譲歩とは，日本が新たな国際協調の枠組に参入するために求められたものであった．九国条約は原則として勢力範囲の主張を否認したが，アメリカには日本が重視する満蒙権益に挑戦する考えはなく，日本は満蒙における特殊な立場はこの条約においても暗黙のうちに認められていると解釈した*．この会議におけるヒューズの対日外交は，日本の国際協調派の指導力に期待しつつ，日米が友好関係を維持できる国際的枠組を形成することを狙いとしていた．山東問題についても，軟らかい圧力によって日本が自発的に山東から後退することを望み，日中交渉の最終段階では，交渉の妥結を渋る中国側を強く説得した．アメリカ政府は会議中，極東共和国の代表の入国を認め，彼らと非公式に接触したが，会議ではシベリア出兵問題については日本の方針を聞くに留め，それ以上追及することを避けた〔麻田 1993；日本政治学会 1970（有賀）〕．

* 一つの多国間条約によって中国と他の国々との関係を定義しようとしたアメリカは，自国が日本と結んだ1917年の石井−ランシング協定について，九国条約締結により意味を失ったとして，その廃棄を申し入れた．日本もそれに同意し同協定は23年に廃棄されたが，日本はその際，同協定の趣旨は九国条約に継承されているという立場をとった．

ワシントン会議において上記の諸条約が締結されたことにより成立した協調的秩序は，「ワシントン体制」と呼ばれることが多い．ワシントン体制の核心は日英米三国間の協調の枠組であったといえる．フランスはインドシナおよび中国南西部に勢力範囲をもつ大国であり，ワシントン会議の主要条約のすべての当事国であったが，この会議では脇役以上の役割を果たせなかった．ワシン

トン体制は、戦前には東アジアの国際政治への参加国だったロシアとドイツを体制の外に置いた。ロシアの後継国ソ連は、世界政治における革命勢力として反ワシントン体制的姿勢をとっていた*。ドイツはヴェルサイユ条約により東アジア太平洋地域の拠点を失い、不平等条約の特権も放棄したから、中国にとっては無害な国になっていた。

> * ソヴィエト・ロシアはワシントン会議と同時期にモスクワで極東民族会議を開催した。ソヴィエトは1919年に帝政ロシアが中国から獲得した帝国主義的特権を放棄すると声明したが（第一次カラハン宣言）、帝政ロシア時代の遺産をすべて放棄したわけではない。東清鉄道（中東鉄道）については24年中ソ共同経営とする協定を結び、29年中国側が同鉄道回収を企てたときには武力でそれを阻止した（第6節参照）。大戦前、ロシアの勢力圏となっていた外蒙古（モンゴル）には、21年人民政府を擁立しソヴィエトの衛星国とした。

中国はワシントン会議で山東問題の解決など幾つかの外交的成果を得たが、その成果はナショナリズムに目覚めた中国人からすれば大いに不満足なものであった。ワシントン会議は外国との平等な関係を求める中国の要求への配慮を示したが、重要な既得権益についてはもちろん、関税自主権や治外法権の問題についても中国にすぐには譲ろうとしなかった。他方、中国側にはワシントン体制が帝国主義国の国際協調であるという警戒心があり、ワシントン体制の金融的側面というべき新四国借款団を好まず、ついにそれを活用することがなかった〔三谷 2009〕。1920年代を通じて中国は革命状況にあり、国民革命により、中国に新たな政治的中心が形成されていく。ワシントン体制の存続は三大国が中国の新情勢に順応し、いっそう高まるナショナリズムと折り合っていけるかどうかにかかっていた。中国の革命状況の進展とそれがワシントン体制に及ぼした衝撃については後に取り上げる〔入江 1968；細谷・斎藤 1978；服部 2001〕。

2 ─ 円満に解決できなかった日本人移民問題

［日本人移民全面禁止を目指す運動］

ワシントン会議における日本の国際協調姿勢により、二十一ヵ条要求以来悪くなっていたアメリカ人の対日イメージは著しく好転し、太平洋を挟む協力関係が日米両国の財界と政府との間で発展した。しかし、そのような関係も移民

問題の円満解決にはつながらず，1924年の移民法にはいわゆる排日条項が入れられるのである．

1924年にアメリカでは新たな移民法が成立した．これはヨーロッパからの移民の流入を大幅に制限するために，1927年以降は西半球諸国からの移民を除く移民受け入れ総数を年間15万人に制限し，それを1920年のアメリカ人の民族的構成への貢献率に応じて各国に割り当てる，ただしその貢献率が算定されるまで当面は1890年の在米外国人の2％を毎年国別に割り当てるというものであった．これは1920年のアメリカ人の民族構成を変えないような形で移民を受け入れる，つまり西欧系中心のアメリカを維持するような移民受け入れ政策をとるべきだという考えに基づくものであった．この移民法はまた「アメリカ市民権を得る資格のない外国人」という文言により，日本人移民を禁止した*．

* この文言はアジア系非白人移民を排除するときの符牒的用語であり（南北戦争後のアメリカの帰化法では，「帰化可能な外国人」は白人およびアフリカ人とされていた），州法による差別でも用いられていた．日本人以外のアジア系移民は，24年までに他の移民法により，ほぼ全面的に禁止されていたから，24年移民法の規定は日本の移民自主規制を認めず，アジア人移民排斥に日本人を含めるためのものであった．

日本人移民差別を回避するために日本が日米紳士協約（第Ⅴ章参照）に基づいて行ってきた日本人移民の自主規制は，太平洋岸諸州などの日本人移民排斥運動を沈静化することはできなかった．排斥運動はこれら諸州の州法により日本人による土地所有を禁止し，さらに農業用地の借地をも禁止することに成功して，さらに日本人移民の全面禁止を求めて合衆国議会に働きかけていた．日本政府はこのような州による差別についてアメリカ政府に抗議したが，アメリカ政府は州政府の行動を抑えることはできなかったので，日本の外交努力は主として連邦法である移民法に排日条項が入れられないようにすることに向けられた．しかしそれも1924年移民法の制定により挫折したのである．

［日本人移民の禁止］

アメリカは第一次世界大戦後の1921年の暫定移民法により，初めて移民の

数的制限を導入したが,そのときには移民制限に関する協定がある国への適用は除外するという条項を設けて,日本人移民の規制を日米紳士協約に委ねた.しかし,この移民法の期限が切れる24年に制定される長期的移民法の立法過程では,急増する東欧・南欧からの移民を制限しようとする議会勢力と日本人移民排斥を掲げる太平洋岸諸州の議員たちとが提携したので,移民法案に日本人移民禁止条項が挿入される結果となった.

日本政府は日本に移民数が割り当てられることを最善とし,そうでなければ,紳士協約による自主規制に委ねられることを要望し,移民法案の移民禁止条項の成立を阻止するように国務省に申し入れた.国務省も排日条項の削除を議会に働きかけたが,議会はこの条項を入れた法案を大多数の賛成により可決した.議会には移民制限は国内問題だという気持ちが強く,埴原正直駐米大使がヒューズ国務長官の求めに応じて彼宛に書いた書簡も,その言葉尻を捉えたロッジ上院議員により「慇懃な脅迫」であると非難され,逆効果となった.当時の大統領クーリッジは前任のハーディングの死去により副大統領から昇格したばかりで,大統領としての立場が弱く,この問題で議会に指導力を発揮することができなかった.彼は排日条項に遺憾の意を表しつつ,法案に署名した.

日本ではこの排日条項は「排日移民法」と呼ばれ,世論は強く反発し,各地で抗議運動が展開された.日本人の怒りには,他のアジア人に対する差別はとにかく,世界の一等国民となった日本人まで差別されるのかという感情があった.しかし日米双方の政府も財界人も,この問題が日米関係全般に及ぼす影響を抑えることに努めたので,日米関係自体がすぐに悪化することはなかった.しかし,差別されたという感情は底流として残り,やがて日米関係が悪化するとともに日米対立を助長する要因となった〔簑原 2002;飯野 2000〕.

3―賠償問題の暫定的調整とヨーロッパ政治の相対的安定

[賠償問題へのアメリカの関与――ドーズ案]

1923年8月ドイツの首相兼外相に就任したドイツ人民党の指導者シュトレーゼマンは消極的抵抗政策の失敗を認め,翌月その政策を中止した.彼は戦時には軍事力による帝国の覇権追求を支持したナショナリストであったが,この

ときまでには、戦勝国との関係改善なしにはドイツの破綻した経済の再建は不可能であり、大国としての国際的地位の回復もできないことを痛感していた。彼は消極的抵抗政策をやめるとともに、新通貨レンテンマルクを発行し、緊縮財政と増税によって通貨の安定を図った。シュトレーゼマンの政策は労働者階級と社会民主党の反対に遭い、彼は11月に首相の座を失うが、その後の内閣も同じ政策を追求し、大統領令によって増税を実施した。

　フランスのポアンカレ内閣は、ルール占領に対するドイツの抵抗を挫いたことに力を得て、ラインラント地方の政府をベルリンから事実上独立した政府にして、この地方を経済的にはフランスに統合する政策を推進しようとした。ラインラントではフランスの援助を受けた分離主義者の活動は挫折していたが、この地方の指導層の間では、民主的な手続きによって連邦的ドイツの中の自治的共和国になり、経済的にはフランスとの提携を強めるという選択肢も考慮されていた。もしドイツの政治情勢の混迷が続き、またもしフランスがより魅力的な提案を彼らに提示できるほどの経済力をもっていたとすれば、ラインラントではフランスの思惑が実現したかもしれない。

　フランスはルール地方の生産物から直接賠償を取り立てる方式をとったが、占領経費を差し引けば得られた利益は僅かであった。長期的な賠償の受け取りのためには、イギリスを含む賠償委員会の国際的合意に頼る必要があった。フランスは英米両国政府に多額の戦債を負っていたから、賠償問題と合わせて戦債問題を調整していくことが望ましく、そのためにも、英米が支持しないドイツ政策を単独で追求することは得策ではなかった。ルール紛争でのフランスの勝利は、結局のところ空虚なものだったのである。

　イギリスの指導層は、ドイツの賠償支払いと経済復興とが両立するような長期的な方策について国際的合意が必要であり、それなしには、ヨーロッパが経済的にも社会的政治的にも深刻な混乱状態に陥ることを憂慮し、そのためにはアメリカの外交的イニシャティヴが必要だと考え、しきりにワシントンに働きかけていた。

　このような状況の中で、アメリカのヒューズ国務長官は、孤立主義的な気分が強いアメリカの中では国際派であった金融界からの強い要請を受けて、1923年10月、外交的に動き始めた。彼はヨーロッパの経済的破局を防ぐために財

政専門家の国際委員会を作り，賠償支払いについての建設的計画の作成を委ねることを改めて提唱し，関係国が賛成するならば，アメリカ政府はアメリカの財政専門家がその委員会に参加することを支持すると述べた．フランス，ドイツを含む関係国がこの提案を受け入れたので，アメリカ政府は財政問題の専門家ドーズと実業家ヤングをこの委員会に推薦し，ドーズを委員長とする専門家委員会（通称は「ドーズ委員会」）が組織された．この委員会の報告がまとまると，アメリカ政府はその報告を受け入れるよう他の国々に働きかけたが，政府とアメリカ人委員とは無関係であるという建前をとった．これは国内の孤立主義者への配慮であるとともに，賠償支払い問題を非政治化して専門家の国際的委員会の意見によって解決すべきだというのがヒューズ提案の趣旨だったからである〔Kent 1989；Schuker 1976〕．

[ドーズ案の国際的承認]

ドーズ委員会は1924年1月から審議を開始し，4月には賠償支払いの調整案を示した報告書（ドーズ案）をまとめた．アメリカ人委員たちは，戦債の減額なしには賠償の減額に同意しないというフランスの立場と，戦債問題は賠償支払いとは別個の問題だというアメリカの立場とを考慮したので，ドーズ案はドイツの賠償支払い総額の問題は棚上げし，ドイツ経済の復興が予想される29年以降の毎年の支払い額を25億金マルクと高めに設定した．彼らは他方では，イギリス人委員とともに，ドイツの当面の賠償支払いはドイツ経済の実勢に合わせて減額するのが現実的だと考えたので，それを25年の10億金マルクから漸増させる方式をとった．そして委員会の保証の下に海外銀行から8億金マルクの融資を調達し当面の経済復興への呼び水とし，賠償の支払いと経済復興とを両立させるため，連合国軍が駐屯するラインラントを含めた全領土に対する経済的管理権をドイツ政府に認めた．またドーズ案は金との兌換性をもつ新マルクを導入して，ドイツ通貨の安定を図り，海外からの投資増大のための条件を整えようとした．

ドーズ案はドイツの賠償総額を減額するものではなかったとしても，この案は当面の賠償支払いを減額し，ラインラントに対する経済的主権を認め，英米の支援のもと経済復興へと向かう展望を開くものであったから，ドイツには大

きな利点があった．しかし，ドイツ国内にはかなりの反対があり，それは1924年5月の総選挙にも反映した．政府はこの案を受諾する以外には現実的な選択はなかった．フランスには，この案に対してより強い不満があり，ポアンカレ政権はルール問題について留保を付けようとしたが，フランスも財政的弱みのゆえに，結局これを受諾せざるをえなかった．フランスの財政赤字増大が主原因で，とくに24年に入ると国際通貨市場でのフランの価値が下落し，通貨危機が生じたため，フランスにとってドイツ問題で英米に対抗して独自の外交路線を追求することは不可能になっていた．3月にはフランス銀行はフラン防衛のため，モルガン商会の財政改革を求める融資条件に同意して，1億ドルの緊急融資を受けなければならなかった．

5月の総選挙でポアンカレが率いた穏健保守連合が敗北し，政権は翌月には穏健左翼連合「左翼カルテル」に移行するが，この政権は英米からの圧力を受けてドーズ案支持の方針をとり，この案の発効後1年以内にルールから撤退することを約束した．ドーズ案はロンドンでの関係国の会議を経て，9月に発効した．フランスのドーズ案受諾により，ヨーロッパ大陸におけるフランスの覇権の短い時期は終わったのである．それがいっそう明白になるのは，翌年のいわゆるロカルノ体制の成立であった〔Schuker 1976〕．

[ロカルノ諸条約の成立]

ドーズ案の国際的承認により，当面ドイツの経済復興と賠償支払いとの両立が可能になったので，ヨーロッパ外交は安全保障問題というもう一つの課題に取り組むことになった．ドイツが経済復興とともに国力を回復していくことが予想されたから，フランスは以前にも増してイギリスとの同盟を望むようになった．フランスにとって，国際連盟の安全保障機能を強化することも一策であったが，それはイギリスやその自治領，北欧諸国の反対に遭った．1924年にイギリス労働党党首として初めて内閣を組織したマクドナルドは，フランスのエリオ首相とともに「ジュネーヴ議定書」（連盟理事会がある紛争について全会一致による裁定を下せなかった場合，理事会はその紛争を仲裁委員会に委ね，紛争当事国は後者の裁定に服す義務を負うという取り決め）を支持したが，同年11月の政権交代で登場したボールドウィンを首相とする保守党政権は，そ

の支持を撤回した*.

> * 1920年代はイギリスで労働党が議席を伸ばし，自由党に代わって進歩的な主要政党になった時期である．マクドナルドは，下院の過半数を失って辞任した保守党のボールドウィンに代わり第二党の党首として自由党および保守党から閣僚を迎えて首相となり，穏健路線をとって労働党の政権運営能力について広い国民的信頼を得ようとした．彼は最初から，短期間首相を務めた後，第一党である保守党のボールドウィンに首相の座を譲るつもりであった〔Pugh 1993〕．

　英仏およびアメリカとの関係改善を通じてドイツの国力と地位の回復を達成しようとするシュトレーゼマン外相は，講和条約で決められたドイツの西部国境の尊重を約束する条約をフランスと結ぶ構想をもっていた．しかしフランス政府が自国の安全保障のために一番望んだのは，イギリスとの同盟条約であった．イギリスのオースティン・チェンバレン外相はジュネーヴ議定書には反対であったが，フランスとは限定的な防衛条約を結ぶべきであると考えていた．しかし，保守党内閣は彼の条約構想を支持しなかったので，チェンバレンは英仏双方が受け入れられる保証方式を求めてフランスのブリアン外相と協議した．そして彼らとシュトレーゼマンとの折衝の結果，1925年10月スイスのロカルノの会議で合意が成立し，そこで合意された諸条約はロンドンで12月に正式調印された．

　それらの中でもっとも重要なものは，フランス，ベルギーおよびドイツが相互の現在の国境および非武装地帯を尊重することを約束し，イギリスとイタリアがその保証者として参加した5ヵ国による相互保証条約であり，イギリスとイタリアとは一方の側から明白な侵犯があった場合には，国際連盟の判断を待つことなく，直ちに侵犯された側を援助することが定められていた．ロカルノで合意されたそのほかの条約としては，ドイツを一方の当事国とし，フランス，ベルギー，ポーランド，チェコスロヴァキアをそれぞれ他方の当事国とする仲裁裁判条約（他の平和的手段で解決できない紛争については仲裁裁判の裁定に服すことを約束した条約）がある．またこれらの合意と同時に，フランスはポーランド，チェコスロヴァキアとそれぞれの同盟条約（1921年，1924年）を再確認する条約を締結した．これらの条約はドイツの国際連盟への復帰承認とともに発効することとされ，ドイツには常任理事国の地位が約束された．

ドイツはヴェルサイユ条約で定められた西部国境とラインラント非武装化とを自発的に承認することで，フランスの不安を除去し，ラインラントからの連合国軍の撤退を促進しようとした．しかし，ドイツは東の隣国ポーランドおよびチェコスロヴァキアとは紛争の平和的解決を約束しただけで，それらの国との現国境を自発的に明確に承認することはしなかった．戦後の東部国境については国内に強い修正願望があり，シュトレーゼマンも外交的手段により改定されるべきものと考えていたからである．イギリスはドイツの西方国境の現状維持の保証者となったが，中・東欧の問題に関わることを拒否した．それゆえカーが国際関係史の古典的著作で，ヨーロッパ協調へのロカルノ諸条約の貢献を高く評価しつつ，他方で「長い目でみればロカルノはヴェルサイユ条約と国際連盟の双方を破壊するものであった」と述べたのは含蓄のある評言である〔カー 1959〕．

　シュトレーゼマンは英仏およびアメリカとの友好関係を第一に重視したが，ソ連との友好関係を犠牲にする考えはなかった．ソ連にとっては，ヴェルサイユ体制反対の盟邦とみなしてきたドイツがイギリス主導の資本主義陣営の統一戦線に参加したことは，大きな衝撃であった．彼はソ連に与える衝撃を緩和するために，軍事力を厳しく制限されていることを理由に，ドイツが国際連盟の制裁行動に加わらないことについて，あらかじめ西欧諸国の了解を求め，その同意を得た．そして1926年にはソ連との間に新たな条約を結び，相互の中立を再確認し，それまでの協力関係の継続を約束した〔斉藤1978；カー 1972；Wright 2002；Panayi 2001 (Geiss)〕．

　ロカルノ体制は，イギリスがヨーロッパの緊張緩和のために，ドイツの西部国境および非武装地帯の維持について，フランスに保証を与えたことにより成立した．フランスの外相ブリアンはイギリスがフランスの防衛にコミットしたことに満足し，ドイツとの関係改善のための政策を進めることができると考えた．独仏関係の改善はアメリカの希望に合致するものであったから，彼はまたアメリカをより積極的にヨーロッパに関わらせる効果を持つことを期待した．ブリアンもシュトレーゼマンと同じく，戦後の自国の政策を大きく転換して，英独仏，それにある程度アメリカを引き込んだ国際協調体制の形成を目指し，その中で自国の利益を追求しようとした．シュトレーゼマンが従来の友好国ソ

連との関係を捨てなかったように，ブリアンも中・東欧諸国との同盟を捨てるつもりはなかったから，フランスはロカルノでポーランドおよびチェコスロヴァキアとの同盟関係を再確認する条約を結んだのである．

イタリアはイギリスに誘われてロカルノ会議に参加し，イギリスとともにドイツ西部国境の保証者となった．ヨーロッパの混乱が起これば，それを利用して現状を打破したいという願望をもつムッソリーニは，ロカルノ会議への参加に消極的であったが，最終的には外交当局に促されてイタリアの参加を決断した．

[通貨の安定と金本位制の復活]

アメリカ資本の関与によりドイツの通貨の安定が実現すると，他の諸国も通貨の安定に努め，戦前のあるいは新たな平価で金本位制に復帰することを急いだ．第一次世界大戦終了直後には，旧来の平価で金との兌換性を回復した国はアメリカだけで，他の国々はインフレのため通貨を安定させることができなかった．1922年のジェノヴァ会議で，通貨の安定が経済復興に不可欠であるという観点から，各国は旧平価あるいは新平価で速やかに金本位制に復帰すべきことが決議されたように，金本位制への復帰が国際経済の平常への復帰であるという観念は広く行きわたっていたが，20年代前半にはまだ金本位制に復帰できた国は少なかった．

戦前の金本位国際体制の中心にあったイギリスが金本位制に復帰したのは1925年である．イングランド銀行とイギリス政府は，世界金融におけるロンドンの地位を強化するためには，旧平価で金本位制に復帰することが急務であると考え，通貨管理を主張するケインズら経済専門家の反対意見を押し切って，同年4月に金本位制復帰を実行した．ポンドの実勢を超える平価での金本位制への復帰は，国内産品の輸出不振，失業者の増大などの犠牲を伴った．イングランド銀行のノーマン総裁はロンドンの世界金融の中心としての地位を回復するには，旧平価での金本位制への復帰が必要だと考えていたが，その復帰を実行する際には，イングランド銀行はポンド安定のためニューヨーク連邦準備銀行とモルガン商会から3億ドルの信用供与を得なければならなかったのである．そのようにして実施された政策は，ロンドンを世界金融の中心にすることには

ならなかった。24年から29年までの6年をとると，アメリカの海外融資はイギリスの融資額の2倍に近かった。

　1925年末までには，イギリスにならって法的にあるいは事実上金本位制に復帰した国は，35ヵ国に達した。フランス，ベルギーは26年に金本位制に復帰した。フランスが通貨危機に直面していたことが，24年にドーズ案を受け入れた理由であることは，前に述べた通りである。25年から26年にかけて，フランの危機は続いた。フランの安定には英米の銀行の援助が必要であったが，英米両政府とも戦債返済についての合意なしには，フラン安定のための銀行融資を認めないという態度をとっていた。そのため，25年からフランスは両国と返済協定を結ぶ交渉を行ったが，大口債権国アメリカとの交渉は難航した。26年4月に米仏間で合意されたメロン-ベランジェ協定では，アメリカ側は利率を低く設定してフランスの負担を大いに軽減（52.8％引き）したつもりであったが，フランス人は元本の大幅な減額を期待していたので，この協定は不評で一時反米感情が噴出した。

　ブリアンが首相兼外相だった左翼カルテル政権は1926年7月に崩壊し，ポアンカレを首相とする中道保守政権（「国民連合」政権）が成立したが，ブリアンは外相として閣内に留まった。ブリアンがドイツのシュトレーゼマン外相と会談して，ドイツ鉄道証券の売却による賠償の早期支払いなど経済的な面での譲歩を条件に，ラインラント早期撤収，ザール返還など政治問題でのフランスの大幅な譲歩による両国間の懸案の全面的解決の可能性を話し合ったといわれるのは，同年の9月である。しかしポアンカレはアメリカおよびドイツの協力なしに通貨の安定を行う方針をとり，フランを切り下げて安定させ，金本位制への復帰を実現した。その結果フランスの貿易収支は黒字となり，フランスに外貨が流入し，フランス銀行はそれを金に兌換して金準備を増やしたので，20年代末にはフランスの金準備はアメリカについで世界第2位となった。

　イタリア，ギリシア，ポーランドは1927年に金本位制に復帰した。ムッソリーニのイタリアは，彼がリラを首相就任当時の為替レートに戻して金本位制を採用し，それを維持することに自らの威信をかけ，その実行のために，それに反対する産業資本家には懐柔策を取りつつ，労働者には犠牲を強いる強引な政策をとった。イタリアは金本位制復帰にあたって，イギリスとアメリカ，と

くに後者の銀行から、リラを支持するための援助を受けた．また25年から27年までの間に，多額の資金がアメリカからイタリアの公債，社債に投資された．ウォール街がファシスト・イタリアに好意的だったのは，混乱した秩序を再建したことを評価していたからである．アメリカの戦債委員会がイタリアには比較的寛大な条件で返済協定の締結に応じたのも，同じ理由からであろう．20年代末には，主要国の中では日本だけが，関東大震災後の財政的事情と27年の金融恐慌からの回復の必要という理由で，金本位制にまだ復帰していない国であった〔Steiner 2005〕．

4 ─ 米欧主要国の内政と外交

[国際主義と孤立主義の挟間のアメリカ]

ここで1920年代のアメリカ外交についてまとめておきたい．20年代にアメリカが果たした国際的役割は第一次世界大戦前とは比較にならないほど大きい．21年以来継続した共和党政権にあって対外政策の形成に関与した指導者たちは，国際的利害を持つ大金融・産業資本との関係が深く，アメリカが国際秩序形成に関わるべきだという考えをもっていたが，共和党支持層には保護主義を望む中小企業家や農民，西部諸州の頑固な孤立主義者がいたので，前者の方針は後者の意見によって制約された．共和党が20年代を通じて政権を維持することができたのは，戦時経済から平時経済への移行期の混乱が終わると，アメリカ経済は29年10月のニューヨーク株価大暴落まで，かつてないほどの好景気を享受したからである．共和党が好景気をもたらす党として有権者の信任を得る一方，民主党は禁酒などの文化政治の争点を巡る内部対立のために求心性を失っていた．

アメリカは1920年代始めに主要海軍国の軍備制限合意と東アジア太平洋地域の国際秩序との形成のために主導的な役割を発揮し，またヨーロッパにおいても，出遅れたとはいえ賠償支払い問題の解決に重要な役割を果たすことで，ヨーロッパの経済復興と国際関係の安定のために貢献した．ドーズ委員会発足後はアメリカ政府が推薦したアメリカ人の経済専門家や財界人がドイツ賠償支払い問題について最大の発言力をもつようになり，モルガン商会などのアメリ

カの投資銀行が政府に支持されてヨーロッパの経済の安定と復興のために多額の資金を融通するようになった．ドイツからの賠償の受け取りと旧連合国への送金の業務を管理したのは，ベルリンに駐在する専門家委員会統括官であったが，その地位を占めたのもアメリカのギルバート前財務次官であった．

　アメリカは東アジア太平洋地域で多国間の国際協調体制の形成を主導し，ヨーロッパでもそのような体制の成立を援助したから，平時における世界的関与の程度は戦前とは格段の差異があった〔Cohen 1987〕．1920年代のアメリカ外交を単に「孤立主義」と呼ぶことは適切ではなく，「孤立主義的衝動によって制限された国際主義的政策」と呼ぶ方が妥当であろう．海軍制限体制の形成は孤立主義者も支持できる政策であり，20年に参政権を得た女性の政治団体も熱心に支持した政策であった．この時代にはまだ軍産複合体というべきものはなく，実業界は何よりも民需の拡大を望んでいたのである．とはいえ，この時代のアメリカは国際連盟には加盟しない方針を貫き，戦債問題では全額返済を求める態度を変えず，また保護主義を復活させて高関税政策をとり，移民政策でも閉鎖的政策を採り，移民規制に関する日米紳士協約を無視するなど，その外交には孤立主義的というべき面があったことは否定できない．

[ラテンアメリカ政策の穏健化]

　この時代のアメリカはモンロー主義の擁護を強く主張したが，モンロー主義を援用して西半球諸国に干渉する権利を正当化することからは後退した．第一次世界大戦における勝利により，ドイツの西半球進出の可能性はなくなったので，アメリカが西半球諸国の国内秩序の回復のために干渉政策を取る安全保障上の必要はなくなった．他方では，ラテンアメリカ諸国におけるナショナリズムの高まりがあり，アメリカの干渉政策への批判が強くなっていた．1920年代にはアメリカの指導者は，ラテンアメリカに対する経済政策を進める上で，軍事干渉政策を改める必要を感じた．共和党政権は，かつてウィルソン政権が調印しながら上院で棚上げにされていたコロンビアとの条約を批准することに努力し，21年にそれを実現した．この条約により，アメリカはパナマ独立の際のアメリカの行動に遺憾の意を表し，コロンビアに慰謝料として2500万ドルを支払い，コロンビアはパナマの独立を承認した．共和党政権がこの条約の

発効を急いだのは，そうしなければ，この国の石油利権をめぐるイギリス資本との争いに負けることが予想されたからである．

アメリカは第一次世界大戦に参戦する前にはメキシコに軍隊を派遣したが，戦後はメキシコの石油資源国有化政策に対して外交による円満解決を目指し，国有化政策をアメリカ石油企業の既得権を脅かさない穏和なものにすることに成功した．1920年代のアメリカは中米地域の警察的役割を縮小する傾向にあり，24年には秩序維持のために派遣していた軍隊をドミニカから引き揚げ，ニカラグアからも軍隊を一時撤退させた．しかしニカラグア情勢が混乱すると26年に再び派兵して，選挙により選ばれた政府の擁護と過激派とみなした反抗勢力の抑圧に当たり，米軍は33年まで駐留した．

このニカラグア政策はラテンアメリカ諸国では反発が強く，そのためハバナで開催された1928年のパン・アメリカ会議では，ラテンアメリカ諸国の代表から相互内政不干渉原則の承認を求める声が上がった．アメリカの代表はアメリカの行動は干渉ではなく，政情混乱の際のアメリカ市民保護のための一時的行動であると主張した．フーヴァーは大統領当選後，ラテンアメリカ諸国を歴訪し，アメリカがよい隣人として振る舞うことを伝え，30年にはモンロー主義に基づく干渉権（第Ⅳ章参照）を否定した内部文書「クラーク覚書」を公表させた〔Cohen 1987〕．

［イギリスの帝国再編とヨーロッパへの限定的な関与］

1920年代のイギリスは，戦前の保守党・自由党の二大政党の対立が戦時中に挙国一致の大連立に置き換えられた後，保守党・労働党の二大政党の対立へと移行した．労働党が社会主義を標榜しつつ漸進的改良主義をとり，大衆的支持を獲得するようになれば，中間的な立場に立つ自由党の存在意義は薄れ，その衰退は免れなかった．そしてその衰退は戦争によって促進されたといえる．労働党は対外政策については，理想主義的な国際協調主義を支持し，国際連盟の強化に好意的で，国際政治における権力的要素を重視せず，帝国主義，とくに植民地における強権的政策には批判的だった．貿易問題については，労働党は自由党と同じく，自由貿易主義を標榜した．組織労働者たちは保護主義により雇用が保護されることを期待するよりも，自由貿易により安い食料が入手で

きることを望んだからである．他方，保守党は国際連盟に限られた期待しかもたず，実利主義的であり，ヨーロッパにおける勢力関係に注目し，自国の帝国としての立場の維持を重視した．貿易政策では保守党は戦前から保護関税を主張するようになり，戦後その主張をさらに強めた．

　1920年代は，イギリスが帝国再編を進めた時代である．帝国内でイギリスはインド，エジプトにおける完全独立要求やパレスチナの民族対立など，多くの問題に直面していたが，もっとも早急な解決を迫られたのはアイルランド問題であった．近世以来アイルランドはイングランド王を統治者とし，イングランド国教会の信徒の地主が政治経済を支配する国であったが，1801年からはイギリスすなわち連合王国の一部として統治されてきた．カトリック教徒に対する政治的差別が18世紀末以来，次第に撤廃されたので，1880年代以降，人口の4分の3を占めるカトリック教徒のアイルランド人を主な地盤とするアイルランド国民党がイギリス議会に進出し，アイルランド自治の要求が高まった．しかし，経済的先進地域である北部（アルスター地方）に多いプロテスタント教徒はアイルランド自治の実現により少数派になることを恐れ，自治に反対する運動を展開した．

　イギリス政府は大戦参戦とともにこの問題の先送りを決め，カトリック・アイルランド人の穏健な指導者は戦争に協力することで，自治の実現を戦後に期待した．しかし戦争の長期化とともに，アイルランド人の不満が強まり，1916年4月には反乱が1週間続いてようやく鎮圧されるという事件がおこった．1918年末のイギリス議会選挙では，穏健なアイルランド国民党が急進派のシン・フェイン党に敗れて議席を失い，シン・フェイン党の議員たちは議会をボイコットして，翌年初めにはダブリンで独自の議会を開きアイルランドの独立を宣言した．イギリス政府は20年の交渉が不首尾に終わると，翌年の交渉では，プロテスタントの北アイルランド地方を除くアイルランドにカナダ並みの自治領待遇を与えることを提案し，最後通告的にその受諾を迫ったので，アイルランド政府代表も受諾し，22年に和解条約が結ばれた．イギリスはアイルランド自由国を自治領として承認するとともに，北アイルランドを連合王国の一部として保持することを宣言し，懸案事項に一応の結着を付けた*．

　＊　シン・フェイン党のデ・ヴァレラらの強硬派はこの決着に猛反発し，後にア

イルランド共和党を結成した．イギリスからの完全分離を目指すデ・ヴァレラが1932年に政権に就くと，関税紛争が起こり両国の関係が悪化した．

第一次世界大戦中，イギリスは自治領およびインドの戦争協力を頼りとしたため，講和会議にもそれらの代表を伴い，彼らがそれぞれ別個に講和条約に調印することを認めた．そしてそれら自治領およびインドがそれぞれ国際連盟の原加盟国となったことは，すでに述べたとおりである．このようにして自治領は本国とは別個の外交主体へと発展することになった．1923年には，イギリスはカナダがアメリカと独自に漁業条約を結ぶことを認め，自治領が自ら条約を締結し，海外に外交使節を派遣することを許すようになった．イギリスは同年のトルコとの新講和条約ローザンヌ条約に調印したが，自治領の代表をローザンヌに招かなかったので，その条約に拘束されないことを声明した自治領もあった．25年のロカルノ条約締結の際には，イギリスはヨーロッパ大陸の問題への関与を嫌う自治領の立場を考慮し，自治領とインドはこの条約に拘束されないという規定を条文に入れた．このようにして英帝国の外交上の一体性は崩壊したが，自治領諸国はイギリスの対外政策に影響を及ぼすことを望み，イギリスもまたそれら諸国の支持を得ることを望んだから，イギリスと自治領諸国との対外政策を巡る協議はその後もさかんに行われた．

1926年の帝国会議では，イギリス代表バルフォアは自治領の代表と協議して，イギリスおよび各自治領はそれぞれ「英帝国の自治的共同体」であり，「英王冠への共通の忠誠」によって結びついているが，相互に「独立した単位であり，平等な地位を有し，内政・外交のいかなる面においても一国が他国に従属することはなく，自由に結集した英連邦の一員である」と述べた文書を採択した．そしてこのような自治領諸国の地位は31年に本国議会が制定した「ウェストミンスター憲章」によって法的に確認された*．イギリスはまた，最大の植民地インドを将来この自治領体制に取り込むことを目指すようになった．

* アイルランドはこの憲章を最初に批准したが，オーストラリアとニュージーランドは憲章に消極的な反応を見せた．この二つの自治領ではイギリス人意識が強く，イギリスとの法的な分離を歓迎しない気分があった〔Brown & Louis 1999 (Darwin)〕．

しかし，イギリスによる帝国体制の分権化の反面，経済的にはイギリスを中

心にした帝国内の経済関係は密接であり，それをより強化しようという願望も存在した．1920年代にはまだ自由貿易主義の伝統の力によって実現が阻まれていたが，保護関税論は帝国内の特恵関税論と結びついていた．この時期のイギリスはアメリカに準ずる金融力をもち，貿易に関わる金融ではロンドンは依然として世界の中心であった．そのようなイギリスの力は経済的に自治領やインドを本国にひきつけ，世界外交を展開する上での強みとなった．ヨーロッパ大陸におけるフランスによる覇権体制の行き詰まりに際して，ヨーロッパに新たな経済的安定をもたらしたのは金融力をもつ英米の介入の成果であり，英独仏協調による政治的安定を導いたのも，イギリス外交の成果であった．しかし世界帝国としてのイギリスは，従来の伝統を継承しヨーロッパ大陸の安全保障問題への関与を限定しようとした．オースティン・チェンバレンのようなヨーロッパ外交の推進者も，フランス国境の安全を保証して，友好的な独仏関係が維持される状況を整えれば，それで十分と考えたのである〔Steiner 2005〕．

[フランスとドイツの政策転換]

フランスで1919年の選挙以来24年まで政権を担当したのは，「ブロック・ナシオナル」と呼ばれた中道・保守連合であった．この連合の中でもっとも有力な政治指導者は20年から24年まで大統領を務めたミルランと22年から24年まで首相を務めたポアンカレであった．賠償支払いに抵抗するドイツに対してルール占領という強引な手法で賠償を取り立てようとしたのは，彼らである．ミルランはドイツが消極的抵抗をやめた機を捉えて総選挙を行い，政権の基盤を安定させようとしたが，選挙が実際に行われたのは24年5月であったから，それまでに，フランスの通貨危機が起こり，独自の立場でドイツ政策を牛耳ろうとすることは不可能になるという状況の変化が生じていた．

ドイツが抵抗政策をやめても，フランス経済はよくならなかったので，有権者はブロック・ナシオナルを支持せず，「左翼カルテル」に議会の多数を与えた．左翼カルテル政権は穏健左翼である急進社会党を中心とした政権で，この左翼カルテルの最初の1年と最後の数日首相を務めたエリオが自ら外相を兼任したときを除けば，外相はつねにブリアンであった．左翼カルテル政権がフラン危機に直面して失脚した後に登場して，通貨危機を収拾した「ナシオナル連

合」政権のポアンカレら歴代の首相たちも，ブリアンを外相の地位に留めた．1920年代後半のフランス外交は，左翼から穏健保守への政権交代があっても，基本的には変わらなかったのである．それは英米との友好関係の強化，イギリスを保証者とする安全保障体制の構築と維持，ドイツとの和解の促進を柱とする政策であった．米仏関係は26年に一時こじれたが（第3節参照），中道保守政権は両国関係の修復に努めた〔Leffler 1979〕．

　1920年代後半，フランス外交が継続的にブリアン外相によって担われたように，ドイツ外交は継続的にシュトレーゼマン外相によって担われた．しかしフランスでは保守派にせよ左翼にせよ中道寄りの勢力が強く，内政には違いがあっても外交では上記のような政策についてコンセンサスがあったのに対し，ドイツではシュトレーゼマン外交に対する支持ははるかに脆弱であった．保守政党のドイツ国家人民党は24年以降，議会で第一党か第二党の地位を占める有力政党であったが，この党はヴァイマル憲法の民主的共和政になじめない権威主義志向のナショナリストの集団であり，そのため幅広い連立政権に参加して政権基盤を強化し，ヴァイマル体制の正統性を強めることには消極的だった．シュトレーゼマンはより穏健な保守政党，人民党を率いたが，この党の議員の中には，国家人民党に近い立場をとる反シュトレーゼマン派がおり，党の結束は強固でなかった．中央党やドイツ民主党など中道保守政党は，人民党と同様，あまり議席を伸ばせず，他方では極左勢力として共産党が支持を伸ばしつつあった．そのため，社会民主党や中道・穏健保守の諸政党が政権を維持する基盤は限られ，狭まりつつあった．

　そのような状況の中で，健康の衰えにもかかわらず，シュトレーゼマンが1929年10月の死に至るまで外相を続けられた理由は何かといえば，主要民主主義国との協調外交に軸足を置いてドイツの経済復興を進め，徐々に再生ドイツの国際的地位の回復を図るという彼の外交方針が，ドイツのとりうる唯一の現実的政策だったからであり，彼に勝る外交手腕の持ち主を他に見出すことができなかったからである*．

　　＊　シュトレーゼマンが真に国際協調主義に転向したのか，彼の外交の究極の狙いは何であったのか，ヒトラーの政策との連続性をどう考えるべきかなどについては，さまざまな議論があるが，外交家としての彼は，現実的な協調外交に

よりドイツの発言力を強めつつ，ヴェルサイユ条約の改定を目指したことは確かである〔Wright 2002〕．

しかし国家人民党のようなナショナリスト政党は，ヴェルサイユ条約打破の強い願望のゆえに，シュトレーゼマン流の協調外交がヴェルサイユ条約を漸進的に変更していくものであるとしても，それになじめないところがあり，彼は変節漢とみなされた．その点では軍部も同様であった．軍部にはヴェルサイユ条約への反発とともに権威主義体制への郷愁があり，そのためヴァイマル共和国への彼らの忠誠には違和感があった．ドイツ人にはヴェルサイユ条約は不当だという共通の思いがあったので，ヴェルサイユ条約からの速やかな脱却の要求は，情緒的に有権者に広く訴えることのできる争点であった．皮肉なことに，シュトレーゼマン外交が成果を上げれば上げるほど，外交的達成についてのドイツ人の要求はより高くなり，彼らは不十分あるいは遅すぎると思われる成果への苛立ちを強めた．そのような傾向は1920年代末までには明白に現れており，ヤング案による賠償総額の減額も，早められたラインラントからの連合国軍の撤退も，彼らを喜ばせずむしろ不満を強めるものとなったのである．

5 ― 二つの独裁国家の体制と外交

[イタリア・ファシスト政権の内政と外交]

1920年代のヨーロッパにおける相対的安定の回復と維持のための外交活動において，イタリアは不本意な追従者，ソ連は意識的局外者であった．第一次世界大戦の戦勝国であり，講和会議ではともかく大国の一つとして遇されたイタリアで，20年代早々に議会制民主主義が崩壊し，ファシスト党党首ムッソリーニの独裁体制に移行したのはなぜであろうか．第一の理由は，イタリアが英仏に比べて経済力に乏しかったために，戦勝への貢献度は低かったとしても，消耗戦争の負担が大きく，戦後経済的困難に直面したことである．第二の理由は，イタリアは戦勝国とはいえ，講和で得たものへの不満があり，そうした不満はナショナリズムと結びつく傾向があったことである．イタリアは後発の大国志向国家として，領土の拡張と帝国主義的利益の獲得への期待から連合国側について参戦したという経緯があったが，その期待は講和会議では十分満たさ

れなかった．第三の理由は，イタリアの議会政治は有産者に限られた参政権を基礎に維持され，男子普通選挙が導入されて日が浅かったために，国王をはじめ支配者層に大衆民主主義の安定性への強い不安があったことである．そして第四には，ロシア革命の影響と第一に挙げた戦後の経済的困難とのために，戦闘的な労働運動が展開されたことが，上に言及したイタリア支配者層の不安，すなわち社会主義革命への恐れを増幅したという理由を挙げることができる．

　ファシスト運動の指導者ムッソリーニは戦前にはイタリア社会党の若い指導者として期待されたこともあったが，大戦中に熱烈なナショナリストとなり，戦後は武闘組織をもって，左翼運動に暴力的攻撃をしかける「国民ファシスト党」(「ファシ」とは「束」「集団」を意味する)の指導者となった．1922年にファシストの武闘組織がローマに進軍する気配を見せたとき，国王ヴィットーリオ・エマヌエーレ3世は軍に出動を命じてそれを鎮圧するよりは，ムッソリーニを首相に任命して，彼を秩序維持のために利用する途を選んだ．ムッソリーニの政府は，当初はファシスト以外の閣僚を多く起用した連立内閣であったが，23年に選挙法を改正して，翌年には強引なやり方の選挙で大多数の議席を制した．その選挙でのファシストの不正を糾弾した社会党の指導者をファシスト武闘組織が殺害したので，ファシスト党への批判が高まったが，国王はムッソリーニ支持を変えず，ムッソリーニは独裁体制を固めていった．

　ムッソリーニのファシズムの思想は，社会の諸集団の利害を国家的見地から強権によって調整する必要を主張して独裁的権力を肯定するとともに，対外的には地中海地域の覇権国家を目指し，国家目的の実現のための武力行使を正当なものとみなした．彼のファシズムは国際連盟の理念を否定し，露骨な権力政治を肯定するものであった．ムッソリーニは就任当初1923年のギリシアとの紛争では露骨な権力外交を用いたが，イタリアの力の限界のために，20年代にはファシスト政権は秩序の攪乱者としての行動を自制していた．ロカルノ会議にも最後に参加を決め，形の上ではイギリスとともにドイツの西部国境の現状維持の保証者となった〔山口 2006；Steiner 2005〕．

[ソ連の共産党独裁体制と革命外交]

　1920年代に一貫して資本主義大国主導の国際秩序に対する反対姿勢をとっ

てきたのは，社会主義国ソ連である．ロシア革命の父レーニンの死後，ソ連共産党のイデオロギーは「レーニン主義」あるいは「マルクス-レーニン主義」と呼ばれるようになったが，その教義によれば，国際政治は世界的な階級闘争の舞台であり，資本主義諸国と社会主義国ソ連とは基本的に敵対関係にあった．そのために，ソ連共産党は資本主義国の労働者階級や帝国主義の支配下にある諸国民の闘争を支援しようとし，コミンテルンを通じて工作を行った．

しかし，そのような敵対関係が想定されていても，ソ連にとって，資本主義諸国との通商は自国の経済運営のために欠くことができず，資本主義諸国との外交関係も資本主義諸国間の関係に影響を及ぼすためには必要であった．他方，資本主義国側もソ連との貿易には関心があり，ソ連が大国ロシアの継承国家として存続する以上，外交関係を持つことが望ましかった．そのような双方の事情があり，1924年にはイギリスもフランスもソ連と外交関係を結び，日本も25年には外交関係を樹立した．20年代を通じてソ連と外交関係を持たなかった主要国はアメリカだけで，それはアメリカの場合ヨーロッパの国際政治との関わりが浅かったからであり，東アジアの問題についてもワシントン体制が存続している間はソ連と関係を持つ必要を感じなかったからである．不承認政策をとり続けたからといって，アメリカがソ連にとくに敵対的だったわけではない．外交関係はなくても米ソの貿易は増大していた．

ソ連は1923年まで，ヨーロッパにおける資本主義国間の対立の激化と社会主義革命の発生に期待をかけた．ソ連が国際連盟を敵視したのは，資本主義国が結束して世界政治を指導するための国際組織とみなしたからである．22年にソ連がドイツとラパロ条約を結んだのは，ドイツと旧連合国との和解を防ぐためであった．それとともに，資本主義諸国とくにドイツにおけるプロレタリア革命を促進しようとした．しかし現実の状況の中で，国家的対立の激化と革命的状況の醸成とのどちらの可能性をとるか，すなわち，ドイツ国民のナショナリズムに訴えるのか，それとも労働者の革命的階級意識に訴えるのかは，難しい問題で，23年にはソ連の対ドイツ政策はその二つの間で動揺した．

そのどちらの可能性もなくなり，ヨーロッパ情勢が安定に向かう1924年に，1月のレーニンの死後ソ連共産党の指導権を握ったスターリンは，ソ連「一国による社会主義」建設が可能であることを強調し，コミンテルンの活動につい

ても社会主義の祖国ソ連の国家的利益を優先させる方針をとった．ソ連はロカルノ体制の成立とドイツの国際連盟参加とを，ラパロで形成された独ソ枢軸の崩壊，資本主義諸国の連帯の強化と受けとり，大きな衝撃を受けた．ドイツが1926年の新条約により，両国の協力関係と第三国との戦争の際の相互中立とを再確認したことは，その衝撃を緩和したが，ソ連が資本主義国と戦う場合，ドイツが中立を守るかどうかという疑念は消えなかった．

　1926年から27年にかけて，スターリンは内政・外交両面で多難の時期を経験した．国内では，ジノヴィエフとカーメネフとがトロツキーと組んで党内の反対勢力を形成して彼の権力に挑戦した．そして対外関係では，イギリスがポーランド，ルーマニア，フィンランドを尖兵として反ソ戦争を仕掛けてくることを彼は真剣に恐れた．イギリスは労働党政権の下で24年にソ連と外交関係を樹立し，未回収の債権を放棄して貿易にも信用を供与することにしたが，保守党は労働党の軟弱外交を非難して同年の選挙で勝利した．こうして成立した保守党ボールドウィン内閣には対ソ強硬派がおり，内政・外交の両面で反ソ的政策をとることを唱え，通商関係の発展を望む外務省の行動を制約した．ソ連指導部は英ソ間の貿易協議を進展させることを望んだが，他方ではイギリスでの大きな労働争議に際して，ソ連労組にイギリス労組への闘争資金の提供を打診させ，イギリス炭鉱労働者には若干の義捐金を送った．そのことが27年に報道されると，イギリス国内ではソ連の行動に対する非難が高まり，さらにソ連の貿易事務所で国内工作に関する文書が発見されたことをきっかけに，イギリスは対ソ関係を断絶するに至った．

　このようにスターリンの対外政策は躓きを経験したが，彼は対外関係における危機意識を党内の反対勢力の押さえ込みのために活用した．書記長として党の組織を動かせる立場にあったことが，党内闘争における彼の強みであった．彼は1927年の間に反対勢力との党内闘争で決定的勝利を収めて自らの独裁的権力を固め，共産党独裁をスターリン独裁へと変質させた．彼は反ソ戦争の切迫について疑心暗鬼になった時期に，ソ連の軍備が脆弱で本格的戦争に耐えられない状態にあることを痛感したので，軍備の基礎である重工業を発達させることがソ連にとって急務であると考えた．彼は20年代末までに自らの権力を確立すると，新経済政策の枠組みを捨て，農業の集団化による農民の収奪を通

じて急速な重工業の発達を促進する強引な計画を実行に移すのである〔ウラム 1978-79, I〕.

6―国際協調主義の高揚

[国際連盟の最盛期]

　ドイツに国際連盟加盟を認めるだけでなく，加盟と同時に常任理事国の地位を与えることは，ロカルノにおける英仏独三国の合意の一部であった．しかし 1926 年 3 月にドイツが加盟を申請すると，ブラジル，ポーランド，スペインの三国がそれぞれ常任理事国の地位を要求して紛糾した．英仏両国は，ドイツのみを常任理事国にするが，非常任理事国の数を増やし，その中の三国を再選可能な半常任理事国にするという妥協案で関係国の合意を取り付けた．ポーランドは理事会入りを約束されて妥協案を呑み，ブラジルとスペインも反対しないことにしたが，それを不満として連盟から脱退した（スペインはまもなく復帰）．この妥協により，ドイツは同年 9 月，国際連盟に常任理事国として受け入れられた．このときの総会は，ロカルノにおける立役者，オースティン・チェンバレン，ブリアン，シュトレーゼマンが出席して，新時代の始まりを語った記念すべき総会であったが，それ以来，彼らは連盟理事会および総会の会期の始まりに際して定例的にジュネーヴを訪れ，ヨーロッパの外交問題を協議した．彼らは協力して国際協調の時代を演出し，国際連盟のヨーロッパ問題に対処する能力を高めることに貢献したのである．

　国際連盟の全盛期は，この定期的な三者会議が機能していた時期と一致していた．これはヨーロッパ中小国が痛感したように，伝統的な「ヨーロッパ協調」すなわち大国会議による合意形成の復活であった．ヨーロッパの中小国は三者会議に合わせて外相級の代表をジュネーヴに送り，三者の協議に招かれることを狙うようになった．

　シュトレーゼマンにとって国際連盟は，ドイツが協調的な国として振る舞っていることを国際社会に印象付けるとともに，国内向けには大国として国際社会に受け入れられたことを印象付けて，彼の外交への国民の支持を獲得するための重要な舞台であった．ブリアンにとっても，国際連盟は国際協調の精神を

鼓舞する演説によって，国際的にまた国内的に自らの存在感を示しつつ，フランスの政策のために国際的支持を動員する舞台として重要であった．チェンバレンは主として大国外交の場としてのジュネーヴに関心があり，国際連盟の効用について冷めた見方をしていたが，ジュネーヴ行きは国内の有力な団体である国際連盟協会の会員を喜ばせる意味もあった〔Steiner 2005〕．

[不戦条約（ケロッグ－ブリアン条約）]

　国際連盟規約では，紛争当事国が紛争を連盟理事会の審議に委ね，理事会が全会一致の評決に至らなかった場合には，3ヵ月後に戦争に訴えることは許容されていた．その抜け穴をふさぐためのジュネーヴ議定書は 1924 年に総会で可決されたが，翌年には連盟の最有力国であるイギリスが反対を表明したので，発効しなかった．20 年代後半にも，戦争を回避して紛争の解決を図る方式の模索は続けられた．そして 28 年には，一般的な協定を作る代わりに，拘束力の程度が異なる 3 種類の仲裁裁判条約のモデルを用意して，加盟国に選択させる方式が考案されたが，多くの加盟国は関心を示さなかった．

　同じ 1928 年に，当初 15 ヵ国で調印され，まもなく世界のほとんどの国が加盟した条約は，国際連盟の外で交渉が進められた戦争放棄を定めた条約（「不戦条約」，「ケロッグ－ブリアン条約」あるいは「パリ条約」などの名で知られる）である．フランス外相ブリアンはアメリカとの関係の発展を望み，その方策として，両国の友好関係を国際的に印象付けるために，相互に戦争を放棄する二国間条約をアメリカ側に提案した．アメリカのケロッグ国務長官はその構想には乗らず，その条約を多国間条約にすることを逆提案し，ブリアンもそれに同意して，多国間条約としてまとまったものである．この条約は締約国が国際紛争を解決する手段として戦争を行うことを非難し，相互の関係において国策の手段として戦争に訴えないことを誓約する内容であった．

　この条約が当時の世界のほとんどの国が参加する多国間条約になった理由の一つは，当時の国際社会に平和の永続化を期待する雰囲気があり，欧米諸国の平和促進団体が不戦を誓約する国際条約実現に向けて国際世論を盛り上げたからである．相互に戦争を放棄しようという決議は，その前年に国際連盟総会でも全会一致で可決されていた．しかし，不戦条約が世界の主要国を含む大多数

の国から受け入れられたのは，締約国が戦争放棄を声明するだけで，違反国に対する制裁などの義務を負うものではなかったからであり，また戦争放棄は自衛のための戦争を禁止するものではないことが共通の了解だったからである〔Cohen 1987；小林 2002〕．

　国際連盟規約は国際紛争の平和的解決のための手続きを定めて，加盟国の交戦権を制限したが，不戦条約はさらに進んで，戦争を国策の手段とすることを禁止した．このようにして戦争は主権国家がとりうる国策遂行上の手段ではなくなった．当時，国際社会には，この条約は人類が第一次世界大戦という大きな戦争を経験して，国際紛争を平和的手段で解決する時代に入ったことを示すものであるという期待があった．しかしそのような楽観的な期待はまもなく裏切られる．この条文は国家固有の自衛権を否定するものではないと解釈されたので，戦争の違法化は自衛観念の拡大解釈に基づく戦争行為，戦争と称することのない戦争行為の正当化をもたらす結果となった*〔篠原 2003；森 2009〕．

　＊　そのような戦争行為に先鞭を付けたのは，満州事変を起こした日本であるが，それより前1929年に北満州では，中国軍（張学良軍）が東清鉄道電話局を占拠したのに対して，ソ連は鉄道権益を守るために限定的な武力行使に出た．中国政府が原状回復に同意して紛争が終息する前，アメリカ政府は不戦条約違反の問題として国際的調停を行うことを考慮したが，日本政府は当事国に任せるべき問題という態度をとり，他の国々も関与に消極的だった．

［賠償問題の再調整——ヤング案］

　1928年8月の不戦条約調印の際に，シュトレーゼマンは病気をおしてパリを訪問し，フランス政府首脳とラインラント駐留軍の早期撤退について意見を交換した．そして翌月ジュネーヴにはミュラー首相が自ら赴き，ロカルノ参加諸国の会合でラインラント撤退問題を訴えた．ミュラーはヴァイマル体制下の最後の社会民主党の首相であるが，寄せ集めの連立政権維持のためには外交上の目立った成果を必要としていた．フランスは撤退と安全保障とが両立すれば撤退してもよいと考えたが，米英に戦債を返済する必要があったから，戦債の返済に見合う賠償の受け取りを確保する必要があった．賠償総額の大幅軽減はドイツとしても望むところであったから，「戦後の清算」はまず賠償問題の協

議から始まることになった.

　再びドイツ賠償問題について答申する専門家の委員会が，ドーズ委員会のメンバーだったアメリカの実業家ヤングを委員長として構成され，1929年6月に「賠償問題の完全で決定的な解決案」をまとめた．「ヤング案」として知られるこの答申は，主要な旧連合国，すなわち米英仏のそれぞれの政府の意向により，大いに制約された．当時アメリカ政府はフランスからの戦債支払いがメロン－ベランジェ協定に従って行われることに最大の関心があり，戦債の減額など問題外であるという態度で，賠償の減額が望ましいとしても，それはフランスの負担においてなされるべきものであると考えた．他方フランスは，戦債が大幅に減額されるのでなければ，賠償の大幅減額には応じられないとした．イギリスは賠償の取り分はフランスより少なく，対米戦債では最大の債務国であったから，賠償金額の大幅な減額には反対だった．それでも，ドーズ案では毎年の支払い額が29年以降は25億金マルクとなっていたのに比べ，ヤング案では29年から66年までの平均を20億マルクとし，67年から88年間での年額を16億マルク程度に抑えていた．ドイツに88年まで賠償を支払い続けさせることにしたのは，フランスの対米戦債支払いがこの年まで続くことになっていたからであり，ヤングは米仏それぞれの立場を考慮せざるを得ず，ヤング案は戦債問題と賠償問題とを密接に結びつける結果となった．

　ヤング案には賠償支払いの減額のほかにも，ドイツに有利な改革がいくつか含まれていた．それらは，最初の37年間についてその時々の経済事情により年額の3分の2の支払い猶予が認められる規定が設けられたこと，賠償の受け入れと送金の業務が連合国の機関の手を離れて新設される国際決済銀行（BIS）に委ねられたことである．しかもヤング案の受諾はラインラント駐留軍の撤退と連動することが了解されていたから，ドイツ政府としてはヤング案を拒否する選択肢はなかった〔Kent 1989〕．

　ヤング案とラインラント撤退問題を審議する関係国の会合は1929年8月ハーグで開催され，さらに詰めの合意をまとめるため，30年1月に再びハーグ会議が開かれ，合意が成立した．ヤング案は一部賠償金の配分に関する英仏の対立点を調整して，国際的な承認を得た．フランスは，ラインラントの非武装を監視する国際委員会の設立を同地域からの撤退の条件にしようとしたが，29

年5月末のイギリス総選挙で保守党が敗れ，ラインラントからの即時撤退を主張する労働党政権が成立したので，フランスとしても，そのような条件を付けずに撤退することにした．ラインラントからは29年秋からイギリス軍が撤退し始め，フランス軍とベルギー軍も第二区域から撤退を開始し，30年6月末に第三地域からの撤退を完了し，ラインラント駐留に終止符が打たれた．

病軀に鞭打ってドイツ外交の指導を続け，1929年のハーグ会議にも出席したシュトレーゼマンは，彼の外交目標の実現を前にして同年10月に死去した．ヤング案は30年にドイツ議会で承認され，この年から発効した．しかしヤング案については，それが発表された当初から，ドイツ国内では強い失望感があった．将来60年近く毎年20億マルクもの賠償を払い続けるのは途方もないことに思われた．右翼の政党や言論人はそのような国民感情に訴えて，ヤング案を受諾した政府や与党を非難した．ラインラント撤退が実現しても，それを大きな外交的成功として喜ぶ雰囲気に乏しく，政府への支持が強まることはなかった．ドイツの政治は急速に右傾化し，穏健左翼と中道ないしは穏健保守の連合政権の政治的基盤は失われようとしていた．二つのハーグ会議は20年代の国際協調主義の最後の成果であり，それに幕を引くものだったといえよう．

7 ─中国の革命状況とワシントン体制

［ソ連の中国政策と国共合作］

袁世凱の死去以降，北洋軍閥間の合従連衡の上に成り立っていた中国の北京政府は，1920年代には軍閥間に頻発した武力衝突によって弱体化し，統治能力を失っていった．25年10月から翌年7月まで北京関税特別会議が開催されたが，その間，26年4月には北京政府の臨時執政段祺瑞が反対派の軍隊によって北京を追われ，北京政府は一時，有名無実の状態となったため，会議は妥結を見ないまま解散することになった．

この会議は1922年の中国の関税に関する条約により，条約発効後に関税率改定のために開催されることになっていたものである．後述するように英米も日本も25年の五・三〇事件を経験して，中国人のナショナリズムと折り合いを付けながら，それを穏健なものに留めようとしていた．そえゆえ，参加国は

会議開会後まもなく，29年に協定関税方式をやめ中国に関税自主権を認めるという決議を採択し，過渡期の措置を協議することになった．しかし過渡期の措置については，各国の思惑があって合意に手間取るうちに，会議は北京の混乱のため散会したのである．合意が遅れた理由の一つは，日本が過渡期の税率を極力低く抑えようと試みたことである．日本は関税自主権承認後の自国の主要輸出品への関税についても，それを低率に留める方策を模索していた．

北京政府が統治能力を失っていったとき，上海など大都市の人民の間には，帝国主義に抵抗する組織的運動が強まっていた．1925年5月30日の事件（五・三〇事件）をきっかけに始まった闘争はそのことを如実に示した．これは，上海の日本資本の紡績工場の労働争議に端を発し，租界のイギリス人警官が抗議集会に発砲して数十名の死傷者を出したために，上海のみならず，広州・香港でも大規模な労働者の反帝国主義ストライキに発展した事件である．この闘争を組織し指導したのは中国共産党の活動家であった．中国共産党はコミンテルンの働きかけにより，21年に陳独秀らを指導者として組織され，数年のうちに多数の都市労働者を政治闘争に動員できる力を持つようになった．

しかしコミンテルンは中国共産党結党の1921年には，孫文を指導者に持つ国民党に接近し，国民党と共産党とを提携させることで幅広い反帝国主義戦線の形成を誘導しようとした．ソ連としてはユーラシア大陸の隣邦に親ソ的な反帝国主義ナショナリズムの政権が速やかに成立すること，それによって帝国主義の中心国イギリスの力を弱めることを望んだからである．コミンテルンは資本主義の発展が遅れている中国では，共産党が早期に革命を達成することは期待できないと考え，22年には共産党員が国民党に個人として入党することを指示したのである．孫文は政党間の合作ではなく，共産党員が個人として国民党に入党するという形をとることを歓迎し，ソ連の援助を受けることに同意した．24年1月の国民党大会は「連ソ・容共・労農扶助」の三方針を採択した．孫文はそれまで彼の国家統一運動に日本からもアメリカからも十分な支持をえられなかったので，コミンテルンの提案を受け入れ，ソ連から援助を得ようとしたのである．コミンテルンからの武器援助により，孫文の軍隊は広州を奪還することができた．

中国共産党の指導者たちは国民党には不信感があったが，コミンテルンの命

令に従って国民党に入党した．コミンテルンは政治・軍事の顧問団を派遣し，国民党を本格的革命政党に改造しようとした．1925年の孫文の死後，国民革命軍総司令として国民党の実力者となった蒋介石は，23年にソ連を訪問して赤軍の組織や訓練を学び，帰国後は国民党の士官学校（黄埔軍官学校）の校長となり，革命軍の編成に当たっていた．彼はソ連の共産党から学んで国民党の組織を整え，革命軍を強化して，全国的統一政権を樹立することを志した．彼は軍事力強化のためにソ連からの援助を歓迎したが，国民党への共産党の浸透には警戒心をもっており，コミンテルンの思惑通りには動かなかった〔宇野1973〕．

[国民革命軍の北伐と日英米の対応]

国民革命軍総司令蒋介石は1926年に北伐，すなわち北に向かっての軍事進攻を開始した．27年には同軍は長江の流域に進出し，武漢，上海，南京などの重要都市を占領した．広州にあった国民政府は武漢に移転した．武漢の国民政府は汪兆銘（精衛）ら国民党左派と共産党員からなる政府で，「革命外交」により漢口・九江のイギリス租界を一方的に接収した．革命軍は南京では外国の総領事館に侵入し，外国人数人を殺害した．そのため英米の砲艦が出動して居留民を救出するとともに，革命軍に砲撃を加えた．イギリスは漢口租界接収については黙認の態度をとったが，長江下流域には大きな権益をもっていたから，革命軍の過激な反帝国主義の表明と，外国人に対する敵対的な行動とに衝撃を受け，革命軍に制裁を加えるために日本とアメリカに共同の軍事行動を提案した．アメリカもイギリスの提案に消極的だったが，軍事行動にもっとも強く反対したのは日本であった．幣原喜重郎外相は蒋介石がまもなく容共党員を排除し共産党を弾圧すると予測していたが，実際，蒋介石は上海で共産党指導の下に組織された自治政府を弾圧し，各地で起こった共産党の武装蜂起を鎮圧した．武漢の国民党指導者も共産党員を排除したので，共産党は壊滅状態に陥った．長江流域を支配下に置いた蒋介石は南京に国民政府を開設し，やがて武漢国民政府を吸収した．コミンテルンの顧問団は退去を余儀なくされた．蒋介石は，九国条約締約国との衝突を避けながら国権回復を進める方針をとった．この時期には，中国情勢への日本政府の対応はきわめて冷静であったが，幣原

外交に対しては「軟弱外交」との批判があり，野党の政友会は現地保護主義（居留民を現地で保護するための軍隊の派遣）を唱えた〔衛藤 2004〕．

国民革命軍がさらに北に進攻したとき，政友会内閣の田中義一首相は山東の日本人居留民を現地で保護するために軍隊を派遣し，この方面への革命軍の進出を牽制した．1927年5月の第一次出兵は目的を限定して慎重に行われたが，28年4月の第二次出兵では山東の中心地の済南で日本軍と国民革命軍とが衝突する事件（済南事件）が起こり，日本軍は武威を示す目的で攻撃的に行動した．双方とも紛争の拡大を望まず，まもなく紛争は収拾されたが，この事件は中国人の反帝国主義ナショナリズムの矛先を再び日本に向けさせた．

日本にとってより重大な問題は満州であった．1928年6月に革命軍は，北京政府の「大元帥」を称していた張作霖派の軍を破り，北京に入城した．これにより蔣介石は北京の軍閥政権を打倒し，国民党政権の正統性を獲得するという目的を達成した．田中首相は蔣介石の国民政府が中国の大部分を統治することを認めつつ，張作霖に満州を統治させることで日本の満州権益を守ろうとし，革命軍が張を追尾して満州に進出しようとする場合には武力行使を辞さない考えであった．田中の強い勧告により，張作霖は奉天に引き揚げようとしたが，関東軍参謀の河本大作大佐の陰謀により奉天到着前に列車を爆破されて死亡した．関東軍や満州の日本人居留民の中には，国民革命の成功によって中国東北部にナショナリズムが浸透することへの恐れがあり，張作霖に対する強い不満があった．陰謀の首謀者は，張作霖爆殺により満州に混乱状態が生じた暁には関東軍を出動させて満州に新体制を作ることを狙った．しかし予想した混乱は起こらず，田中が軍を抑えたので，陰謀は未遂に終わった．

この事件は，張作霖を満州の支配者として満蒙権益を守ろうとしてきた田中首相兼外相には大きな打撃となった．他方，全国的政府となった国民政府は国際的威信を高め，1928年内に，まずアメリカついでイギリスとの間に条約を結んで関税自主権を回復した．張作霖の死後，奉天軍閥を引き継いだ息子の張学良は同年末，国民政府の青天白日旗を彼の支配地に掲げ，国民政府の代理人として満州を統治する姿勢をとった．田中は満蒙権益を守るために張学良の懐柔を試みる一方，蔣介石ら国民政府首脳との関係を改善しようとし，翌29年6月に国民政府を正式に承認した．田中は事件の真相を公表して首謀者を処罰

することを避け，政府は公的には陸軍の関与はなかったとの立場をとったことで天皇から叱責され，同年7月に辞任した〔入江 1968；佐藤 2000〕．

　中国国民革命の進展中，日英米三国はそれぞれの思惑をもって行動したが，1930年までいずれも中国のナショナリズムに譲歩しつつ，その穏健化を図る方向に進んでいるように見えた．田中首相は蔣介石による中国統一を満蒙以外については認める方針であり，また不戦条約に署名した手前，満州でも国際社会との関係を考慮して強硬策を控えながら，満蒙権益を確保する道を模索した．彼の辞任のあと，民政党の浜口雄幸が首相となり，幣原が外相に返り咲いて，英米に倣い中国の関税自主権回復を認める政策をとり，英米との関係の調整および国民政府との関係の修復に努めた．したがって，満州事変が勃発するまではワシントン諸条約の枠組は存続していた．それゆえにロンドン海軍軍縮会議でも，三国は新たな条約に合意することができたのである．

［日英米協調の残光としてのロンドン海軍軍縮条約］

　ワシントン海軍軍縮条約は主力艦および航空母艦のトン数を制限したが，補助艦艇についての制限を懸案として後に残した．1927年から翌年にかけてジュネーヴで日英米三国による補助艦艇の制限についての話し合いが行われたが，そこでは英米が巡洋艦の制限を巡って対立し，会議は成果なく終わった．29年にイギリスでマクドナルドが労働党内閣の首相になると，海軍の制限に関する交渉を再開することを望んだ．彼は訪米し，27年の両国の対立点を調整した．アメリカの大統領フーヴァーも日本の首相浜口雄幸もともに海軍制限に積極的であり，ともに財政的負担を軽減することを望んでいた．こうして30年1月，ロンドンで海軍制限に関する会議が開かれ，三大海軍国は約3ヵ月の交渉の末，同年4月ロンドン海軍軍縮条約に合意した．フランスとイタリアは補助艦艇の制限に関する協定には参加しなかった．フランスは，危機が生じた場合にアメリカも協議に参加することを条約により約束するのでなければ，イタリアと同等の保有量には同意できないという立場をとった．

　新条約は1938年に三国に保有が許される補助艦艇の総トン数を，イギリスが54万1700トン，アメリカが52万6200トン，日本が36万7050トンとした．アメリカはイギリスより多くの重巡洋艦を保有し，イギリスはアメリカより多

くの軽巡洋艦を保有することになった．日本は補助艦艇の総トン数においてはアメリカの70％に近い保有量を認められたが，当時アメリカの72％を保有していた重巡洋艦については，38年までにアメリカの増量によって対米60％まで下がることになった．前首相若槻礼次郎を首席全権とする日本の代表団は重巡洋艦について対米70％を主張したが，若槻は最終的には国際協調のため上記のような妥協案を受け入れるべきことを進言し，浜口内閣も条約調印を指示した．しかし海軍内部には，軍令部長の加藤寛治を筆頭に，この条約には強い不満があったので，野党の政友会は議会で政府が条約調印にあたり軍令部の輔弼(ひつ)すべき統帥権(とうすい)を干犯(かんぱん)したと攻撃した＊〔伊藤 1969〕．

　＊ 明治憲法では，天皇の統帥権，すなわち軍を指揮する権限は，海軍に関しては軍令部長の輔弼により行使されるが，どのような軍備を保持するかという編成権の問題は，内閣が輔弼すべき事柄であると理解されていたから，ロンドン条約調印は統帥権干犯には当たらない．それゆえ，加藤も政策策定に際して明白な異議を唱えなかった．この問題を野党の政友会が統帥権干犯として取り上げ，内閣を批判したのは，政党政治にとって自殺行為といえる．この事件の後，軍国主義化の過程で海軍内では条約反対派が主導権を握り，統帥権の拡大解釈により軍令部の権限を強化した．

浜口の説得によって，権力上層部の中の条約批判は抑えられ，条約は枢密院の承認を得て批准された．しかし，浜口は1930年11月，海軍軍縮条約と深刻な経済危機への政府の対応に不満を抱いた右翼のテロリストに狙撃され，重傷を負った．浜口は十分回復しないまま首相の職務に復帰したが，31年4月に辞任し，8月に急逝した．当時，日本では極端なナショナリストと彼らのテロリズムとが勢いを得つつあった．浜口内閣が時期はずれの30年1月の金解禁のために緊縮政策をとって経済状況を悪化させ，庶民の生活苦を緩和する有効な政策をとれなかったことは，人々の間に反国際協調的，反欧米的なナショナリズムの感情を広める要因となった．そのようなナショナリズムはまた，中国でのナショナリズムの高まり，その東北部への浸透への不安に刺激されて，31年には日本を軍事的行動主義へと駆り立てる．30年1月のハーグ会議がヨーロッパの文脈における国際協調時代の最後の輝きであったとすれば，同年のロンドン海軍軍縮会議は日英米協調の最後の成果であった．

第IX章

国際秩序の崩壊と戦争の勃発

並び立つヒトラーとムッソリーニ (1938 年)
© Everett Collection／写真提供：amanaimages

　アメリカの経済不況とその国際的影響が深刻になるのは1930年からである．復活した金本位制を維持するためには，各国政府は緊縮財政をとる必要があり，そのことが各国の不況対策を拘束した．日本では中国の国民革命の衝撃が，ドイツでは賠償支払い継続への反発が，それぞれ国家主義的ナショナリズムを刺激する要因であったが，不況による閉塞感がその傾向に拍車をかけた．30年代始め，国際通貨制度としての金本位制は崩壊したが，イギリスを含めて金本位制から離脱した国々は，その制約から離れたことで，不況からの早めの脱出が可能になったのである．
　1920年代には，ソ連とイタリアを除いて，世界の主要国で議会制民主主義がいちおう機能し，それらの国々の協調が国際関係の相対的安定を支えたが，30年代は民主主義と平和的国際秩序にとって危機の時代となった．アジアでは日本が軍国

主義化し、ヨーロッパではドイツが新たにファシスト国家となり、この両国とイタリアの三国が国際秩序の攪乱者となった。それに対して、西欧の民主主義国イギリスとフランスでは平和願望が強く、ファシスト国家による既存秩序への挑戦に対して 39 年まで宥和的な政策をとった。アメリカでは孤立主義的心情が高まり、国際秩序の問題に関与することには消極的であった。他方、イデオロギー的に既存秩序への挑戦者であったソ連は 30 年代半ば以降、露骨に反ソ的なナチス・ドイツの台頭に対処して、西欧民主主義国との関係を強化しようと試みたが、相互不信のために協力は進展しなかった。

1930 年代後半には日本もドイツも経済が復興し、国民の生活も上向きになったが、その後の両国の対外政策はより攻撃的な性格を帯びた。満州事変後においても、日本には英米との関係を調整しつつ、中国との関係を実務的に改善する可能性は残されていたが、日本は中国におけるさらなる勢力拡張に執着し、37 年の盧溝橋事件を機に、中国の従属化を目指す戦争への道に踏み込んだ。ドイツも 39 年にはヨーロッパで戦争を開始し、両国の軍事行動はやがてソ連、アメリカをも巻き込む世界的規模の戦争へと発展するのである。

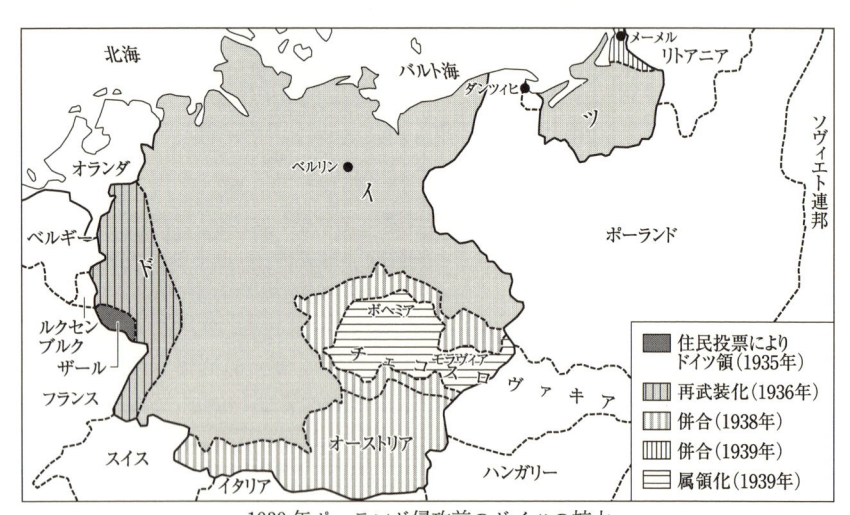

1939 年ポーランド侵攻前のドイツの拡大
Cook & Stevenson 1998, p. 528 を基に作成.

1 ― 国際経済秩序の崩壊

[国際的大不況の発生]

　1920年代のアメリカ経済の好況を背景に，20年代後半には，アメリカでは史上空前の株式市場ブームが発生し，29年9月にはニューヨーク株価指数は(26年を100とする)216に達していた*．この株式市場の加熱は，20年代の国際経済の潤滑油的役割を果たしてきたアメリカからの海外への資金の流れを妨げ，海外の資金をさえアメリカの株式投資に引きつけた．このことは，アメリカからの資金の流入に頼っていた国々の経済運営を困難にした．

　* 株価指数は1929年11月に145に下落したが，30年2月から5月までは150以上を維持した．その後下落し始め，31年4月に100に落ち，32年6月には34の最低値を記録した〔キンドルバーガー 2009〕．

　1929年のニューヨーク株価暴落の前から，20年代後半のアメリカの好景気にはかげりが生じていた．20年代の好況を支えた最大の消費財産業である自動車生産も，需要の一巡で29年春から減少に向かっていた．29年の株価暴落による多額の金融資産の消滅は，内需低下の傾向を促した．しかし「暗黒の木曜日」として知られる同年10月24日以降，アメリカの株価は続落の一途をたどって大不況に突入したわけではない．ニューヨーク株価は29年末までに下げ止まり，30年始めの数ヵ月はやや上昇して安定し，工業生産も雇用も増加したので，アメリカ経済は最悪の時期を克服したようにも見えた〔林 1988；秋元 2009〕．

　アメリカの貿易は黒字だったから，アメリカは国内市場の門戸を広く開いておくべきであったが，アメリカ議会もフーヴァー大統領も共和党のお家芸，保護主義に頼った．アメリカは1930年6月スムート－ホーリー関税法を制定し，関税を史上最高水準に引き上げ，世界経済復興の牽引車となることを拒否した．他国も対抗的に関税を引き上げ，貿易の減少とともに不況が世界的に広がったため，アメリカの景気はその年の後半に悪化し，株価指数も同年秋から急落した．世界的な物価の低下，生産の減退，失業の増大，金融恐慌という悪循環の中で，アメリカと世界の経済は大不況時代に突入する．

[イギリスの金本位制離脱]

1930年後半の欧米諸国の経済状況の悪化により，31年春には，ドイツ，オーストリアはとくに深刻な経済危機に直面した．5月にオーストリアでは主要銀行クレディットアンシュタルトを始めとする銀行の取り付け騒ぎが起こり，同国政府は諸外国の中央銀行に緊急支援を求めた．ヨーロッパで最大の金準備を持つフランスは，ドイツとの関税同盟案*の放棄を要求して援助に消極的だったため，余裕に乏しいイングランド銀行が緊急援助を決断して，オーストリアは一応苦境を脱した．オーストリアの銀行取り付け騒ぎはドイツのマルク維持を困難にした．ブリューニングを首相とするドイツの保守政権は少数与党の連立政権で，台頭してきた右翼勢力の突き上げを受けて，ヤング案による賠償支払いへの反対やヴェルサイユ条約改定要求など，ナショナリズムの要求を掲げた．しかしブリューニングは，他方ではドイツ経済の苦境の緩和のために米英仏からの援助を必要としていたから，これら諸国との交渉では対決的な姿勢はとらなかった〔Patch 1998〕．

＊　ドイツ，オーストリア両国は経済状況改善の一策として，1931年3月に両国の関税同盟案を発表したが，これを政治統合への準備とみなすフランスとチェコスロヴァキアなど中・東欧諸国からの強い反発に遭い，関税同盟を断念した．

ヨーロッパ，特にドイツの経済および金融の深刻な状況に気づいたアメリカのフーヴァー大統領は6月20日，1年間のモラトリアム，すなわち諸国政府相互間の支払い義務（賠償や戦債など）を1年間免除することを提案した．モラトリアムにより，賠償支払い国の政府財政の逼迫を緩和することができ，賠償を受けとれない国々もその間は戦債支払いを免除されるので負担にはならない，戦債の受け取りを延期しても世界経済の連鎖的崩壊を防ぐことがアメリカの利益である，と彼は考えたのである．最大の賠償受領国フランスはこの提案への同意を躊躇したが，結局同意し，7月6日，フーヴァー・モラトリアムは実施された．

しかし，それだけでドイツの通貨危機が収まるわけはなく，マルク危機がさらにイギリスのポンド危機を誘発する恐れがあったから，追加策を協議するための会議が7月下旬ロンドンで開催され，英仏独首脳らと並んでアメリカの国務長官と財務長官が出席した．フーヴァーはヨーロッパ経済の破綻がアメリカ

にも重大な影響をもたらすことを認識し，この破綻防止のための国際協調を継続する意向であったが，孤立主義的な国内事情を考慮し，アメリカの当面の役割を限定しようとした．そのためドイツは新たな借款や融資を受けられなかったが，短期融資の引き揚げをしないという国際的合意を得た〔キンドルバーガー 2009〕．

ドイツ政府が銀行制度の崩壊を防ぐために懸命な国内措置を講じていたとき，イギリスはポンドの引き出しの増加により大量の金準備を喪失しつつあった．イギリスのマクドナルド首相は緊縮政策をとり，ニューヨーク連邦準備銀行とフランス銀行からイングランド銀行への信用供与を得て，ポンドの安定に努めたが，彼の労働党内閣はその政策をめぐって分裂し，同党議員の多数が失業対策などへの支出削減に反対した．マクドナルドは労働党主流から離れ，保守党・自由党と提携して挙国一致内閣を組織し，同年10月の総選挙で連立政権は圧勝したが，挙国内閣派議員の大多数は保守党議員であった〔犬童 1976〕．

イギリス政府はポンドを支えきれず，9月21日ついにポンドの切り下げと金本位制からの離脱を決定するに至った．アメリカのフーヴァー大統領は，ポンドを安定させるために国際協力策を打ち出すことを検討したが，結局断念した．前年の中間選挙で野党の民主党が議会の多数を占めたことが，彼の政策の選択の幅を狭めていた．金本位制の母国イギリスの金本位制離脱は世界に衝撃を与え，日本を含む多くの国々がイギリスに追随して金本位制を離脱した．日本が満州事変を起こしたのは，イギリスが金本位制からの離脱を迫られていたときであった〔Steiner 2005〕．

[フランスの外交的後退とヤング案賠償の放棄]

国際連盟理事会の合意により開催が決まっていたジュネーヴ一般軍縮会議は1932年2月に始まったが，それは前年に満州事変を起こした日本が上海で中国軍と戦い始めた（上海事変）直後であり，軍縮会議が成果をあげるには不都合な時期であった．しかし他方では，30年代始めには欧米諸国で平和運動の高まりが見られた．平和運動は英米仏三国で盛んであったが，この時期に書かれ国際的に最も広く読まれた代表的な戦争批判小説はドイツ人によって書かれた．レマルクの小説『西部戦線異状なし』（1929年）はドイツの少年兵の体験

を通じて戦争の空しさと不条理を描いた名作で，国際的にベストセラーとなったが，ドイツ国内ではドイツ人の愛国心を損なう作品とみなされ右翼や軍部を激怒させた．その小説がアメリカで映画化されドイツで上映されると，映画館にナチの暴力団が押しかけて上映を妨害し，まもなく映画検閲局は上映を禁止した〔Steiner 2005〕．

1920年代から海軍の軍縮は三大海軍国の間で一応の成果を上げてきたが，陸軍・空軍を含めた軍縮となると，自国の安全に不安を感じる国々と不安の少ない国々との間で意見が分かれ，進展がなかった．1932年2月から7月にかけて開催されたジュネーヴ軍縮会議では，フランスとドイツとの対立が焦点となった．フランスはラインラントから撤兵したが，それはラインラントの非武装の継続を前提としていたから，フランス政府としては同地方の現状が継続し，自国がドイツに勝る軍事力を保持できるような軍縮にのみ賛成であった．フランスはドイツが将来軍事力を強化する可能性を恐れ，その対策として国際的安全保障機能を強化する具体策を提案した．他方，ドイツ政府はヴェルサイユ条約の軍備条項を撤廃し，他の国と同じ基準で軍備を制限されるべきことを主張した．ブリューニング政権は右翼勢力の台頭の中で政権を維持するために，また軍部の要望に応えるために，この面での成果の達成を求めた．

イギリスはドイツの要望には同情的であり，独仏関係の改善にはフランスの譲歩が必要であると考えたが，他方，安全保障強化を求めるフランスの要望に対しては，イギリスとしては連盟規約およびロカルノ条約以上の義務は負えないという態度であった．アメリカ政府は大幅な軍備縮小を提唱したが，独仏問題ではイギリスと同じく，ドイツに対してより同情的であった．フランスには人口，工業力に勝る隣国が再び軍事的に台頭する可能性に大きな不安があったが，現実にはフランスが軍事的優越を保持していたから，英米の指導層はフランスの不安への理解が乏しく，フランスの主張を大陸覇権へのこだわりとみなした．

このような主要国の立場の相違のゆえに，この会議は実質的成果なく7月に散会した．その間，5月末にはドイツのブリューニング首相は辞任に追い込まれ，代わってパーペンが首相に就任した．この会議で目立ったのは，フランスの孤立であった．フランスはヴェルサイユ条約の軍備条項を維持することにつ

いて，英米の支持を得られないことを悟った．フランスの歩み寄りにより同年12月，ドイツの要求を受け入れてジュネーヴ軍縮会議を再開するという合意が発表された．

　さらにフランスは，この年，1932年半ばには，戦債の帳消しなしには賠償を放棄しないという従来の立場を改めざるを得なくなった．ドイツ政府は，モラトリアムが終わってもヤング案による賠償支払いを再開することは不可能であると強く主張した．フランス政府も，ドイツから賠償を取り立てようとすることは現実的ではないと考えるようになった．賠償関係国が集まって同年6月から7月にかけて開催されたローザンヌ会議では，ヤング案賠償を廃止し賠償支払いを3年間猶予すること，ドイツの賠償残額を30億金マルクとし，ドイツはそれを証券化して国際決済銀行（BIS）に寄託すること，BISは将来適当な時期にそれを市場で販売することが合意された．この合意により，ドイツの賠償支払いは実質的に終了した．ドイツがこれまでに実際に支払った賠償金は約230億金マルクであり，1921年に賠償委員会のロンドン会議で決められたドイツの賠償責任額1320億金マルクの約17％であった〔Schuker 1988〕．ローザンヌ会議では，アメリカのフーヴァー政権にはモラトリアムの延長を認める考えはなく，32年秋の選挙への影響を恐れて，戦債帳消しについても消極的態度をとった．12月に戦債の支払いをひとまず再開しようとしたフランス政府は反対に遭って政権を失い，イギリスのみが戦債を支払った．

［アメリカ外交と世界経済会議］

　イギリスは1931年9月に金本位制を離脱してポンドを切り下げたことで，自国産品の輸出を増やし，経済を立て直しつつあった．自由貿易主義から保護貿易主義に転じたイギリスは，32年7-8月に開催された英帝国経済会議（オタワ会議）で，帝国を構成する諸国との多くの二国間協定により，特恵関税制度を導入した．カナダおよびニューファンドランド*を除く自治領諸国や植民地はそれぞれの通貨をポンドに連動させており，貿易の決済にポンドを用いていたので，「スターリング・ブロック」と呼ばれていたが，英帝国外の国々でもスカンディナヴィア諸国など，スターリング・ブロックに加入する国があった．

＊ 北米の自治領の通貨はアメリカ・ドルに連動していた．1937年にニューファンドランドは財政破綻のため自治領の地位を失い，その後49年にカナダに統合され一つの州となった．

　一方アメリカ経済は，1932年には最悪の状況に落ち込んでいた．フーヴァーはいくつかの景気振興策を採用したが，彼は政府の役割を限定的に考える伝統主義者であった．深刻な不況で生活に不安を抱える多数の有権者は，20年代の好況の演出者をもって自任したフーヴァーと共和党とを信頼しなくなっていた．大統領就任に際して「アメリカ人はまもなく貧困をなくすことができる」と述べたフーヴァーが，32年の大不況下の選挙で，「ニューディール」を唱えた民主党の大統領候補フランクリン・ローズヴェルトに敗北したのは，驚くに当たらない．

　イギリスの挙国内閣は自国経済が回復してきた時期に，国際的な通貨の安定により国際経済秩序の回復を図ろうとし，1933年のロンドン世界経済会議に期待をかけた．しかし，アメリカでフーヴァーに代わって政権に就くローズヴェルトは，就任早々に行うべき「ニューディール」の立法プログラムの準備に努力を集中しており，この時期には対外政策についての関心が薄かった．

　ローズヴェルトが政権発足当初に打ち出した施策の一つは金本位制からの離脱であった．アメリカの貿易は黒字であり，まだ金本位制から離脱すべき切迫した理由はなかったが，ローズヴェルトは生産制限により物価を上昇させ，生産者に収益を得させることで，生産活動の回復を進める政策をとったので，金本位制の拘束をはずすことにしたのである．彼は6月に開会するロンドンの経済会議には成果なく終わらせるという否定的な関心しかもっていなかった．彼はアメリカの首席代表ハル国務長官が望んだ互恵通商構想を提案することを認めず，通貨安定協定への合意を禁じた．そして7月初頭，中央銀行が通貨安定のために協力するという抽象的な合意文書をも拒否した．当時，工業製品も農産物も価格が上昇し，デフレ脱却政策が成功していたので，ドルの為替レートが高めに設定されることを恐れて，通貨に関しては完全な行動の自由を維持しようとしたのである．大統領は声明の中で「健全な国内経済体制は，その国の福祉にとって，他国通貨との為替レートよりも重要な要素である」と述べ，会議が国際為替の些末な議論に終始していると批判した〔Ferrell 1957〕．

1―国際経済秩序の崩壊

　アメリカ新大統領の「爆弾声明」により，ロンドン世界経済会議は実質的成果なしに閉会することになった．主要通貨間の為替レートの相対的安定を実現し，国際経済秩序の回復を図り，経済復興により国際秩序の混乱を防ごうという試みは失敗に終わった．この会議は，1920 年代以来何回も開催されてきた国際経済会議の最後のものとなった．イギリスは，自国の対米戦債返済問題の一括的解決を求めて 1 年以上にわたり交渉を続けてきたが，34 年には交渉がまとまらないまま返済を停止した．この問題での対英妥協に反対してきた孤立主義的なアメリカ議会は，対抗措置としてジョンソン法を制定し，アメリカ政府および市民が戦債返済不履行の諸国に融資を与えること，それら諸国の国債を購入することを禁止した．

　世界の通貨は金本位制を維持するフランスなどの金ブロック，ドルとリンクするドル・ブロック，ポンドとリンクするスターリング・ブロック，そして管理通貨制度をとる日独などに分かれた．ただしローズヴェルト政権は，このときのような通貨における単独主義をその後もとり続けたわけではない．国際為替の混乱を防ぐために，1936 年には米英仏三国通貨協定を結び，金本位制を取ってきたフランスが平価切り下げを行っても対抗的な平価切り下げをしないことを約束した〔キンドルバーガー 2009〕．

　アメリカは 1934 年からは貿易拡大による景気回復を志向し，同年の互恵通商協定法によって，相手国との二国間協定を結び，双方の主要輸出品について相互に関税を 50 ％まで引き下げる権限を大統領に与える政策をとった．これは特恵関税などによるブロック経済形成に対抗するもので，互恵主義と無条件最恵国待遇とを組み合わせることで，より自由な貿易体制の拡大を目指すものであった*．

　　*　互恵通商協定の締結相手国は主にラテンアメリカ諸国であり，それら協定は必ずしも無条件最恵国待遇を規定したわけではなかった〔Gellman 1979〕．互恵通商の推進者ハル国務長官は，互恵通商協定を広げることで貿易上の相互依存のネットワークを強化すれば，世界平和につながると考えていた．協定交渉はまとまらなかったが，日本は資源輸入の確保と日米戦争回避とのためアメリカの互恵通商政策にはかなりの関心を示した〔加藤 1993；髙光 2008〕．

2 ― 満州事変と国際関係

[満州事変の勃発と国際社会の対応]

　中国では 1928 年に形式的には南京の国民政府が統一政権として成立したが，国内にはいくつもの地方軍閥が残存し自らの武力と事実上の支配地域とを保持していたから，統一政権としての実質は不十分であった．そのほかに，弾圧を逃れた共産党も湖北省や湖南省に支配地域を持ち，相当数の兵力を有していた．30 年には反蔣派軍閥が提携して大規模な内戦を起こし，汪兆銘ら国民党改革派も蔣介石独裁反対の立場から，それを支持した．蔣は，東北軍閥張学良の応援を得て，この内戦を制した．このような内戦状態に力を得て，共産党も 30 年に湖南・湖北両省の主要都市での革命を企て，相当の兵力を投入して，一時は長沙を占領し，他の都市をも脅かしたが，この作戦は失敗に終わった．

　このように中国の政情はまだ不安定であったが，中国では知識層を中心にナショナリズムが広がり，19 世紀以来の不平等条約体制の撤廃運動（国権回収運動）が盛んになっていた．張学良が支配する東北部でも，そのような運動は活発であった．東北部の国民政府機関は，日本の満鉄との並行線を含む新線建設計画を立てていた．このような状況は，日本の満蒙権益の将来についての不安を多くの日本人に抱かせた．とくに満蒙在住の日本人社会と満蒙権益の擁護者をもって任じる関東軍将校には，切迫感があった．もちろん，日本が中国人のナショナリズムと折り合いを付けつつ，この地方の重要権益を長期的に守っていくことは可能であったろう．1929 年に，満州北部を横断する中ソ共同経営の東清鉄道（中東鉄道）を強引に回収しようとした国民政府の試みが，ソ連側の強い反撃に遭って失敗したことも，中国政府の行動を慎重にさせたはずである．鉄道建設計画の問題では日中の妥協による合意が成立する可能性があり，幣原外交はそのような平和的調整をめざしていた．

　しかし関東軍の幹部は，軍事力によって一挙に満州を実質的に支配する体制を作ろうとする独自の計画を進め，1931 年 9 月 18 日に行動を開始した．彼らは張学良の軍隊が弱体で，国民政府も東北部で軍事的対決を挑む余裕がない状況を利用して，軍事行動に出たのである．奉天（現在の瀋陽）付近で起こった

満鉄線路の爆破事件（柳条湖事件，関東軍が仕組んだもの）をきっかけに，関東軍は破壊活動対策を口実に奉天を占領し，居留民の安全確保を名目に軍事活動を拡大した．これは，板垣征四郎参謀を中心とする関東軍幹部が立てた周到な計画に基づく行動であった．東京の陸軍首脳の支持さえ得られれば，計画の成功は確実と考えたのである．

東京では翌日，若槻礼次郎を首相とする政府が軍事行動不拡大の方針を決定した．それには南次郎陸相も同意し，金谷範三参謀総長も速やかに旧状に復することを是としていたが，陸軍中枢にも旧状復帰に反対し，軍事的手段で「満蒙問題の一挙解決」をはかろうとする強硬派がいた．陸相と参謀総長とは陸軍中央の強硬派を十分押さえられず，そのため政府の不拡大方針は現地で陸軍によって作り出される既成事実の前に空文化していった．中国側は張学良も蔣介石も戦争回避の方針を取って，外交的交渉による解決を目指し，また国際連盟の介入に頼ろうとしたが，日本軍の占領地域の拡大は止まらなかった．

すでに述べたように，満州事変が勃発した当時，イギリスはポンド危機のために金本位制離脱に追い込まれ，アメリカの不況が深刻になっていたから，英米とも事変の穏便な解決を望んだ．アメリカのスティムソン国務長官は事変勃発の当初，若槻・幣原の平和外交を信頼し，紛争の早期解決を期待していた．国際連盟は，中国からの提訴を受けて緊急理事会を開催したが，日本は中国側に非があると主張しつつも，事態を悪化させずに交渉による解決を目指すことを言明したので，日本には満鉄付属地への軍の撤退を，中国には日本人の安全の保障を求める決議を9月末に採択しただけであった．しかし日本は約束に反して軍事占領を拡大したので日本への批判がより強くなり，10月の連盟理事会は，日本に11月の次期理事会までに軍を全面的に撤退させることを求める決議案を採択しようとした．それは日本だけの反対により阻まれたが，同理事会はそれより前，満州事変問題の討議にアメリカの代表をオブザーヴァーとして受け入れることを手続き問題として多数で可決した．その間に関東軍は北満州をも含めた満州全土を支配下に置くために，独断で北満州に軍を進出させた．日本には9月以来の関東軍の行動に爽快感を抱く人々が多く，それが軍の行動を抑えようとする政府の立場を弱めた〔臼井 1995〕．

1931年11月の連盟理事会では，満州で陸軍が作り出した既成事実をすぐに

元に戻せない国内事情にある日本は，それまで反対してきた国際連盟の調査団の派遣を自ら提案した．英仏など常任理事国も連盟外のアメリカもその提案に好感を示し，解決の引き伸ばしを恐れて反対する中国を説得し，翌月に調査団の派遣を決め，その報告に両者の妥協点が見出されることを期待した．32年1月に常任理事国四国とアメリカが指名した5人の委員から成る調査団が組織され，イギリス人のリットンが団長に選ばれた．

[大正デモクラシーの終焉]

若槻首相は，政友会を含めた強力な連立内閣を作って事態の打開を図ろうとしたが，閣内の意見はまとまらず，結局1931年12月に総辞職し，代わって犬養毅を首相とする政友会内閣が成立した．犬養は，日本が満州における中国の名目的主権を認め，中国が満州に親日的な自治政府の設立を認めるという条件で，中国側と合意する構想をもっていたが，与党内にも閣内にも対外強硬派がおり，彼もまた軍を統制することはできなかった．日本で若槻内閣が総辞職してまもなく，中国では蒋介石が抗日戦に消極的なことを批判されて一時政権を離れたが，32年3月には汪兆銘と提携して政権に復帰した．

その間に，関東軍首脳部は1931年11月には「満蒙自由国」構想をもって満州を中国から分離独立させる方針を決め，32年1月には政府にその案を提示した．満州の中国からの公然たる分離独立は，中国との和解を困難にするばかりでなく，国際社会からの孤立を招くことが予想されたから，犬養はその案を認めなかった．日本国内では対外強硬論を唱え，政党政治家および財界人への不信を表明する右翼ナショナリスト団体が活動していたが，その中には政党政治家や財界指導者を暗殺することによって軍国主義的独裁体制を形成しようとするいくつかのテロリスト・グループがあった．31年秋には彼らによる政府要人らの暗殺計画が事前に発覚したが，32年2月には前蔵相井上準之助が，3月には三井財閥の重鎮団琢磨が暗殺された．そして5月15日には，海軍青年将校を中心に，陸軍士官学校生徒や右翼団体のメンバーが参加した五・一五事件が起こった．彼らは首相官邸など数ヵ所で同時多発テロを行い，首都の混乱に乗じて，荒木貞夫陸相を担いで軍人中心のファシスト政権を樹立する計画であった．彼らは犬養首相を殺害したが，他の標的の襲撃には失敗した．犬養

の死とともに，衆議院の多数党の指導者に組閣を委ねる政党政治は終わった．その後も政党と男子普通選挙権とは存続するが，首相には衆議院に基盤を持たない退役軍人や官僚経験者が就任し，日本の政治は軍国主義的で権威主義的な傾向を強める〔臼井 1974；緒方 1966〕．

［スティムソン・ドクトリンと上海事変］

　アメリカは1931年10月にオブザーヴァーを国際連盟理事会に出席させたものの，大統領も国務長官も連盟がアメリカに過大な期待をもつことを警戒していた．しかし日本が軍事行動を継続したため，スティムソンは日本の不戦条約違反に対して経済制裁を行うことを考慮したが，フーヴァーは制裁を支持せず，日本の行動を承認しないという声明で対処すべきだと主張した．日本が調査団派遣を提案したので，アメリカ政府は経済制裁も不承認声明も出さず，しばらく情勢を見守ることにした．

　しかし日本軍は，張学良が拠点としていた南満州西部の錦州に向かって進撃し，1932年1月早々同地を占領した．スティムソンは日本軍の錦州占領に衝撃を受け，数日後に日中両国政府に対して，アメリカとしては中国に関する「領土的行政的保全および門戸開放政策の名で知られる国際的政策」に反する既成事実の形成を承認せず，「パリ不戦条約の盟約と義務とに反する手段を用いてもたらされる事態や条約・協定を承認する意思がない」ことを通告した．この不承認原則の表明は「スティムソン・ドクトリン」として知られるが，スティムソンはこの声明が日本に対する道徳的な圧力となることを期待した．彼は，国際連盟に同様の決議を行うことを働きかけ，連盟総会は3月に「連盟規約および不戦条約の規定に反する手段によりもたらされる事態や条約・協定を承認しないことは加盟国の義務である」という決議を採択した．このような連盟総会の決議の背景には，1月末に発生した上海事変（第一次）があった〔Ferrell 1957〕．

　上海事変は錦州占領より大きな衝撃を国際社会に与えた．上海は中国最大の貿易都市であり，欧米諸国の権益が集中しているところだったからである．上海には，当時約2万5000人の日本人が生活していたが，満州事変勃発以来，中国人の日貨排斥運動と反日感情の高まりに直面して，日本政府の強力な保護

を求める動きがあった．そのとき中国人群衆による日本人僧侶殺傷事件（これも現地の日本軍人により仕組まれたものであった）が発生し，それが端緒となって大規模な日中軍事衝突へと発展した．

　日本側は当初，陸戦隊（海軍の地上戦闘部隊）が戦ったが，やがて陸軍が派遣された．中国軍は満州の場合と異なり頑強に抵抗した．犬養内閣は艦隊派遣とともに陸軍兵力を増強し，戦況を有利にして早期停戦に持ち込もうとした．英米仏三国とも上海での戦闘が拡大長期化することに強く反対したからである．スティムソンは，日本が九国条約を破るなら，アメリカも海軍軍縮条約の規定に拘束されることなく，フィリピンやグアムの防備を強化する自由をもつと警告した．中国政府も，日本との戦闘に大きな兵力を投入すれば共産党軍に対して不利になるため，停戦を望んだ．日中両軍は3月始め停戦し，イギリスの斡旋により5月に休戦協定が成立し，日本軍は上海から全面的に撤退することになった〔臼井 1974〕．

[リットン調査団報告と日本の国際連盟脱退]

　イギリスのリットンを団長とする国際連盟の調査団は1932年2月末に日本に到着し，3月11日に神戸から上海に向かい，約1ヵ月の中国滞在の後，1ヵ月半にわたり満州での現地調査を行い，7月にさらに斎藤実首相らと会談するため10日ほど東京に滞在してから，帰路についた．調査団の最初の来日直後に，満州では満州国建国宣言が行われ，調査団が上海に到着したときには，上海事変の激戦で破壊された市街を目撃することになった．再来日したときには，斎藤首相や内田康哉外相から，満州国をいずれ承認するという内閣の方針と，満州国は自発的運動の所産であるからその承認は九国条約違反にはならないという見解を聞いた．調査団は北京で内部の意見を調整して報告書をまとめ，9月始め全員が署名して散会した．このいわゆるリットン報告書が発表されたのは10月初頭である．

　報告書は基本的な2点で日本の主張を退けた．すなわち報告書は，発端となった事件は列車の運行に支障のない軽微な爆発であるから，その後の日本の軍事行動は合法的な自衛の行動として正当化できないという判断を示し，また満州国建国については真の自発的独立運動の結果ではないと結論した．報告書は

満州問題の解決策として，中国の主権の下に広汎な権限を持つ自治政府を形成する，自治政府は日本人を含む外国人顧問が指導・監督に当たる，治安維持は特別警察隊の担当とし，外国軍隊も中国軍隊も撤退して，満州を非武装地域とする，中国は満州の安全保障のため，日本，ソ連などと不可侵条約を結ぶことなどを連盟理事会が日中両国に勧告するように提案した．報告書は満州を，複雑な歴史的背景をもつ極めて特殊な地域とみなし，このような統治方式を提案したのである．そして中国にとり，近隣の大国日本との友好関係の構築が重要であり，とくに満州においては日本との経済協力が必要であることを強調し，そのために中国には日貨排斥運動を禁止することを求めていた．この報告書の提言は，満州における日本の利益について，十分に配慮したものであったと言えよう．

しかし9月にすでに議会の圧倒的な支持を得て満州国承認をすませていた日本政府にとって，日本の基本的主張を退けたリットン報告書はもはや受け入れる余地のないものであった．他方，中国政府はこの報告書を受け入れようとした．満州における中国の主権を大幅に制限する報告書の提案は，主権国家という立場からは好ましいものではなかったが，中国政府としては外交的に国際連盟の支持を必要としていたし，また政府はまず中国内の共産党勢力を制圧することを優先する方針であったから，日本に満州を支配されるよりは好ましい当面の解決策としてこの提案を受け入れた．リットン報告書の審議は連盟理事会から総会に移され，総会は12月，連盟規約第15条に基づく紛争解決のための勧告案をまとめる作業を十九人委員会に委任した．

日本は勧告案に満州国の明白な否認が盛り込まれるのを避けようとしたが，日本は満州国を中国の主権のもとにおく意図はまったくないと述べたので，十九人委員会は満州国の正統性を否定し，連盟加盟国は満州国を承認しないという文言を含む勧告案を総会に提出した．勧告案は1933年2月24日，賛成が中国を含む42票，反対は日本1票のみで採択された（連盟規約第15条10項により，勧告案は総会では当事国以外の全理事国の同意と他の諸国の過半数の同意とによって可決される）．日本政府は総会でのこの敗北とともに，連盟脱退の方針を決め，3月に正式に連盟事務局に脱退を通告した．連盟総会が勧告案を採択したころ，関東軍は熱河省への進撃作戦を開始しており，3月初旬には

熱河を制圧し，それを満州国領土に編入した＊〔臼井 1995；緒方 1966〕．

＊　連盟規約第15条6項により，理事会あるいは総会の勧告を当事国の一方が受諾すれば，連盟加盟国はその国に対して戦争を仕掛けることはできないことになっていた．したがって熱河作戦は禁止されている戦争行為とみなされて，連盟による制裁の対象になる可能性があった．日本が連盟から脱退すれば連盟との衝突を避けられるという見通しも，外務省が連盟脱退に傾いた要因であろう．熱河問題では譲らないが南洋諸島の委任統治地域を保持するため連盟脱退もしないという強硬派に対して，むしろ穏健派が主流だった外務省は連盟脱退後も委任統治地域は保持できると考えていた〔井上 1994〕．

　満州事変勃発以来，中国国民政府は国際連盟を舞台とする外交とともに，満州問題を日本との直接交渉により解決する可能性も探ってきたが，日本政府の満州国承認後はそれを断念し，熱河では徹底抗戦の方針をとった．しかし張学良の軍隊が熱河で簡単に敗北したことは，国民政府にとって大きな衝撃であった．当時，政府軍は江西省方面でも共産軍の奇襲により苦杯を喫したばかりであった．国民政府は米英の好意的な外交的介入に期待したが，日本軍が北平（現在の北京）・天津方面に進出する姿勢を示して圧力をかけたので，さらなる戦争を回避するため，日本軍の提示した停戦条件を基本的に受諾することにした．こうして1933年5月末，双方の軍の代表により塘沽停戦協定（タンクー）が調印された〔臼井 1995；鹿 2001〕．当事国間に停戦協定が成立し，ともかくも満州事変が収束したので，アメリカも国際連盟諸国もこれ以上，満州問題で日本を追及することはしなかった〔ソーン 1994〕．

　アメリカのローズヴェルト政権は1933年11月ソ連との外交関係を樹立した．米ソの国交正常化には日本を牽制する意味合いがあったが，ソ連は一方では日本との紛争を避けるため，33年5月，従来中国と合弁で運営してきた北満州の東清鉄道の権利を日本または満州国に売却することを提案し，35年3月に満州国に売却した．33年に国際連盟から脱退したのは日本だけでなかった．同年10月には同じく常任理事国であったドイツがヒトラー政権のもとでジュネーヴ軍縮会議から離脱するとともに国際連盟からも脱退した．

3―ナチス・ドイツの成立

[ヴァイマル共和政の崩壊]

　ドイツでは1930年3月，連立の中での妥協が不可能となり社会・穏健保守の連立政権が崩壊した後，首相となった中央党（カトリック系の穏健保守政党）のブリューニングの内閣も重要法案について議会の支持を得られず，その事情は9月の選挙の後も変わらなかった．彼はヴァイマル共和政の破壊を意図した政治家ではなかったが，彼の政権の時代に議会制民主主義は十分に機能できず，彼はしばしば大統領の非常権限による大統領令によって統治する必要に迫られた．ブリューニング政権下のドイツは深刻な不況に直面し，民衆の不満が「国家社会主義ドイツ労働者党」（「ナチ党」または「ナチス」として知られる）の台頭をもたらし，保守派は権威主義的な政治への回帰を求めるようになった．25年に大統領になった陸軍元帥ヒンデンブルクも，この時期には明らかにそれを望んでいた．貴族や大企業家，そして軍部にも，権威主義願望が強まっていた．こうして30年代初頭にドイツの政治は著しく右傾化した．そうした中では比較的穏健な内政・外交を追求したブリューニングは，32年5月末，ヒンデンブルク大統領とその周辺の権威主義者たちの反感を買い，ヤング案賠償の打ち切りに成功する直前，辞任に追い込まれた〔Patch 1998〕．

　彼の後の首相はパーペンで，大統領に気に入られていたが，政治的経験に乏しい人物だった．彼は再度議会を解散して総選挙を行ったが，議会の信任を受けられなかったので，議会を解散したまま選挙を行わずに，憲法を無視して大統領令による統治を行おうとしたが，国防相シュライヒャーが反対したために，11月には辞任に追い込まれた．後任首相にはシュライヒャー自身が就任したが，彼は労働組合に接近する一方，ナチの党組織拡張の推進者シュトラッサーを味方として右翼の大衆的基盤を確保し，それによって議会からの不信任を防いで政権を維持するという構想を立てていた．

　しかし労働組合は支持を断り，副首相就任を承諾したシュトラッサーはシュライヒャー政権支持についてヒトラーらナチ幹部を説得できず，自らの組織を率いて党を割って出る度胸もなかった（シュトラッサーは党活動から引退した

が，1934年に彼もシュライヒャーもヒトラーの刺客により暗殺される）．このようにして，シュライヒャーの政権構想は挫折し，2ヵ月足らずで辞任した．ナチ党は議会の第一党であったが，占有議席は3分の1程度で，32年11月の選挙では同年7月の選挙より議席を減らしており，選挙費用で負債を負っていた．それゆえシュライヒャーには，ナチ党は総選挙を避けて彼の政権に協力するという読みがあったが，何人かの資本家が負債の肩代わりを申し出たためにヒトラーは強気になり，その読みは外れた．そのためシュライヒャーはヒトラーに首相の座を提供するほかに政局打開の道はないと判断し，元陸軍伍長にすぎないヒトラーに不信感をもつ退役の元帥ヒンデンブルク大統領を説得した．

1933年1月30日，ヒトラーは首相に就任した．発足当初のヒトラー政権にはナチ党の閣僚は少なく，副首相は元首相のパーペンであり，閣僚の大部分は伝統的保守主義者であった．パーペンもシュライヒャーも権威主義的統治を志向していたが，ヒトラーは数ヵ月の間に彼らの予想を超えた全体主義国家の体制を形成していくのである〔Turner 1996〕．

［ナチ党独裁体制の形成］

ヒトラーの要求により1933年3月に予定されていた議会選挙を前に，国会議事堂放火事件が起こると，ナチ党はそれを共産党の破壊活動であると宣伝して，非常事態に備えるための大統領令により，市民的自由を停止して反政府勢力を封殺しようとした．選挙でナチ党は他の右翼政党と提携すれば過半数が取れるだけの議席を得たが，憲法を改正するのに必要な3分の2の多数には遠かった．ナチ党は穏健保守政党を籠絡し，共産党議員と一部の社会民主党議員を拘禁し，出席した社会民主党議員に脅しをかけるなどの強引な方法で，3月24日に出席議員の3分の2の支持を得て全権委任法を可決した．議会から立法機能を奪うこの法律は期限4年とされていたが，繰り返し更新された．

政府はすでに共産党を徹底的に弾圧していたが，同年6月には社会民主党の活動を禁止し，穏健保守政党を自主解党させ，右翼政党を併合した．そして7月にはナチスを除く他のすべての政党活動の禁止を定めた．その間にヒトラーは軍備強化を約束して軍との協力関係を固め，主要産業資本家を懐柔して支持者とし，企業家団体を再編して国家体制の中に取り込んだ．

ヒトラーは1934年6月末,彼の親衛隊（ヒトラー直属の精鋭武装集団）を使い,レームら突撃隊の幹部を始めとする79人を反逆の陰謀を企てたとして殺害し,突撃隊を無力化する政策をとった．この事件の背景には,突撃隊というナチスの大衆的暴力組織がヒトラーの政権掌握後は不要な存在になったという事情もあったが,レームら突撃隊の幹部が突撃隊を動かして一揆を起こす可能性があったからである．彼らは既成の権威集団に敵対的で,党の名称の「社会主義」を重視し,ナチ革命の終了を宣言したヒトラー路線に不満を抱いていたグループである．前首相シュライヒャー夫妻もこのとき殺された．全体主義体制のゆきすぎについて批判的発言をしたパーペン副首相は自宅で軟禁状態におかれ,演説原稿を書いた彼の側近は殺された．これはヒトラー体制の無法国家的性格を露にした事件であった〔Fest 1974〕．

1934年8月,ヒンデンブルクの死去の後,ヒトラーは人民投票による圧倒的な支持を受けて大統領職と首相職とを一身に統合したが,「総統兼ドイツ国首相」という好みの称号はそのまま用いた．それまでナチ党の指導者という意味で用いられたFührerという称号（「総統」と訳される）は,以後,ナチ党の指導者であるとともに大統領職と首相職とを合わせた国家の指導者であるヒトラーの称号となった〔Dülffer 1996；成瀬ほか 1997（芝）〕．

［二つのファシズム国家——イタリアとドイツ］

ドイツのナチ党の思想・運動・支配体制は固有のものとしては「ナチズム」と呼ばれるが,それはイタリアのファシスト党の思想・運動・支配体制と基本的な共通性があるので,両者とも「ファシズム」の名で総称されることが多い．議会制民主主義体制をとらない統治体制全般を「権威主義体制」と呼ぶことが多いが,ファシズム体制と通常の権威主義体制との違いは,ファシズムが指導政党の独裁を正当化して強権政治を行い,個人の自由を極度に制限して国家への服従と奉仕を要求し,国民の総力を国家的目的に動員するために,国民生活のあらゆる面を管理しようとするところにある．

ドイツ,イタリアのファシズム体制はソ連などの共産主義体制とともに,「全体主義体制」と呼ばれる．「全体主義」という言葉を初めて用いたのは,イタリアのファシスト自身であるが,ドイツ,イタリアのファシズム体制とソ連

の共産主義体制との違いは，前者が国家主義とともに社会主義を唱えながら，資本家を体制に取り込むことにより資本主義を温存したことにある．そのゆえソ連の共産主義体制はより徹底した経済管理を行う全体主義であったといえる．ソ連とドイツおよびイタリアには全体主義体制として類似性があったが，両者のイデオロギーには大きな違いがあった．それは，ファシズムが国家主義の極端な表現であったのに対して*，共産主義は国際主義を掲げ，労働者階級およびその前衛政党の国際的連帯を謳い，そのための国際組織を設けていたことである．

* 英仏を含めヨーロッパの多くの国に，ファシズムに共鳴し，自国をファシスト化しようとするグループが存在した．ムッソリーニは1934年9月ドイツのナチスに対抗して，これらの団体に呼びかけファシスト運動の主導権を握ろうとした．これはモスクワ主導のコミンテルンの模倣であるが，彼がローマ－ベルリン枢軸政策へと転換するとともに，こうした国際連帯への関心は失われた〔Morgan 2003〕．

イタリアのファシスト党もドイツのナチ党も，ともに武装組織をもつ政党であり，暴力を用いて政権に接近し，またそれを政権の強化のために用いた．そして両者はともにムッソリーニあるいはヒトラーというカリスマ性のある指導者に率いられ，ファシスト党の指導者は終始ムッソリーニであり，ナチ党の指導者は終始ヒトラーであった．とくにドイツでは，映画やラジオなど新メディアを活用した劇的な演出により指導者ヒトラーへの民衆崇拝が形成され，それがナチ体制を支える重要な基盤となった．ソ連のスターリンもまたメディアをスターリン崇拝浸透のために活用したことはよく知られている．

ファシスト党もナチ党も革命によって旧政権を打倒して権力を掌握したわけではなく，保守勢力に呼び込まれて保守勢力の支持を得て権力を掌握したのであるから（権威主義的反動と擬似革命運動との同盟），彼らは政権発足当初は旧体制の中の権威主義的勢力と提携し，既存の官僚や軍部を味方にする必要があり，そうした上で独裁体制を固めていった〔山口 2006〕．ただし政権獲得後の独裁体制確立のスピードは，ドイツの方がイタリアの場合よりはるかに速かった．それは，1933年のナチ党は22年のファシスト党に比べ，より強力な政党であり，すでにその勢力は軍部や官僚組織にも，また大資本家，中流階級，

下層中流階級など国民各層にまで浸透していたからである．ドイツの独裁者ヒトラーはイタリアの独裁者ムッソリーニに比べて，はるかに強大な権威を一身に集中することができた*．それは今述べたような指導者崇拝を創出する術において，ナチス・ドイツの方が優っていたためばかりではない．イタリアにはイタリア人の忠誠をひきつける存在として国王が残っており，またカトリック教徒の国であるために，ローマ教皇のもつ精神的権威が大きかったという事情にもよる．

> * 強固な独裁といっても，内政・外交のすべてがヒトラーの構想によって進められたというわけではない．軍事・外交政策を含めて，政策決定過程は個々の案件により異なり，多くの場合，彼の有力な側近たちの意見と官僚政治的利害の調整とによって形成された〔栗原 1994；山口 2006〕．

ドイツとイタリアのファシズム体制の間のもう一つの重要な相違は，前者が特徴とした民族至上主義はイタリアにはなかったことであり，それに関連して，ユダヤ人排斥はナチ党の場合はじめから主張されていたが，イタリアのファシストには反ユダヤ主義はなかった．ムッソリーニが反ユダヤ主義を採用したのは，イタリアのドイツ追随が強まった1938年7月である．

1930年代に，中・東欧の諸国の大部分では議会政治が機能せず，権威主義的体制をとるようになったが，それらは通常ファシズム体制とは呼ばれない．それは一つの強力な政党組織を基盤として成立した独裁体制ではなく，国家権力が国民の生活を全面にわたって管理する度合いが低かったからである．オーストリアの権威主義の場合は，保守政党キリスト教社会党が支配継続のためファシスト化したものといえるが，カトリック教会の伝統的権威への依存度が高く，ハプスブルク王朝復活の願望を持っていた．イベリア半島の国ポルトガルとスペインにも権威主義体制が成立した．ファシスト国家の援助を受けて内戦に勝利したフランコのスペインは，第三のファシスト国家とみなされることが多い〔斉藤 1990〕．ただしフランコ政権は元来軍事政権であり，軍部および伝統的保守勢力への依存度が高く，彼の新ファランヘ党はフランコの権力掌握後に多様な保守勢力を彼の支配下に吸収して権力を維持するために形成されたもので，ファシスト政党のような大衆動員力を欠いていたから，ファシズムとまでは言えない面があった*．

＊　内戦中のフランコの権力確立の過程で，イタリア・ファシスト型の既存政党（旧ファランヘ党）の指導者は排除され，彼の党に吸収された．ポルトガルのサラザルは軍事政権の財政再建に成功して自ら独裁的権力を握り，それを維持するために政党「国民同盟」を創設した．

4 ─ ヒトラー外交とヨーロッパ主要国の対応

[初期のヒトラー外交]

　ヒトラーがかつて『わが闘争』の中で述べた構想，すなわち東方に広がる大帝国を形成し，ドイツ民族のための広大な生存圏を獲得することは〔ヒトラー 2001〕，ドイツの指導者になってからも依然として彼の将来構想であった．国家の指導者になったヒトラーは，当面このような構想を公言しなかったとしても，私的な会話ではしばしばそのような構想を語っていた．政権掌握後の数年間のヒトラー外交は，このような将来構想の前提として，軍備強化を国際的抵抗なく進めるために，自らの平和的意図を強調しつつ，ヨーロッパ諸国の反応を測りながら，ヴェルサイユ条約の軍備条項をなし崩しにすることに向けられた．彼の政府と政党は国外のドイツ人居住地域におけるナチ党の勢力強化を支援し，彼らを対外政策に利用しようとした．

　ヒトラーが政権掌握の年にとった主要な外交行動の一つは，ジュネーヴ軍縮会議およびその主催機関である国際連盟からの脱退（1933 年 10 月）である．ブリューニング政権時代にドイツは軍備について他の国々と同等の権利を持つことを国際軍縮の前提として主張し，32 年末までにはフランスを含む主要国がその主張を容認するようになっていた．しかしヒトラーはドイツの軍備についての完全な自由を確保するために，多国間条約によるいかなる制限にも同意しないという方針であり，頃合をみて軍縮会議と国際連盟から脱退することにしたのである．

　ヒトラーの初期の政策でもう一つ目立つのは，ポーランドとの関係改善である．ドイツは 1920 年代の国際協調期にも，東部国境の恒久化を容認したことはなく，とくにポーランドとの境界線について強い不満があった．ポーランド領内のドイツ人の地位と処遇をめぐって両国間に紛争が絶えず，その問題はド

イツ政府によって繰り返し国際連盟に持ち出されていた．しかしヒトラーは両国間の紛争を凍結してポーランドとの友好関係を強化する政策をとり，34年1月には両国間の不可侵条約が締結された．ドイツが軍備強化を推進する際に，フランスが強く反対すると予想されたから，ヒトラーはポーランドがフランスに呼応して行動することを防ごうとしたのである．ポーランドもフランスをあまり信頼しなくなっていたので，ドイツからの関係改善の提案は歓迎すべきものであった．

　イタリアのムッソリーニがヒトラーの首相就任直後に，イギリス，フランス，イタリア，ドイツの四大国協議によってドイツの東部国境およびハンガリーの国境の若干の改定を行う案を関係国に打診したとき，ヒトラーが関心を示さなかったのは，東部国境の改定は彼の当面の外交目標ではなかったからである．ヒトラー政権の登場を機に自らヴェルサイユ体制の改定の周旋者の役割を果たし，国際連盟の外で四大国協調体制を構築しようとしたムッソリーニの思惑は，ヒトラーの無関心により出鼻を挫かれた．四国間の協定は1933年7月に調印されたが，フランスとイギリスの主張により，国際連盟規約および現状維持と矛盾しないものとなった．

［オーストリアにおけるナチ・クーデタの失敗］

　イタリアのムッソリーニ政権がヒトラー政権の登場を歓迎したのは，政権のイデオロギーの共通性からも当然といえるが，それはまた，ナチス・ドイツのヴェルサイユ体制打破志向を利用して自国に有利な外交的状況を作り出すという狙いがあったからでもある．この二つの国の提携関係はやがて発展するが，上記のように両国の提携関係ははじめから順調に発展したわけではなく，とくに1934年7月にはオーストリア・ナチ党のクーデタ未遂事件をめぐり両国の関係は緊張した．

　ヒトラーはオーストリアのドルフース首相がナチ党の政権参加，実権掌握への道を開くならば，彼を利用するつもりであった．1932年に首相となったドルフースはキリスト教社会党（カトリックの保守政党）系の権威主義的政治家で，ファシスト類似の「鉄盟団」と結び，イタリアのファシスト体制を模範として政権を固めようとしていた．彼はドイツ-オーストリア合邦（アンシュル

ス）には反対であり，独立を守りつつ，ドイツとの友好を維持しようと努めた．しかしヒトラーは彼を利用できないことがわかると，反ドルフース宣伝，反政府運動の支援，経済的圧迫などの手段を用いて，彼を退陣に追い込むことを狙った．苦境に立ったドルフースは，イタリアの援助を求め，また英仏および国際連盟の支援をも得ようとした．

ヒトラーは1934年6月ヴェネツィアでムッソリーニと会談したが，オーストリア問題についてはあいまいな合意に留め，迅速な行動で既成事実を作り出すつもりであった．40日後に，オーストリア・ナチ党の実行部隊はドイツ公使館の内密な援助を受けてクーデタを決行した．彼らはドルフース首相殺害に成功したが，政権奪取には失敗した．この事件に驚いたムッソリーニはイタリア軍をオーストリア国境まで派遣して出兵の態勢をとり，ドイツの軍事介入を牽制した〔中川原 1986〕．

[フランスとソ連の接近]

ヒトラー政権の外交に警戒の目を向けていたフランスに衝撃を与えたのは，ドイツのオーストリア干渉よりも，ドイツとポーランドとの接近であった．フランスの対応策として浮上したのは，ソ連との関係改善である．ソ連は反ソ反共的なヒトラー政権の登場を警戒する一方で，ドイツとの友好関係形成の可能性を探った．ヒトラーは両国間の経済関係の発展を支持したが，モスクワとの政治協定には冷淡な反応しか示さなかったので，ソ連はフランスへの接近と国際連盟への加盟とを試みた．コミンテルンもドイツでの失敗を教訓として，1935年には，各国の共産党が反ファシズム人民戦線を形成してファシストの政権掌握を防ぐという方針を採択した．

フランスは中・東欧の現状安定に関心をもっていたから，この地域の国々の安全が保障されることを望み，そのためにソ連を国際連盟に入れ，ソ連も参加する中・東欧の安全保障体制を形成しようとした．それは「東方ロカルノ」として知られるもので，その計画が進展すれば，ドイツも孤立を避けるために，この集団安全保障体制に参加せざるを得なくなるという目論見があった．1934年にこの構想を精力的に推進したのはバルトゥー外相である．彼は東欧諸国を歴訪し，ソ連とも折衝を重ね，イギリスからも一応の支持を得た．彼はさらに

イタリアの賛同を得るためローマを訪問する予定であったが，10月にマルセイユでユーゴスラヴィアの国王アレクサンダル1世とともに，クロアチア人テロリストに暗殺された〔植田 1989〕．

バルトゥーの後の外相（まもなく首相）となったラヴァルは，一連の拙劣な妥協によってフランスの立場を悪くした．ラヴァルが試みた政策の一つはイタリアとの提携であった．オーストリアのナチ・クーデタ事件の後は，ムッソリーニもフランスとの関係改善を望んでいた．ラヴァルは1935年1月にローマを訪問して，アフリカにおける両国の植民地問題を調整するとともに，オーストリアの独立保全について両国が協力するという協定を結んだ（ローマ協定）．彼はその際，ムッソリーニとの非公式な合意の中で，エチオピアにおけるイタリアの「行動の自由」を認めた．ラヴァルは征服を認めたわけではなかったが，ムッソリーニは文字通り行動の自由を認められたと解釈し，戦争をしかける準備を進めたため，ラヴァルは大きな外交上の難題を抱えることになった．

ラヴァルはまた，ザールでのナチ党の活動を抑えず，ドイツへの帰属運動を妨げないことをドイツへの友好の意思表示として，東方ロカルノにドイツを参加させようと説得を試みたが，不成功に終わった．ドイツはポーランドも東方ロカルノに反対すると予想し，ポーランドとの友好維持により東方ロカルノ構想を阻止できると考えた．ポーランドは外国の軍隊が自国領内を通過することを認める条約には賛成しなかった．この構想を支持したのは，フランスのほかはソ連とチェコスロヴァキアのみであった．このような経緯を経て，1935年5月にはフランスとソ連は相互援助条約に調印した．この条約は締約国の一方が侵略あるいはその危険に直面した場合には，両締約国は国際連盟規約第10条の規定に沿ってとるべき行動を協議する，連盟規約第15条，第16条が規定する状況が出現した場合には，一方の締約国は直ちに他の締約国を助けるために行動するという内容の条約である．ほぼ同時にソ連とチェコスロヴァキアの間でも同様の条約が結ばれた〔Duroselle 1981〕．

[エチオピア戦争とその国際的影響]

イギリスもドイツをある程度宥和することで，関係改善の糸口にしようとした．イギリスは，ドイツが1935年3月に徴兵制による再軍備を発表すると，

翌月に開催されたストレーザ会議でフランス，イタリアとともにそれを非難し，ドイツを牽制する三国の共同戦線「ストレーザ・フロント」が形成されたかに見えたが，それは長く続かなかった．6月にイギリスは，イギリスの海軍力の35％までドイツの海軍力を認めよというドイツの要求を受け入れて英独海軍協定を結んだ（ちなみにワシントン海軍軍縮条約におけるフランス，イタリアの主力艦保有量はイギリスの33％である）．イギリス政府はドイツの徴兵制による陸軍再建よりも，海軍力再建を制限することに，より大きな関心をもっていたので，ヒトラーが自ら結んだ条約であれば守るであろうと考え，ストレーザ・フロントの他の二国に対して事後通告の形で，この協定を結んだのである．フランスはイギリスの単独行動に衝撃を受けた．

　ストレーザ・フロントの結束はイギリスの行動によって傷つけられたが，フロントの崩壊をもたらし，その再建を困難にしたのは，同年10月のイタリアの対エチオピア戦争である．その前年の末に起こったイタリア領ソマリランド（現在のソマリア南部）とエチオピアの国境での武力衝突事件以来，イタリアが東アフリカで軍事力を増強していることは，英仏ともに知っていた．エチオピアは国際連盟の加盟国として，紛争の調停を連盟に要請していたが，ストレーザ会議では英仏の首相や外相はこの問題には触れなかった*．イタリアのエチオピア支配について，当時フランスはイギリスよりも寛容であった．ラヴァル首相はイタリアが戦争に訴えることなく保護国化の実をとれるような解決策で，ストレーザ・フロントの崩壊を防ごうと考えていた．イギリスは東アフリカにフランスより大きな利害をもっていたから，イタリアがエチオピアを支配して，同地域で勢力を拡大することには警戒心があった．イギリスもイタリアをストレーザ・フロントに留めるために，ある程度譲歩する用意があったが，それはムッソリーニを満足させるものではなく，イタリアが戦争を始める危険は次第に切迫した．

　　＊　エチオピアは1923年に国際連盟に加盟した．同国に加盟申請を勧めたのはフランスで，イギリスは同国内に奴隷制度が存在することを理由に消極的だったが，結局賛成した．当時からエチオピアへの野心をもっていたムッソリーニもなぜか同国の加盟に賛成した〔Lamb 1997〕．

　イギリスには二つの政策の選択肢があったといえる．一つは，イタリアがエ

チオピアを侵略すれば国際連盟による実効的制裁を主導するとイタリアに警告し，イタリアがあえて戦争を始めた場合，実効的制裁によってイタリアの野心を挫く，もしイタリアがドイツに接近しても，フランスとの結束を固めて対抗するという政策である．イギリスには，その海軍力と経済力からして，そのような制裁を主導する能力があった．第二は，イタリアによるエチオピアの保護国化を容認してイタリアをストレーザ・フロントに留める政策である．マクドナルドから挙国政権を引き継いだ保守党の指導者ボールドウィンは，そのどちらの政策もとることをせず，折衷型の政策をとった．イギリスの世論は侵略戦争を防止するために国際連盟の枠組の尊重を強調するとともに，他方ではイギリスの不戦を強く主張しており，政府も決断に欠けていたからである*．

* イギリスの有力な団体「国際連盟協会」は1935年に「平和投票」運動を推進し，1000万人以上の人々が，軍縮実現と国際連盟による紛争解決とに賛成投票した．36年には「平和誓約同盟」が結成され，平和主義を掲げて活発な活動を開始した〔Steiner 2005〕．

アメリカでは，ヨーロッパで戦争が起こるかもしれないという懸念から，1935年に議会主導の両院合同決議の形で中立法が制定された．これは侵略国と非侵略国とを区別することなく，大統領が交戦国と認定した国に対しては，どの国にも兵器・弾薬の輸出を禁止するもので，翌36年に交戦国に対する融資を禁止する条項が追加された．中立法は37年1月にはスペイン内戦にも適用されることになった．これらは暫定的な立法であったが，同年5月には長期的な中立法が制定され，上記の諸条項のほか，アメリカ人が交戦国の船で旅行することを禁じ，交戦国への兵器以外の軍需物資の輸出は交戦国が即金で購入し自国船で搬送するものに限り認められることが盛り込まれた．ローズヴェルト大統領は最初の中立法の制定に際して侵略国と被侵略国とを区別することを望んだが，議会の賛成を得られなかった．当時のアメリカでは，先の大戦に参戦したのは無駄なことであり，ヨーロッパで再び戦争が起こっても今度は巻き込まれるべきではない，交戦国の一方との深い関わりを作ってはならない，中立こそがアメリカの国益なのだという考え方が支配的だったのである．これらの中立法は，ヨーロッパの戦争にアメリカが巻き込まれたのは，製造業者が英仏側への武器輸出を増大させ，金融業者が英仏の資金調達に協力したためだと

いう，30年代半ばに流布した見解を反映していた．

1935年10月エチオピア戦争が勃発すると，イギリス政府はまず国際連盟でイタリアに対する穏やかな経済制裁（石油は禁輸品目から除外されていた）の採択を主導する一方，フランスとともにイタリアとの交渉によるこの問題の決着と戦争の終息とを狙った．イタリアとの妥協に積極的なフランスのラヴァル首相兼外相はイギリスのホーア外相と協議して，同年12月，イタリアがエチオピアの領土の約半分を獲得するが，エチオピアの領土を残し，国家として存続させることで，イタリアと妥協する案をまとめた．しかしこのホーア－ラヴァル協定案が公衆に洩れると，イギリス国内では激しい批判が起こった．ホーアは辞任を余儀なくされ，フランスでもまもなくラヴァル内閣は倒れた．

イギリスでは，イタリアに対する制裁の強化を望んだイーデンが外相となったが，フランスの新内閣はエチオピア問題の妥協的解決によるストレーザ・フロントの再建を模索し続けた．ドイツはイタリアへの経済制裁が続いている状況を利用して，1936年3月ロカルノ条約を廃棄し，非武装地帯ラインラントに軍隊を配備した．その際ヒトラーは，英仏が対抗行動に出るのを防ぐために，ドイツの平和的意図を強調し，国際連盟への復帰の意思さえ仄めかした．ムッソリーニは，イタリアが国際連盟から制裁を受けているとき，ドイツが連盟への復帰の可能性を示唆したことに動揺して，一時は英仏との関係を改善しようとし，フランスもそれに関心を示したが，イギリスの反応は消極的だった．しかし5月になると，イタリアはエチオピアの首都アジスアベバ占領に成功し，ムッソリーニはエチオピア全土の併合を宣言した．併合の既成事実化に直面して，国際連盟は7月，実効性の乏しい経済制裁を打ち切った（イタリアは37年末まで連盟に留まった）．エチオピア戦争への連盟の対応は国際連盟の無力さをあらためて印象付けた．その後も国際連盟は存続したが，国際紛争の解決に有効な機関としての権威を回復することはなかった．

ローズヴェルトはヨーロッパの紛争に不介入の立場をとる一方，西半球諸国との友好関係の強化に努めた．1933年の大統領就任に際して彼は西半球諸国に対しては「善隣政策」をとると述べ，同年末には今後アメリカは「武力干渉に反対する政策」をとると声明した．同年キューバに政変が起こったときには，政府内には派兵論もあったが，彼はそれを抑え，むしろそれまでキューバとの

条約により保持していた内政干渉権を放棄し，グアンタナモ基地の永久保持のみを規定する新条約を結んだ．1936年の選挙で再選されたローズヴェルトは，その直後に，彼の発案によりブエノスアイレスで開催されることになった「平和維持のためのパン・アメリカ会議」の開会式に出席し，西半球を平和地域にしようと呼びかけた．彼がこの会議に力を入れたのは，西半球諸国の平和的協力関係の強化によって，ヨーロッパの国際政治に平和的秩序の模範を示したいという願望もあったからである〔Lamb 1997；Gellman 1979；Schoultz 1998〕．

5 ─ヨーロッパにおける勢力関係の変化

［転機としてのラインラント武装化］

ヴェルサイユ条約のみならずドイツが自発的に同意したロカルノ条約により非武装地帯とされてきたラインラント地方にドイツ軍を入れるという1936年3月のヒトラーの決断は，大きな賭けであった．もしフランスがこの条約違反をとがめてラインラントに出兵すれば，ドイツ陸軍首脳が自覚していたように，軍事力再建途上のドイツは軍事的に対抗できなかった．しかしヒトラーはあえてその危険を冒した．彼の政権が経済的制約の中で軍備増強へと国民を駆り立てるために，国民に対して非武装地帯への進駐という劇的な成果を示す必要があったことも，そのような賭けにでた一因であろう．しかし最大の誘因は，フランスの世論が平和志向であり，政府が出兵という強硬策をとる可能性は少ないと予想できたことである．

独仏の軍事バランスは後者に有利だったから，フランスは単独でドイツと戦うことができた．しかし，フランス陸軍がラインラント出兵のためにはまず動員令を出して相当の兵力を確保する必要があると主張したので，総選挙を控えたサロー内閣は出兵を断念し，ロカルノ条約の保証国であるイギリスに呼びかけて，英仏共同の経済制裁によりドイツに非武装地帯の復元を迫ろうとした．しかしイギリスが反対したので，フランスはドイツを制裁しないならイタリアへの制裁を解除すべきだと主張したが，イギリスはそれにも同意しなかった．イギリスのイーデン外相は当時，ヒトラーとの新たな合意の形成に国際政治安定の鍵があると考えていたので，ラインラント問題でフランスと共同する意思

はなく，ドイツへの対抗のためにイタリアと無原則に妥協することにも不賛成だった〔Duroselle 1981；Lamb 1997〕．

　しかし，ラインラント武装化という賭けに勝ったヒトラーはドイツの急速な軍備増強を進め，ヨーロッパ国際政治の変動を主導する立場を得た．もしフランスがドイツに対して強硬策をとれば，英米から批判を受け，それもフランスの国際的立場には悪影響を及ぼしたであろう．しかしドイツの行動を黙認したことは，ヨーロッパ国際政治におけるフランスの立場を弱めた．ベルギーは独仏の軍事衝突の際にドイツから攻撃されることを恐れ，先の大戦の経験にもかかわらず，フランスから離れて中立的立場をとるようになる．フランス軍がラインラントの要地を迅速に占領する可能性がなくなったことは，フランスの東方の同盟国，ポーランドやチェコスロヴァキアにとって，フランスとの同盟の効用を弱め，東欧におけるフランスの影響力を低下させた．とくにポーランドはドイツとの友好関係の存続に期待し，チェコスロヴァキア危機の際にはドイツに協力的態度をとる（第8節参照）．1936年3月以後，フランスにとって英仏協調がますます重要になるが，イギリスと協調しようとすれば，イギリスの対独宥和政策に追随せざるをえなくなった．ムッソリーニのイタリアは，ドイツのラインラント進駐後，一時は英仏との関係修復にも関心を示したが，その後，次第に現状打破勢力としてのドイツに接近した．両者の提携を促進する契機となったのはスペイン内戦である〔Weinberg 1970〕．

［国際政治のなかのスペイン内戦］

　スペインは第一次世界大戦では中立を守ったが，大戦中の経済的変動の影響により，保守的な立憲君主政が動揺し，1920年代以降スペインの政治は混乱した．23年に軍の指導者プリモ・デ・リベラはクーデタにより権力を掌握し，国王アルフォンソ13世の支持を得て，強権的統治を行った．30年にプリモ・デ・リベラ首相が病気辞任した後，国王は翌年，立憲政治への移行を約束して抵抗勢力を懐柔しようとしたが，共和主義者たちは王の退位を要求し，王は国外に退去した．

　共和主義体制の設立に参加した諸勢力は左派，穏健派，保守派に分かれてまとまりがなかったが，それでも初期の共和主義政府は軍の力を抑制し，カタル

ニャとバスクの自治を認め，政教の分離や教育改革を進めるなどの成果を挙げた．しかし1933年の議会選挙では教会と提携した保守派が勝ち，反動的政策をとったために人心を失ったので，36年の選挙では人民戦線に結集した左派・穏健派の連合が政権を得た．この政府に対して同年7月に反乱を起こしたのが，スペイン領モロッコに駐屯する陸軍将校団であり，やがてその指導者になったのがフランコである．この反乱にスペイン本土の陸軍将兵の多くが呼応したが，共和主義政府も忠誠な軍隊組織をもって応戦し，スペイン内戦が始まった．

　スペイン政府は隣国フランスに反乱軍鎮圧のための援助を求めた．フランスでは1935年7月に，社会党，急進社会党，共産党が連帯して人民戦線（正式名称は「人民連合」）が成立し，36年の総選挙で人民戦線が下院の多数を得て，6月には社会党のブルムを首相とする人民戦線内閣が成立していた（ただし共産党は閣外協力）．ブルムはスペインの人民戦線政府に親近感があり，正統な隣国政府に内乱鎮圧のための援助を提供する方針であったが，イギリス訪問後，彼の内閣は援助に消極的になった．イギリス側は，自国が不介入政策をとることを説明し，スペイン内戦を国際的対立の場にしないようフランスに要望した．このイギリスの態度に，英仏協調を重視するブルム内閣が影響されたことは確かである．しかしフランス政府がスペイン政府援助に消極的になったのは，むしろ国内事情による．スペイン人民戦線政府への武器供与には国内保守派からの猛反対があり，与党内部の意見もまとまらなかったからである．与党内では急進社会党保守派に反対があったばかりでなく，社会党内部にも平和主義の立場からの反対があったので，政府はスペイン内戦への不干渉を国際社会によびかけることにし，その原則はどの国からも支持された〔渡辺 2003〕．

　イギリスでも労働党には共和国政府援助論があったが，保守党主体の連立政権は徹底した不干渉方針をとった．イギリスは大使級の代表による国際不干渉委員会を組織することを主導し，1936年9月それをロンドンに置いた．それにはドイツ，イタリア，ソ連も参加したが，ドイツ，イタリアには当初から不干渉原則を守る意志はなく，反乱派を援助し，ソ連もそれに対抗して共和国政府を支援した．イギリスは不干渉原則そのものの擁護には熱心だったが，内戦への国際的介入を阻止する実効的な対策をほとんどとろうとせず，不干渉委員

会は概して小田原評定的な議論に終始した．

イギリス政府にとり，フランコ政権の勝利自体は国益に反するものではなく，共産党主導の政権の勝利よりも望ましいものであった．イギリスが恐れたのは，イタリアがフランコへの援助の代償としてマヨルカなどスペイン領地中海島嶼に基地を獲得することである．イギリスが1937年1月にイタリアと地中海地域の国家主権の現状維持に関する協定を結んだのは，そのような可能性を予防するためであった〔斉藤 1990〕．

スペインでは1936年11月に首都マドリードを巡る激しい攻防戦が展開されたが，共和国軍がマドリード防衛に成功した後は，フランコ軍は南西部と北西部の大部分とを支配下に置き，政府側は中部と北東部に加えて，北西部のビスケー湾沿岸地域（バスクおよびアストゥリアス地方）を保持して，両者が対峙するという状況となった．37年にフランコ軍がバスクとアストゥリアスを占領して共和国政府に打撃を与えたが，共和国政府側は北東部と中部を支配し続け，38年2月には北東部で一時攻勢に出たこともあった．戦況が同政府側に目だって不利になるのは同年春以降であるが，フランコ側も疲弊しており，一挙に政府を打倒するだけの力を欠き，完全勝利まではなお1年近くを要した．

スペイン内戦が勃発した直後からムッソリーニのイタリアは輸送機を提供してフランコ軍を支援した．ヒトラーのドイツもフランコ軍を援助し，独伊両国はともにフランコに経済援助・兵器・兵員を提供することで連携した．1936年10月フランコが対抗政権を組織すると，両国は歩調をそろえて翌月フランコ政権を承認した．この頃にはムッソリーニは独伊両国の関係を「ローマ－ベルリン枢軸」と表現していた．

イタリアはスペインの親ファシスト政権の成立を助けることを重視し，1937年には義勇軍の名の下に7万の正規軍を派遣してスペイン内戦に深く介入したが，グアダラハラで敗北するなど，内戦の帰趨に決定的な影響を及ぼすことができなかった．ドイツは内戦を継続させ，国際社会の関心をスペインにひきつけておくことと，鉄鉱石などスペインの資源に注目して鉱山開発権を得ることを主な目的として援助を行い，自国軍の関与は新兵器使用のテストと訓練のために爆撃隊や戦車隊を派遣することに留めた＊．

　＊　バスクの町ゲルニカに対するドイツ空軍による1937年4月の徹底した爆撃は，

ピカソの名画によって世界的に記憶されているが，これは都市爆撃の効果を試すために行われたものである．

　フランスの不介入政策はイギリスほど徹底したものではなく，共和国政府側に若干の援助を与えたが，その量は限られていたから，ソ連が共和国政府側への主なる援助提供国となった．ソ連は兵器等の物資を提供し，軍事顧問，政治顧問，技術要員を派遣した．ソ連は援助提供国という立場を抜け目なく利用して，1936年秋にスペイン政府の金準備の大半をモスクワに移送させ，事実上それを自らのものにした．またコミンテルンは傘下の各国共産党を通じて，スペインでファシズムと戦うための国際義勇軍への参加を国際的に呼びかけた．この義勇軍「国際旅団」はソ連以外の国からの参加者で構成され，イタリアやドイツからの亡命者，フランス，イギリス，アメリカなど民主主義国からの参加者が多かった．民主主義国からの参加者が多かったことは，当時「人民戦線」という旗印に国際的な動員力があったことを物語る．

　内戦勃発後，スペインでは共産党の勢力が増大し，共和国政府に対するソ連の発言力も強いものとなった．ソ連の目的はスペインの社会主義化ではなく，共産党が実権を握りつつ穏健共和派を含めた人民戦線を維持し，内戦を勝利に導くことであったから，共産党は即時社会主義革命を求める無政府主義者やトロツキストを弾圧した．しかし，共和国政府における共産党とソ連の影響力が圧倒的に大きくなると，イギリス，フランスの世論は共和国政府に冷淡になっていった．スペイン内戦において，人民戦線戦略を通じて西欧民主主義勢力を味方にするというソ連の国際戦略は挫折したが，その挫折がいっそう明白になるのは1938年のミュンヘン協定であった〔斉藤 1989；1990〕．

［ドイツによるオーストリア併合］

　スペイン内戦に軍事的に深入りしたイタリアのファシスト政権にとって，フランス，イギリスとの友好関係の修復は困難であったから，ドイツのナチ政権との提携強化が外交上の唯一の選択肢となっていった．1937年9月，ムッソリーニはヒトラーの招待を受けてドイツを訪問し，ドイツの産業力・軍事力とヒトラーの統率力に感銘を受けた．11月にイタリアは日独防共協定（第7節参照）に参加し，翌月には国際連盟から脱退した．

ヒトラーは1937年11月，領土拡張の第一目標として，近々オーストリアの併合とチェコスロヴァキアの軍事征服を実行する方針を軍幹部に対して述べた．彼は英仏との戦争なしにそれらを実行できると期待していた．オーストリアについては，スペイン内戦に深く関与しているイタリアが異議を唱えられない頃合を計って行動する意向であった．彼は次の戦争として英仏との本格的戦争を想定し，そのための軍事力増強計画を1942年から43年にかけて完成させる必要があると述べた．彼の考えでは，ドイツはまだ英仏を相手に戦う能力はないので，当面は両国との戦争を避けながらまず中・東欧の領土拡張を実行しようという狙いであった．彼は対ソ戦争については言及しなかった．イギリスとは争うことなくソ連に攻撃の矛先を向けるという年来の構想に代わって，将来まず戦うべきものは英仏との戦争になっていた〔栗原 1994〕．

1937年4月，ムッソリーニはオーストリアのシューシュニク首相とのヴェネツィア会談で，対独関係の改善に積極的に努力することを勧告し，ドイツとオーストリアとの問題でイタリアの支持を期待すべきでないことを示唆した．ドイツ側はムッソリーニの9月訪独の際には，オーストリア問題は首脳会談での重要議題にしなかったが，11月リッベントロップがローマを訪問したとき，彼はオーストリア併合問題に決着を付ける意向をイタリア側に伝えた．これらの交渉はローマ-ベルリン枢軸の主導権がベルリンの掌中に握られていく過程であった．

1937年のこの時期には，ムッソリーニは，ドイツがイタリア-オーストリア国境線の現状維持や南ティロルのドイツ人問題などについて保証を与えるなら，オーストリア併合を漸進的かつ穏便に実現することに同意することを考えていた．しかし1938年になると，ドイツは性急かつ強引にその実現を図ったので，ムッソリーニはこの問題でイタリアの利益を守ることを狙い，イタリアの外交的立場を強めようとして，一時イギリスとの関係改善に熱心になった．イギリス政府内ではイーデン外相がイタリアのエチオピア領有承認に強く反対し，それを合意に含めてもよいとしたネヴィル・チェンバレン首相（オースティン・チェンバレンの異母弟）らと対立した．結局イーデンは辞任したが，交渉はムッソリーニの思惑通りには進展せず，協定成立はオーストリア併合実現後の4月に持ち越された．その協定はイタリア軍がスペインから早期に撤退す

る，その撤退が進展すればイギリスはエチオピアの併合を正式に承認するという内容であった．

　オーストリアのシューシュニク政権はドイツの圧力に抵抗して独立を維持するための方策を懸命に求めたが，外国からの支持はなく，結局ドイツの圧力に屈して，1938年3月シューシュニクは辞任した．彼の辞任後，ヒトラーは辞任していない内務相からの要請と称してドイツ軍を派遣し，オーストリア・ナチ党の協力をえて，オーストリアを吸収し，人民投票を行って，オーストリア併合を正当化した．

　フランスにとっては，ドイツによるオーストリア併合は同盟国チェコスロヴァキアの安全に関わるできごとであったが，積極的な対抗行動をとらなかった．ショータン内閣は内政上の原因で総辞職する前，イギリスの支持次第では軍事行動をとることを検討するに留まった．イギリスのチェンバレン内閣は，オーストリア問題でドイツと戦うことはまったく考えていなかった．イタリアのムッソリーニは，この予想外に早い事態進展の結果を承認し祝福するよりほかはなかった．ヒトラーは軍の派遣について直前までムッソリーニに知らせなかったが，事後には特使を派遣するなど盟友の面子に配慮し，5月初旬の彼自身のイタリア訪問に際しては，ドイツとイタリアとの現国境が両国の友好のための恒久的国境であることを演説で強調し，オーストリア併合がイタリア人に与えた衝撃を和らげた．ヒトラーはこの訪問中，ズデーテン問題でチェコスロヴァキアとの戦争に突入する可能性に言及し，イタリアの了解を得た．こうして彼は，チェコスロヴァキアとの戦争に際して英仏とイタリアとの提携が復活する可能性はないと確信することができたのである〔Weinberg 1994〕．

6―満州事変後の日本外交

［海軍軍縮体制からの離脱］

　満洲事変を起こし，国際連盟から脱退した日本は，1934年12月から36年1月にかけて，海軍軍縮体制からの離脱を正式に通告し，海軍軍縮の面でも国際協調秩序への挑戦者としての立場を明白にした．

　日本の海軍内部では1930年のロンドン海軍軍縮条約成立の後，その条約に

反発した強硬派，いわゆる「艦隊派」の勢力が優勢になった．加藤寛治，末次信正らの艦隊派はそのグループの大角岑生を海相の地位につけると，「条約派」の見識ある有力者を退役させ，佐官級の中堅将校を味方に付けて，海軍内の政策決定を支配するようになった．艦隊派はロンドン条約までは対米7割の海軍力を主張していたが，ロンドン条約の規定による第二次ロンドン海軍軍縮会議の開催のための予備折衝が行われた34年には，彼らは米英と対等の海軍力の保持を主張し，ワシントン条約の廃棄を要求するようになった．

　岡田啓介内閣の広田弘毅外相は当初，英米との関係への配慮から海軍の強硬論に反対した．岡田首相自身も条約派として活躍した海軍出身者であったが，軍国主義的ナショナリズムが高揚する中では，岡田も広田も海軍の強硬論を抑えることはできなかった．岡田内閣は海軍の意見を尊重することにし，各国共通の海軍保有量の上限設定とワシントン海軍軍縮条約の廃棄とを主張する方針を決めた．日本の主張は米英の賛成を得られず，フランス，イタリアも同調しなかったので，日本は単独で1934年12月ワシントン海軍軍縮条約廃棄を関係国に通告した．そして翌35年12月に開催された第二次ロンドン海軍軍縮会議でも軍備対等案が米英から拒否されたので，日本は36年1月にはロンドン海軍軍縮体制から脱退するに至った．

[東アジアにおける優越の主張]

　1933年から外相の地位にあり，36年の「二・二六事件」後に首相に就任する広田弘毅は，外相就任当時，米英との関係や中国との関係を改善することを外交目標としていたが，それらの関係改善は，東アジア（当時の日本の用語では「東亜」）の平和と秩序の維持を担うという日本の役割を諸外国が認識することを前提とするものであった．34年4月の天羽英二外務省情報部長の記者団に対する非公式談話は，そのような広田の外交方針の率直な表明であった．

　天羽はその談話の中で，中国が他国を利用して日本を排斥し東亜の平和に反するような方策をとり，あるいは列国側が共同行動をとろうとするようなことがあれば，それは東亜および日本の安全に関わる問題であるから，日本は主義として反対する，他国による中国への個別的援助であっても，「東亜の平和及秩序を攪乱する性質」のものであれば，それにも反対すると述べ，諸外国が共

同援助などの名目により中国に積極的に進出する動きが見られるので，日本の立場を明らかにしておくと付け加えた．

天羽談話の上に引用した部分は，広田から中国駐在公使にあてた文書の文言を引き写したものであったが，これが海外に伝えられると，中国と諸外国との関係を日本が取り仕切るという方針の表明として，中国および国際社会の反発を招いた．広田は，日本には中国の独立を害する意思はなく，中国における門戸開放・機会均等を支持することに変わりはないことを強調して，このいわゆる「天羽声明」の衝撃の緩和に努めた．広田は英米との関係改善に関心をもっており，当時，満州問題の調整によって日本との関係改善に関心をもっていたイギリスと二国間の不可侵協定を結ぶことを検討し，アメリカとの不可侵協定にも関心があった．この交渉は結局，満州国へのイギリスの経済的参入を嫌う陸軍の反対と，日英協定を嫌うアメリカの立場とを考慮して，広田が消極的になり，進展しなかった〔井上 1994〕．

「天羽声明」のように露骨に語ることを広田が望まなかったとしても，その内容は当時の日本の外交当局の方針の正確な表現であった．1930年代半ばにイギリスは，中国国民政府の安定と統一的中国市場の発展とを図ることがイギリスの利益であるという観点から，満州における既成事実を容認することで，イギリスの中国幣制改革政策への日本の協力を取り付けることを試みた．しかし日本の指導層，とくに軍部には，金融力のあるイギリスへの警戒心が強く，日英提携は日本主導の東アジア秩序形成を妨げると考え，日本側は否定的反応に終始した〔波多野 1988〕．

[華北分離工作の推進]

満州事変直後には，中国政府は欧米から経済技術援助を得て国民政府の立場を強めようとして，宋子文財政部長が米欧訪問外交を展開したが，1934年には，蔣介石・汪兆銘の方針により，共産党勢力の壊滅作戦を優先して反日活動を抑制し，日本との関係改善の可能性を探るようになった．それに応じて広田外相は中国との「協和外交」を唱え，35年5月には陸軍の反対を押し切り中国駐在公使を大使に昇格させる措置をとって，日本主導による日中関係の調整を促進しようとした．しかし，同年10月に外務・陸軍・海軍三大臣の合意に

よりまとめられた日本政府の方針, いわゆる「広田三原則」は, (1) 中国側による排日運動の徹底取締り, 日本との親善を第一にする政策の採用, (2) 中国側による満州国独立の事実上の承認, 同国と隣接する中国北部地域との関係の密接化, (3) 共産主義勢力に対抗する政策への中国側の協力の三項目であり, 中国に対する要求を並べた一方的なものであった. 中国側は日中関係の改善にはまず日本が華北での政治的策謀を慎み, 中国の主権を尊重することが前提になると主張した.

満州事変終結後, 関東軍・華北駐屯軍・特務機関など陸軍の現地の機関は, 陸軍中央の承認を得て, 軍事的圧力の下に, 彼らの意に沿わぬ人物を河北省政府から排除させ, 軍事的中立地帯（中国政府軍が入れぬ地帯）をチャハル省に拡大するなど, 満州国に隣接する中国北部で国民政府の権力を弱めることを図った. そして 1935 年 11 月には中国政府がイギリスの支持を受けて, 幣制改革（銀本位制を廃止して管理通貨制に移行し, 全国的に法定通貨を流通させ, 銀行の保有する銀を政府が回収するという改革）に踏み切ると, 関東軍など現地の陸軍機関は強く反発し, 華北（当時の表現では「北支」）での自治工作を推進し始めた. 広田外相, 重光葵次官ら外務省首脳は, 蔣・汪主導の国民政府を日本主導の東アジア秩序に取り込むことを目指していたが, 広田は陸軍による華北自治工作を抑えようとはせず, 自治工作の抑制を進言した有吉明駐華大使に対して, 華北の現況に適した措置をとることを国民政府に要求するよう指示した.

華北分離工作とは, 河北, チャハル, 山東, 山西, 綏遠の五省の自治を推進し, 国民政府から切り離して日本の勢力下に置くための策謀である. 特務機関の代表土肥原賢二少将は同年 11 月, 北平にいる旧軍閥系軍人宋哲元に, 日本に協力する政府を五省に立ち上げ, その指導者になるようもちかけたが, 宋は動かなかったので, まず別の人物を立てて傀儡的な冀東防共自治委員会をつくり, 翌月この委員会は「冀東防共自治政府」と改称された. この政府は支配地も限られた権威のないもので, 日本に密貿易の場を提供したに過ぎなかった. 国民政府は日本との衝突を避けながら, 華北での自治政府の設立を阻止するために, 当初, 国民党の有力者何応欽に華北統治の実権を委ねるという妥協策を考慮したが, 日本が中央からの高官の派遣に猛反対したので, 日本に受けのよ

い宋哲元を委員長とし，北平・天津両市を含む河北・チャハル二省を統括する地方組織，冀察政務委員会を設立した．

宋哲元も南京の中央政府も日本に対しては隠忍自重の方針であったが，日本側の強引な華北分離工作は中国における反日の機運を新たに刺激した．同年12月，北平では反日学生運動が盛り上がり，親日派と目された唐有壬外交部次長は上海で暗殺された．それより前，11月には汪兆銘行政院長も南京で狙撃されて重傷を負った．そうした状況の中で，蔣介石は自ら行政院長に就任し，軍務と国政の双方を担うことにした〔臼井 2000〕．

［二・二六事件］

1936年2月26日，東京駐屯の陸軍第一師団の若い将校ら右翼ナショナリストたちがその部下の兵士数百名とともに，首相官邸等を襲って政府首脳を殺害し，軍の決起による政治体制の変革を目指すクーデタを試みた（二・二六事件）．陸相官邸を襲撃した将校は川島義之陸相を殺さず，天皇を擁して軍部中心の新体制樹立のために立ち上がるよう勧告して彼を解放した．陸軍首脳部の態度は当初混乱し，反乱軍に妥協的であった．しかし，信頼する指導者たちを殺害された昭和天皇が激怒し，反乱鎮圧のためには自ら近衛師団を率いると述べたことが，陸軍首脳の方針決定の決め手となった．彼らは軍に出動を命じて反乱軍を包囲し，説得した結果，二・二六事件は数日で収束した．この事件では，岡田首相は実兄が首相と間違えられて殺害されたため難を逃れたが，斎藤実内大臣（前首相），高橋是清蔵相，渡辺錠太郎陸軍教育総監が殺害され，鈴木貫太郎侍従長は重傷を負った．高橋は犬養内閣以来，継続して蔵相の地位にあり，その間にケインズ理論を先取りした手法によって日本経済を好況の軌道に乗せ，農村の復興にも貢献した功労者であったが，当時陸軍が要求していた軍備拡張に反対したために，過激派により抹殺されたのである．

この事件の翌月に首相に任命されたのは，それまでの外相広田弘毅で，外相には4月に有田八郎が就任した．この事件の結果，陸軍内では「皇道派」が力を失い，「統制派」が主導権を握った．統制派主導の陸軍は軍事独裁政権を目指すことはせず，政府の政策決定への拒否権と大陸での独自の行動を留保しつつ，保守的政治家や文民官僚，そして海軍との合意によって政治を運営する方

策をとった．日中戦争勃発とともに軍事優先の統制型国家体制が強まるが，この体制への国民の動員のために，神格化された天皇の権威が最大限利用された*．このような方法により，明治憲法の枠内で軍国主義のコンセンサスが作られ，政府が運営されたことが，日本的全体主義の特徴であった．

> * 「天皇機関説」を排撃し天皇の神性を強調する観念右翼の「国体明徴」運動の高まりの中で，政府は岡田内閣時代に天皇機関説を否定し，国体明徴論に正統性を与えた〔三谷 1997〕．全体主義統治体制の構築を目指す革新右翼と精神的全体主義を目指す観念右翼とは，日本の軍国主義的全体主義の両輪であったが，体制理念をめぐっては，大政翼賛会の例が示すように，両者は必ずしも一致していたわけではない〔岡 1972；伊藤 1983〕．

[強硬外交の行き詰まり]

広田内閣の有田外相は国民政府との交渉により日中関係の改善を試みたが，日本政府の対中外交方針自体には変化がなく，ただ要求を中国側に提示するだけで，中国の独立・主権を尊重しようという姿勢を欠いていた．それゆえ，1936年を通じて交渉に進展はなく，中国では都市民衆の反日行動が目立つようになっていた．

二・二六事件が1936年に日本で起こった衝撃的な事件であるとすれば，それに匹敵する中国での衝撃的事件は12月の西安事件であった．これは，陝西省の共産党軍の拠点を殲滅する作戦を展開していた蔣介石が作戦の督励のため西安に赴いたところ，その作戦に参加していた張学良の軍によって西安で監禁された事件である．張は共産党軍討伐の中止，挙国体制による抗日を蔣に強要しようとして，「兵諫」（兵の力で諫めること）という行動に出たのである．事件解決のために南京からは宋子文，宋美齢（蔣介石夫人）が西安に飛んだが，張と接触していた共産党幹部の周恩来も西安に赴いた．周は蔣介石を抹殺して中国を混乱に陥れることを望まず，ソ連も蔣を殺さず活用せよと周に指示していた．周は宋・張と協議して共産党討伐の中止，抗日のための協力，友好国との関係の強化などの合意事項をまとめ，蔣も周との会談でそれを非公式に受諾した．周は文書による約束を望んだが，張は蔣の口頭での約束だけで彼を南京に帰還させることにし，自らも同行した．

蔣介石はこの事件の前から，日本の高圧的な政策に屈しない意向を表明するようになっていたが，西安事件はそうした彼の決意をいっそう固いものにした．帰還後の彼は共産党との提携は推進しなかったが，内戦を止め，政策の重点を国力強化と対外政策に向けた．このような状況の中で日本の対中外交を変えようと試みたのは，37年3月に林銑十郎内閣の外相に就任した佐藤尚武である．彼はこれまでの強圧外交ではなく，中国を普通の統一国家として認識し，互譲の精神をもって中国と交渉する方針を採ろうとした．当時は陸軍参謀本部でも，満州事変の首謀者の一人だった石原莞爾が華北への蚕食的拡張に反対しており，上海駐在の陸海軍の武官たちの間にも，もはや恫喝外交が通用する時代ではないという認識が生まれていた．ただし東条英機ら関東軍首脳は中国を増長させぬよう断固たる行動で臨めという強硬論をとっていた．

1937年4月の外務・大蔵・陸軍・海軍の「四相会議」では対中政策について「北支の分治を図り若くは支那の内政を紊す虞あるが如き政治工作」を行わないことが合意された．中国政府はそのような政治工作の解消については強硬になっていたが，国内発展のために平和の継続を望んでいたから，満州問題を持ち出す意図はなかった．それゆえ，佐藤外相の対中政策の路線が継続されれば，この年には日中間の戦争は起こらなかったかもしれない〔臼井1998〕．

中国は，日本の商品輸出のための重要市場であった．満州喪失という打撃にもかかわらず，中国経済は幣制改革を経て発展し，日中貿易は拡大した．イギリスがアジアの植民地への日本の商品輸出を制限し，フランス，オランダもやがてその例にならったので，アジア地域への輸出拡大をはかってきた日本にとって，中国市場の重要性が増していた．中国市場への輸出拡大を日中友好政策の推進を通じて行うのか，それとも政治的蚕食と軍事的威圧とを通じて行うのか，前者を選択した佐藤の意図は適切であったが，彼はその外交を推進する時間を与えられなかった．林内閣は内政的理由で短命に終わり，首相交代とともに佐藤も退任した．1937年6月に近衛文麿内閣の外相に就任したのは広田弘毅であり，近衛は対中政策について「広田三原則」で臨む意向を示した〔臼井2000〕．

7 ― 日中戦争の長期化と国際関係

[日中戦争の勃発と拡大]

1937年に盧溝橋事件が発生する前，日本側は戦争を計画していたわけではなく，中国側も抗日戦争を意図していたわけではなかった．北平・天津地方で日本駐屯軍の近くにいた中国側の軍隊は，中央軍ではなく宋哲元の指揮下にある軍隊であったが，宋には日本軍とことを構える意図はなかった．しかし，北平・天津地方では大学生を中心に反日活動が盛んで，緊張した雰囲気があった．7月7日夜，野営中の日本軍が発砲を受けたことから，日本軍が中国軍側に攻撃を加え，軍事衝突が起こった．この偶発的な事件の後，日本が軍事的強圧政策をとり，中国国民政府も武力抗日の方針をとったため，盧溝橋事件は長い日中戦争の発端となるのである〔秦 1996〕．

数日後，現地の双方の軍の間で停戦が合意されたが，すでに日本政府は華北への陸軍の増派を決定していた．武力衝突発生の報を聞いて，武力をもって侮日傾向に鉄槌を下すという発想が近衛政権を支配した．当時，日本は長期戦の構想をもっていたわけではなく，短期戦の勝利により中国側を屈服させる方針であった．宋哲元率いる冀察政務委員会は，日本への譲歩によって全面的武力衝突を回避しようとしたが，日本はそれを無視して冀察側軍隊を攻撃した．日本側の狙いは南京国民政府に対して日本の武威を示すことであり，それにより華北に日本の勢力を確立することであった．北平・天津を制圧した後，中国側に華北五省を日本の勢力圏とする構想の和平案を提示した．

しかし国民政府は抗戦の意志を固めていたので，日本は戦線を華北から華中へと拡大せざるを得ず，「北支事変」は「支那事変」へと発展した*．日本軍は上海・呉淞地方から蘇州に進出して首都南京の攻略を目指し，激戦の末，1937年12月に南京に入城した．日本は事変の早期終結を望むのであれば，南京攻撃をさし控えて，ドイツ大使による和平仲介（後述）に時間を与えるべきであった．蔣介石は南京を離脱して四川省重慶に国民政府を移し抗戦を継続した．こうして戦争は日本側の予想に反して長期戦となった．南京攻略は政策的誤りであったが，さらに悪いことに，南京占領に際して，日本軍は何万人もの無抵

抗の捕虜および市民を殺害し，また多くの女性たちに暴行を加えた．中国の首都で行われた残虐行為は「南京暴虐」事件として国際的に報道され，文明国をもって自任した日本の面目を損ない，日本の国際的孤立をさらに深めた〔入江 1991；秦 2007；笠原 1997〕**．

* 日本も中国も，宣戦布告を行わずに戦争を続けた．日本は宣戦により第三国（とくに中立法を制定しているアメリカ）との通商・海運・金融関係が制限されることを好まず，また不戦条約に鑑み，自衛のための武力行使という姿勢をとることが得策だと判断したのである．中国もアメリカの中立法を考慮し，宣戦しないで戦う方が外交的選択の幅が広いと判断したのであろう．近衛首相が「国民政府を対手とせず」と声明した後，双方の大使は任地から引き揚げたが，そのときは外交官が全面的に引き揚げたわけではなかった．蔣介石の国民政府は太平洋戦争勃発とともに対日宣戦したが，傀儡政権を擁していた日本は中国には宣戦することなく敗戦を迎えた〔加藤 1993；北 1994〕．
** 犠牲者の数について，秦郁彦は約4万人と推定するのが現実的であるとするが，笠原十九司は15万人ないし20万人あるいはそれ以上と推定する．たとえ4万人であったとしても大量虐殺であることは否定できない．

[日中戦争勃発と米英およびソ連の対応]

　蔣介石は日本と戦うに当たって，国際社会を関与させる外交戦略をとり，とくに英米とソ連とを味方に付けようとした．当時，国際連盟の威信は低下していたが，国民政府は1937年9月に連盟に提訴した．連盟総会は日本軍による中国における都市爆撃を非人道的行為として非難し，日本の軍事行動が自衛の範囲を越えており，九国条約および不戦条約に反する行為であるとして，九国条約国会議の開催を勧告した．その会議は11月ベルギーのブリュッセルで開催されることになったが，日本は参加を拒否した．九国条約国会議では，アメリカが参加国として重要な役割を果たすことが期待された．

　その会議の前の10月，アメリカのローズヴェルト大統領は，国際社会の健康を保持するためには平和愛好国が協力して侵略的な疫病国家を隔離することが必要であると演説して，注目された．この演説には孤立主義からの脱却を示唆する意味合いがあったが，当時ローズヴェルトは具体的行動をとる考えはなく，ブリュッセル会議に参加するアメリカの代表に対して，アメリカの行動を

拘束する約束は何もしないよう指示した．アメリカの消極性が最大の要因となって，この会議は日本の行動を抑制する有効な措置を決めることなく終わった．12月に日本の爆撃機が長江上でアメリカの砲艦を爆撃し沈没させ，日本軍がイギリス砲艦2隻を砲撃して損害を与えたため，アメリカ政府もイギリス政府もそれぞれ強く抗議したが，日本側が陳謝して賠償支払いを申し出たので，これらの問題は年内に解決した〔軍事史学会 1990（ディングマン）；Best 1995〕．

日中戦争初期，中国国民政府が援助国としてもっとも期待したのはソ連であった．中国は相互援助協定を提議したが，ソ連はそれには同意せず，代わりに中ソ不可侵条約を提案し（1937年8月に調印），空軍義勇隊を派遣して戦闘に参加させた．ソ連は九国条約国の一国が参戦しなければ参戦できないと中国側に伝えたが，1億ドルの借款を通じて軍用機・戦車・自動車などを提供し，中国への最大の武器供給国となった〔衞藤 2004；Sun 1993〕．

[日中戦争へのドイツの対応]

日中両国の間に立って和平斡旋を試みたのは，1936年11月に日本と防共協定を結んでいたドイツであった．この協定の交渉は，35年にヒトラー直属の外交担当室長だったリッベントロップが，防共政策を掲げる日本との関係強化に関心を抱き，日独の対ソ提携に希望をもつ大島浩ベルリン駐在陸軍武官と接触したことから始まった．交渉は当初リッベントロップと日本陸軍との間で進められ，ドイツ側からソ連に対抗する協定案とコミンテルンに対抗する協定案が提示された後，通常の外交ルートに乗せられたが，双方の外務省は日独提携にはそれほど積極的ではなかった．ドイツ側の協定署名者は外相ではなくリッベントロップ駐英大使であった．日本側でも，当時の有田外相は緩やかな反コミンテルン協定（日独防共協定）のみを公然の合意とし，ソ連に対抗する協定は秘密の合意に留めることを是とした．

ドイツは防共協定を日本と締結したが，当時は中国国民政府とはきわめて友好な関係を結んでいた．ドイツは国民政府軍の強化のために軍事顧問団を派遣しており，中国に武器等の軍需品や工業製品を輸出して，タングステンなどの資源と外貨とを獲得していた．しかし，リッベントロップは日本との関係をより重視し，日独にイタリアを加えて三国の提携を形成しようとした．日本はイ

ギリスを牽制する方策としてイタリアとの関係を強化しようとしたが，当時スペイン内戦問題でイギリスとの関係が悪化していたイタリアは日本以上に両国の提携に熱心になった．日本はイギリスに対抗する協定を結んで対英関係を必要以上に悪くすることを望まなかったので，反ソ的防共協定にイタリアの参加を求めるというドイツ提案を歓迎した．1937年11月，イタリアは防共協定に参加し，国際連盟から脱退した．

ドイツはともに友好国である日中両国の戦争に困惑した．戦争の長期化は日本と中国双方の力を弱めることでドイツの利益に反し，国民政府がソ連依存に追い込まれることも好ましくなかった．それゆえドイツは双方に戦争の早期終結を求め，九国条約会議が成果なく終わった頃合いを見て和平の仲介を試みたのである．両国に駐在するドイツ大使とくに中国駐在大使トラウトマンを仲介者とする和平工作は1937年11月から翌年1月にかけて行われたが，日本政府が南京攻略後に条件をさらに吊り上げたため，成功しなかった．38年1月，日本政府は駐日ドイツ大使に交渉打ち切りを通告するとともに，「国民政府を対手とせず」という声明を発表した．ドイツ政府内には，アジアの友好国として日本をとるか中国をとるかの選択をめぐり対立があったが，ヒトラーは同年2月に外相に就任したリッベントロップの意見をとり，日独提携を重視する立場を選択した．ドイツは同年春の間に中国への軍需物資の供給を停止する措置をとり，5月には軍事顧問団を中国から引き揚げた〔三宅 1975；工藤・田嶋 2008，II（田嶋，クレーブス）〕．

［「東亜新秩序」の宣言］

1938年5月から6月にかけて近衛内閣は内閣を改造し，外相に宇垣一成，陸相に板垣征四郎を当てたが，宇垣は陸軍出身ながら中国のナショナリズムに敬意を払う必要を認める人物であり，他方，板垣は日本の武力による中国の改造を主張する人物であった．そのため，近衛政権下での一貫した中国政策策定は困難であった．近衛は中国を特殊地域として中国政策を統括する官庁（興亜院）を設置し，中国政策を外務省の管轄から外そうとしたため，宇垣外相はそれに抗議して辞任し，有田が外相に復帰した．この年，日本政府は長江中流の主要都市の武漢と華南の中心地の広州とを占領する方針を決め，10月にそれ

ら都市を占領した．11月3日に近衛は声明を発表し，日本が求めるものは「東亜新秩序」すなわち日本・満州国・中国が緊密に提携する秩序であると述べ，はじめて「東亜新秩序」という言葉を用いた．日本は武漢作戦以降，長江からの外国船の締め出しを続けていたので，米英はそれに抗議したが，その外交的応接の中で，有田外相は九国条約の門戸開放・機会均等の原則に基づく要求は時代の実情に合わないと主張し，新秩序形成のために中国市場への諸外国の接近を制限すると述べた．

イギリスは中国における最大の権益を持つ国であったが，1938年にはヨーロッパの戦争切迫の危機に忙殺されていたから，中国の問題では日本に対して強硬な立場は取らなかった．日本に対して強く反発したのはアメリカであった．この年にアメリカでは，日本の侵略戦争に加担することになる石油・鉄材などの日本への売却をやめようという市民運動が展開され，対日経済制裁論が台頭していた．12月にアメリカは日本に対して航空機用資材の輸出を停止し，中国政府に貿易借款を提供することにし，翌年には対日姿勢を硬化させる一方，国民政府の対日抗戦継続のために有利な政策をとった〔Cohen 2000〕．

近衛は前記1938年11月の声明の中で，国民政府が方針を転換し構成を改めれば，新秩序への参加を拒否しないと述べ，「国民政府を対手とせず」の方針を修正するニュアンスをもたせた．近衛は12月22日にも声明を発表し，日本は華北および内蒙古では資源開発の優先権を主張するが，経済的独占を意図しない，日中対等の協力を望み，領土・賠償を求めず，主権尊重のため治外法権撤廃および租界の返還に応じるなどと述べた．

これは，国民党第二の実力者汪兆銘が重慶からフランス領インドシナのハノイに脱出したことを意識したものである．それより前，和平を望む日中双方の同志が上海でひそかに和平工作を試みており，それに乗ったのが汪兆銘であった．彼は中国の面子が立つような和平であれば，見通しのない戦争の継続よりも望ましいと考え，同調者とともに重慶を脱出した．彼には，自分が立ち上がれば，それに呼応する勢力が続出して日本の非占領地に新政府を組織できる，そうすれば，中国からの撤兵，対等の協力関係を日本と協定し，戦争を終結させられるという期待があり，彼の脱出工作を進めた日中の関係者の間ではそのような和平条件についての合意があった．しかし汪の期待に反して，彼の行動

に同調する動きは起こらず，彼は日本の要求を容れて傀儡政府の指導者という不本意な役割を演じる立場に追い込まれるのである．他方，かねてから政権担当の意欲を喪失していた近衛は，汪兆銘の重慶脱出後の新局面に対処する決意を欠き，日独伊防共協定を三国間の軍事同盟に発展させる問題を巡って政府の意見を集約できなかったことを直接の理由として，1939年1月早々首相を辞任した〔臼井 2000；岡 1972〕．

8—ドイツの恫喝外交と英仏の宥和政策

[最初のチェコスロヴァキア危機]

　チェコスロヴァキア（本節では以下「チェコ」と略記）には300万人以上のドイツ系住民がおり（同国総人口の約4分の1），この国の東部（ボヘミア，モラヴィア地方）のドイツおよび旧オーストリアとの国境に近い地帯では人口の多数を占め，特に北側のズデーテン地方に多く住んでいた（ただしチェコ危機の時期には，ズデーテン地方とはドイツ系住民が多数を占める地帯全域を指す代名詞となった）．1919年の両国の国境は歴史的，地形的理由により定まったもので，民族分布を反映するものではなかった．チェコのドイツ系住民は文化的には自由であったが，政府への就職や公共事業への参入では差別されていたので，不況の時代には不満が高まった．ただし30年代後半に，ヘンラインを指導者としズデーテン地方の自治を要求するズデーテン・ドイツ人党の運動が活発化したのは，そのためだけではなく，ヒトラー政権からの声援と内密の資金援助があったからである．

　ネヴィル・チェンバレンを首相とするイギリス政府は1937年以来ズデーテン・ドイツ人問題がドイツとチェコの紛争に発展することを憂慮した．ドイツがチェコを攻撃し，フランスが同盟国として参戦すれば，イギリスとしても傍観できないからである．民族自決主義と少数民族の権利の保護とが重視されたヴェルサイユ体制の下では，チェコのドイツ人の処遇について，ドイツがそれを問題にすることには一応の理があった．

　フランスは外交的にはチェコを支持する立場をとったが，ドイツに対抗するためにはイギリスとの協調が必要であった．1938年4月末，英仏政府間の会

議が開かれ，チェコにはズデーテン問題で最大限の譲歩をするよう圧力をかけて戦争回避に努めることとともに，ドイツがなお強引に武力に訴える場合にはフランスは参戦し，イギリスもフランスに協力することが合意された．戦争勃発の際の軍事協力についても，英仏の軍部間協議が行われることになった．イギリスはチェコ問題に外交的に介入し，英仏提携を強化しつつ，ドイツに対する宥和と抑止との両面政策により，ヨーロッパ大戦を防止しようと試みた．

ヒトラーはオーストリア併合が一段落し，イタリア訪問を終えた1938年5月，チェコへの侵攻時期を考え始めた．彼はフランス，イギリスの軍事介入はないと予想したが，両国が介入にいっそう慎重になるように，西部国境の防壁の建設，潜水艦隊の増強などを急いだ．ドイツは紛争の口実を作るためばかりでなく，チェコを孤立させるためにも，チェコ内のドイツ系住民が不当に扱われていることを盛んに宣伝した．5月下旬，国境付近へのドイツ軍の移動に対処して，チェコ側も予備役を召集し国境線の防備を強化して緊張が高まったとき，フランスもイギリスもドイツに軍事行動をとらないよう強く警告した．これは「五月危機」と呼ばれたが，そのときには，ヒトラーは直ちに開戦する用意はなく，ドイツ陸軍幹部には戦争への慎重論が強かった．

ヒトラーはこの危機の後，チェコの迅速な制圧の準備と西部国境防衛の強化のために，なお数ヵ月が必要と判断し，10月1日を攻撃予定日としたのである．その間ヒトラーはチェコとの既存の国境に不満をもつポーランドとハンガリーに働きかけ，チェコ攻撃に協力させようとした．両国ともチェコに対するドイツの攻撃的政策を支持したが，この時期にはフランスの同盟国ポーランドの対独協力が目立った〔Weinberg 1994〕．

［第二の危機とチェンバレン首相の戦争回避外交］

8月末までにヒトラーは戦争の準備に自信をもち，9月中の適当な時期にズデーテン地方混乱の機会を捉えてチェコに侵攻することを決断した．夏の間，英仏両国はチェコ政府に対してズデーテン・ドイツ人党の要求に前向きに応じるよう繰り返し圧力をかけ，フランスは，チェコ側が適切な譲歩をしなければチェコとの同盟関係を見直すとさえ警告した．そのため，9月はじめには，チェコ政府はズデーテン自治の要求を基本的に受け入れる和解案をズデーテン・

ドイツ人党側に提示するに至った．ズデーテン紛争の継続を必要とするヒトラーは，同党の指導者ヘンラインにズデーテン地方のドイツへの統合を主張するよう指示し，またズデーテン・ドイツ人の暴力組織を用いて，騒擾を頻発させた．

イギリスのチェンバレン首相は状況が切迫していると判断し，大胆な外交行動を決意した．航空機による政府首脳の外国訪問がまだ異例な時代に，彼は空からの劇的なドイツ訪問によって事態の重大性をドイツ側に印象付け，ヒトラーと直接交渉を行って戦争回避の道を探ろうとした．9月15日の両者の会談で，チェコへの武力行使が大戦争への引き金になることを警告するチェンバレンに対して，ヒトラーはもはやチェコ攻撃の方針を変えられない状況であると主張したが，戦争目的を問われると民族自決原則の実現であると答えた．チェンバレンは，自分としてはその原則に異論はないが，自国の内閣の同意とフランス，チェコの同意を得る必要がある，それを得られ次第再び会談したいと述べ，ヒトラーから再度の会談について同意を得た．

フランスのダラディエ政権は，ドイツがチェコを攻撃すれば同盟国として参戦しなければならないと考えていたが，9月中旬，危機が切迫してくると，戦争回避への願望を強めた．チェコのベネシュ大統領はフランスを味方につけておくために，防塞線外の若干の領土の割譲に応じてもよいという意向を非公式経路でフランスに伝えた．ダラディエ首相が訪英してチェンバレンと会談した際，両者はドイツ系住民が多数を占める地域をドイツに譲渡することにより紛争を解決することで合意し，チェコ政府の同意を取り付けた後，チェンバレンは9月22日に再び訪独した．しかしヒトラーは武力行使の方針を捨てず，ズデーテン地方の即時明け渡し，チェコとポーランド，ハンガリーとの国境修正などを要求したため，チェンバレンは失望して帰国した．チェコとフランスはそれらの要求を拒否し，ヒトラーは好戦的な演説を行い，最後通牒を発した．

フランス政府はドイツがチェコを攻撃すれば参戦する方針をあらためて表明し，イギリス政府もその場合にフランスと協力することを約束したので，大戦勃発は不可避の情勢となった．ソ連政府は，戦争が起これば条約上の義務を忠実に果たすと英仏に伝えていた．しかしチェンバレンはなお戦争回避の道を求め，四国首脳会議による解決についてムッソリーニに協力を求めた．ほぼ同時

に，アメリカのローズヴェルト大統領もヒトラーに外交的解決の道を選ぶよう要請するとともに，ムッソリーニにヒトラー説得を依頼する電報を送った．それより前にローズヴェルトは，平和のための国際会議を中立国で開催するならアメリカも参加する用意があるとチェンバレンに伝えた．イーデン外相はアメリカをヨーロッパ問題に関与させることに関心があったが，チェンバレン首相は，アメリカ外交について，たてまえを並べるだけで頼りにできないという不信感をもっていたので，その提案に乗らなかった〔McKercher 1999〕．

　ムッソリーニはそれまでチェコ問題でのドイツの強硬な立場を支持してきたが，自国の戦争の準備ができていなかったから，英仏も参戦する大戦の勃発が切迫したことを苦慮していた．ムッソリーニは英米首脳からの依頼を受け，ヒトラーに戦争回避を要請することを決断し，9月28日，ドイツの要求は戦争なしに獲得できるとして，首脳会議による解決に同意するようヒトラーに訴えた．

[ミュンヘン協定の成立]

　同日ヒトラーが開戦の瀬戸際で方針転換し，外交交渉により最大の成果を得る方策を選択したのは，盟友ムッソリーニからの要請のためだけではない．ドイツ軍幹部が英仏両国を相手とする戦争の準備ができていないと強く主張したことが大きな理由であり（参謀総長は辞任し，陸軍内にはヒトラー暗殺計画もあった），外交官僚たちも戦争なしにチェコでの目的達成は可能と述べ，開戦に向けて彼の足元が固まっていなかったのである．彼の好戦的な演説にベルリンの民衆が無反応だったことも，彼には意外だった．ヒトラーはミュンヘンで29日に緊急の首脳会談を開催することを決め，ムッソリーニと英仏首相に参加を要請した〔Weinberg 1994〕．

　当日の四国首脳会談でムッソリーニは前もってドイツ側からローマに送られていた解決案を彼自身の案として提示した．それを基礎に数時間の討議の後，四者は合意に達した．それはチェコのドイツ人居住地域のドイツへの譲渡，英仏によるチェコの安全の保証，ポーランドおよびハンガリーとの領土交渉の早期解決，ポーランド，ハンガリーとチェコとの領土問題解決後に与えられる独伊によるチェコへの独立の保証などを骨子とするものであった．

フランスはひとまず戦争を回避することができたが，失ったものは大きかった．フランスは長年の同盟国の無力化を甘受して平和を購ったのであり，それとともにソ連との相互援助条約をも事実上放棄したのである．フランスに残った資産は，ヨーロッパ大陸の問題に関与し始めたイギリスとの協力関係のみであり，その協力関係ではイギリスが主導者であった．ダラディエはそのことを意識して，ミュンヘンの合意の成立を積極的には喜べなかったが，チェンバレンは会議を大きな成功とみなしていた．チェンバレンは協定成立の当日，帰国前にヒトラーと会談し，ミュンヘン協定と英独海軍協定を尊重する，英独両国に関わる問題を協議によって解決する，ヨーロッパの平和を確保するために協力するという約束を得て，英独首脳共同声明をまとめた．彼にとって，それらの協定は自らが追求してきた四大国による新たなヨーロッパ協調の始まりであった．帰国したチェンバレンは首相官邸前に集まった戦争回避を喜ぶ人々に共同声明を読み上げ，「われわれの時代の平和」をかちえたことを誇らかに語ったのである〔Boyce & Robertson 1989 (Alster)〕．

英仏の宥和政策によって，ヒトラーは戦うことなくズデーテン地方を獲得し，フランスの同盟国だったチェコをドイツの衛星国にするという大きな外交的勝利を挙げた．英仏両国，とくに後者の国内には，ミュンヘン協定を批判する声もあったが，どちらにも，ドイツとの経済関係が発展に向かい，平和が続くかもしれないという期待があった*．1938年12月にパリで，ミュンヘンの英独共同声明と同趣旨の仏独協定（「仏独不可侵協定」と呼ばれた）が発表され，相互の国境の不変更，両国間の問題の協議による解決，ヨーロッパの平和のための協力などが謳われたことは，宥和幻想の延命を助けた．ムッソリーニはスペイン内戦におけるフランコ軍の勝利が明白になった後は，チュニジア，ジブチなどの譲渡交渉をフランスに持ちかけ，フランスとの関係を緊張させた．イギリスはイタリアとの問題でもフランスを支持する立場を明確にするようになったので，イタリアはドイツとの関係をより緊密にする必要を感じ，ドイツのリッベントロップ外相が提案していた日独伊三国同盟案に賛成した．しかし日本がソ連だけでなくイギリスをも対象とする同盟には難色を示したため，三国同盟交渉は進展しなかった〔Weinberg 1994；三宅 1975〕．

　＊　イギリス労働党は原則として宥和政策に反対したが，軍備強化には消極的で，

ミュンヘン協定後も宥和政策とは異なる有効な対案を提示できなかった〔佐々木 1987〕．フランス社会党も平和主義のゆえに宥和政策を支持した〔渡辺 2003〕．

9──ヨーロッパ戦争勃発への道

[ドイツによるチェコスロヴァキア解体と英仏の政策転換]

　四国首脳会談で合意が成立した以上，チェコスロヴァキアとしてはそれを受諾せざるをえず，領土縮小後の同国に独立の保証を与えるというミュンヘンでの約束をヒトラーが守ることを期待して，極力ドイツに逆らわないようにするよりほかに道はなかった．ドイツ人，ポーランド人，ハンガリー人の居住地域を割譲したことは，残された領土内のスロヴァキア人，ルテニア人の自治要求を刺激し，それらの自治を認めざるをえず，国としてのまとまりが失われつつあった．チェコスロヴァキアはドイツにはまったく無害な衛星国的存在となったが，ヒトラーは同国を解体することに執着した．ミュンヘン協定は彼にとって大きな外交的勝利であったが，彼自身はチェンバレンの外交術によりチェコスロヴァキアを抹殺する機会を奪われたと感じていた〔栗原 1994；Kershaw 2000〕．

　1939年3月中旬，ヒトラー政権はスロヴァキアからの訴えを口実に，チェコ大統領をベルリンに呼びつけ，プラハを爆撃すると脅迫してチェコスロヴァキア解体に同意させた．ドイツは直ちにプラハを占領し，ボヘミア，モラヴィア全土を属領として，スロヴァキアを名目的独立国として保護下に置き，ドイツに協力してルテニアを占領したハンガリーに同地方を与えた．ドイツはまたその直後に，東プロイセンに隣接するリトアニア領の港メーメル（現在のクライペダ）を併合した．

　ヒトラー政権はそれまでポーランドに対して現状変更を提起することなく同国との友好関係を維持してきたが，39年初頭にはダンツィヒのドイツへの併合，回廊通路の治外法権などの要求をポーランドに突きつけた．ヒトラーは，ポーランドがドイツの従属的友邦の地位を受け入れることを期待し，上記の要求とともに防共協定への加入をもちかけたが，ポーランドは防共協定加入を断

り，ダンツィヒ等に関する諸要求についてもとくに譲歩しなかった．チェコスロヴァキア解体の後，ドイツはポーランドへの圧力を強めたが，ポーランドの対応は変わらなかったので，ヒトラーは対ポーランド戦争を計画し始めた．

ドイツによる強引なチェコスロヴァキア解体はミュンヘン協定後のヨーロッパの平和についての西欧諸国の幻想を打ち砕いた．英仏両国は既成事実自体について争おうとはしなかったが，この事件は，英仏の世論と政府とに衝撃を与え，両国の対独政策を宥和政策から抑止政策へと転換させるきっかけとなった．ドイツの拡張主義がドイツ人居住地域の併合に限定されないこと，ヒトラーにとって協定は一時的方便に過ぎないことが明らかになったからである．チェンバレンは1939年3月末，ポーランドが武力によって抵抗しなければならない脅威に直面した場合には，イギリスは力の及ぶ限りの支持を与えると声明した．4月に入るとフランスのダラディエ政権は21年のポーランドとの同盟条約の存続を再確認し，その義務を守ることを表明した．ポーランドもイギリスの求めに応じて，両国の双務的な軍事同盟を結ぶことに同意した．ドイツはイギリスとの海軍協定の破棄，ポーランドとの不可侵条約の破棄をもって応じ，そしてイギリス政府は国際的にイギリスの決意を示すために，4月に徴兵制度導入を決めた＊．

＊ 危機の切迫のなか，チェンバレン内閣はアメリカの関与を促していたが，ローズヴェルトはイギリス指導層がドイツに対して臆病すぎる，それが問題なのであり，英帝国とフランスとが力を結集すればドイツに対抗できるはずだと考えていた．徴兵制導入はワシントンへの応答という意味があった．

こうしてヨーロッパ情勢は再び緊迫したが，1939年にはドイツではヒトラーの好戦的行動を抑制する国内の勢力はなくなっていた．前年チェコスロヴァキア攻撃に慎重論を唱えた陸軍幹部も，ポーランドとの戦争には反対しなかった．陸軍はポーランドとの戦争を戦いやすい戦争と考えており，英仏の参戦の可能性については，昨年来の経験から，ヒトラーの外交的判断を尊重するようになっていた．ヒトラーの側近で従来から対外政策について発言力をもっていたのは，ゲーリング空相兼空軍総司令官とリッベントロップであるが，ヒトラーはミュンヘン協定後には反英親ソ的なリッベントロップを重用した〔Weinberg 1994〕．

チェコスロヴァキア解体というドイツの行動はムッソリーニにとっても面子を潰された不快なものであったが，彼はドイツから離れることはできなかった．東欧での新たな戦争を計画中のドイツは，イタリアを盟邦として確保しておく必要があったから，ユーゴスラヴィアをイタリアの勢力範囲とみなすと述べるなど，関係修復に努めた．ムッソリーニは対外強硬策により自らの国内的立場を強化することを狙い，1939 年 4 月初旬アルバニアに軍隊を送り，同国を自国の保護下に置いた．それによりイタリアと英仏との関係改善の可能性は消えた．英仏両国はアルバニアの隣国ギリシアに対して侵略された場合の援助の保証を与え，ドイツが石油資源をもつルーマニアの独立を脅かす可能性を考慮して，ルーマニアにも同様の保証を与えた．イギリスは 5 月トルコとの共同声明により，地中海地域での戦争発生の危機の際に相互の援助を約束し，6 月フランスもイギリスの例にならった．

ヒトラーはすでに 4 月始めに，軍部に対してポーランド侵攻の準備を命じていた．彼は英仏が参戦する可能性は少ないと考え，英仏の参戦なしに戦争を短期戦で片付けられると予想した．彼は英仏参戦の可能性を減じるための外交と宣伝工作を怠らなかった．正式な同盟条約による独伊枢軸の強化もその一手段であった．ドイツは日本を含めた三国同盟を希望したが，日本を英仏への牽制のために利用しようとするドイツにとって，日本が望んだような，対象をソ連だけに限定する同盟条約は無意味であったから，イタリアとの二国間同盟に切り替えたのである．5 月に調印されたドイツとイタリアの同盟条約は，当事国の一方が第三国と戦争する場合には他の当事国は自動的に参戦するという内容の条約であった．条約交渉の際，ドイツ側はポーランド攻撃計画をイタリア側に伝えなかった．ムッソリーニは，英仏と戦争する意思はあったが，数年先の開戦を考えていた〔Weinberg 1994〕．

[独ソの急接近と不可侵条約の締結]

この戦争への英仏の参戦の可能性を除去するためにドイツが行ったもう一つの外交工作は，ソ連との関係改善および提携の可能性の追求であった．3 月には，対独関係改善についてのソ連の関心を示唆するいくつかの発言があった．ソ連は諜報機関を通じて，ドイツの日本との条約交渉もポーランドへの要求内

容も知っていた．ドイツの矛先が東に向けられているとき，ソ連はドイツとの戦争回避のための協定を切望した．英仏の政策がドイツに対する宥和政策であるならば，ソ連としてはドイツの矛先をかわすため対独接近を試みるべき切実な必要があった．スターリンが5月初旬，駐米大使，国際連盟代表として活躍し，親西欧派とみられた外交官でユダヤ系でもあるリトヴィノフ外務人民委員に代えて，共産党政治局員で首相であったモロトフを後任に起用したのは，ソ連の政策の方向を示唆する人事であった．しかしソ連外交が英仏との協力に見切りを付けて，一挙にドイツとの和解協力に突き進んだわけではない．ソ連にはナチ党政権に対する警戒心があり，対外政策上の180度の大転換を行うには状況を見極める必要があった．もし英仏が対独宥和政策から転換するのであれば，英仏との提携はソ連にとって依然として有力な選択肢であった．

　ドイツに対する抑止政策に転じた英仏両国も，ソ連との提携交渉を進めることを望み，ソ連と英仏とは4月に交渉を開始した．英仏は自らが中・東欧の数ヵ国に与えたような保証を，ソ連が隣接諸国に与えることを希望したが，ソ連は英仏側に三国間の軍事同盟の締結を求め，バルト三国や中・東欧諸国に共同で保証を与えること，対独共同作戦のためにポーランド，ルーマニア両国の領土を通行し利用する権利をソ連軍に認めることを提案した．しかし英仏は三国による共同保証方式に難色を示した．それは，ソ連をパートナーとする安全保障体制の形成にポーランドが強く反対し，ルーマニアもバルト三国もそれを望まなかったからである．これらの国はソ連軍が自国領土に入ることに強い恐怖があり，諸国の支配層はイデオロギー的歴史的理由により，ソ連に不信感があった．英仏は次第にソ連の求める軍事協定案に歩み寄ったが，8月11日モスクワで始まった三国の軍事専門家による最後の交渉では，ソ連軍のポーランド，ルーマニア両国の領土通行・利用権問題をめぐって折り合いがつかず，交渉はまとまらなかった〔平井 1993〕．これら交渉における英仏の狙いは，第一にドイツにポーランド攻撃を思いとどまらせること，第二にドイツの対ソ接近を阻むことにあり，そのためには必ずしも合意に至る必要はなく，交渉が行われていることで十分であると思われたのである〔佐々木 1987；Northedge & Wells 1982〕．

　ソ連はこの時期までドイツ側および英仏側双方との交渉を続けてきたが，ス

ターリンは英仏との交渉を見限り,ドイツとの条約を選択することに踏み切った.他方ヒトラーは8月26日をポーランド攻撃予定日としていたので,その前にソ連との交渉をまとめる必要があった.双方は8月半ばまでに不可侵条約および勢力圏分割協定について基本的合意に達したので,ヒトラーはリッベントロップがモスクワを訪問して23日に調印することをソ連側に打診し,21日ソ連がそれに同意すると,直ちにそのことを公表した.23日夜半,両国は不可侵条約と勢力圏に関する秘密議定書とに調印した.その議定書ではフィンランド,エストニア,ラトヴィアはソ連の,リトアニアの大部分はドイツの勢力圏とされ,ポーランド領土は双方で分割すること,ルーマニア領ベッサラビアはソ連が利害を持ちドイツには利害のない地域であることが規定されていた(その後,ポーランド領土のドイツの取り分を増やし,リトアニアをソ連の勢力圏とすることに改められた).独ソ貿易協定もその数日前に調印されていた〔斎藤 1995〕.

[独ソ提携の国際的衝撃と戦争の勃発]

ドイツとソ連の急接近による独ソ不可侵条約の締結の報道は世界に大きな衝撃を与えた.それは英仏にとって,ドイツ封じ込めのためにソ連の協力を得る可能性が失われたことを意味した.ヒトラーはこれで英仏の参戦の可能性はなくなったと考えた.彼はソ連カードを振りかざして,今後はドイツとともにソ連との貿易関係の発展を目指すのが得策ではないかとイギリス大使に語り,イギリスにポーランド問題解決後の英独提携を提案し,フランスにも同様の和解案を示した〔栗原 1994〕.しかし,イギリスのチェンバレン内閣は22日,独ソ条約によりポーランド政策を変えないとの方針を決め,25日にはポーランドとの相互援助条約に正式調印した.ヒトラーは同日,彼が要請した対英仏戦争へのイタリアの参戦について,準備不足のため不可能であるというムッソリーニの返事を受け取った.ムッソリーニは,ドイツがポーランドに掛かり合っている間,イタリアが準備不足のまま英仏の矢面に立つことを恐れたのである.この二つの予想外の事態に直面してヒトラーは動揺し,出動寸前の軍に対して攻撃の延期命令を出した.フランス政府は独ソ不可侵条約の締結によってかなりの衝撃を受けたが,ポーランドとの同盟の義務を守ることを確認した.

ヒトラーが重視したのはフランスよりもイギリスの態度であった．彼はゲーリングにイギリスが参戦しないよう非公式回路で交渉するように指示し，通常の外交経路による交渉もポーランド侵攻直前まで行われた．イギリス政府はミュンヘンの二の舞いを演じることを拒否しつつ，ポーランドとの直接交渉による平和的解決をヒトラーに求めた*．ヒトラーは，ここで戦争政策から後退すれば自らの威信が傷つき体制が動揺することを恐れた．彼は英仏が土壇場で怯むという期待を抱きつつ，英仏の参戦の危険を冒しても，ポーランド攻撃を行うことにした．それが危ない賭けでないことを願うゲーリングに，ヒトラーは「わが人生は一か八かの連続だ」と答えたという〔Kershaw 2000〕．ドイツは8月30日に16項目の要求をポーランドに提示し，9月1日に攻撃を開始した．英仏はドイツに即時停戦と撤退を求め，その要求の受諾期限が切れた9月3日，ドイツに宣戦した**．

* 開戦に至るまで英仏両国はドイツにポーランド問題の平和的解決を要求し，武力行使が行われた場合には参戦することをポーランドに約束していたが，外交交渉においてどのような態度をとるかはワルシャワの政府の判断に任されていた〔佐々木 1987；Kaiser 1980〕．それゆえ，権威主義的な政府のもとにあったとはいえ，断固として自国の自由のために戦おうとしたポーランドはヨーロッパの自由のための戦いの端緒を開いたと言えよう〔ロスチャイルド 1994〕．しかしこうして始まった第二次世界大戦は，結果としてポーランドに自由をもたらさなかった．
** 1939年に勃発した戦争は，すぐに第二の「世界戦争」であると意識されたわけではない．当初はヨーロッパの戦争と意識され，「第二次世界戦争」という名称が国際的に定着するのは，41年12月アメリカがアジアとヨーロッパの枢軸国に対する戦争に参戦した後のことである．チャーチルが戦後この戦争の回顧録を書いたときには「第二次大戦争」の名称を用いた〔Reynolds 2006〕．戦後の日本では通常「第二次世界大戦」と呼ばれ，また「第二次大戦」とも呼ばれる．「世界大戦」は「世界戦争」と「大戦争」とを結合したことばである．

独ソ不可侵条約締結によって大きな衝撃を受けたのは，ドイツの友好国日本であった．日本は1936年に，対ソ秘密事項を含む日独防共協定を結んでおり，日独伊三国同盟の交渉を継続中であった．平沼騏一郎首相は当時，ドイツの示した条件での調印を強く要求する陸軍と，イギリスとの戦争回避の可能性を残したい外務省との間の調整に苦慮し，同盟交渉の妥結を引き延ばしていた．ド

イツは，独ソ条約締結が日本に衝撃を与え，同盟交渉が頓挫することを予想したが，日本の英米との関係の状態からみて，日本と英米との提携はありえないと考えていた〔Weinberg 1994〕．

　1939年夏には，日本と英米両国との関係は険悪であった．イギリスとの関係は，日中戦争の拡大・長期化とともに悪くなったが，6月に起こった天津租界封鎖事件により緊張した．この事件は，華北の日本軍が天津のイギリス租界当局に親日的指導者暗殺の容疑者の引き渡しを要求して拒否されたため，英仏租界の出入り口で検問を実施し，容疑者の引き渡しだけでなく，租界当局の日本軍への全面的協力を要求した事件である．イギリスはこの問題をめぐる東京の日英交渉で，一般論では日本の主張に歩み寄り，緊張を緩和したが，具体的な問題では譲歩せず，8月には交渉は決裂状態となった．その間にアメリカは7月26日に日米通商航海条約の廃棄を日本に通告した．それは，半年後に条約が失効すれば，アメリカは日本との貿易を自由に制限できるという警告であった．日本は戦略物資の調達をアメリカからの輸入に頼りながら中国での戦争を続けていたので，この通告は大きな衝撃であった〔国際政治97（鈴木）〕．アメリカはまた大西洋に集結していた海軍の主力をハワイに戻す措置をとって日本の行動を牽制した．しかも日本は5月以来，満州国とモンゴルとの国境でソ連軍との局地戦争を戦っており（ノモンハン事件），手痛い敗北を経験したばかりであった．そこにドイツがソ連と不可侵条約を結んだという知らせが飛び込んだのである．驚愕した平沼は「欧州の天地は複雑怪奇にして対処するを得ず」と述べて，8月末に首相を辞任した〔池井 1992〕．

第 X 章

地球規模の戦争としての第二次世界大戦

テヘラン会談に臨む米英ソ三大国首脳（1943 年）
© Topham Picturepoint／写真提供：amanaimages

　第二次世界大戦は 1939 年 9 月ヒトラー・ドイツのポーランド侵攻によってヨーロッパの戦争として始まり，アジアにおける日本の行動と連動して，41 年には世界の主要国すべてが参戦する地球的規模の大戦争となった．ヒトラーの拡張主義・覇権主義の追求がこの戦争の基底にあったが，39 年に大戦が勃発したことには彼の二つの誤算が関わっていた．一つは，この年にポーランドがドイツの従属的盟邦という地位を拒否したことであり，他の一つは，ドイツのポーランド攻撃に対して英仏両国が対独宣戦に踏み切ったことである．ドイツは翌 40 年の「電撃戦」の成功によりフランスを降伏に追い込んだが，イギリスを屈服させることはできなかった．ヒトラーはイギリス侵攻を断念し，矛先をソ連に向けた．彼が対ソ戦争をしかけたのは，短期の戦争でソ連打倒が可能であり，それによってイギリスに対する優

位を確立できると考えたからであったが，この見込み違いによって，ヒトラーは自ら墓穴を掘ることになった．

中国での戦争を続けていた日本の指導層は，ドイツの優勢に便乗してドイツと同盟することにより，アメリカを牽制しつつ，資源の豊富な西欧諸国の東南アジア植民地に進出する機会を狙った．このことは日本と米英両国との関係を一層悪化させることになった．日本が独ソ戦争勃発後，フランス領インドシナ南部に派兵すると，アメリカは石油の全面禁輸を含む経済制裁措置を発動した．石油の供給を断たれた日本の政府指導層は自国の立場が悪化の一途をたどることを恐れ，自ら設定した最終期限内の外交的解決が不可能になったとき，勝算のない対米英戦争に踏み切った．

日本のパールハーバー攻撃の直後にドイツもアメリカに宣戦したので，アメリカは対枢軸戦争に総力を挙げて参戦し，米英ソ三強に中国等の諸国を加えた連合国の連帯が形成された．長期戦となってアメリカの巨大な潜在力が軍事化されるにつれ，戦況は連合国側に有利に展開した．1945年にはドイツと日本はともに完全に敗北し，戦争は連合国の勝利に終わった．連合国は戦争中からアメリカ主導により，主要連合国の協調により平和が維持される戦後国際秩序の形成を準備したが，実際には，戦後まもなくアメリカとソ連との間に「冷戦」と呼ばれる緊張状態が発展する．

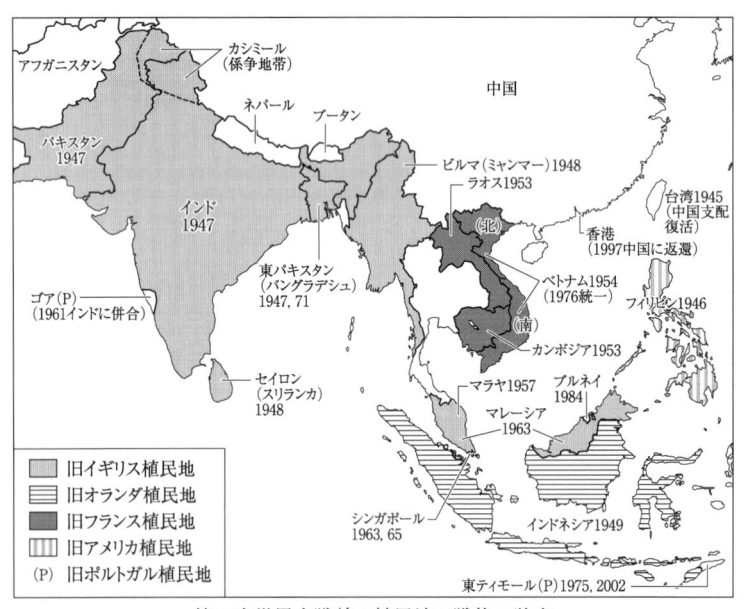

第二次世界大戦前の植民地の戦後の独立
Barraclough 1988, p. 139 を基に作成．

1――ポーランドの敗北とその後のヨーロッパ情勢

［ポーランドの敗北と独ソ勢力圏の分割］

　1939年9月1日にポーランド攻撃を開始したドイツは，空爆によって相手側の軍事施設と交通網を破壊しつつ，戦車隊を先頭に急速にポーランド領に侵攻したので（その速さのゆえに「電撃戦」と呼ばれた），9月半ばまでにポーランドの軍事的抵抗力は失われた．フランスもイギリスもポーランドを助けるための実効的な軍事的手段をとらなかった．ソ連は9月17日，独ソ不可侵条約の秘密議定書によりソ連の勢力圏とされたポーランド東部に軍隊を送り，この地域を支配下に収めた．独ソ両国は同月末に新たな協定を結び，ポーランド領のドイツの取り分を増やし，リトアニアをソ連の勢力圏とすることに合意した．ドイツはダンツィヒおよび回廊地帯などを併合するとともに，残余の占領地域を保護領とした．こうしてポーランドは再び分割され消滅した．ヒトラーのドイツはそれまで国内で反ユダヤ政策をとり，ユダヤ人を迫害してきたが，ポーランド占領とともにユダヤ人抹殺を試みるようになり，それは独ソ開戦とともに激化する．戦争による支配地の拡張はナチズムの人種主義の反人道的性格を過激化することを伴ったのである．

　ソ連は同じ頃バルト三国（エストニア，ラトヴィアおよびリトアニア）の代表をモスクワに呼びつけ，海軍基地の使用権と軍隊の駐留権を認めさせた．ソ連が三国を正式に併合するのは翌年8月である．ソ連はフィンランドにも同様の要求を提示し，拒否されると1939年11月末フィンランドを攻撃した．この戦争でソ連はフィンランドから予想外の頑強な抵抗を受けたので，傀儡政権樹立によるフィンランドのソ連化を断念し，領土を割譲させることを条件として翌年3月に講和を結んだ．

　戦争が始まると，フィンランドは国際連盟に提訴し，連盟理事会はソ連を連盟から除名した．ドイツによる西欧攻撃が間近に予想されるにもかかわらず，フィンランドへの同情がある英仏両国政府は，もし中立国のスカンディナヴィア諸国が協力的であればフィンランドに軍事援助を供与することを考えたが，北欧の中立国が協力を拒否したため断念した．その後もイギリスは，スウェー

デンの鉄鉱石をドイツがノルウェー経由で輸入するのを阻止するため，ノルウェー北部の港を占領することを検討していた〔May 2000〕．

[「奇妙な戦争」]

　ヒトラーは1939年10月，東欧の新たな状況を認めるなら英仏と講和する用意があると声明したが，英仏両国ともドイツとの講和交渉を拒否した．自国が戦場になることを恐れたオランダ，ベルギー両国も，英仏独三国に講和の斡旋を申し出たが，ドイツ，英仏ともにそれを拒否した．しかし双方とも相手に対して攻勢に出ることはなかったので，しばらくは「奇妙な戦争」あるいは「偽の戦争」と呼ばれた戦闘のない戦争状態が続いた．ドイツの対英仏戦争準備のための軍備増強計画では，軍備が十分整うのは42-43年と想定されており，元来ポーランド攻撃は英仏との戦争にはならないという前提で計画されたものであった．しかしヒトラーはポーランドに対する電撃戦に成功すると，その勝利の勢いを駆って年内に西部戦線で攻勢に出ることを主張したが，準備不足を指摘する陸軍の懸命の反対により，それは40年春まで延期された．

　戦争勃発前の1939年春，ヨーロッパ情勢の緊迫に対処して，アメリカのフランクリン・ローズヴェルト大統領は戦争準備が不十分な国に対して兵器を輸出する道を開くため，すべての商品の輸出を即金払い・自国船輸送の条件で認めるよう，中立法の改正を議会に提案した．しかし議会は消極的で，この改正が実現したのは戦争勃発後の39年11月であった．この改正は英仏に有利なものであったが，当時アメリカ政府は中立国の立場から和平外交を行うことを検討していた．40年2月，大統領はウェルズ国務次官を英仏独伊四国歴訪に派遣し，休戦・講和の可能性を打診させた．ローズヴェルトは東欧の既成事実を容認する考えはなかったが，イタリアを巻き込み他の中立国とともに平和攻勢をかければ，ヒトラーが態度を軟化させるかもしれないというわずかな期待をもっていた．当時アメリカ政府は，英仏が結束すればドイツに軍事的に十分対抗できると見ており，英仏政府および軍部の見方も同様であった．

[電撃戦の成功]

　1940年4月，ドイツ軍はデンマークに侵攻し，ノルウェーに上陸した．イ

ギリス海軍はドイツの海軍と船舶にかなりの損害を与えたが，ドイツによるノルウェー占領を防ぐことはできなかった．この失敗のためチェンバレンは5月に退陣を迫られた．彼に代わって首相の座に着いたのは，対独強硬派として知られ，前年から海相として入閣していたチャーチルであった．チャーチルは難局に挙国一致態勢で臨む方針を採り，労働党党首アトリーを副首相に迎え，連立内閣を組織した．チェンバレンとチャーチルとの違いの一つは，対米観の相違であった．前者は「アメリカには言葉以外の何物も期待できない」という不信感をもっていたが，後者はアメリカの協力を獲得することに期待をかけていた〔Stoler 2005；Reynolds 2006〕．

ノルウェー占領が完了しない5月9日に，ヒトラーはオランダ，ベルギー，ルクセンブルクに侵攻しフランスへと進撃する大攻勢の開始を軍に命じた．5週間足らずのうちにドイツ軍はパリを占領し，まもなくフランス政府は和を請うに至る．ドイツ軍の電撃的勝利とフランスの降伏とは世界に衝撃を与えた．フランス人も他国の人々も，このような結果を予想していなかった．フランスは空軍では劣勢であったが，有力な陸軍をもち，イギリスの空軍と大陸派遣軍の協力も得られたからである．ドイツ軍幹部も，ポーランドで成功した電撃戦がフランスに対して成功するとは考えていなかった．彼らが唯一成功の可能性を見出したのは，平坦なオランダ，ベルギーからフランスに侵攻すると見せかけて，英仏軍の精鋭をベルギーにおびき出すとともに，機甲師団の主力をルクセンブルクに投入し，アルデンヌ高地の森を抜けてマジノ線の北端の東からフランスに急速に侵攻する作戦である．ドイツ軍主力部隊が空軍の援護のもとに，ベルギーにいる敵軍の背後にまわってそれを孤立させ，防御の手薄なパリに攻め込めば勝機があると考えられた．

この作戦が図に当たり，ベルギー北部に進出していた英仏軍は南方方面との連絡路を断たれ，34万の英仏軍はダンケルクから海路イギリスへの撤退を余儀なくされた．フランス軍の通信連絡マニュアルが時代遅れのものだったために，予想外の経路からの侵攻に対して，フランス軍は速やかな態勢の立て直しができず，混乱の中で総崩れに陥った．こうしてヒトラーは，勝算の少ないフランス攻撃という賭けに成功したのである*．

　＊　フランスの歴史学者でレジスタンスに加わったブロックは，十分勝てるはず

の戦いにフランスが脆くも敗れたという意味で『奇妙な敗北』という著作を遺したが〔ブロック 2007〕，ドイツは勝てそうにない戦いに楽勝したという意味で，アメリカの外交史家メイはそれを「奇妙な勝利」と呼んでいる．ただしダンケルクに機甲部隊を投入せず，イギリス軍のほとんど無傷での撤収を許したのは，ヒトラーの不可解な軍事的大失策であった〔May 2000〕．

［ペタンの対独協調路線とドゴールの抗戦継続路線］

フランスのレノー首相（3月就任）は政府をパリからボルドーに移したが，状況を絶望的とみて，6月15日に辞任した．イタリアが英仏に対して宣戦したのはこのときである．フランス首相の座についたのは前大戦の陸軍の功労者ペタン元帥であった．老将軍は，政府は国民を捨てて海外に脱出すべきではないという信念から，海外から戦争を継続するという選択肢を排除した．彼はイギリスも敗北すると予想したので，少しでもよい休戦条件を獲得することがフランスのためであると考え，就任の翌日ドイツに休戦を申し入れた．独仏休戦協定は6月22日に調印された．ドイツはパリを含むフランス本土の主要部分，約5分の3を占領下に置き，ヴィシーに移ったフランス政府にはフランス南東部分の支配と植民地の支配を委ねた．ヴィシーでは，老将軍ペタンが国家元首となり，議会からの委任により権威主義的統治を行った．

ペタンは対独協力路線をとることで，ドイツに休戦条件を緩和させ，いずれは対英参戦により覇権国ドイツの有力な友邦という地位を確保することを狙った．フランスの協力にはそれなりの価値があるから，敗者とはいえある程度の交渉力を持てると考えたのである〔Atkin 1998〕．ペタンとは対照的に海外からの対独戦争の継続という路線を追求したのはドゴール将軍であった．彼はイギリスに逃れ，ロンドンを拠点にイギリス政府の支持を受けて「自由フランス」運動を組織したが，フランス植民地に勢力を広げる試みは，1940年9月のダカール攻撃失敗により，すぐには前進しなかった*．

* イギリス海軍はフランス降伏の際，フランスの軍艦をドイツに奪われることを予防するため，それら軍艦の一部を襲撃し破壊した．ヴィシー政府はこれに抗議し両国の外交関係は断絶したので，イギリスはドゴールの運動を援助した．

2 ― ドイツの勝利・フランスの敗北の衝撃

[バトル・オブ・ブリテン]

1940年6月のフランスの敗北により，ドイツは西欧ではノルウェー，デンマーク，オランダ，ベルギーおよびフランスの大部分を支配下におき，スペインは友好的中立国であった．中・東欧ではポーランドの半ば以上，旧チェコスロヴァキア，ハンガリー，ブルガリアを直接支配するかあるいは勢力圏としていた．ドイツの勝利を見て参戦したイタリアは追従的な同盟国となり，ソ連は東欧での勢力圏獲得という代償を得て，ドイツとは友好的中立関係にあった．ヨーロッパでドイツと戦っている国はイギリスのみとなった．

フランスを屈服させたヒトラーは，イギリスも講和に応じると期待し，ドイツのヨーロッパ大陸支配とイギリス帝国の現状維持とを相互に承認する講和をイギリスと結ぶ用意があると声明した．当時イギリスにはドイツとの和解を是とする意見があり，ハリファックス外相も交渉してみるべきだという意見であったが，チャーチル首相はまずイギリスには勝てないことをヒトラーに悟らせなければ，受諾可能な講和を結べる可能性はない，それゆえイギリス防衛戦に総力を挙げるべきだと主張し，チェンバレン前首相もその立場を支持した．もっとも，チャーチルはこの時点ではイギリスがドイツを打倒することはできないと考え，適当な時期にドイツと講和することを考慮に入れていた*．

* 彼はアメリカの参戦を待望したが，当初はその軍事的効果よりも政治的心理的効果を期待し，アメリカの参戦はイギリスの士気を高め交渉力を強めると考えていた．彼は当時，アメリカが再び大軍をヨーロッパに派遣する可能性はないと思ったからである〔Reynolds 2006〕．

ヒトラーはイギリス征服を狙い，ドイツ軍にイギリスへの反復爆撃を行わせ，上陸作戦を準備させた．1940年7月から10月にかけてのイギリス制空権を巡る激しい空の戦いは「バトル・オブ・ブリテン」と呼ばれる．ドイツ空軍の攻撃はイギリス空軍の反撃に遭い，イギリスから制空権を奪うことができなかった．ドイツは海軍力では劣勢であり，ノルウェー作戦でかなりの輸送船を失っていたので，制空権の確立なしにはイギリス侵攻作戦の実行は困難であった．

そのためヒトラーは早くも9月半ばには，その計画を断念するに至った．

［アメリカの孤立主義からの転換］

フランスに対するドイツの電撃的勝利というヨーロッパの新情勢に対処して，アメリカと日本はそれぞれ新たな対外政策をとり，それによって相互の対立を深める．アメリカは大戦勃発後，英仏への武器輸出の道を開くために中立法を改正していたが，フランスの脆い敗北に大きな衝撃を受けた．さらにイギリスが敗北したら，その世界的影響ははかりしれない．アメリカは単独で強大なドイツの勢力に対抗しなければならないであろう．それゆえ今自ら参戦しないにしても，そして自らの参戦を避けたいのであれば，イギリスの敗北を防ぐために，できる限りの援助を与えなければならないという意見が有力になった．このような情勢の中で行われた1940年の大統領選挙では，ローズヴェルト大統領が三選され，引き続き政権を担当することになったが，ローズヴェルトも共和党の大統領候補ウィルキーも，イギリスをできる限り援助する，自国の軍備を強化する，しかしヨーロッパの戦争には参戦しない，という3点では意見が一致していた．しかし参戦しないことが強調され，対英援助と軍備強化がそのための必要条件と主張されたことは，孤立主義の根強さを示すものであった．

ローズヴェルト大統領はフランス敗北の直後，政権基盤を強化して国際的危機に対処するため，陸軍長官と海軍長官に共和党の長老政治家を任命していた．アメリカは7月末，米州諸国の会議で，西半球のヨーロッパ諸国の領土が侵略の危険に脅かされたときには単独または共同でそれらの領土を接収・管理するという決議を得た．また9月には，西半球のイギリス植民地に99年間軍事基地を設ける権利と引き換えに，50隻の旧式駆逐艦をイギリスに譲渡することにした．同月，合衆国議会は平時では最初の選抜徴兵法を可決した．

［日本外交と日独伊三国同盟］

1940年春から夏にかけてのドイツの勝利を見て，日本の指導層の中では，日独伊三国同盟を結び，ソ連との関係をも改善して日本の立場を強化する，東南アジアのヨーロッパ植民地に進出して石油その他の重要資源を確保する，そして中国国民政府の屈伏を促し，東南アジアを含めた「大東亜」に新秩序を形

成するという構想が浮上した．その構想の急先鋒であった陸軍は，40年9月，ドイツとの同盟に消極的な米内光政内閣を退陣に追い込んだ．陸軍はそのような構想を実現する強力な政府の出現を望み，当時新体制運動を推進していた近衛文麿の首相就任を支持した．近衛はドイツ，イタリアに似た一党支配型の全体主義体制を目指す「革新右翼」に賛同し，そのような体制の指導者になろうとした．彼は同年10月，自らを総裁とする大政翼賛会を発足させたが，彼の当初の構想は「近衛幕府」の形成を嫌う「観念右翼」の反対により後退し，強力な行動主体となることはなかった〔岡 1972；伊藤 1983〕．

　第二次近衛内閣の外相に就任した松岡洋右は壮大な外交構想を抱いていた．日独伊三国同盟を結び，ソ連とも不可侵条約を結んで四国協商を形成して，それにより日本の権力政治的立場を強めた上でアメリカと交渉し，日本主導の大東亜新秩序の承認を条件に日米関係を改善するという構想である．彼は外交戦略をもった人物であったが，彼の構想には二つの大きな誤算があった．第一に，ドイツとの同盟は日本に対するアメリカの態度を軟化させず，むしろ硬化させる結果となったことであり，第二に，ヒトラーは平和的独ソ関係を長く続けることなく，同盟締結の翌年にソ連に対する戦争を開始したことである．

　近衛も松岡や陸軍と同じく，枢軸国との関係強化，ソ連との関係改善を考えていた．近衛内閣発足直後，政府は陸海軍と協議し，日独伊三国同盟交渉を再開すること，その同盟はイギリスを主な対象とするが，ドイツが望むならアメリカに対抗する性格を持たせてもよいことなどについて合意した．当時ドイツはアメリカの対英援助が増大することを警戒し，日本との同盟によりアメリカを牽制しようとしていた．日本側では，海軍が当初アメリカとの戦争を視野に入れた同盟に反対したが，海軍の反対は次第に軟化した．同盟締結には，海軍の軍事費獲得を有利にするなど，海軍にとっての利点があったからである．

　ドイツからシュターマー特使が来訪して東京で行われた条約交渉では，ドイツ側は締約国の一方を新たに攻撃する国がある場合には他方は自動的に参戦義務を負うという条約案を提示した．そして日本側は参戦義務の発生についてはそれぞれ独自に判断する旨を付属文書に記すことを条件に，その条約案に同意した．正式な条約調印式は9月27日にベルリンで行われた〔義井 1999；三宅 2007〕．

日本はヨーロッパの戦争が始まる前，1939年2月にはフランス領インドシナに近い中国領の海南島を占領していたが，三国同盟調印の数日前，日本はフランスの弱みに付け入り，中国への物資補給を遮断するためフランス領インドシナ北部に軍隊を送り込み，日本軍の駐留を現地のフランス当局に承認させた．アメリカ政府はこの日本の軍事進出行動に抗議し，三国同盟締結を強く非難した．40年春以来，アメリカ人の関心はドイツの脅威に集中していたが，いまや日本に対しても厳しい態度をとることになり，中国への援助に積極的になった．蒋介石はフランスが敗れ，イギリスも頼りにならず，ソ連も信用できないとき，アメリカの対日態度が硬化したことに希望を見出した．彼にとってアメリカが「頼るべき最後の国」となった〔Sun 1993〕．

日本はオランダ本国がドイツに占領されて以来，錫(すず)，ゴム，石油などの資源をもつオランダ領東インド（現在のインドネシア）に日本の中立を約束しつつ，重要資源の確実な供給元にしようとして，交渉を繰り返した．ロンドンのオランダ亡命政府はこの植民地の安全を図るために，日本の意向をある程度受け入れる意思はあったが，1940年秋以降，日本の東南アジアへの武力進出の脅威が増すにつれて，イギリスおよびアメリカの対日政策に同調することを優先し，それによって植民地の安全を守ろうとする．40年秋から41年夏にかけての日本の政策は，日本に対するアメリカ，イギリス，オランダ，中国の連携を強める結果を招くのである〔入江 1991〕．

アメリカ政府内には，日本が石油や鉄材など重要な軍需物資をアメリカに依存しつつ戦争を続けている事実からして，アメリカが強硬な経済制裁により日本を締め上げれば，日本は和解を求めざるを得ないと主張する人々がいた．ハル国務長官は過度に強硬な措置をとることに反対したが，二正面戦争を避けるために日本を宥和しようという考えはなく，限定的な経済制裁措置によって日本の穏健派の台頭を促そうとした．アメリカはまず1940年7月に航空機用ガソリンの輸出停止措置をとり，9月26日にはくず鉄の輸出停止の方針を発表して，日本への警告とした．しかし三国同盟のアメリカへの効果についての日本側の予想が外れたように，経済制裁の日本への効果についてのアメリカ側の予想も結局は外れるのである〔細谷 1988〕．

2―ドイツの勝利・フランスの敗北の衝撃

[戦争への関与を深めるアメリカ]

ローズヴェルトは1940年12月，枢軸国に対抗してアメリカを「民主主義の大兵器工場」にする必要を語り，41年1月には年頭教書において議会に「武器貸与法」の制定を勧告した．彼は同じ教書の中で，人間がもつべき四つの基本的な自由として，言論・表現の自由，信仰の自由，（生活に必要な衣食住における）欠乏からの自由，（侵略という）恐怖からの自由を挙げ，それらをわれわれの時代に世界において実現することを目指すと述べた．武器貸与法は3月に成立した．これは，アメリカの防衛のためにある国の防衛を助ける必要があると大統領が判断する場合，政府はその国に対して兵器その他の物資を譲渡・交換・賃貸・貸与の形で提供することができるという法律である*．武器貸与法の実施のために，切迫していたイギリスへの援助を念頭に**，まず70億ドルの予算がつけられたが，この法による援助は戦争終結までに38ヵ国500億ドルを超え，交換によりアメリカが受け取った物資も78億ドルに達した（援助の最大の受取国はイギリスで約300億ドル，ソ連には110億ドル，フランスには30億ドル，中国には16億ドル相当が供与された）．

> * この法律の英語の略称は「貸与・賃貸法」（Lend-Lease Act）であるが，「武器貸与法」の定訳を用いる．ただし，提供された物資は武器に限られない．この法律に基づく援助は各国別に協定を結んで実施された．この現物貸与という方式により，ローズヴェルト政権は中立法およびジョンソン法（戦債未返済国への借款供与の禁止）を迂回して援助を行うことが可能になったのである．
>
> ** イギリスは，アメリカ中立法の「現金払い自国船輸送」原則のもとで必要な物資を輸入するために，保有ドルから2.35億ドルを支払い，民間保有のドル証券の買い上げにより3.35億ドルを調達し，20億ドルの金をアメリカに現送しており，さらなる支払い手段に窮していた〔Harrison 1998（Rockoff）〕．

アメリカは1941年4月にはデンマーク亡命政府とグリーンランド防衛に関する協定を結び，グリーンランドに軍事施設を設ける権利を得た．5月に大統領は国家非常事態を宣言し，6月には独伊両国に在米領事館の閉鎖を命じた．アメリカは7月に北大西洋の国アイスランド（44年までデンマークと同君連合）と防衛協定を結び，同国に軍事基地を置く権利を得た．アメリカがこのようにヨーロッパの戦争への関与を深めていたとき，日米関係の打開を目指す工作がアメリカで行われていた．近衛の側近の一人井川忠雄や陸軍の岩畔豪雄大

佐はアメリカ政府高官とつながりをもつアメリカ人神父たちと接触し，4月には日米交渉のための私案「日米諒解案」をまとめた．陸軍の軍務局軍事課長だった岩畔がこの工作に参加していたことは，対米関係を改善することによりアメリカの仲介を得て日中和平を促進したいという希望が陸軍内部にあったことを物語る．

ハル国務長官は野村吉三郎大使に，日本側が諸国の主権尊重と領土保全，内政不干渉，通商無差別，平和的手段によらない領土変更不可という「四原則」を受け入れるなら，日米諒解案を原案として日米和解のための交渉を始めることに同意すると語った．しかし野村はなぜかハルの四原則については東京に伝えず，「日米諒解案」をアメリカ政府側の提案であるかのように報告して交渉を混乱させた．この案には，日本が三国同盟の参戦義務の解釈に含みを持たせる代わりに，アメリカは日中和平交渉を仲介し，日米経済関係を正常化するなどの日本に好都合な項目が含まれており，当初それをアメリカの提案と誤解した東京を喜ばせた．しかし実際には両国政府の立場は大きく隔たっており，またヨーロッパ訪問から帰国した松岡外相が自分の了解なしに始められた交渉に反発したので，交渉は進展しなかった．彼は三国同盟と日ソ中立条約とによって背後を固め，アメリカから譲歩を引き出すという外交構想を描いていたが，まもなく独ソ開戦という激変が起こり，それを直前まで予想しなかった松岡はその衝撃によって失脚することになる〔塩崎 1984〕．

3――独ソ戦争の始まり

［対英戦争から対ソ戦争へ］

イギリス制圧をひとまず断念したヒトラーは攻撃の矛先をソ連に向けることにし，その準備を開始した．彼も陸軍幹部も，スターリンによる軍将校大粛清後のソ連軍がフィンランド戦争で苦戦したのを見て，ソ連の軍事力を過小評価し，電撃戦方式でソ連を打倒できるという楽観を抱いていた．ソ連が独立の大国として存在する限り，英ソ接近の可能性があるから，それを除去することで，英独の勢力関係はドイツに大いに有利になると考えた．ソ連はドイツの友好的中立国として，ドイツへの資源供給国としての役割を果たしていたが，ソ連の

「利益範囲」内では1940年8月にはバルト三国を併合し,ルーマニアから領土を割譲させるなどの領土拡大政策をとったので,ヒトラーに警戒心を与えた.ヒトラーは,ソ連に東欧でそれ以上勢力を拡大させない狙いをもって,ルーマニアに軍隊を派遣し,フィンランドにも軍事顧問団を送った.

スターリンは独ソ両国の平和的協力関係の継続を望み,1940年11月モロトフ外務人民委員(名称が外相となるのは1946年)にベルリンを訪問させ,双方の勢力圏の再確認を行おうとした.このときドイツ側が日独伊三国同盟諸国とソ連との提携条約案を提示したのに対して,モロトフはまずフィンランドとブルガリアをソ連の勢力圏と認めることを要求し,フィンランドからのドイツ軍の撤退を強く求めた.ソ連側はベルリン会談後まもなく,三国同盟諸国との政治提携の条件として,東欧の勢力圏,トルコの海峡地帯の支配,ペルシア湾に至る中東の勢力圏,日本の北サハリン利権の回収などを主項目とする包括的提案をまとめ,ドイツ側に提示した.リッベントロップ外相はユーラシア四国提携について未練があったが,ヒトラーはモロトフとの会談後はもはやソ連との交渉に関心を示さなかった.彼が軍にソ連攻撃準備を命令したのは40年12月18日である〔三宅 2007〕.

翌1941年3月ヒトラーは,ソ連が自国の利益範囲に入れることを主張してきたブルガリアにドイツ軍を派遣したが,スターリンはそれに対して対抗措置をとることはしなかった.同月ドイツはユーゴスラヴィア(以下「ユーゴ」と略記)に圧力をかけて三国同盟に加入させたが,ユーゴでは軍部による政変が起こり,中立主義を標榜する政府が成立したので,ヒトラーはユーゴ攻撃を命じた.4月中にドイツ軍はベオグラードなどユーゴの主要地域を占領し,さらにイタリアを助けてギリシアに侵攻し,同国を降伏させた.前年10月イタリアが中立国ギリシアに対する戦争を仕掛けたのは,ドイツと張り合ってバルカンの自国の勢力圏を広げようという意図からであったが,ギリシア軍の反撃に遭って苦戦していたので,枢軸関係におけるイタリアの地位はますます低下することとなった.ドイツ軍のソ連攻撃の準備が整うのは,このようなバルカン作戦の終了後であった〔Kershaw 2000〕.

［日ソ中立条約の締結］

　日独伊三国同盟締結を梃子にソ連との関係を改善することは，三国同盟の日本側の推進者松岡外相の構想であった．ドイツとソ連との関係は悪化しているとの情報が東京にも寄せられていたが，彼はそれをあまり意に介さず，1941年3月，日ソ不可侵条約案と四国協商締結の構想とを携えてモスクワ，ベルリン，ローマ訪問に旅立った．モスクワで日ソ条約締結の希望を述べた松岡に対してスターリンは好意を示し，帰路に再び会談することを要望した．ベルリンを訪問し四国協商構想を打診した松岡に，リッベントロップは，独ソ関係は友好的ではない，総統は四国協商に関心がない，今は日ソ国交調整にとって適当な時期ではないと語った．ヒトラー自身は松岡との会談で，日本が極東におけるイギリスの拠点シンガポールを攻撃することの重要性のみを強調したという．

　ベルリンで松岡は日本の大使や記者たちからも独ソ戦争の切迫を告げられたが，彼はそのような意見を受け付けず，ヒトラーがまもなくソ連を攻撃するとはまったく予想しなかった．彼は帰路モスクワで日ソ間の条約をまとめ，それを彼の訪問外交の成果にしようとした．松岡はモロトフに不可侵条約と北樺太（北サハリン）の買収を提議したが，モロトフは不可侵条約締結にはロシアの失地回復が前提であると主張し，中立条約ならば応じられるが，それについても北サハリンの石油・石炭利権の解消が前提となるとの立場をとった．そのため交渉は難航したが，交渉の妥結を望んだスターリンの意向により，上記の日本利権解消のための交渉を行うことを前提に，日ソ中立条約が4月に調印された．この条約は，相互に領土の保全と不可侵を尊重する，締約国の一方が第三国による軍事行動の対象になる場合には他の締約国はその紛争の間中立を守るという趣旨の条約である．条約調印が終わって松岡ら日本の代表団が帰国する際には，スターリン自らソ連要人とともにモスクワ駅で彼らを見送った．スターリンが最高の友好儀礼をもって松岡を見送ったのは，独ソ関係が悪化しているときに日ソ中立条約が締結されたことを喜んだからだけではなく，おそらく彼が三国同盟諸国との友好を重視していることをドイツ側に印象付けたかったからでもあろう．

　1941年春までにはドイツ軍の東方への大量移動が進行していた．アメリカ政府はソ連側にその情報を伝え，イギリスのチャーチル首相は自らスターリン

に親書を送りドイツ軍のポーランド集結を伝えた．ソ連の出先諜報機関もドイツ軍のソ連侵攻計画について情報を送っていた．しかしスターリンはドイツに侵攻の口実を与えないように努めることで，独ソ戦争を回避しようとした．彼はヒトラーが全面戦争を仕掛けてくるとは考えていなかったので，6月22日ドイツがソ連侵攻を開始し宣戦布告したとき，大きな衝撃を受けた．スターリンがその衝撃から立ち直り，徹底抗戦の意思を表明する演説を行って国民を鼓舞するのは7月始めである〔Lukacs 2006；三宅 2007；細谷 1988〕．

[独ソ戦争の勃発と英米・日本の対応]

チャーチルは，ドイツがソ連を攻撃する場合にはソ連を助ける方針を決めていた．ドイツのソ連侵攻の晩，彼はラジオ演説を行い，今やロシア国民は祖国防衛のために戦おうとしていると述べ，自分は反共主義者であるが，「ヒトラーとナチ体制を打倒することがわれわれの至上の目的であるから，わが政府はナチズムとの戦いを続ける人々と国家には援助を惜しまない」と声明した〔Gilbert 1992〕．イギリスの世論もこの方針を支持した．7月12日，英ソ両国は相互援助条約を締結し，互いに単独不講和を約束した．

アメリカのローズヴェルト大統領は独ソ戦争勃発の数日後，ソ連を援助する意向をソ連側に伝えたが，公的な発言は差し控えた．アメリカはまだ参戦国ではなく，少数派になったとはいえ声高にヨーロッパ戦争への不介入を主張する孤立主義者が活動しており，彼らは共産主義国を助けるためにヨーロッパの戦争に関与するべきでないと主張しはじめたからである．しかしアメリカ政府は9月にはイギリスとともに使節団をソ連に派遣し，ソ連への軍需物資の援助の必要について調査し，11月に武器貸与法による援助をソ連に提供することを決めた．

独ソ開戦によって，ユーラシア連合の提唱者であった日本の松岡外相の外交構想は完全に挫折した．4月にモスクワで日ソ中立条約を結んで帰国した松岡は，一転して，独ソ戦争が始まった以上，三国同盟を最重視する立場から，日本もソ連との戦争に参戦すべきであると主張した．当時，日本はフランス領インドシナ南部（当時の用語では「南部仏印」），すなわち現在のベトナム南部およびカンボジアへの日本軍の進駐を計画していた．これは同地域からの資源調

達のためにも，またオランダ領東インド（当時の用語では「蘭印」）との資源交渉の進捗のためにも，効果的な方策であると考えられた．南部仏印進駐に関する交渉は松岡外相がフランスのヴィシー政府との間で進めていたものであったが，松岡は独ソ戦争勃発後，対ソ参戦を主張する一方，南部仏印進駐の実行には反対した．彼は独ソ開戦で日本のアメリカに対する立場が悪くなったことを意識し，南進政策の実行に慎重論を唱えたのである．ただし松岡が唱えた対ソ開戦を選択した場合でも，日米関係は悪化したであろう．アメリカは日独のソ連挟撃によりソ連が軍事的崩壊に陥るのを懸念していた．対日経済制裁には日本の南進とともに北進を抑止する狙いがあった．

近衛首相は松岡の対ソ戦争論に陸軍が同調する可能性を恐れ，それを牽制する意味もあって，松岡自身が慎重論を唱えるようになった南部仏印進駐を容認した．7月2日に政府が採択した政策文書には，交渉不成立でも南部仏印への日本軍進駐を実行する，南方進出のためには「対英米戦争を辞せず」と書かれており，対ソ戦争については，当面は好機に開戦するための準備を整えることとされた．これは，場合により対米英戦争も対ソ戦争も行うという極めて好戦的な方針であるが，近衛も陸海軍も南部仏印進駐によりすぐに対米英関係が緊張するとは予想していなかった．

対米交渉を重視する近衛は，アメリカで不評な松岡外相に代わって自ら対外政策を指導しようとして，7月18日に第三次近衛内閣を発足させ，外相には海軍の豊田貞次郎を起用した．しかし近衛新内閣は発足直後，ヴィシー政府に最後の圧力をかけて南部仏印進駐協定に同意させ，日本軍は7月下旬に南部仏印に進駐した．このように独ソ開戦に際して日本は南進策を選択した．しかし陸軍は勝機があれば対ソ戦争を行う考えで，その準備として関東軍特種演習を行ったが，結局8月初旬その年の対ソ攻撃を断念した〔森山 1998〕．

日本の南進策に対してアメリカとイギリスは自国内の日本資産を凍結する措置をとり，さらにアメリカは8月1日，日本への石油輸出を全面的に禁止した＊．近衛は石油の全面禁輸という予想外の強硬な反応に直面して，日米関係の危機を打開するためにローズヴェルトとの首脳会談によって日米の対立点を一挙に調整しようと考えた．彼は首脳会談について軍部の同意を取り付け天皇の裁可を得て，同月7日，首脳会談開催をアメリカ側に提議するよう指示した．

* この石油全面禁輸措置は漸進主義のローズヴェルトやハルの部分的禁輸の方針を超える強硬策であり，実務担当者アチソン国務次官補が財務省の支持を得て実施したものとみる研究もある〔アトリー 1989〕．

［米英首脳会談と「大西洋憲章」］

その頃ローズヴェルト大統領は米英首脳会談のため米海軍の巡洋艦に搭乗してニューファンドランド沖に向かい，英海軍の戦艦で到着したチャーチル首相と洋上会談を行った．これは両首脳の初会談であった．両者の会談は8月9日から4日間行われ，12日に共同声明に合意した．両者の会談は終了まで極秘とされていたので，14日に共同声明が公表されるまで，両国民も世界もそのことを知らなかった．

共同声明は戦後国際秩序の基本原則をまとめたものであった．それらは①領土その他の拡張を求めない，②住民の同意なしの領土変更に反対する，③すべての人民の自決権を尊重する，④貿易上の無差別の実現に努力する，⑤労働条件の向上や社会保障の充実のための国際協力を行う，⑥ナチの暴政打倒後，すべての国の人民に恐怖と欠乏からの自由を保障する平和を構築する，⑦公海の自由を実現する，⑧全般的な安全保障システム形成の前にまず侵略的国家の非武装化を行うという8項目である．まもなく「大西洋憲章」として知られるようになったこの文書は，第一次世界大戦当時のウィルソンの「十四ヵ条」を継承する自由主義的で民主的な国際秩序の理念の表明であり，その第二次世界大戦版であるといえよう．

十四ヵ条との大きな違いは，大西洋憲章が米英両国指導者の共同声明であり，しかもアメリカはまだ参戦国ではなかったことである．イギリス側の希望は何よりもアメリカの対独参戦であり，ついで日本の南進抑止のための協力であったが，ローズヴェルトは米英協力体制の強化を約束しつつ，対独参戦についても日本の南進に対する軍事的対応についても言質を与えることを避けた．共同声明はイギリス国民を元気付けるとともに，戦後構想について米英の一致を図り*，アメリカ国民をさらに心理的に参戦に近づけるための手段であったといえよう．一方は非交戦国であり，他方は交戦国である両国の首脳は，ナチの暴政の打倒のための軍事的協力については直接言及せず，ナチの暴政の打倒後に

実現されるべき世界秩序の基本原則については同一の立場に立つことを声明したのである．この共同声明はドイツ軍の全面侵攻に直面したソ連を元気づけ，南進を狙う日本を牽制するという意味ももっていた．両首脳は日本の東南アジアへの進出を抑止するためにそれぞれが日本に警告を与えることに合意した．

* アメリカ側は民族自決原則をアジアにも適用される一般原則とみなし，また貿易無差別原則に英帝国特恵関税を廃止させる狙いを含ませたが，イギリス側は自決原則を限定的に解釈し，また貿易無差別原則の表現はイギリスの主張により緩和された．

4―太平洋戦争への道

［近衛首相の辞任と東条内閣の成立］

　米英首脳会談からワシントンに戻ったローズヴェルト大統領は，日本が軍事的拡張主義を継続するのであればアメリカはあらゆる手段を用いて対抗するという警告を野村大使に伝えた．と同時に，条件次第で日米首脳会談に応じてもよいと回答した．そこで近衛は8月末，日米間の問題解決には両国首脳会談の早急な実現が必要であることを訴えた彼自身のメッセージを大統領あてに送ったが，9月始めのローズヴェルトからの回答は，まず予備交渉を行い，慎重を期したいというものであった．アメリカの回答が消極的なものであったのは，ハル国務長官が，成果が不確かなまま首脳会談を行えば大きな外交的失策になりかねないと強く助言したことが大きな理由であるが，ローズヴェルト自身，近衛にも日本にも信頼感をもっていなかったからでもある．彼は，首脳会談で何らかの合意ができれば時間稼ぎ的効果があると考えたが，ハルの主張する政治的危険性を考慮する必要があった．近衛は，会談が実現した暁には大胆な譲歩によって日米合意を達成し，天皇の権威を使って軍部の反対を抑えることを考えていたといわれる．グルー駐日大使は，近衛には日米関係打開のための一大決意があると見て，頂上会談の早期実現を本国に具申したが，ワシントンの方針には影響を及ぼさなかった．近衛としては予備交渉をあいまいな形でまとめ，首脳会談にもちこむことが望ましかったが，ワシントンおよび東京の政治情勢の中では，それは困難であった．

東京では陸海軍の内部で早期開戦論が高まり，軍部は，1941年10月上旬までに日米交渉の成功のめどが立たなければ10月下旬までに米英およびオランダに対する開戦準備を完了するという方針を決め，9月6日の内閣・軍部合同の御前会議*でその主張を通した．アメリカとの交渉が長引けば，その間アメリカは自国の戦力の強化を進める一方，石油供給を断たれている日本の戦力は低下するばかりだから，早期開戦が望ましいというのが陸海軍の論理であった．その決定を阻止できなかった近衛は10月初旬，日米関係の打開のための時間的猶予を求め，中国駐兵問題での譲歩の必要を述べたが，東条英機陸相は中国駐兵権は譲れないと強硬に主張し，交渉期限の延長にも反対した．勝算のない対米戦争を避けなければならないが，陸軍の反対で対米交渉妥結の見込みもないというジレンマに陥った近衛は10月半ば首相を辞任し，重臣たちは後継首相に東条陸相を指名した．

　＊　天皇の臨席の下に，開戦・講和など対外政策に関する重要な決定を行うために開催された最高会議．第二次世界大戦期には十数回開かれており，主要な大臣，軍部の代表および枢密院議長が出席した．開戦までの御前会議は，開戦を決定した1941年12月1日の会議を含め，大本営政府連絡会議または最高戦争指導会議であらかじめ合意された事柄を天皇の臨席のもとに再確認し権威づけるための多分に形式的な会議であった．ただしポツダム宣言受諾に関する45年8月の2回の会議では，天皇の判断を仰ぐことで結着が図られ，最後の会議は天皇が召集するという異例の形をとった〔大江 1991；波多野 1988〕．

　重臣たちが，これまで陸相として強硬論を主張してきた東条を首相に推したことには，彼自身が国家の指導者になれば軍部の強硬論を抑える立場に回るのではないかという期待があった．東条首相は一応その期待に応えた．彼は陸相を兼任し，まず外交的解決に努力せよという天皇の意向を受けて，あらためて11月に最後の対米交渉を行うことにした．ただし東条内閣の方針は，12月初頭に開戦するための軍事的準備を始める，11月末までに対米交渉がまとまれば軍の攻撃準備態勢を解くが，外交交渉の妥結がなければ予定通り開戦するというもので，交渉妥結期限と開戦時期とを明白に設定した点で，日本の立場を戦争の一歩手前まで推し進めたものであった．外相や蔵相は外交交渉期限の厳しい設定を好まなかったが，結局それに同調した〔森山 1998；波多野 1988〕．
対米英戦争の主役となる海軍にもこの戦争に勝てる自信はまったくなかったが，

これまでと同じく，戦争は無理だとは言わなかった．陸軍が日中戦争で得た既得権にこだわったとすれば，海軍は対米英戦争のための戦力という自らの存在意義を否定することはできなかったのである〔麻田 1993〕．

［最後の日米交渉］

東条首相が外相に起用したのは練達の外交官東郷茂徳であった．東郷は甲乙二つの対米提案を用意し，まず甲を提案し，それがアメリカ側の拒否に遭った場合には乙を提案することにした．甲提案は両国間の懸案事項全般に関わる提案であったが，その中には，日本が中国との和平成立後も中国の要地に25年程度駐兵を継続すること（これでも大きな譲歩でありこれ以上譲れないというのが陸軍の立場であった）など，アメリカが同意するとは思われない項目が含まれていた．東郷が日米合意の可能性を期待したのは乙提案であり，これは日本が仏印以外の東南アジア地域に進出しないことを約束する代わりに通商関係を在米資産凍結以前の状態に戻すことを求める暫定協定案であるが，彼はこの案をアメリカにとってより魅力的なものにするために，南部仏印からの撤兵という条件を加えた．東郷は外交家の資質に乏しい提督野村大使を助けて日米交渉に当たらせるために，練達の外交官来栖三郎を特派大使として派遣し，南部仏印からの撤兵を含む乙提案を彼に託した〔細谷・佐藤 2007〕．

アメリカ側の交渉者ハル国務長官は日本側の甲提案を拒否したが，アメリカの軍指導者が対日戦争の準備には数ヵ月必要と主張したので，ハルは大統領および彼の助言者たちと協議し，乙提案に対する対案を日本側に提示することを考慮した．それは，日本が南部仏印から撤退し北部仏印の兵力も2万5000以下に抑えるならば，アメリカは限定的な対日貿易を再開し民需用の石油輸出を認めるという3ヵ月期限の暫定協定案である．彼はそれを日本に提示することについて，イギリス，中国，オランダの大使の同意を求めた．オランダ大使は賛成したが，中国大使は中国人の戦意喪失を招くとして猛反対し，蔣総統自らアメリカ政府要人に対日宥和反対を強く働きかけた．イギリス大使は協定案をより強硬な内容にすることを希望し，チャーチル首相もこの協定が蔣政権の抗日意欲を削ぐことに懸念を表明した．東条内閣成立以来，ロンドンがワシントンに対日圧力を強めるよう働きかけていたことを考慮すれば，これは当然の反

応であった〔Best 1995〕.

アメリカ政府は関係国のそのような反応をみて,国内でも批判が出るおそれがある暫定協定案の対日提示を取りやめ,11月26日,アメリカの原則的立場を主張した日米間の対立点の全般的解決案(ハル・ノート)を提示した.それは中国およびインドシナからの日本軍の全面撤退等の条件を含んでいたから,日本政府は交渉不成立とみなし,既定の軍事行動をとることにした*.

* 東条も東郷もハル・ノートについて,日本を満州事変以前の状況まで押し戻そうとするものと解釈した.日本の外交史家の間でもこのようなハル・ノート解釈が有力であるが〔細谷 1993;臼井 2000〕,この文書は満州には言及していないから,満州からの撤兵を要求していたわけではないとする見方も成り立つ〔須藤 1986〕.ただし,日本がハル・ノートを受諾し大きな方向転換をしたと仮定して,その先の歴史を仮想するならば,日本は満州国でも朝鮮でもいずれは脱帝国化を迫られ,それとともに国内の政治体制自体を変革する必要に迫られたであろう.

一部重臣のなかには「臥薪嘗胆」論があったが,東条首相は彼らの介入を防いで御前会議にもちこみ,既定方針に沿って開戦を決めた〔井上 2008〕.東郷外相も,乙案が拒否されたために,外交のときは終わったと考えた.それまで対米戦争を戦い抜く勝算がないままに陸軍の強硬論に同調してきた海軍首脳は,このときも開戦に賛成した.東条自身この戦争に勝てるとは思わなかったが,開戦が彼にとって考えられる唯一の選択であった.東条の論理と心理からすれば,日本の「自存自衛」とは中国における特権的地位の確保なしには考えられず,それを放棄することは問題外であった.勝算のない対米英戦争の回避を望むなら,ハル・ノートは最後通牒ではなかったから,アメリカ提案をもとに交渉を継続する,あるいは交渉を中断するが開戦もしないで世界情勢の動向を見るという選択肢は考慮に値するものであった.

当時すでに,短期戦でソ連を打倒するというドイツの戦争計画は失敗していたが,それにもかかわらず日本の指導者は,ドイツが対ソ戦争に勝ち対英戦争を有利に展開する可能性を頼りとして,勝算のない戦争へと突入したのである.それは「自存自衛」と言いながら,実際には自暴自棄の戦争であった.東条は「人間一度は清水の舞台から飛びおりてみるものだ」と述べたという〔池井 1992〕.戦争回避を決断したとすれば,まさにそれは清水の舞台からの跳躍と

いえようが，既定の方針によって対米英戦争に突入することは，彼にとって内政的にはもっとも容易な選択であった．対外的にもっとも無謀な政策選択が国内的にもっとも容易な選択であったことに，この国の政策決定の悲劇があった．主要政治勢力の根本的な利害の困難な調整を回避して当面の政策を形成するという従来の方式が，開戦に際しても踏襲されたのである〔森山 1998〕＊．そして輔弼者としての内閣と軍部首脳の意見が開戦で一致した以上，それを受け入れることが昭和天皇にとってももっともとりやすい方策であった．

> ＊ この開戦決定は権力集団間の合意を得やすかっただけでなく，当時の国内の雰囲気の中では国民の受けも悪くなかった．「支那事変」の長期化，対米英関係の悪化等がもたらした重苦しい気分にあった国民に，対米英開戦はすべてに決着をつけるものとして，新たな高揚感を与えるという面があったからである〔波多野 1988〕．前首相近衛は開戦決定を愚挙として，開戦直後の勝利に歓喜する有力者たちを冷笑したが，この戦争の瀬戸際まで国を導いた自身の責任の自覚はなかった．その点，開戦時に「三国同盟は一生の不覚」であったと慙愧の思いを述べた元外相松岡とは対照的である〔岡 1972；細谷 1988〕．

［パールハーバーと太平洋戦争の勃発］

アメリカ政府は日本の暗号電報の解読により，甲乙両提案をともに拒否した場合に日本が軍事行動に出る可能性を予想していたが，日本が攻撃するのは東南アジアであると考え，ハワイ攻撃を予想していなかった．日本がイギリスあるいはオランダの領土を攻撃するか，またはタイに軍事進出する場合にはアメリカも軍事的対抗行動をとることをローズヴェルト大統領がイギリスの大使に約束したのは戦争勃発の 6 日前である〔Thorne 1978〕．アメリカ政府の指導者たちは，日本がイギリスとオランダの支配地のみを攻撃した場合にアメリカが参戦することを国民にどのように説明するかを検討していた．12月 7 日に行われた日本海軍の機動部隊主力によるパールハーバー（真珠湾）奇襲は，アメリカ政府からそのような説明の必要を取り除いた．パールハーバー奇襲は海軍力の劣勢を意識していた連合艦隊司令長官山本五十六が主張した奇策であったが，それは総力をあげて戦争に突入する契機をアメリカに与える結果となった．

日本政府はパールハーバー奇襲を成功させるために，アメリカへの最後通告を 12 月 7 日（日本時間では 8 日）の攻撃開始直前に野村・来栖両大使からア

メリカ政府に手交することにしていた．米英およびオランダに対する宣戦詔書も同日その後で発表された．しかしその長文の通告文の暗号電報は時間ぎりぎりに大使館に送信されたので，両大使がそれをハル国務長官に手渡したのは，すでにパールハーバー攻撃の第一報がワシントンに達した後であった．それゆえアメリカ人には，日本は侵略者であるばかりでなく，だまし討ちを仕掛ける卑劣な侵略者とみなされることになった．しかし，その通告が予定の時間に手交されたとしても，卑劣な奇襲攻撃というアメリカの非難は変わらなかったであろう．日本の通告の文面は交渉打ち切りの通告であり，明らかな最後通牒ではなかったからである＊．

＊　1907年の開戦に関するハーグ条約により，締約国は開戦する前に，開戦宣言を行うか，条件付開戦宣言を含む最後通牒を送付しなければならなかったが（第V章参照），日本の交渉打ち切り通告には，開戦を示唆する文言は何もなかった〔横田 1991〕．軍部とくに海軍は奇襲成功を確実にするために，交渉打ち切り通告を行うことにも最初は反対し，通告を行うことに同意した後も，通告時間を攻撃開始直前にしようとした．外務省原案には，最後通牒的な文言が含まれていたが，それは実際の通告では削除されたという〔井口 2008〕．

翌日ローズヴェルト大統領は議会に赴き，12月7日は「破廉恥な攻撃が行われた日」として記憶されるであろうと述べ，日本に対する宣戦決議を要請した．独伊両国も数日後にアメリカに宣戦したので，彼はいつどのようにしてドイツとの戦争に参戦するかという問題からも解放された＊．ヒトラーはアメリカの対独戦争への正式な参入は早晩避けられないと考えていたから，日本がアメリカとの戦争を始めれば，ドイツも宣戦するつもりであった．日本が米英に宣戦したのは，ソ連に攻め込んだドイツ軍が厳冬の到来の中でソ連軍の反撃に遭い，予想外の損失を出していたときであった．ヒトラーは日本のパールハーバー攻撃の報を大いに喜び，11日の議会で演説した後アメリカに宣戦し，ムッソリーニのイタリアも同一行動をとった〔Kershaw 2000；国際政治91（大木，義井）〕．

＊　なぜ日本軍のパールハーバー奇襲を成功させてしまったかについては，大統領任命の調査委員会が調査に当たり，現地の司令官の認識不足や判断の誤りを無警戒の原因とし，彼らは責任が問われた．しかしその後，ローズヴェルトが参戦のきっかけをつかむために日本が攻撃するように仕向けたのではないか，

あるいは日本艦隊のハワイ攻撃の情報を知りながら現地の司令官に故意に明確な警告を与えなかったのではないかというローズヴェルト陰謀説はさまざまな形で登場した．陰謀説の紹介と批判的検証については，秦 2001 を参照．

それより前，1941 年秋には大西洋上でアメリカ海軍とドイツの潜水艦とは事実上交戦状態に入っていた．9 月にアメリカの駆逐艦がドイツ潜水艦から攻撃される事件が起こると，ローズヴェルトは大西洋のアメリカ防衛海域ではドイツ，イタリアの軍艦を発見次第攻撃するよう海軍に命じ，アメリカ海軍はイギリス船団のアイスランドまでの護衛を行うようになった．10 月にはドイツ潜水艦の攻撃により，アメリカの駆逐艦 1 隻が損傷をうけ，1 隻が沈没した．11 月にはアメリカ議会は中立法を改正し，アメリカ商船の武装と，アメリカ船による交戦国の港までの物資輸送とを認めた．アメリカ商船がイギリスまで物資を輸送するようになれば，ドイツ潜水艦からの攻撃を繰り返し受けるようになり，日米開戦がなくても，41 年内に米独両国がより公然たる戦争に突入したかもしれない．

パールハーバーが奇襲され，停泊中の艦隊が多大な損害を受け，多くの犠牲者を出したことは，アメリカ人に大きな衝撃を与えた．パールハーバーは今日でもアメリカ人の歴史的記憶のなかの大きな事件である〔ローゼンバーグ 2007；細谷ほか 2004〕．この攻撃の衝撃は彼らを結束して戦争に突入させたばかりでなく，彼らの国際政治観にも大きな影響を与えた．アメリカの世論にまだ影響力を残していた孤立主義は一掃され，アメリカの安全は平和的世界秩序なしにはありえない，アメリカは枢軸国打倒の後も世界秩序の再建と維持のために指導的役割を果たさなければならないという考え方が国民的観念になったのである．

[大東亜帝国の構想]

日本は宣戦に際しては「自存自衛」のための戦争と主張し，「大東亜」という表現を使わなかったが，緒戦の勝利の後は「大東亜共栄圏」の建設という目的を強調し，この戦争を「大東亜戦争」と呼んだ*．東条首相は 1942 年 1 月の帝国議会演説で，日本は「大東亜共栄圏建設の大事業に邁進」していると述べ，共栄圏の構想を，「大東亜の各国家及各民族をして，各々其の所を得しめ

（る）」もの，「帝国を核心とする……共存共栄の秩序」を確立しようとするものと説明した．

 ＊ 「大東亜」はアジアの広域の覇権国になることを目指した軍国主義日本が生み出した理念であったから，敗戦後，この戦争の名称はそのような理念を含まない「太平洋戦争」と改められ，それが一般化している．本書では一般化した「太平洋戦争」の名称を用いるが，「太平洋戦争」という名称は日米戦争の局面を強調し過ぎる印象を与えるから，「アジア・太平洋戦争」と呼ぶ方が適切である〔家永 1986；倉沢ほか 2005-06, 1〕．

 そのような「大東亜」地域に組み込む日本南方の占領地域にはさしあたり軍政を敷き，一部の要地は日本の恒久的統治下に置くが，その他の国には独立ないしは自治を許容する方針が採られた．独立を許容すべき国として考えられたのは，フィリピンとビルマ（現在のミャンマー）であった．フィリピンはすでにアメリカにより独立が約束され，自治機構が作られていたから，独立を認めるべきだと考えられ，ビルマには親日的な独立派がおり，ビルマ独立はインドの独立運動にも好ましい影響を及ぼすと考えられたからである．

 日本政府が実際にビルマとフィリピンの独立を認めたのは，戦況が日本および枢軸側全体にとって不利になった 1943 年夏から秋にかけてである．その時期に，大東亜地域秩序に独立諸国の共同体という性格を持たせようとして努力したのは，43 年 4 月に東条内閣の外相に就任した重光葵であった．30 年代中頃には中国への強圧外交を主張した重光は，この時期には上記のような構想の一環として，43 年 1 月には大使として，専管租界の返還と共同租界の回収承認，治外法権の撤廃を汪兆銘の南京政権に約束し，10 月には外相として中国の南京政権との間に同盟条約を結び，その付属議定書で戦後の日本軍の完全撤退など中国の実質的主権と独立を尊重することを約束した．このようにして重光は，中国に関して旧帝国主義体制の清算に努める日本を演出し，日本の中国政策に反帝国主義的な体裁を与えようとしたのである．

 重光の提唱により，1943 年 11 月初旬に東京で日本とアジアの日本の同盟国 5 ヵ国（中国南京政権，タイ，満州国，フィリピン，ビルマ）による大東亜会議が開かれ，大東亜共同宣言が発表された．これは共存共栄の秩序の建設，自主独立の相互尊重，伝統と文化の相互尊重，互恵的経済発展，人種差別の撤廃

など，多分に大西洋憲章を意識した普遍性のある諸原則の表明であった．この文書は地域秩序の排他性や家父長的階層性を思わせる用語を避け，各国の対等性と相互主義を強調していたことが特徴であった．そのような理念の表明は日本の帝国的支配の現実から乖離したものであったが，他方では戦況の悪化による日本の威信の低下を反映していた．タイのピブーン首相が代理を派遣したのは，日本の傀儡的国家が集まる会議に自ら参加すれば彼の国内の権力基盤が弱まると判断したからであった．重光自身，日本敗北の可能性を想定しており，日本の目指す新秩序がアジア諸国の共同体であることを表明しておけば，日本が敗れるとしても，日本の戦争をより名誉あるものにすることができると考えたのである〔波多野 1996〕．

　オランダ領東インドについてはインドネシア連邦として独立させる構想もあったが，この地域の資源確保の狙いからの独立許容への反対論があり，1943年5月末決定の「大東亜政略指導大綱」ではマライ（マラヤ），スマトラ，ジャワ，ボルネオ，セレベス（スラウェシ）は「帝国領土と決定」されていた．日本がインドネシアを独立させる方針をとるようになるのは敗戦が迫った44年9月である．フランスのヴィシー政府は日本の敵ではなかったから，日本はフランス領インドシナについては，敗戦の直前まで日本軍駐兵の下でフランスの統治を存続させた．44年8月のヴィシー政権崩壊という状況に対処して，日本は45年3月，直接軍政を樹立し，アンナン（ベトナム），ラオス，カンボジアの諸君主にフランスからの独立宣言を促した．

5 ─ 反枢軸大同盟の反攻

［連合国共同宣言と反枢軸大連合の形成］

　太平洋戦争の勃発とドイツ，イタリアの対米宣戦とによって，アメリカは枢軸国との戦争への完全な参戦国となった．日独伊三国同盟成立以来，連動性を強めていたヨーロッパの戦争とアジアの戦争とは，いまや一つの戦争，第二次世界大戦となったのである．

　イギリスのチャーチル首相は1941年末から42年始めにかけてアメリカを訪問し，ローズヴェルト大統領と戦争協力全般について会談するとともに，その

間両指導者は，ソ連，中国，英連邦諸国およびドイツの占領下にある諸国の亡命政権の代表とともに，42年1月1日，連合国共同宣言を発表した．それは，これら諸国が交戦中の枢軸同盟諸国と全力を挙げて戦い，単独で講和を結ばないこと，前年8月の英米首脳共同声明（大西洋憲章）の諸原則を受け入れることを誓約したものである．この声明ではアメリカ，イギリス，ソ連，中国の代表の署名が筆頭に並んでおり，これは，中国が少なくとも名目的には四大連合国の一国としての地位を得た始まりといえる．

　三大国の中で密接な関係を形成して戦争を戦ったのは米英両国であった．ローズヴェルトとチャーチルは電話で連絡をとり，しばしば会合して協議し，相互理解を深めただけでなく，両国間には政府と軍のさまざまなレベルで協力体制が作られた．北アフリカ，イタリアおよびフランスへの上陸作戦は，アメリカのアイゼンハワー将軍を最高司令官とする米英合同の統一司令部のもとで行われた．太平洋戦争ではアメリカはイギリス自治領オーストラリアの防衛に協力し，同自治領を対日反攻の基地として活用したが，フィリピンを除く東南アジアへの反攻作戦を英連邦軍に委ね，太平洋方面からサイパン，フィリピンを経て沖縄に至る対日反攻作戦はもっぱら米軍の戦争として行った．

　米英両国とソ連との間には密接な協力関係はなかった．米英とソ連とはドイツの支配地域に隔てられ，便利な交通通信の経路を欠いたことに加えて，ボリシェヴィキ革命以来のイデオロギー対立と相互不信の歴史があり，にわかに密接な関係を形成することはできなかった．連合国共同宣言は単独不講和を誓約した宣言であったが，その後も米英とソ連の双方に，相手がドイツと単独講和を結ぶのではないかという不安が残っていた．米英両国は，早急にヨーロッパ西岸に第二戦線（後述）を構築してソ連の軍事的負担を軽減することができなかったから，その代わりにソ連が必要とする物資をできるかぎり提供しようとし，また両国首脳ともスターリンとの直接会談の機会をもつことに熱心であった．主要連合国の首脳会議が何回も行われたことが，第二次世界大戦時の外交の特徴である．

　ただし戦争の進め方や戦後構想の重要問題で米英両国の立場は必ずしも一致していたわけではなく，三大国首脳会議でも，ヨーロッパでの軍事作戦の進め方の場合のように，米ソの意見が一致してイギリスが孤立することもあり，フ

ランスの大国待遇の問題のように，アメリカだけが反対した例もあった〔McNeill 1970〕．

[日独両帝国の最盛期とその終焉]

　1941年12月の開戦当初，海軍機動部隊によるパールハーバー奇襲に成功した日本は，その後数ヵ月間，東南アジアで目覚しい進撃を見せ，アメリカ，イギリスおよびオランダの植民地の大部分を支配下に置いた．戦争勃発前には米英両国とも，日本がそれほどの軍事能力をもっているとは予想していなかった．アメリカが日本の機動部隊による大規模なハワイ攻撃を予想しなかったのも，日本の軍事能力をそれほど高く評価していなかったからである．イギリスも東南アジアへの全面的攻撃はないと考えていた．しかし日本の軍事行動はすばやく，イギリスは抑止力としてシンガポールに派遣したばかりの新鋭戦艦プリンス・オブ・ウェールズを僚艦とともに12月10日マラヤ沖で撃沈され，42年2月にはマラヤ半島を南下した日本軍にシンガポールを占領された．その翌月，日本がビルマの首都ラングーン（現在のヤンゴン）を占領しインド洋進出を狙ったことは，イギリス政府に危機感を与えた．このイギリスの敗北は，当時インドの国民会議派の動きにも影響を与えた．ガンディーら国民会議派指導者はインド独立の要求を強め，独立なしにはイギリスの戦争に協力しないという姿勢をとるようになった．イギリスは反英運動の高まりを抑えるために同年3月，クリップス特使を派遣し，戦後インドに自治領の地位を与えることを約束する一方，戦争への協力を拒否した国民会議派の指導者を拘束した〔倉沢ほか 2005-06, 1（倉沢）; Thorne 1978〕．

　アメリカの参戦前から米英軍部の間で行われていた協議では，対日戦争勃発の場合にも両国はドイツを第一の主敵として戦うことにしており，その方針は太平洋戦争勃発後も変わらなかった．しかし，アメリカは日本の敏速な軍事的進出に対処して，太平洋方面の戦争により大きな戦力を割いて反撃にでる必要に迫られた．アメリカはヨーロッパでの反撃のために陸軍の増強に努める一方，太平洋戦線に海軍の主力を振り向けて反撃に出ようとした．日本は東南アジアを制圧すると，一方ではインドを，他方ではオーストラリアを孤立させ，イギリスに打撃を与えることを狙った．しかし，日本の快進撃はそこまでであった．

日本軍は42年5月ニューギニア南部のポートモレスビー付近の海戦で多くの艦船を失い，同地への上陸作戦に失敗した（珊瑚海海戦）．6月には日本海軍は空母を中心とした機動部隊によりミッドウェー島沖に出撃し，アメリカ機動部隊との決戦を挑んだが，暗号解読で日本側の手の内を知ったアメリカ側の反撃により，空母4隻を失うという手痛い打撃を蒙った．それ以後アメリカは，太平洋の制海権と制空権をめぐる争いで優位に立った．日本は同じ6月にソロモン諸島のガダルカナル島に上陸し，航空基地を確保しようとしたが，8月から翌年2月にかけて続いた陸海空の攻防戦の末に同島を失い，それ以降，太平洋戦線での米軍の急速な反攻を許すことになる〔波多野 1988〕．

　ヒトラーにとって，黄色人種の日本人がドイツ民族に近いイギリス人から植民地を奪うことは人種的観点からは好ましいことではなかったが，当面同盟国日本がこの戦争におけるドイツの敵イギリスを圧迫し，アメリカの戦力を太平洋方面に引き付けることは，歓迎すべきことであった．1942年6月にはまだヒトラーは戦争の帰趨に楽観的であった．5月に再開された，ドイツ軍による東部戦線での攻勢は順調であるように見え，北アフリカ戦線ではロンメルの戦車軍団がエジプトを脅かしていた．イギリスの補給路への潜水艦による攻撃も，前年より大きな成果を挙げるようになっていた（成果が頂点に達した11月には合計73万トンの敵船舶を撃沈した）．彼はアメリカの工業力と人口とが本格的に戦争に動員され，それがドイツに向けられる前に，対ソ戦争に決着を付ける必要を意識していたが，年内にソ連を敗北に追い込むことに自信をもっていた．彼は夏の大攻勢によってヨーロッパ・ロシア南東部の要衝スターリングラード（現在のヴォルゴグラード）の攻略とコーカサスの油田地帯の占領とを目指し，それによってソ連の石油の供給源を断てばソ連体制は崩壊すると予想した．そうなれば，イギリスも和を乞わざるをえないというドイツ勝利の構図を描いていたのである．

　しかし，長い兵站線を確保して，スターリングラードとコーカサスの双方を狙う大攻勢を遂行できるほど，ドイツ軍は強力ではなかった．1941年からの戦闘で損耗した兵員と機材は十分補充されていなかったからである．ドイツ軍は42年9月はじめスターリングラードに突入したが，ソ連側が新たな兵力を投入して猛反撃に出ると，それを撃退することができなかった．ヒトラーはス

ターリングラード保持にこだわりドイツ軍の撤退を許さず，その方面のドイツ軍22個師団がソ連軍に包囲されたのちも，突破脱出作戦さえ認めなかった．これがヒトラー帝国の終わりの始まりとなった．ヒトラーは自らのかたくなな方針によって，スターリングラード攻防戦にもっとも無残な形で敗北した．42年から43年にかけての冬のソ連戦線の戦闘で，ドイツ軍はそのほかの方面でもソ連軍に反撃されて手痛い敗北を喫した．43年春にはドイツ軍は若干の失地を回復し，夏に大規模な攻撃作戦を試みたが失敗に終わり，再び攻勢に出ることはなかった．

　大西洋におけるドイツの潜水艦の活動はアメリカからイギリス，あるいは北アフリカへの補給への大きな脅威であったが，1943年にはドイツ潜水艦の活動は米英の哨戒能力の向上によって次第に押さえ込まれた．同年5月のドイツ潜水艦の喪失は41隻に達し，当時の毎月の建造数30隻を大きく上回った．大西洋におけるドイツの戦いも敗色濃厚となった〔Kershaw 2000〕．

[米英軍の北アフリカ上陸と北アフリカ・中東情勢]

　1942年5月，ソ連のモロトフ外務人民委員は初めてワシントンを訪問し，アメリカ政府要人と会談した．彼がアメリカに求めたのは，ソ連のバルト三国併合などの領土的要求の承認，第二戦線（ドイツと二正面で戦うために，米英がフランスに設定すべき戦線）の開設，対ソ援助の増大の三つである．アメリカ側は大西洋憲章の原則に反するような約束を与えることに反対であったが，対ソ援助の増大についてはやぶさかではなく，そしてフランスへの上陸作戦については42年内に実行できると答えた．しかしイギリスは，アメリカが約束した年内の第二戦線構築について強硬に反対した．アメリカの軍部は小規模の上陸作戦によってフランス西海岸に橋頭堡を築くことは可能であるという見解であったが，チャーチルはダンケルクの経験を踏まえ，上陸作戦は周到な準備の後に大規模の作戦として行われるべきであり，性急な作戦で失敗すればその悪影響は大きいと，アメリカ側を説得した．そしてソ連が失望する知らせをモスクワに伝え釈明する主な役割はチャーチルが引き受けることになった〔McNeill 1970〕．

　米英両国はフランス西岸への本格的な上陸作戦については，時間をかけて準

備することにし，42年内に行う共同作戦として北アフリカのフランス保護領モロッコおよびフランス領アルジェリアへの侵攻を選択した．11月に米英軍がそれら地域に侵攻すると，ヴィシー政府は現地のフランス軍に侵入軍の撃退を指令したが，北アフリカ防衛のためドイツ空軍の全面的支援を受けることには消極的であった．ヒトラーは英米の北アフリカ侵攻がフランス本土に及ぼす政治的影響を警戒し，南フランスにドイツ軍を進駐させた．ペタンは休戦協定に反する行為であると強く抗議したが，ヴィシー政府としては，自らの存続を望むのであれば対独協力を継続する以外に選択の余地はなかった．北アフリカのフランス軍は米英軍に対してほとんど抵抗せず，米英軍上陸の数日後，現地では休戦協定が成立した．フランス側の休戦協定の調印者は，当時北アフリカに居合わせたヴィシー政府軍最高司令官で対独協調派として知られたダルラン提督であった．アメリカは42年にはヴィシーから大使を引き揚げたが，ドイツがフランス全土を占領下に置くまでヴィシーとの外交関係を継続しており，ヴィシー系軍人とも接触があった．ただしフランス領北アフリカにおける協力者として予定していたのはジロー将軍であったが，ダルランが北アフリカのフランス軍に指示を出せる立場にあったので，無血占領実現のためにダルランを利用することにしたのである．ヴィシー高官との取引は米英国内からも批判がでた．ロンドンを拠点とするドゴールの「自由フランス」(「戦うフランス」と改名)軍は米英軍の北アフリカ作戦では出番がなかった．それはアメリカ政府が彼の運動を認知せず，彼個人にもよい感情をもっていなかったからである*．アメリカがドゴールをフランスの指導者として認知せざるを得なくなるのは，ダルラン暗殺後のフランス領北アフリカで，アメリカが好意をもっていたジロー将軍を抑えて43年11月に「国民解放委員会」の第一の実力者となってからである〔Langer 1966〕．

 * アメリカ政府がドゴールを嫌った理由としては，彼の軍が1941年12月，アメリカに無断でセントローレンス川の河口近くにあるフランス領の二つの小島サンピエール・ミクロン（アメリカはヴィシー政権に現状維持を約束していた）を占領するという事件があったことが挙げられる〔Girault 1993〕．

ここで中東・北アフリカをめぐるイギリスと枢軸側との外交と軍事の角逐について略述しておきたい．パレスチナでユダヤ人国家の建設を望んでいたユダ

ヤ人はイギリスのパレスチナ統治政策に不満であったが，ドイツとの戦争中はイギリスとの抗争を凍結した．他方，パレスチナのアラブ人有力者の中にはドイツに協力して追放された者もあった．ドイツは，イギリスの覇権を嫌い枢軸側に好意を持つ勢力が中東地域に存在することを利用して，中東での影響力を伸ばそうとした．イラクでは1940年にイギリスの圧力で失権した反英派指導者が41年4月にクーデタで再び権力を握り，枢軸側に援助を求めたので，ヒトラーはこの機会にイラクを助けて中東におけるイギリスの勢力を殺ぐことを狙った．ドイツがイラクを助けるためにフランスの委任統治地域シリア，レバノンを利用する必要があったので，ヒトラーは代償を約束してヴィシー政府に協力を求め，そのための独仏協定が成立した．しかしイギリスが先手を打って5月末イラクに軍事干渉を行って親英派政府を樹立し，さらに6月にはドゴールの「自由フランス」軍との共同作戦により，シリア，レバノンのヴィシー派権力を打倒したので，ドイツの中東計画は実現しなかった〔Atkin 1998〕．

　米英軍がモロッコ，アルジェリアに侵攻したのとほぼ同時期に，エジプト戦線のイギリス軍はアレキサンドリアの西100キロの地点でドイツ軍と激戦を交え勝利を収めた．イギリス軍はそのまま進撃を続け，1943年1月にはイタリア領リビアのトリポリを占領し，さらにアルジェリアの米英軍とともに枢軸国軍を追ってフランスの保護領チュニジアに進出した．中東におけるイギリスの主要な根拠地エジプトの指導層にも親独的傾向があったので，イギリスはエジプト王ファルーク1世に圧力をかけ，ワフド党のナハス・パシャを首相の座につけた．彼はナショナリストであって特に親英的ではなかったが，彼の指導とエジプト戦線でのイギリス軍の勝利とによって，エジプトにおけるドイツの影響力は除去された．

　中東の東端に位置するイランでも，レザー・シャー・パフラヴィー王はイギリスやソ連の勢力への対抗力を得るためにドイツの中東進出を歓迎したが，イランを米英からソ連への援助物資の主要な通路にしようとしていた連合国には不都合であったから，英ソ両国は1941年8月それぞれイランに出兵して，物資の輸送路を確保した．翌月，国王は王位を息子に譲り，イランは英ソ両国の同盟国として対枢軸戦争に参戦した．

[イタリアのファシスト体制の崩壊]

　1943年始めには，戦争がいつ終わるかはまだ定かでなかったが，連合国側にはある程度，勝利の見通しが開けてきた．米英首脳が1月にモロッコのカサブランカで会合し（カサブランカ会談），戦争方針について協議した際，ローズヴェルトはチャーチルとの合同記者会見で，主要枢軸国，すなわちドイツ，イタリア，日本の三国が「無条件降伏」するまで戦い続けると言明した．彼がとくにこの方針を明示したのは，米英両国が第二戦線の構築を先送りすることに関連して，スターリンが両国の意図に疑念を抱かないようにすることが主な狙いであった＊．米英両首脳がこの会談で，チュニジアを制圧した後の侵攻作戦の目標として合意したのは，その対岸にあるシチリアであった〔Stoler 2005〕．

　　＊　ローズヴェルトはスターリンとの直接対話の機会を求め，カサブランカ会談への彼の出席を希望したが，スターリンは戦争指導のため国外の会議には参加できないと断った．無条件降伏要求声明には，対象国の一つが日本であることが示唆するように，中国の蔣介石を力づける狙いもあった．

　ヒトラーは北アフリカの枢軸側の最後の拠点チュニスの死守を命じたが，独伊軍25万（その半数はドイツ軍）は補給路を断たれ，5月に連合国軍に降伏した．早期に撤退していれば，多数のドイツ軍がシチリア防衛に参加できたであろう．ヒトラーがチュニスを懸命に持ちこたえようとしたのは，それを失えばイタリアのムッソリーニが国王派によって失脚に追い込まれることを恐れたからである．そしてその恐れはまもなく現実となった．7月10日，米英軍はシチリア上陸作戦を開始した．海岸では激戦があったが，その後，米英軍は大きな抵抗を受けずに進撃した．同島にいた少数のドイツ軍は頑強に抵抗したが，守備軍の大半を占めるイタリア軍将兵の士気は著しく低かった．そのときまでにはイタリア国民全体に厭戦気分が広がっていた．参戦後のイタリアの軍事行動が失敗続きだっただけでなく，ドイツも守勢に立たされていることは彼らの目にも明らかであった．ムッソリーニの権威は失墜し，ファシスト党も形骸化した〔Kershaw 2000〕．

　7月25日，国王ヴィットーリオ・エマヌエーレ3世周辺の君主主義者とファシストの反ムッソリーニ派とが提携した宮廷内革命によってムッソリーニは

首相を解任され身柄を拘束された．彼らが政権を託したのは，反ムッソリーニ派に転じたバドリオ将軍であった．イタリア新政府は表面では戦争を継続する態度をとってドイツの干渉を防ぎながら，他方では米英との秘密交渉によって休戦を実現し，連合国の協力者になろうとした．米英はイタリアに無条件降伏を要求しつつ，休戦後のイタリアの連合国への協力の程度によってイタリアの処遇の厳しさは緩和されることを示唆した．休戦協定は9月3日に調印され，同日，英米軍はイタリア半島南部に上陸したが，空挺部隊がローマを占領してイタリア政府を保護下に置く時間を稼ぐために，休戦協定は8日まで秘密とされた．しかしドイツ側がそれに気づき，米英軍に先んじてローマに進出したので，国王とバドリオら政府要人は南方に脱出した＊．他方ムッソリーニはドイツ軍に救出され，暫時ドイツの傀儡として生き延びた．

* イタリアの戦後体制として，イギリスは君主政を，アメリカは共和政を好んだが，ムッソリーニの支持者であった国王と君主政は国民の支持を失っていたから，1946年の共和政採用は当然の結果である〔豊下 1984〕．

6 ― 連合国会議外交と戦後構想

［モスクワ，カイロ，テヘラン］

1943年10月下旬，米英ソ三国外相会談がモスクワで開催され，11月1日にモスクワ宣言が採択された．それは「国際的平和と安全保障の維持のために世界的国際組織を設立する必要」があるとする連合国四国の共同宣言であった．国際連盟に代わる世界的な国際組織の設立の議論はイギリスにもアメリカにも存在したが，アメリカ政府内で世界的国際組織の設立に熱心だったのはハル国務長官であり，国内世論もその構想を次第に支持するようになった．ローズヴェルトもそのような国際組織の形成を進めることに賛成したが，彼は平和と秩序を維持するために必要なものは何よりも大国の協調であると考えていた．中国はこのモスクワ外相会議の参加国ではなかったが，アメリカの主張により，共同宣言に参加することを求められた．このことは，やがて設立される国際組織において中国が常任理事国の地位を得ることへと繋がるのである．

同年11月28日から12月1日まで，ローズヴェルト，チャーチル，スター

リンの三者がイランの首都テヘランで最初の三大連合国首脳会談を開くが，ローズヴェルトとチャーチルはテヘラン入りの前にカイロに立ち寄り，そこで中国の蔣介石総統と会談した*．彼らは対日戦争についての協力を協議し，11月27日に三者の共同声明「カイロ宣言」を発表した．そこでは日本が中国から奪った領土はすべて中国に返還されること，朝鮮については，日本の支配から解放され適当な時期に独立国となることが宣言されていた．米英の指導者のなかでも，とくにローズヴェルトは，蔣および中国国民の士気を高め，対日戦争をより積極的に戦わせる必要を感じていた．彼は中国に戦後アジアにおける安定勢力の役割を期待し，その中国との友好関係を構築することにより，アジアにおけるアメリカの利益を守っていこうと考えていた．それゆえ彼はチャーチルとスターリンとを説得して，戦後世界における大国の地位を中国に与えようとした．彼はフランスについては，大国待遇には相応しくない国とみなしていた．他方，チャーチルは西欧の政治的地盤沈下を恐れ，戦後世界における大国としての地位をフランスに与えることに熱心であった．スターリンは中国に大国待遇を与えることに懐疑的であったが，フランスについてはローズヴェルトほどの拒否反応はなかった．

　　＊　このカイロ会談は「第一次カイロ会談」ともよばれる．テヘランの帰途に米英首脳は再びカイロで数日を過ごし二者会談をもった．またトルコ大統領イノニュと会い，参戦するよう説得を試みたが，トルコは慎重に時期尚早と答えた（第二次カイロ会談）．トルコは1944年8月にドイツと断交し，45年2月に宣戦して，国際連合設立総会に間に合わせた．

　米英ソの首脳が初めて一堂に会したテヘラン会談の最大の議題は対ドイツ軍事作戦の問題であり，フランスへの大規模な上陸作戦の実行の時期について，米英から明確な約束を得ることがスターリンの最大の関心事であった．チャーチルはこの作戦より前に米英軍がギリシアとユーゴスラヴィアを攻めるバルカン作戦を行うことを熱心に主張したが，米ソの支持は得られず，それを断念した．フランス上陸作戦の早期実現の確約を強く求めるスターリンに対して，ローズヴェルトは翌年5月実行を約束することにし，チャーチルを説得した．この問題で合意ができたことにより，首脳会議は友好的雰囲気の中で，三大国が戦争の勝利のためのみならず，戦後の平和のために協力を継続することを声明

して閉幕した．3人はソ連の対日参戦問題や戦後国際秩序の問題など，多くの問題について意見を交換した．戦後の平和と安全保障のための国際組織についての議論では，ローズヴェルトは秩序維持に関する実権は四大国「四人の警察官」が保持すべきものだという考えを述べた．対日参戦について，スターリンは対独戦争終結後に参戦すること，その場合ソ連に幾つかの政治的要求があることを示唆した．戦後のドイツの扱いについては，非軍事化・非ナチ化を行うために分割占領する方針では三者にコンセンサスがあり，ローズヴェルトとスターリンはドイツを複数の国家に分けることに関心を示したが，ドイツ問題について具体的な取り決めはなされなかった〔McNeill 1970〕．

[戦後国際経済秩序の準備]

1944年には，戦後国際経済秩序の骨格を決めるための連合国通貨金融会議が7月にアメリカのニューハンプシャー州ブレトンウッズで開催され，8月から10月にかけて，国際連合憲章を起草するための主要連合国の会議がワシントン郊外の邸宅ダンバートンオークスで開催された．戦後国際秩序の重要な柱となる国際組織づくりのための国際会議が戦争終結の前に開催され，それらの具体化が進んだことが，第二次世界大戦の特徴であった．

ブレトンウッズ会議には44ヵ国の代表が参加したが，会議を主導したのはアメリカとイギリスであった．両国の財務担当者や経済専門家は1942年秋から戦後の国際通貨秩序に関する協議を重ね，国際通貨基金設立の構想について大体の合意ができており，この会議ではその合意をもとに最終調整が行われた＊．戦後の国際通貨秩序に関する両国間の交渉の初期段階では，国際経済再建期の問題に対処する役割と再建後の順調な発展を維持する役割との双方に対応できる制度の創出が考慮されたが，ブレトンウッズ会議では国際通貨基金の前者の役割は捨象され，もっぱら後者の役割に対応するための制度として合意された．この会議の課題は1930年代の経済的教訓を踏まえ，国際経済の安定的発展を国際協調によって実現するための制度づくりであり，そのために国際通貨基金（IMF）と国際復興開発銀行（IBRD）を設立することが合意された．

＊　この会議にはイギリスのケインズ，アメリカのホワイトという有力なエコノミストが代表団に参加して，合意形成の主役を演じた．米英の専門家たちは彼

らを中心に，国際通貨制度についてそれぞれの構想を出し合って議論を重ね，この会議では基本的にはホワイト構想（国際通貨基金案）をもとにさらなる調整を行うことで，事前の合意が成立していた．

IMFの基本構想は以下のように要約できよう．それは①加盟国が応分の分担金（総額約100億ドル）を拠出して国際通貨体制の管理のための機関を設立し，その機関の決定に関しては分担金に応じた発言権をもつ，②アメリカ政府は常時1オンス35ドルの交換率により，加盟国政府の要求によりドルと金との交換に応じる，③各加盟国の通貨のドルとの固定為替レートを定め，各国が自国通貨の固定レートを維持して他国通貨との自由な交換を可能にする責任を負う，④ある加盟国が定められた固定レートを維持することが一時的に困難になった場合には，IMFが分担金に応じた一定の限度内での緊急貸し出しを行って救済に当たり，既定のレートを維持することが不可能と判断された場合には，IMFはその国にレートの変更を認めるという国際通貨制度である．このような国際通貨制度は，資金の国際間の自由な移動を可能にすることによって，国際経済関係の順調な回復と発展を導くと考えられた．ただし多くの加盟国が戦争による経済的打撃を受けている事実にかんがみ，そのような加盟国の経済が復興する過渡期の3年間，自国通貨の他国通貨との交換の自由を制限することを認めることになっていた．

この会議で設立が合意されたもう一つの機関，IBRDは，IMF加盟国の共同出資により，戦後世界の経済復興と開発のための融資を行う国際銀行である．出資割当金総額は100億ドルであったが，イギリスが財政上の理由で多額の出資を好まなかったので，当面その20％の出資で発足することになった．この銀行はきわめて堅実な融資および債務保証の政策をとることが規約で定められたため，戦後の世界経済を荒廃から復興させるために大きな役割を担うには適していなかった*〔田所 2001；Gardner 1980〕．

＊　IBRDの融資総額が5億ドルに達したのは1948年末である〔Penrose 1953〕．

戦争終結前後の混乱期に救済復興支援活動を行う機関としては，敵国に領土を占領されていない連合国が費用を分担することにより運営される連合国救済復興事業局（UNRRA）を設立するという合意が，連合国の間で1943年に成立していた（アメリカが65％，イギリスが15％を負担）．この機関は，枢軸

国の占領から解放される連合国の中でも，必需物資の輸入支払い能力のない諸国を対象に救済再生を援助することを目的とした．西欧諸国は必需品輸入の支払い能力があるとみなされたので，この機関の援助対象にならず，中国のほか東欧諸国が対象国となった．ソ連は当初，自国をこの事業の対象とすることを主張しなかったが，45年8月の会議で，米英が旧敵国イタリア，オーストリアを援助対象にすることを提議したとき，ソ連は多大の戦争被害を受けたことを理由に自国に対する多額の援助を要求した．交渉の結果，ウクライナ，ベラルーシ両共和国に限定的な援助を行うことで妥協が成立した*．

* UNRRAは拠出総額40億ドルのうち37億ドルを援助に振り向けた．主な被援助国は中国5.2億ドル，ポーランド4.8億ドル以下，イタリア，ユーゴ，ギリシア，チェコスロヴァキア，ウクライナ，オーストリアなどである．最大の拠出国アメリカの打ち切り方針により，1947年半ばにUNRRAは実質的活動を終える．アメリカが拠出をやめたのは，冷戦状況の進展のなかで，ソ連圏諸国がUNRRA援助の受益国であることを嫌ったからである．ドイツと日本はUNRRA援助の対象外とされ，両敗戦国民の救済は占領国の負担で行われた〔McNeill 1970〕．日本はアメリカの「占領地行政救済」（通称「ガリオア援助」，占領後期には経済復興援助に使用）により，総額約20億ドルの援助を受けた．なおこの機関の名称は「連合国救済復興事業局」が定訳であるが，「復興」はrecoveryではなく，より限定的な意味を持つrehabilitationである．

[ダンバートンオークス会議と米英・英ソ首脳会議]

ダンバートンオークス会議は，平和と安全保障のための国際機構の設立を呼びかける招請国（四大連合国）の専門家の間で，国際連合憲章の原案を作成するための会議であった．ソ連は対日戦争には参加していないことを理由に中国と同席することを拒んだため，ダンバートンオークス会議はまず米英ソ三国の実務家が協議を行い憲章の骨格を作成した後に，ソ連代表団に代わって中国の代表団が参加するという方式をとった．

ダンバートンオークスでは，総会，安全保障理事会その他の理事会，国際司法裁判所および事務局からなる国際連合機構の骨格とそれら諸機関の機能について定めた国際連合憲章の草案がほぼまとまったが，米英ソ三国間で意見が一致せず，懸案事項として残された問題が二つあった．一つは安全保障理事会に

おける拒否権の範囲の問題であった．国際連合は国際連盟と同じく，世界の諸国家を構成メンバーとする平和と安全保障のための国際組織であるが，ローズヴェルトの「四人の警察官」構想を反映し，大国中心の性格を強くもっていた．平和と安全保障に関する国際連合の決定はもっぱら安全保障理事会の決定事項とされ，各常任理事国（米英ソ中の四国にフランスを加えた五国を想定）は議決について拒否権をもつことが定められた．米英ソ三国とも常任理事国の拒否権について賛成であったが，その範囲について意見が分かれた．イギリスは拒否権の範囲を限定する立場であり，ソ連はあらゆる問題についての拒否権を主張した．もう一つの問題は，ソ連を構成する共和国の加盟の問題であった．ソ連は，ソ連が国家連合であることを主張し，その構成国の加盟権を主張した．国連総会において英連邦が多数の票を持ち，アメリカが米州に多くの同盟国をもっていることに対抗しようとしたからである．

この年には三大国首脳会議はなかったが，チャーチルは首脳外交に積極的に動き，ローズヴェルトとは44年9月にケベックで，スターリンとは10月にモスクワで会談した．ケベック会談で，チャーチルは対独戦争終了後も対日戦争終結までの武器貸与法による対英援助の継続と，また戦後経済復興のための対英借款の供与についての約束を獲得した．アメリカのモーゲンソー財務長官の持論である，ドイツを農業と牧畜の国にするという方針をチャーチルが支持したのは，アメリカ側から経済援助の約束を得るためであろう．このドイツ農業国化構想にはアメリカ政府内でも批判が強まり，この構想は統一ドイツ解体構想とともに次第にアメリカの政策から消えていくが，ドイツ敗北直後のアメリカのドイツ政策には影響を留めていた〔Penrose 1953〕．

チャーチルのモスクワ訪問の目的の一つはポーランド問題の調整であり，もう一つはバルカン半島における勢力関係についての合意であった．ルブリン政権とロンドンにある亡命政権との対等な合併によってポーランドの統一政府を形成するという彼の提案は，スターリンから拒否された．他方，バルカン半島の勢力圏については非公式な了解が成立した．それは，ギリシアではイギリスが，ルーマニア，ブルガリアについてはソ連が優越した影響力をもち，ユーゴとハンガリーでは双方対等とする（後にハンガリーもソ連圏に変更）という非公式な了解である．アメリカ抜きのこのバルカン勢力圏合意は，軍事作戦上の

米英の意見対立がからんで，米英間の軋轢を招いた〔McNeill 1970；Stoler 2005〕．

　1944年6月6日にフランスのノルマンディへの上陸作戦を開始した米英軍は，8月にパリを解放し，9月にはアメリカ軍の一部がドイツ領内に侵攻した．イタリア戦線でも，米英軍はローマ，フィレンツェに進出し，ドイツ軍は北イタリアを支配するのみとなった．東部戦線でも，ソ連軍が米英軍のノルマンディ上陸に合わせて大攻勢をかけ，7月末にはポーランドのワルシャワに迫った．ドイツの東欧の同盟国も，ソ連軍の攻撃の前に次々と戦線から脱落した．

［ヤルタ会談］

　米英ソ三大連合国の首脳は1945年2月に再び会合した．スターリンがソ連領内での会合を望んだので，ソ連領クリミア半島（現在はウクライナ領）の保養地ヤルタが会場となった（ヤルタ会談）．対独戦争の勝利が目前に迫っていたので，三大国首脳間で調整すべき多くの問題があった．第一は，ドイツに関する問題である．ドイツの将来については，従来ドイツ分割論を支持していたローズヴェルトもこの会議ではチャーチルとともに，決定を先送りしようとした．アメリカ政府内でもドイツ分割への反対論が台頭しつつあったからである．この会議で合意されたのは，降伏後のドイツの非ナチ化・非軍事化のために連合国がドイツを分割占領することであった．三大国がドイツを分割占領するという方針には以前から大体の合意があったが，チャーチルの主張により，ドイツ占領へのフランスの参加を認めることになった．フランスの参加に否定的だったのはローズヴェルトで，他方スターリンはフランスの占領地域が米英の占領地域から捻出されるのであれば，異議を唱えなかった．賠償問題については，ソ連はドイツから多額の賠償を取り立てることに熱心であり，イギリスがもっとも消極的であった．ローズヴェルトはソ連が提案した賠償額200億ドル（100億ドルをソ連向けとする）を限度の目安として賠償問題の協議を始めるという妥協的な合意をまとめた．

　もう一つの重要問題はポーランド問題，とくに政府構成の問題であった．米英ともロンドンの亡命政権をポーランドの正式政府として承認していたが，ソ連の参戦以後，ソ連と同政権の関係調整に苦慮してきた．イギリスの仲介でソ

連は亡命政権との外交関係を樹立したが，ソ連は亡命政権が「カティン事件」*の調査を国際赤十字に依頼したのを契機として43年4月に同政権との外交関係を断ち，44年末にはルブリンに親ソ派ポーランド人による臨時政権を樹立した．ポーランドをドイツから解放したのはソ連軍であったから，ポーランド統一政府の形成の問題では，米英の交渉力は限られていた．ヤルタで米英がソ連から引き出すことができた譲歩は，臨時政府にロンドンの亡命政権およびポーランド国内の対独抵抗勢力からの閣僚を加えて政権再編成を行い，それを統一ポーランド臨時政府とすること，そして統一臨時政府は自由選挙を行って正式政府を発足させることの2点であった．

* 1939年にポーランド東部を占領したソ連軍が捕虜としたポーランド軍将校多数を翌年ソ連領スモレンスク付近のカティンの森で殺害した事件．ソ連は長らくドイツの犯行と主張してきたが，90年ゴルバチョフ大統領がソ連の犯行であったことを公式に認めた．

ポーランドの領土に関して，ソ連はほぼ「カーゾン線」(1919年に連合国が妥当と考えた境界) に沿ってポーランド東部を自国領土に併合する代わりに，ポーランドにはオーデル川・ナイセ川までの旧ドイツ領を与えることを主張した．米英はカーゾン線を若干修正して同国の東の国境とし，オーデル川主流を西の国境とすることには以前から同意していたが，オーデル川とその支流ナイセ川を西の国境にすることにはにわかに同意できなかった．ドイツ人居住者が多数を占める地域をポーランド領に編入することになるからである*．しかし現実の問題としては，ソ連による既成事実化に抵抗する方法はなかった．

* ドイツから解放された東欧諸国は報復として枢軸国系住民を自国領土から排除した．その結果，戦前には複雑だった東欧の民族問題が，戦後にはより単純なものになった〔Mazower 1998〕．

米英両国の首脳は，ソ連がほぼ帝政ロシア時代の版図を回復することに反対せず，また外辺に位置するポーランドなどの東欧諸国に安全保障上，大きな利害を有することを認めていた．ローズヴェルトはソ連によるバルト三国の併合を容認したが，併合にあたって三国の国民の同意を得ることを要望した．米英の指導者たちは，ソ連が東欧の近隣諸国に対して，それら諸国の自決権と両立する形で影響力を及ぼすことを希望したと言えよう．枢軸支配から解放された

諸国の人民が自由選挙によって民主的政府を形成することに協力すると約束した三国の共同宣言「解放されたヨーロッパに関する宣言」は，米英のそのような希望に，ソ連が原則としては同意したことを意味する．

ヤルタでは国際連合憲章の未解決事項について一応の合意が成立した．安全保障理事会の常任理事国の拒否権については，手続き的事項を除き拒否権を認めるアメリカ案で合意され，ソ連の構成共和国の国際連合への加盟問題は，ソ連に属するウクライナとベラルーシの二国をソ連とは別個に国際連合に加盟させること，アメリカも総会では3票の議決権をもつことで決着をみた*．

* ローズヴェルトは国際連合設立総会へのアメリカ全権委員を決めるまでこの決着を内密にしていたが，アメリカが3票の投票権をもつことには，主権国家の平等原理に反するとして全権委員から異議が出たため，政府はウクライナ，ベラルーシの加盟を認める一方，自国の3票の投票権を主張しないことにした．

ヤルタ会談ではまた，ソ連の対日参戦の約束が文書化され，当分非公開とされた合意文書いわゆる「ヤルタ協定」が成立した．この協定が米ソ首脳の間で合意され，イギリスのチャーチルはそれを了承する形で署名者に加わったものであることは，北東アジアにおいては米ソが主役であり，イギリスは脇役であることを示した．この協定により，スターリンはソ連が対独戦争終結から2ヵ月ないしは3ヵ月後に対日戦争に参戦することを約束し，参戦の代償として(1) 外蒙古の現状維持，(2) 日本に奪われたロシアの権益の回復，すなわち (a) 南サハリンの返還，(b) 大連の国際港化と同港におけるソ連の利益の優先，旅順とその周辺のソ連の基地化，(c) 中国東北部の幹線鉄道の中ソ合弁と合弁におけるソ連の利益の優先，(3) 千島列島の譲渡について，米英両首脳の同意をえた．(1) と (2) の (b) (c) については，中国の蔣介石総統の同意を必要とし，ローズヴェルトがスターリンの助言に基づき総統からの同意を得るための措置をとるという但し書きがあったが，三者の合意が中国の意向に優先することを示す文言もあった．ローズヴェルトは中国指導者との事前協議なしに，中国の重大な利益に関わる事柄についてソ連と協定したのである．彼は中国が将来アジアの大国となることを期待し，アメリカの主張により中国は国際連合では常任理事国の地位を与えられることになっていたが，彼も当面の現実政治においてはスターリンの主張を優先せざるをえなかった．ただし国内で

共産党の勢力と争わなければならない蔣介石にとって，ヤルタ協定には利点があった．ローズヴェルトがスターリンから，蔣の国民政府との間に中ソ友好同盟条約を締結するという約束をとりつけたことである．ヤルタ協定から得たものがより乏しかったのは，共産党の毛沢東であった*．

   * ヤルタ会談で合意された国際秩序について，「ヤルタ体制」ということばが用いられることがあるが，ソ連の対日参戦に関する協定は，ヤルタ体制が中国不在の三大国協議体制であったことを露骨に示すものであった．不在という点ではフランスも同様であり，ヤルタ体制は両国にとっては不快な意味合いをもつ．ヤルタでの諸合意は当時の軍事・政治状況を反映したものといえるが，その合意の全容が後に知られるようになると，アメリカ国内ではヤルタ合意への批判が高まり，党派的論争に利用されるようになった．ポーランドに関する合意はポーランドの自由を売り渡したといわれ，ソ連の対日参戦に関する合意は，不必要なソ連参戦に対して，中国の犠牲において代償を与えたと非難され，「ヤルタ」は「ミュンヘン」に似た響きをもつようになる．「ヤルタ体制」論については『日本外交史辞典』および永井 1978 を参照．

ヤルタ体制とは，この会議が創出を目指した戦後国際秩序構想を指していうことばであり，米英ソ三国首脳が三国間の協調の維持により戦後世界秩序の諸問題を解決していく方針を確認したこと，またその協調の前提として明示的あるいは黙示的に三国それぞれの勢力圏を承認し合ったことが含意される．三国の合意形成による国際政治運営がしばらく試みられたことは確かであるが，ヤルタの合意にはあいまいな点が多く，そのあいまい性が戦後まもなく米英とソ連との相互不信の原因をつくり，相互対立を増幅するもとになった．「ヤルタ体制」は解消に向かい，2年後に「冷戦」に移行する．

［ローズヴェルトの死去とトルーマンの大統領就任］

ヤルタ会談への長旅で疲労したローズヴェルトは帰国後一時元気を回復したようにみえたが，1945年4月12日，保養先のジョージアで急死した．副大統領トルーマンが直ちに大統領に就任した*．この時期から米英とソ連との関係は次第に協調よりは摩擦や対立が多いものとなる．しかしそれはアメリカの指導者が交代したためというよりも，大国間関係が，戦争のために協力する段階から戦後世界の形成をめぐる駆け引きの段階へと変化したためである．テヘラ

ンやヤルタでの原則的合意を具体化する時期には，新たな摩擦と対立が生じ，相互不信を増幅することは避けられなかった．新大統領トルーマンは対ソ交渉術として強い態度をとろうとしたが，前大統領が進めてきた米ソ協調政策を変える意思はなく，米英が組んでソ連に対抗しようとしているという印象をソ連に与えることを好まなかった．

　＊　1944年の大統領選挙の際，民主党内では当時の副大統領ウォレスには保守派が難色を示し，保守派が支持するバーンズには進歩派が難色を示したため，政敵のいない中間派として副大統領候補に指名されたのがトルーマンであり，その政治指導力は未知数であった．

　トルーマンはヤルタ会談後に対立が目立ってきた米ソ関係調整のため，ローズヴェルトの腹心として米ソ外交に関わったホプキンズを特使として1945年5月モスクワに派遣した．当時米ソ間の最大の問題は，ソ連がポーランド臨時政府の再編成を遅らせていることであった．アメリカはそれに反発して国際連合設立総会へのポーランド代表の出席を阻止したので，ソ連も国際連合安全保障理事会の拒否権問題について態度を硬化させていた．ホプキンズは5月末から6月初旬にかけてスターリンとの会談を重ね，対立点の解消に努めた．両者はポーランド政府再編について具体的な詰めを行った．外部から数人の閣僚を加えるにしても，ルブリン派支配の政府を維持することは，スターリンのポーランド政策の基本方針であった．彼はそのためにポーランドの独立的なレジスタンス勢力の根絶を図り，多数の指導者をソ連に連行して，その目的をほぼ達成したので，ようやくヤルタ合意の実行に同意したのである．

　スターリンはそのほかの点でも合意形成に前向きの姿勢をとった．彼は国際連合安全保障理事会の拒否権問題についてアメリカ案を受け入れた．ドイツ問題ではドイツ分割には固執しないと語り，東アジア問題では，蔣介石による中国統一を支持し，中国におけるアメリカの主導的役割を認め，朝鮮は四大国の信託統治下におくことに賛成するなど協調的姿勢を示し，日本の占領についてはソ連も役割を分担したいと語った．ホプキンズの訪ソにより米ソ協調は再確認されたように見えた．

［国際連合設立総会と国際連合憲章の採択］

　4月25日からサンフランシスコで開催されていた国際連合設立総会における約2ヵ月の審議を経て，6月26日に50ヵ国代表が国際連合憲章に署名した（原加盟国は51ヵ国）．サンフランシスコ会議は平和と安全保障のための新国際機構の名称を「国　際　連　合」とすることを確認した．「ザ・ユナイテッド・ネイションズ」は1942年1月の「連合国宣言」以来，連合国の正式名称であり，国際連合（以下「国連」と略記）がその名称を継承したことは，戦時における連合国協調を戦後の国際秩序の基本として制度化するという構想を表していた．国連憲章は国際連盟規約に較べて長い前文をもち，締約国ではなく「われら連合国の人民」を主語とする冒頭の文章は「われら合衆国人民は」で始まる合衆国憲法の前文のスタイルを踏襲したものとなった．

　第1章の「目的及び原則」はダンバートンオークス提案より拡充され，第1条3項は「経済的，社会的，文化的又は人道的性質を有する国際問題を解決することについて，並びに人種，性，言語又は宗教による差別なくすべての者のために人権及び基本的自由を尊重するように助長奨励することについて，国際協力を達成すること」という規定となり，人権の平等が主張された．ダンバートンオークス会議では，人種差別禁止を憲章に入れることを望んだのは中国代表だけであり，米英の代表は憲章で人種差別否定に言及することを望まず，ソ連の代表は憲章が人権に言及することに消極的だった．しかし中小国を含む多国間会議であり，人権擁護団体の働きかけも活発だった設立総会では，会議の雰囲気に大きな変化が見られ，上記のような第1条3項の文言が合意されたのである．この文言は社会的経済的協力に関する第55条にも繰り返されており，また社会経済理事会の権限に関する憲章の規定も強化された．憲章のこのような規定により，人種的・性的平等の達成と文化的多様性の承認とは国際的目的となったと言える．ただし国連憲章はこうした理念を表明する一方，第2条7項で国内管轄権に属する事項への不干渉を明記していたから，これらの理念をそれぞれの国でどのように理解し，どのように実現していくのかは，加盟国の権限であった．国連憲章における理念の表明は，アメリカや南アフリカの人種差別体制に直接影響するものではなく，それゆえに，これらの国の人種差別主義に執着する保守派も国連憲章を支持することができたのである〔Divine

1971; Lauren 1988〕.

　国連憲章の重要な特色は，個別的自衛権とともに集団的自衛権を各国固有の自衛権と認めたことである（第51条）．これは国連が集団安全保障のための国際機構であることの当然の帰結ともいえるが，締約国の一国への攻撃を他の締約国への攻撃とみなして対応する同盟条約も，国連憲章に沿うものである限り，集団安全保障のための取り極めとして許容されることになった．とくに地域の安全と平和のための国際取り極めや国際機関の活動を許容することが明記された（第52条）＊．

　　＊　第52条の規定は，米州機構の設立を想定していたアメリカとラテンアメリカ諸国が強く主張したものである．国連の公用語として常任理事国の4言語とともにスペイン語が採用されたのも，アメリカの西半球の友邦諸国（ラテンアメリカの18ヵ国がスペイン語国）への配慮の表れと言える．

　国連憲章の規定のなかで合意形成がもっとも困難だったのは，安全保障理事会における常任理事国の拒否権問題であった．中小国はフランスを常任理事国に加えることに賛成した．しかし，常任理事国5に対して非常任理事国6では少なすぎるという不満があったが，より強い不満は常任理事国が拒否権をもつことであった．この点について四大国は常任理事国の意見の一致なしには安全保障理事会は有効な行動をとれないとして譲歩を拒否して押し切ったが，四大国の間での拒否権の範囲を巡る対立のために合意形成は難航した．この問題では，手続き事項については常任理事国に拒否権はなく，実質的事項についてのみ拒否権をもつという合意がヤルタで成立していたが，アメリカ側がある問題を討議するかどうかの決定は実質的なものではなく，手続き的決定であると解釈したのに対して，ソ連代表はそれも実質的な事項として拒否権の対象にすることを強く主張した．この問題はモスクワでの米ソ交渉に持ち込まれ，前述のようにスターリンがアメリカ案を了承して解決した．

　サンフランシスコ会議の閉会式にはトルーマン大統領が出席し，アメリカ政府は調印された国連憲章を直ちに上院に提出して早期批准を図った．上院には批准に反対する少数派がいたが，全権団の一員として憲章に調印したコナリー，バンデンバーグ両議員が指導力を発揮し，上院は賛成89，反対2で国連憲章を承認した．憲章が発効し，国連が発足するのは1945年10月である〔Russell

1958〕．アメリカの指導層が描き，その出現を準備した戦後世界は，主要連合国の合意の下に国連を通じて国際的平和と安全が保障され，開放的な国際経済関係が維持されるような世界であった．彼らは，アメリカがそのような戦後世界の形成の主導国となることを当然視し，イギリスにそのような世界実現のための協力者となることを強く求め，社会主義国ソ連をもそのような構図の世界に引き込むことを狙いとした．東アジアでは中国がアメリカのジュニア・パートナーの役割を果たすことが期待されていた．

このような戦後世界の実現を目指す立場を「国際主義」と呼ぶならば，1944年までにはアメリカの世論も議会も国際主義の支持者となっていた．しかしこのことは，アメリカ国民が戦後世界の秩序形成のために，戦後も引き続き大きな負担を担うという決意を固めたことを意味したわけではない．国連が成立すれば国際紛争の解決と平和維持のために国連が機能し，アメリカは大きな負担なしに世界の主導国としての役割を果たせるという期待があった．労せずして国の安全を享受し，容易に領土拡張を達成できた過去をもつ国民が国際主義に期待したものは，伝統的孤立主義と同じく，いわば帝国の負担を負わずして帝国の果実を享受できる国際環境であった．アメリカ人は，国際秩序再建のためにアメリカが戦後も大きな負担を負うことを想定していなかった．アメリカの外交担当者たち自身，戦後の復興のためには若干の政府借款を供与すれば十分と考え，まもなくブレトンウッズ体制が機能し始めると楽観的に予想していた．彼らは戦争中，気前よく援助を与えたので，戦後に与える援助については厳しい条件をつけるつもりであり，1945年から46年にかけてはソ連に対してのみならず，イギリスに対しても厳しい交渉態度をとるのである〔Penrose 1953；Divine 1971〕．

7―戦争の終結

［ヒトラー帝国の滅亡と日本指導層の動揺］

1944年6月に米英連合軍のノルマンディ上陸作戦が成功して以後，ドイツの敗北が必至であることはますます明白になった．それでもヒトラーは新兵器の開発に起死回生を夢見て，軍の最高司令官として軍指揮官の退却要請を極力

抑えながら，防御の時間を稼ごうとした．スターリングラードでの敗北以来，ドイツ国民の間には厭戦気分が充満していたが，ナチ党の支配機構は揺るがなかった．ヒトラーに代わって権力を掌握できる可能性があるとすれば，それは陸軍の上層部によるクーデタのみであった．陸軍上層部の一部によるヒトラー暗殺は数回計画され，44年7月には決行されたが失敗に終わり，関係者は全員抹殺された．

ドイツはヒトラーが自殺するまで戦争をやめることができなかった．ベルリンに突入したソ連軍が1945年4月30日に総統官邸に近づいたとき，彼は官邸に留まり自殺した．彼の死亡は翌日公表されたが，当時ドイツは米英軍とソ連軍によって領土を分断され，無政府状態に陥っていた．ヒトラーの死から1週間後の5月7日，ドイツ軍幹部の代表がドイツ政府の名において降伏文書に署名し，ヨーロッパの戦争が終結した．

日本の戦時体制は強力な独裁者不在の国家総動員体制であった．東条首相は陸相と新設の軍需相とを兼任し，行政権限を自らに集中して戦争指導に当たろうとしたが，彼の主な権力基盤である陸軍の協力を十分に得ることができなかった．そこで彼は戦況が悪化していた1944年2月には陸相として自ら陸軍参謀総長を兼任する体制（海相も軍令部総長を兼任）に踏み切ったが，指導力強化には繋がらなかった．戦況の悪化，とくに6月から7月にかけてマリアナ沖海戦で米海軍に完敗し，サイパン島の日本軍が全滅したことは，日本国内にとくに大きな衝撃を与えた．東条は陸海軍出身の重臣を閣僚に加えて政権の危機を切り抜けようとしたが，重臣の同意を得られず辞任に追い込まれた．重臣たちの間では，戦争の全般的状況からして，今後の政府の任務は戦争終結への道筋をつけることだという考えが強まっていた．

東条の辞任のあとをうけて首相となった小磯国昭の内閣には，重臣の米内光政が現役に復帰して海相として入閣した．小磯政権は政府と軍部の首脳からなる最高戦争指導会議を設けて意思統一をはかり，戦争の効果的遂行と外交的打開の道を探った．小磯政権は軍事力を結集してフィリピン防衛に全力を挙げ，敵に大きな打撃を与えることを期待する一方で，蒋介石政権との和平の道を探り，また対日戦争に参戦していないソ連との関係強化の可能性を探ることを狙った．小磯は南京政権要人を介した対蒋介石工作にもっとも期待をかけたが，

その交渉では満州国の現状維持のほかは何も求めず，日本軍の全面撤兵，統一政府形成についての不干渉（すなわち南京政権の放棄）を約束しようとした．ソ連に対しても，日ソ提携促進のためにはソ連の要求に前向きに対応する意向であった．

　このような小磯内閣の戦争と外交の計画は現実性に乏しいものであった．日本の軍事力は，アメリカの圧倒的な生産力によって強化された軍事力に対して勝利を収めることは無理であった．フィリピン攻防戦に投入された日本海軍の主力艦隊は 1944 年 10 月のレイテ沖海戦で壊滅し，フィリピン防衛は不可能になった．フィリピンを制圧し，西太平洋の制空権・制海権を確立したアメリカ軍は，さらに硫黄島そして沖縄を攻撃目標とする．蔣介石との和平工作も対ソ外交も，このような軍事情勢から見て成功するはずがなかった．

　日本の敗北は必至とみられたから，蔣にとって日本と和を結ぶべき誘因は何もなかった．中国は日本の降伏まで戦えば，カイロ宣言によって，日本が約束する最大のもの以上のものを得られるのである．日本は 1944 年，アメリカ空軍が使用する中国の基地を占領するため激戦を繰り返し，幾つかの都市を占領したが，兵力の消耗は中国軍より日本軍の方が大きかった〔臼井 2000〕．ソ連にとって，日ソ中立条約が必要だった時期は終わっていた．スターリンはすでにテヘラン会談の際，ドイツとの戦争終了後まもなく対日戦争に参戦する意向を表明し，その場合にソ連が獲得すべき領土や権益について言及していた．45 年 4 月 5 日，小磯首相が辞表を提出した日に，ソ連は日ソ中立条約の不延長（1 年後の失効）を日本に通告した．

　小磯内閣は，蔣政権に対する和平工作を巡る内部対立が直接のきっかけとなって総辞職した．陸軍は後継首相を陸軍から出そうとしたが，重臣の間では和平追求論が高まり，彼らは海軍出身の鈴木貫太郎枢密院議長を首相に推挙した．彼は日米開戦当時の外相東郷茂徳を外相に再起用し，終戦外交を進めようとした．しかし，本土決戦論の陸軍の同意を得ることが困難だったので，当面の政策は，陸軍が希望するソ連の中立を確保するための交渉を通じて和平への道を探ることに限定された〔波多野 1988〕．

[ポツダム会談とポツダム宣言]

　他方ワシントンの政府内では，1945年5月になると，東アジアへのソ連の勢力拡大について懸念を示す意見が聞かれるようになった．フォレスタル海軍長官は国務・陸軍・海軍三長官会議で「極東におけるソ連の影響力増大への対応策はどうあるべきか」と問題を提起し，当時国務長官代行だったグルーは，陸軍長官スティムソンに「ソ連の早期参戦はヤルタ協定を再検討することを許さないほど重要なものであろうか」と訊ねた．それに対してスティムソンは，軍事的観点からはソ連の対日参戦は依然として望ましく，ソ連に約束された領土や権益はソ連の軍事力をもってすれば容易に獲得できるものであり，それを阻止することは困難であると答えた〔高木 1968（有賀）〕．

　これらの高官たちは，無条件降伏後の日本がどのように扱われるかを明らかにすれば日本の降伏を促すことができると考え，トルーマン大統領に声明を出すことを要望した．大統領は5月8日，われわれの目指すものは日本からの「軍国主義指導者の影響力の根絶」であり，無条件降伏は「日本国民の滅亡や隷属化」を意味するものではないと声明した．グルーは，天皇制の廃止を強制しないことを声明に含めれば日本は降伏するであろうと述べ，天皇の存在は日本の非軍事化・民主化とも両立するという意見を具申したが，トルーマンはその意見を受け入れなかった．政府内外で，天皇制の存続は民主的平和的日本の将来にとって危険であるという意見が有力だったからである．

　グルーはスティムソン陸軍長官の支持を得て，6月半ばに新たな対日声明を発表するよう大統領に進言した．しかし軍部は，降伏勧告声明は時期尚早であるとの立場をとり，またサンフランシスコの国連設立総会に出席中のステッティニアス国務長官は大統領の単独声明よりは主要連合国の共同声明の形をとることが望ましいと助言した．トルーマンは，連合国首脳が会合する7月17日からのポツダム会談まで対日声明を延期することにした．そのときまでには，「マンハッタン計画」*として極秘のうちに開発してきた原子爆弾が使用可能になるはずであり，降伏勧告声明を出すための条件が整うと考えたのである．

　　＊　原子核の爆発によるエネルギーから巨大な破壊力をもつ兵器を開発できる可能性は大戦勃発までに世界の物理学者に知られていた．米英両政府はドイツに先んじるために，1941年にそれぞれ科学者を動員して科学的実験を開始し，両

国は科学者の交流により協力したが，42年6月，原子力兵器の開発へと進む段階で，チャーチルはアメリカに兵器開発を委ねることにし，代わりにイギリス科学者の参加とイギリスへの技術情報の提供についてローズヴェルトの同意をえた．しかし43年に米陸軍の秘密計画「マンハッタン計画」として兵器開発が推進されるようになると，イギリスへの情報提供は限定的になる．戦後46年には原子力開発における米英協力は事実上打ち切られた．

　ポツダムに到着したトルーマンは，7月16日に原子爆弾の実験が成功したとの報告を受け取った．この知らせは，初めて三大国の首脳会議に臨む彼に自信を与えたであろう．彼はチャーチルにそのニュースをすぐに伝えたが，スターリンにはどのように伝えるべきか思案の後，非常な破壊力をもつ新爆弾の開発に成功したことをさりげなく告げた．スターリンもさりげなく応じ，対日戦争に役立つことを願うと述べた．トルーマンは米ソの決裂を避けることに留意し，会議での激しい応酬は英ソ間で行われた．ヨーロッパの問題が中心議題であったから，アメリカよりもイギリスにとって，より切実な争点が多かったのである．

　イギリスでは対独戦争終結後，戦時挙国一致内閣が解消し，チャーチルは総選挙までの暫定的保守党内閣の首相として，労働党党首のアトリーを伴ってポツダム会談に出席した．この総選挙の結果が出る時期，会議は一時休会した．チャーチルは総選挙での保守党の勝利を期待して帰国したが，結果は労働党の圧勝であった．こうして会議の後半には，アトリー新首相とベヴィン新外相がイギリスを代表したが，この会議におけるイギリスの立場にとくに変化はなかった．トルーマンと新任の国務長官バーンズとはイギリス寄りの立場をとりつつ，三国の対立点を調整して一応の合意を作ることに努力し，合意文書はバーンズの案でまとめられた．

　ドイツ占領管理の統一政策については，原則的な文言の文書であったから容易に合意に達することができた．賠償問題では，ソ連はヤルタで一応の目安とされた100億ドルの賠償獲得を主張したが，ドイツの鉱工業地域を占領地域とする米英が，各占領地域の経済的自立に必要な施設と生産物を賠償の対象にすることに反対したため，ソ連は米英から若干の譲歩を得ただけに留まった．他方，ソ連は自らが解放した東欧諸国の政府形成の問題では自国の立場を貫き，

ポーランドとドイツとの国境問題でも譲歩しなかったから，これらについての合意は形式的なものであった〔McNeill 1970〕．

　日本では，ポツダム会談は米英中三国首脳の名において日本に向けて発せられた「ポツダム宣言」によって知られている．三国首脳は日本に対して，壊滅的打撃を与える攻撃に出る前に，日本に戦争終結の機会を与えると述べ，降伏後の日本が連合国によりどのように扱われるかを7項目にまとめて宣言した．それは軍国主義者の権力の永久的除去，日本の領土の一時的占領，日本領土の四大島嶼と特定の小島嶼への限定，戦争犯罪人の処罰などの厳しい条件を示す一方で，日本国民に希望を与える項目を含んでいた．日本軍将兵の武装解除後の故郷への帰還，経済生活の維持と現物賠償のための生産力の保持，将来の世界貿易への参加，日本国民の自由に表明された意思に基づいて平和的で責任ある政府が樹立された後に占領を終結することなどが約束され，また日本政府に民主主義の復活強化のための障害の除去，基本的人権の尊重の確立などの責任を課すことによって，占領下においても日本政府の存在が認められることが示唆されていた*．この宣言はソ連がまだ日本との戦争に参戦していない7月26日に発表されたので，三国首脳の声明であったが，ソ連参戦後，スターリンはその声明に加わった．ただしアメリカ側は宣言についてソ連に事前に相談したわけではなかった．

　　* この宣言の原案は，スティムソン，フォレスタル，グルーとともに，天皇制許容派だったマックロイ陸軍次官補がまとめたものである．それには宣言の目玉として天皇制存続の可能性を示唆する文言が入っていたが，実際の宣言からは削除された．トルーマンも新国務長官バーンズも，国内で宥和政策という批判が巻き起こることを懸念したからである〔五百旗頭 1985，下〕．

[日本の降伏]

　ポツダム宣言に対する日本指導層の反応は二つに分かれた．陸軍は宣言を敵の謀略とみなし，宣言を拒絶することを主張した．他方，外務省幹部は宣言に降伏条件が提示されているのに注目し，受諾の方向で検討すべきものと考えた．東郷外相は陸軍の拒絶論を抑えて当面コメントしない態度をとることで最高戦争指導会議の同意を得たつもりであったが，鈴木首相は7月28日，記者会見

でポツダム宣言を「黙殺する」との談話を発表した．

　トルーマンはポツダム宣言の前日，準備の整い次第，目標に原爆を投下せよという命令を出した．原子爆弾のような無差別大量破壊兵器を敗北寸前の日本に用いたことは非人道的な行為であるが，トルーマンには原爆を使うことについて迷いはなかった．この兵器は第二次世界大戦で使用するために巨費を投じて開発されてきたのであり，完成すれば使用することが既定の方針だったからである．日本政府は講和の斡旋をソ連に依頼していたが，陸軍は好条件での講和でないかぎり徹底抗戦する姿勢を崩していなかった．他方，アメリカ陸軍は本土上陸作戦の必要を想定していた．原爆の投下をさし控えて戦争が長引いたとすれば，大統領は効果的な兵器をなぜ使わなかったのかと国民から責任を追及されるであろう．パールハーバー奇襲を仕掛けた国，米軍俘虜に「バターン死の行進」を強いた国として当然の報いだという意識も彼の心中にあった．また原爆の使用には，ソ連に対する示威という政治的狙いも，ソ連軍の極東への展開が拡大しないうちに日本を降伏に追い込むという戦略的狙いも込められていた〔ウォーカー 2008〕．しかし原爆が完成したことそれ自体が，原爆が用いられた最大の理由であると言えよう．都市に対する破壊的爆撃はこの大戦の特徴であり，原爆使用はその究極の形であった．

　8月6日，広島市に原爆が投下された．翌日，同市は甚大な被害を受け，死傷者13万人以上という報告が東京に届き，広島に原爆を投下したというトルーマンの声明も受信された．その直後にスターリンはソ連の対日開戦を予定より早めて8月9日攻撃開始と決め，その前日，日本の大使に宣戦布告を伝達した．東郷外相はソ連参戦の報を受けると，鈴木首相に直ちに戦争終結のため最高戦争指導会議の開催を提案し，首相も賛成した．昭和天皇も木戸幸一内大臣を呼び，ポツダム宣言受諾を是とする意向を首相に伝えさせた．8月9日に開かれたこの会議では，どのような条件を付けてポツダム宣言を受諾するかを巡って意見が対立した．外相と海相は天皇の統治権の存続を唯一の条件とすることを主張したが，陸軍は自主的武装解除，占領の拒否，戦犯の自主的処罰などの条件を加えることを主張して，決着がつかなかった．そのため，合意ができないまま，御前会議に解決をもちこむことになり，首相が天皇の裁断を仰ぎ，天皇は外相の意見に賛成であると述べて，御前会議は決着した．この日に長崎

市に第二の原爆が投下された．

　日本政府は8月10日，ポツダム宣言が「天皇の国家統治の大権を変更するの要求を包含し居らざることの了解の下に」同宣言を受諾するとの意思表示を中立国経由で四連合国あてに発電した．アメリカ政府はこの意思表示を受け取って，天皇および日本政府の統治権限は連合国最高司令官の制限のもとに置かれる，日本政府の確定的形態は「日本国民が自由に表明する意思によって決定されるべきものとする」という回答案をまとめ，他の三主要連合国の同意を得て，日本に通告した．昭和天皇はアメリカのこの回答で十分との意向だったので，鈴木首相は平沼枢密院議長と協議して宣言受諾を決心し，14日の御前会議で天皇の決断を仰いでポツダム宣言受諾の最終決定を行うことにした〔波多野 1988〕．阿南惟幾陸相ら陸軍幹部も天皇の決断に恭順な態度をとったので，東京における徹底抗戦派の反乱は不成功に終わった．宣言受諾の詔勅を国民に告げる異例の録音放送が行われたのは15日正午である〔大宅 1973〕．

[日本帝国の解体]

　トルーマン大統領は主要連合国の同意を得て，マッカーサー将軍を日本占領の実施に当たる連合国最高司令官に任命した．ソ連は日本占領管理のため二人の最高司令官を置き一人をソ連人とすることや，北海道北東部をソ連の占領管理地域とすることを申し入れたが，強くは要求しなかった．アメリカは，主として自国の力によって敗北に追い込んだ日本については連合国による占領管理を実質的に単独で行おうとしていた．占領軍の最高司令官に与えられた「降伏後における米国の初期の対日方針」もアメリカ政府が独自に作成したものである．そこでは，直接軍政を敷かず，天皇および日本政府を軍政に協力させる方針が表明されていた．占領軍最高司令官となったマッカーサーは，日本の非軍事化と民主化という占領目的を円滑に達成するために天皇を協力者として重視するようになり，平和主義・民主主義と結びつく形で天皇制を残すことにした．

　このようなアメリカの政策によって，日本は日本領土として残された地域の統一性を保つことができることになった．明治初期に日本領土となった沖縄については，大東諸島，小笠原諸島とともにアメリカは日本から切り離して戦略的信託統治地域にする計画であった*．同様に，日本の委任統治下にあった南

洋諸島についても，アメリカは戦略的信託統治地域とすることにしていた．国連憲章に認められた戦略的信託統治地域とは，これらの太平洋の島々をアメリカが統治し軍事的に使用できるようにするために設けられたものであった．

＊ 講和条約には，これら諸島を信託統治下に置く可能性についての文言は残っていたけれども，沖縄信託統治構想は1951年の講和会議までには事実上放棄されていた．アメリカは講和条約により沖縄の施政権を無期限に行使する権利を得る一方，沖縄における日本の潜在主権を認める態度をとった．

マッカーサーが神奈川県厚木飛行場に到着したのは1945年8月30日，東京湾に入港した戦艦ミズーリ号の甲板で降伏文書調印式が行われたのは9月2日である．同日，日本帝国大本営はマッカーサーの指令に従い「一般命令第1号」を全軍に向けて発信した．一般命令第1号は，各地の日本軍に対し，連合国のどの軍隊に降伏し武装解除を受けるべきかを地域別に指令した文書であり，日本軍の降伏を受理する際の地域別役割分担についての連合国間の合意を反映するものであった．この文書で注目されるのは，朝鮮が北緯38度で南北に分けられ，日本軍は北ではソ連軍に，南では米軍に降伏することが指示されたことである．これはポツダム会談の際，米ソ両軍の作戦区域の境界を協議した際，米軍側から提示され合意された線と同じであった．この境界は日本軍の降伏を分担するための区分線であったが，それは冷戦の進展とともに二つの朝鮮国家の境界線，米ソ勢力圏の境界線となり，やがて朝鮮戦争の原因となる．

ソ連と中国とが，米英ソ三国のヤルタ協定に基づいて中ソ友好同盟条約に調印したのは，ソ連参戦後の8月14日であった．中国側は，ヤルタ協定で約束されたソ連の権益をできるだけ限定しようとして交渉を続けたが，ソ連参戦後は急いで条約に調印した．ソ連は満州を越えて中国領土に進出することはしなかったが，条約で中国の主権を認めた満州への国民政府軍の進出を遅らせ，その間にソ連は満州の工業施設を撤去して自国に運び，降伏した日本軍将兵をポツダム宣言に反して強制労働のためシベリアに移送した．満州を除く中国各地の日本軍は蔣介石総統に降伏することになったが，中国共産党軍も日本降伏の機会に支配地を拡大しようとした．蔣介石は在華日本軍司令官に対して，国民政府軍到着まで日本軍の駐屯地域を保持するように命じ，米軍に国民政府軍の主要都市への輸送を要請した．香港にはいち早くイギリス軍艦が到着して，支

配回復の既成事実が作られた．

　国民政府軍は米軍の協力で主要都市を押さえることができたが，農村部には共産党軍が進出した．国民政府軍がしばらく入れなかった満州は，共産党勢力の強い地域となった．このようにして，日本帝国崩壊後の中国では，国民政府と共産党とがそれぞれの支配地と軍隊とをもって対峙する状況となった．両勢力の交渉を仲介して中国の政治的軍事的統一を図ろうとしたアメリカの努力は成功せず，戦後まもなく内戦が勃発し拡大するのである．

　フィリピン以外の東南アジアおよびその近隣の日本軍は，概して英帝国軍およびオーストラリア軍に降伏することになったが，フランス領インドシナでは，北緯16度以北の日本軍は中国軍に降伏するよう命じられた．このことも，その後のベトナムの政治的運命に大きな影響を及ぼし，1950年代に二つのベトナムが形成される一因となるのである．

終 章

国際関係史の中の第二次世界大戦

広島への原爆投下（1945年）
写真提供：共同通信社

国連本部（ニューヨーク）
写真提供：共同通信社

終　章　国際関係史の中の第二次世界大戦

　第二次世界大戦は一つの時代を終わらせ，新しい時代を始める画期となった．一つの時代の終わりとは「世界大戦の時代」の終わりである．第二次世界大戦の終了とともに，世界的戦争のない時代が始まった．戦後の時代は「冷戦の時代」と呼ばれたように，世界政治における権力闘争は継続し，局地的戦争あるいは武力行使は何回も行われたが，世界的戦争は起こらなかった．

　第二次世界大戦はもっとも破壊的な戦争であったが，この戦争の末期に出現した原子力兵器の発達により，世界的戦争は政治的意味をもつにはあまりに文明破壊的なものとなった．この大戦がもたらした世界主要国間の力関係の大きな変化により，従来国際政治の主役であったヨーロッパ諸大国の力が低下し，戦後の国際関係は米ソ両超大国の対抗関係を基軸とするものになったが，その対抗関係は「冷戦」の名で知られるように，両超大国は互いに直接戦うことがなかった．

　第二次世界大戦は，イデオロギーの対立を伴う戦争であった．連合国の勝利は民主主義を掲げる国々の勝利であり，国連構想および国連憲章には，米英，とくにアメリカの民主主義の諸原理と国際秩序観とが反映した（ソ連の民主主義の解釈は米英のそれとはまったく異なり，そのため両者間の冷戦はイデオロギー対立を伴うものとなるが，ともに「民主主義」ということばを共有することはできた）．国連憲章は人種・性・言語・宗教による差別なく平等に享受されるべき人権の原理を掲げ，文化的多様性の尊重の原則を表明した．これは米英を含む世界諸国と国際社会とが向かうべき方向を示したものとして意義がある．第二次世界大戦は国際社会が白人・男性支配，西洋文化支配からの脱却へと向かう画期となった．

　この大戦により植民地帝国はたそがれを迎えた．旧植民地あるいはそれに準じる地位に置かれていた国々が次々と独立し，冷戦時代には，それらの新独立国とラテンアメリカ諸国はしばしば「第三世界」と呼ばれ，西側先進国とそれら発展途上国との関係は「南北問題」と呼ばれた．南北問題を巡る政治は東西問題を巡る政治，すなわち冷戦と絡み合いながら展開した．それらの政治を総合して，第二次世界大戦後の世界において国際秩序を形成し維持する最大の力を持っていたのはアメリカであり，そのことに注目すれば，この大戦後の世界戦争のない時代は「アメリカの平和」の時代であった．終章は以上述べたことを中心に，第二次世界大戦の歴史的画期としての意義について一つの総括を試みる．

1——もっとも破壊的な戦争

　第二次世界大戦は人類史上もっとも破壊的な戦争であった．戦争による死者は5500万人弱と推定される．ソ連の死者は最も多く2100万人，ポーランド，ドイツは600万人，日本は310万人の死者を出した．中国では国民政府軍と共産軍の軍人だけでも約150万人が死に，民間人を含めれば死者は1100万人を上回ったであろう〔倉沢ほか 2005-06, 1（油井）；臼井 2000〕．

　この戦争では，民間人の犠牲者が多かったことが特徴的である．それは，この戦争では都市に対する大量破壊的爆撃が盛んに行われたためであった．第一次世界大戦も国の総力を戦争遂行に動員する総力戦であったが，互いに戦線の背後を攻撃する有効な手段がなかった．第二次世界大戦では爆撃機の発達がそのための手段を提供した．都市爆撃はドイツがイギリスに対して，日本が中国において用いた攻撃手段であるが，戦争後半にそれを多用したのはアメリカとイギリスである．空爆によって相手国の軍事・政治・経済の重要都市に打撃を与えれば，相手の戦力と住民の士気とを弱め，相手を戦争継続不可能な状態に追い込むことができるという，「戦略爆撃」の観念が発達した．戦略爆撃は自国の将兵の犠牲を最小化しつつ，相手側の戦争能力を消耗させることが期待できたから，その意味では，米英のような民主主義国にとって好都合なものであった．相手は無法国家であるという意識がこのような手段の使用を促進した．戦闘員と非戦闘員とを区別するという従来の戦時国際法の理念は，総力戦の性格と攻撃兵器の発達とによって，この戦争では無意味なものとなった．この無差別大量破壊の究極的兵器が原子爆弾であった．

　民間人の犠牲者が多かったことの一因は，ドイツが行ったユダヤ民族抹殺政策にある．ユダヤ人は民族浄化の第一の対象となり，ドイツ領土およびその占領地，従属国のユダヤ人が犠牲者となった．当初ユダヤ人は強制労働に使役されたが，後には東欧の収容所は組織的大量殺人を実行する場となった．このような政策によるユダヤ人の死者は500万ないし600万人と推定される．日本の中国占領地域から満州等に労務者として調達された数百万人の人々も，過酷な状況の下で多数の犠牲者を出した．この大戦では，居住地域が戦場となって住

民が難民化した数も多く，国策として満州に入植した日本人入植者家族が戦争末期に辛酸をなめたことはよく知られている〔シャイラー 2008-09, 5；臼井 2000〕．

　主要交戦国にとって，第一次世界大戦よりも徹底した総力戦となったこの戦争では，戦場に赴いた男性に代わって多数の女性が多様な分野の労働に従事し，軍人あるいは文民として軍に勤務した女性も少なくない．そして軍人以外の市民の犠牲者が多かったというこの戦争の特徴はまた，女性の犠牲者が多かったことを意味している．

　国連憲章は戦争や武力行使を違法化することにより，このような破壊的戦争を除去しようとした．しかし国連軍による武力行使および自衛権に基づく加盟国による武力行使の可能性は，国連憲章においても想定されていた．そして第二次世界大戦後も実際には戦争を宣言しない戦争や武力紛争が多く発生したので，戦時国際法は国際人道法として再生し，武力行使の仕方を制限し，その被害を受ける人々の人権を人道的立場から保護するための法的枠組を形成した．

2 ─ 勢力関係の大きな変化

　第二次世界大戦は国際政治における大国間の力関係を大きく変えた．ヨーロッパではドイツ帝国が，東アジア太平洋地域では日本帝国が完全な敗北を喫して無力化した．戦後に有力な国として残ったのは，アメリカ，イギリス，ソ連の三大連合国であり，その中でもアメリカが最強の国家であった．アメリカの軍事力は大西洋を越えて西ヨーロッパから地中海地域へと伸び，また太平洋を越えて東アジア地域に展開しており，戦後兵力を急速に削減したとはいえ，原子爆弾という新兵器を保持していた．アメリカは戦争の被害が国内に及ぶことがなく，生産力を著しく強化したから，戦争で荒廃した世界の中では，経済的に格段の強さをもっていた*．

　　* Lundestad 1990 は1950年のアメリカの国民総生産（GNP）が世界総額に占めた率について約35％，40％，45％という三つの推算を紹介している．

　ソ連はドイツ軍の侵入を受け，人的にも物的にも甚大な被害を受けたが，戦争の後半には陸軍力を再建して中・東欧を占領しドイツに進攻した．ソ連はそ

の陸軍力によりヨーロッパでもアジアでも自国の領土および勢力圏を広げることができた．イギリスは戦争を戦い続けるために大きな経済的犠牲を払い，疲弊していたが，イギリスには多分に分身的な英連邦諸国とのつながりがあり，いぜんとして広大な植民地を保持し，中東産油地帯に勢力圏をもつという強みがあった．とはいえ，それらの強みは実際には失われつつある強みであった．

　ヨーロッパの伝統的大国フランスは，三大国によって戦後の大国クラブのメンバーとなることを認められたが，戦争初期に降伏しており，現実には名目的な戦勝国であった．中国が抗日戦争を継続し，日本の相当数の兵力を中国に引き付けて連合国の勝利に貢献したことは確かであったが，中国はまだ潜在的な大国であり，戦後すぐに統一政府を樹立する態勢もできていなかった．それゆえ三大連合国だけが大国としての力を備えており，その中でもアメリカの力の優越が目立ったのである．

　アメリカ人にとって，前大戦の場合には「海の向こう側」の「彼ら」の戦争に巻き込まれたという意識が強かったが，第二次世界大戦は，侵略的諸国家からの挑戦を受けて戦った「われわれ」の戦争であり，われわれの力で敵を打倒した戦争であった．それゆえアメリカ人は戦後，平穏無事な戦後世界の出現という戦時中の期待が裏切られても，孤立主義には戻ることなく，戦後世界秩序の再編のために主導的役割を果たそうとした．アメリカの世界最強国としての地位は第二次世界大戦によりますます明白になったが，アメリカは実際にはこの大戦の前にも世界最強の総合力をもつ国であった．戦前と戦後のアメリカを分けた大きな違いは，自国の力を世界秩序の形成・維持のために用いることに消極的か積極的かという国民的意志の違いにあるというべきであろう．超大国アメリカの登場とともに，世界政治の中心がヨーロッパにあるという長い時代は終わったのである．

3─理念の闘争としての第二次世界大戦

　第二次世界大戦は，アメリカ，イギリスという二つの自由主義的民主主義国とソ連という共産主義国とが連合して，ファシスト独裁国家ドイツ，イタリアと軍国主義国家日本の枢軸連合と戦った戦争であった．戦前のヨーロッパには，

自由主義的民主主義国のイギリスとフランス，ファシスト独裁国であるドイツとイタリア，それに共産主義国ソ連という，政治理念と体制とを異にする3種の大国が存在していた．

英仏と独伊との対立が生じる中で，ソ連は反共を旗印とするナチス・ドイツの脅威を感じて，英仏，とくにフランスに接近したが，フランスがイギリスとともにドイツに対する宥和政策をとったため，ソ連はドイツの矛先をさけるためドイツに接近した．共産主義とファシズムとはイデオロギー的には敵対していたが，西欧的デモクラシーに否定的である点では共通しており，一党独裁の全体主義国家である点では同じであった．軍国主義化した日本の指導層は中国での戦争を拡大して英米との対立関係を深めたため，ファシスト国家に接近し三国同盟を結ぶことになる．彼らの中には伝統的権威主義者として，成り上がり者集団が支配する国家に違和感を抱いた者もいたが，国家主義者として，西欧的民主主義よりもファシスト的全体主義を時代の潮流と考えた者が多かった．

米英とソ連という三国の連合は，イデオロギー的には相容れない自由主義的民主主義国と一党独裁の共産主義国との提携であったから，三国が同じく「民主主義」という言葉を使うときも，米英とソ連とではその意味がまったく異なっていたが，「民主主義」という言葉を肯定的に用いるという点では共通性があった．それゆえにソ連は，米英が用意した連合国の原則的宣言にあまり異議をさし挟むことなく，同意することができたのである．

戦時中アメリカは，イギリスの協力とソ連の同意を得て，戦後世界秩序を形成するための基本原則の採択を推進し，大西洋憲章，連合国共同宣言，モスクワ宣言，解放されたヨーロッパに関する宣言，国連憲章の前文などに民主主義の政治理念と国際協調主義の原則を書き込むことに成功した．ソ連はそれらの抽象的な文言を受け入れたが，ソ連の実利が関わる具体的問題では，そのような理念や原則に拘束されることなく実利を守ろうとした．そのため，戦争末期にソ連軍が解放した東欧諸国における戦後政治体制の構築をめぐって，アメリカとソ連との間には相互不信がうまれ，対立が増幅されることになるのである．

もし強力なアメリカによって阻まれることがなければ，反民主主義的な枢軸国が戦争に勝利を収め，自由主義的民主主義は力を失ったであろう．民主主義の擁護者として戦争を戦い，戦後の民主主義の復興と発展を国際的に支援した

のはアメリカであった．しかし戦前のアメリカは非白人を差別する国であり，とくにアフリカ系アメリカ人に対する人種差別は厳しく，その差別体制は戦後にまで継続した．

　太平洋戦争には人種戦争という面があり，そのため日米双方の敵意が増幅されて「容赦なき戦争」〔ダワー 2001〕となり，日本人への人種的偏見は太平洋岸諸州在住の市民権保持者を含む日系人の強制収容という措置をもたらした*．しかし，この大戦を戦うことを通じて，アメリカが人種差別主義の否定へと向かったこともまた事実である．ドイツ民族至上主義のナチス・ドイツと「アジア人のアジア」を標榜した日本とを敵として戦ったアメリカは，自国の人種差別の緩和に努め，理念的には人種平等を国際的に主張するようになった．中国はアジアにおけるアメリカの主要な同盟国となったから，アメリカは中国人在住者の帰化を認め，戦後それをアジア人一般に及ぼすようになる．国連憲章にも，また世界人権宣言にも，人種無差別原則が書き入れられたことは，戦後国際社会の多人種化とともに，アメリカにおける人種差別の撤廃を推進する効果をもった．

*　イギリス人もアジア人に対する偏見をもっており，第二次世界大戦中には多くの人種差別的発言があった〔ソーン 2005〕．

4 ― 植民地主義の衰退

　第二次世界大戦はまた，植民地主義の衰退をもたらした．この戦争により西欧の植民地所有国の国際的威信が低下したこと，戦後超大国となるアメリカとソ連とが，それぞれの政治原理によって植民地主義に反対したことが，植民地支配の下にあった諸地域の人々の独立の気運を強めた．国連憲章も第 11 章「非自治地域に関する宣言」において非自治地域の過渡的性格を明示していた．

　1940 年に宗主国フランスとオランダがドイツに敗れたこと，1942 年にイギリスなど西欧諸国の勢力が日本によって東南アジアの植民地から駆逐されたことは，これら西欧宗主国の権威にとって大きな打撃であった．しかし対米英開戦当時の日本が目指したアジアは，自国が直接間接に支配するアジアであったから，日本がアジア諸国民の解放者であったとは言いがたい．帝国日本は朝鮮

の自治という観念をもたず，中国では戦争を継続していた．日本が太平洋戦争の緒戦で勝利した後に結局敗北したことが，アジア諸国民の独立を促進したと言うべきであろう．日本自身は敗戦により一挙に植民地を失うことによって，戦後は植民地ナショナリズムと戦いつつ後退するという苦悩の道を免れた．

　アメリカは戦争末期にフィリピンを奪還したが，戦前のスケジュール通り1946年に独立を認める方針をとった．当時アメリカはフィリピンをモデル・ケースとして，他の植民地宗主国に独立促進を迫る方針であったが，その翌年，イギリスは財政困難のなかで負担軽減のために最大の植民地インドの独立を承認し，イギリス軍は撤退した*．

　　*　インド植民地のイギリス経済からの自立傾向は両大戦間期から第二次世界大戦中にかけて高まっており，インドのナショナリズムの状況からしてインド軍をイギリスの帝国的目的に利用することはもはや期待できなかった．それゆえ財政的に困窮したイギリスにとって，インドの独立願望を阻むことで得られる利益はなかったのである．インド国家の形成をめぐって，ヒンドゥー教徒主体の国民会議派とイスラーム教徒を代表するムスリム連盟との対立が激化していたため，イギリスはインドとパキスタンという二つの継承国家を創ることにして，1947年にイギリスのインド支配に終止符を打った．インドもパキスタンも共和国として独立したが，イギリスはこれらの国々，および将来独立する他の植民地との緩やかな繋がりを維持しようとして，1949年に「英連邦」(The British Commonwealth of Nations) から British の語を削除し，それを友好国連合として再組織したので，両国ともこのコモンウェルスに加入した．

　西欧植民地帝国の支配下にあった世界の諸国が次々に独立した事実は，国連加盟国の増加に反映した．国連原加盟国は51であったが，主として独立国の増加により，その数は1960年には99となり，70年には127に増大した．16世紀以来，とくに19世紀以降，ヨーロッパ人が世界の諸地域に勢力を拡げ，植民地を維持してきた時代は二つの世界大戦を経て幕を下ろした．

　新たに独立した国家の中には，インドのように議会制民主主義を安定させた国もあったが，概してカリスマ的指導者による独裁体制をとることが多く，発展途上国の現象として「開発独裁」とも呼ばれた．新興国の指導層には米ソ冷戦については中立志向が強く，それゆえに西側先進国世界とも東側共産主義世界とも異なる新興国・途上国は「第三世界」を構成するという概念が生まれた．

西側諸国と途上国との関係を後者に有利に展開するための試みとして，国連には国連貿易開発会議（UNCTAD）が開設され，そこでは新国際経済秩序（NIEO）構想も提起されたが，途上国の利害は多様であり，結束力はもち得なかった．先進国に対して有利な交渉力を持つようになったのは石油資源保有国のみであった．

イギリスは石油資源の豊富な中東地域で，いくつかの友好的保守政権を擁立することにより優越した地位を維持しようとしたが，これら諸国における急進的なナショナリストの権力掌握によってイギリスの地位は動揺した．ソ連はこの地域の共産党勢力に期待せず，兵器供給などにより急進的ナショナリストに接近しようとし，この地域の石油資源に関心を持つアメリカもそれに対抗してこの地域における影響力を拡げたので，この地域では途上国をめぐる政治（南北政治）は，冷戦をめぐる政治（東西政治）と関連して展開され，イギリスに代わり次第にアメリカの影響力が増大した＊．

＊ イギリスは，ヒンドゥー教徒とイスラーム教徒との対立を調整できないままインドから急いで撤退したように，中東の信託統治地域パレスチナにおいても，ユダヤ人とアラブ人との対立を調整できないまま，1948年，国連に統治権を返上した．イギリス軍が退去すると，ユダヤ人はイスラエルの独立を宣言したが，イスラエルとアラブ諸国の対立はその後の何回かの地域戦争の原因となった．東西政治と南北政治との結合は世界の諸地域に見られた現象であったが，パレスチナ問題の存在が中東政治を一層複雑なものにした．

5 ―世界戦争のない時代の始まり

二つの世界大戦の原因は，いずれも世界強国を目指したドイツ第二帝国および第三帝国の軍事的拡張政策に関わっており，第一次世界大戦の後のヨーロッパ政治経済の不安定性が第二の大戦争をもたらしたという因果関係がある．したがって，両大戦を一体的に捉え，前者の始まりから後者の終わりまでの約30年を「世界大戦の時代」あるいは20世紀の「三十年戦争の時代」と呼ぶことができる＊．二つの大戦はそれほど時間的に接近していた．二つの大戦の歴史的相違は，第一次世界大戦の場合，戦後20年で再び大戦争が勃発したのに対して，第二次世界大戦は20世紀最後の大戦となり，この戦争後には大戦が

起こらなかったという事実である．

＊　「帝国主義の時代」として知られる第一次世界大戦前の数十年間を大戦の醸成期とみなすならば，1880年代以降を「世界大戦の時代」と呼ぶこともできる．

　大戦が起こらなかったのは，第2節に述べたように，第二次世界大戦の結果ヨーロッパの大国間政治に根本的な変化が生じたことと，第1節に述べたように，この大戦以来，兵器の破壊力が格段に大きくなったことによる．この大戦の後，ソ連の勢力圏が中・東欧に拡がり，ヨーロッパ大陸にはソ連に対抗しうる国はなく，伝統的に海軍力と経済力とによってヨーロッパ国際政治における大きな存在だったイギリスもこの戦争で疲弊し，代わってアメリカがソ連の勢力圏を限定する主役を演じることになった．米ソ超大国の対抗関係の中で，イギリスはアメリカのジュニア・パートナーとなり，フランスと西ドイツとはアメリカ主導の西側陣営に属しつつ，相応の経済力と政治力とを回復するために歴史的対立を捨てて，他の西欧諸国とともに提携関係の構築に向かわねばならなかった．イギリスも植民地支配を清算した後，欧州経済共同体を目指すようになる．

　大戦終了後の国際秩序再建を巡って生じた米ソ両国の対立は政治経済体制の相違とイデオロギー対立とに由来する相互不信によって強められ，1947年には「冷戦」と呼ばれる緊張状態に発展した．両国はまずヨーロッパで，さらに広い世界的政治舞台で勢力を争ったのであるから，直接戦火を交えることなしに戦われた第三次世界大戦とみなすこともできよう．しかし，米ソ冷戦は冷戦に留まり，第三次世界大戦にはならなかったことが，二つの大戦とは決定的な違いである．

　国連憲章が戦争および武力行使を禁じたことの国際法上の意義は極めて大きいが，それにもかかわらず宣戦布告なき局地戦争や限定的武力行使は米ソを含む多くの国々によって盛んに行われてきた．しかし超大国が互いに戦う大戦争はついに起こらなかったのである．米ソ冷戦が冷戦に留まった理由としては，戦後間もない冷戦の発生時には双方の指導者とも再び破壊的な大戦争をあえてする意図はなかったこと，大戦終了の直前に原子爆弾が開発され，兵器の破壊力が劇的に増大したために，もし米ソが戦えば，勝利を無意味にするような破壊を伴うと予想されたこと，米ソ双方が核兵器とその運搬手段とを開発すると

ともに，ますます地球壊滅的な核戦争を誘発するおそれのある行動を自制する必要を意識したことなど，「兵器革命」による抑制効果をまず挙げることができる*．それとともに，西半球に大陸的国土をもつ海洋国家アメリカとユーラシアの広大な大陸国家ソ連とは，相手から離れた場所に位置していたので，それぞれの重大な利益が衝突する場所がなく，互いに引くことができない状況に陥ることがなかったことも，両者が対立を冷戦の範囲で管理することに共通の利益を見出し，やがて緊張緩和へと向かうことを助けたといえよう．その反面，両者の死活の利害が直接衝突しない周辺地域では，地域紛争へのそれぞれの介入が盛んに行われた．

* 原子力の国際管理問題は，国連で米ソがそれぞれの立場を主張し，両国が対立する主要な問題の一つとなった．原子力国際管理について米ソの合意ができない中で，ソ連は原子力開発を急ぎ，1950年代には米ソ間で核兵器開発競争が展開されることになった．

6 ―「冷戦」あるいは「アメリカの平和」

開始期の冷戦は，アメリカとソ連の双方が協議による戦後秩序形成を断念し，自らの利益を守るために，それぞれ一方的な行動をとって対抗する状況と定義することができよう〔永井 1978〕．その後，米ソの対抗関係は長期化し，相互関係の緊張が緩和されることはあっても，国際政治が米ソの対抗関係を中心軸として展開しているというイメージは1989年まで継続した．構造としての冷戦の終わりとされるのはその年（ベルリンの壁崩壊）あるいは91年（ソ連構成国の独立）である．

第二次世界大戦後の時代はアメリカの力によって世界秩序が形成され維持されたという意味で，「アメリカの平和」（パクス・アメリカーナ）の時代とも呼ばれる．「冷戦」は国際政治を双極構造，「アメリカの平和」は単極構造と捉える概念であるが，ユーラシア大陸における拮抗と核戦力における均衡に注目すれば「冷戦の時代」であり，総合的な力において勝るアメリカが自らの力を用いてソ連の勢力拡大を制約しつつ，西欧諸国や日本の経済復興と民主政治の定着とを助け，戦後世界に相対的安定をもたらした面を重視すれば「アメリカの

平和」の時代となる．それらは第二次大戦後の世界戦争のない時代の二つの特徴を示す概念といえる．

　国際秩序を形成し維持するアメリカの能力は，1950年代から60年代にかけてアメリカと西側諸国とが消費の大衆化と福祉の拡充により資本主義経済と大衆民主主義との結合を実現し，相互の連携をもって繁栄する国際経済圏を形成したこと，またアメリカの経済力の優越がある程度相対化された後もこれら諸国との同盟関係を維持してきたことにもっともよく表れていた．このような西側国際社会の成立は，第二次世界大戦後の世界の大きな特徴であった．それは社会主義圏の閉鎖的計画経済の停滞とは対照をなし，ソ連がもっとも有力なパートナーであった中国との友好関係を維持できず，「中ソ冷戦」を招来したこととも対照的である．このような西側国際社会の発展が，開発資金や貿易先を求める多くの途上国を西側に近づけ，やがて中国の西側諸国への接近と市場経済の導入，ソ連社会主義圏の崩壊へと繋がった．しかし，アメリカを旗手とする冷戦後の世界経済の自由化は，西側諸国の福祉国家と資本主義の両立に困難をもたらすことになる．

7 ─多中心・多文化的な「一つの世界」

　「アメリカの平和」という見方は冷戦終結を超えて続いた．1989年にアメリカのジョージ・ブッシュ大統領（21世紀最初の大統領となったジョージ・W. ブッシュの父親）とソ連のゴルバチョフ書記長とがマルタで会談し冷戦の終結を宣言したが，その後まもなくソ連は経済的政治的混乱の中で解体し，ロシア連邦へと縮小して，超大国としての地位を喪失した．その時期にはアメリカ経済が低迷気味であったため，アメリカもまた衰退し，日本が経済的覇者となるという議論があった．その後数年にしてアメリカは先端技術産業と金融業とによって，世界に広がった市場経済の中での繁栄を取り戻したのに対し，日本は長い経済停滞に陥ったので，90年代後半にはアメリカのみが唯一の超大国であり，冷戦後の世界はますます「アメリカの平和」の世界になったように見えた．

　しかし21世紀に入ってから，アメリカはテロとの戦いの一環と位置づけた

イラク戦争の強行と，フセイン政権打倒後のイラク秩序再建の失敗とによって，また福祉資本主義の性格を失ったアメリカ自由主義経済の暴走がもたらした国際的な金融危機および経済不況によって，国際秩序の形成者・維持者としての威信と能力とを著しく弱めた．「アメリカの平和」の終焉，「アメリカ後の世界」の到来といわれるゆえんである．しかし，もしアメリカが自由主義経済の退廃を是正し，賢明な対外政策をとるのであれば，アメリカは今後当分の間，国際秩序形成に向けて，もっとも主導性を発揮できる国であろう．

　「アメリカ後の世界」のイメージは，アメリカの力が相対化され，すでに大きな存在である中国に続いて，インド，ブラジルなど文化的に多様な国々が新興大国として登場すると想定され，EUもヨーロッパ連邦形成へと向かい，ロシアも大国として復活しているという，力の分散した世界である．西側主要先進国G7の世界経済運営能力が低下し，新たにG20の協議が行われるようになったことも，経済面での力の分散を物語る．近年の世界には，分裂と抗争の時代の到来を思わせる現象もある．国際的テロリズムの存在や核兵器の拡散傾向が秩序なき時代への不安を強めている．

　そのような面はあるにせよ，現代の世界が一つの世界というべき性格を強めていることもまた確かな事実である．国際的な相互依存関係は世界的規模で形成されており，国連および国連関連の世界的国際機関，諸地域の国際機関や国際的定期協議などが多様な連鎖をつくって存在している．営利企業も教育機関も市民団体も国境を超えて国際的規模で活動している．国際公益保護のための多国間国際条約も数を増しており，国際環境法の発達が示すように，世界諸国民が地球環境の共有者であるという認識も次第に強くなっている．このような意味でのグローバリゼーションの趨勢は逆行することはないであろう．第二次世界大戦末期に採択された国連憲章が掲げた人種的・性的平等の理念と文化的多様性の理念とは60年以上を経た今日では，より現実的な理念となっている．

　国際関係史は大部分，人間の愚行と背徳の記録ではあるが，過去60年以上にわたり世界的戦争を起こさずに来たこと，核兵器の開発と拡散は続いているが1946年以降一度も使用されていないことに一筋の光を見て，人類が多中心化・文化的多様性の中で，共通の利益と原則を見出し，共同体の意識を育てていく未来への期待を繋ぎたい．

参考文献

※ 「全般」および先行する章に掲げられた文献がそれ以降の章で登場する場合は省略．

全 般

(辞典・事典)
外務省外交史料館日本外交史辞典編纂委員会編『日本外交史辞典』新版，山川出版社，1992．
加藤友康編『戦争と外交』(歴史学事典 7) 弘文堂，1999．
川田侃・大畠英樹編『国際政治経済辞典』改訂版，東京書籍，2003．
国際法学会編『国際関係法辞典』第 2 版，三省堂，2005．
国史大辞典編集委員会編『国史大辞典』全 15 巻 17 冊，吉川弘文館，1979-97．
世界史小辞典新版編集委員会編『世界史小辞典』改訂新版，山川出版社，2004．
田中健夫・石井正敏編『対外関係史辞典』吉川弘文館，2009．
西川正雄ほか編『角川世界史辞典』角川書店，2001．
秦郁彦編『世界諸国の制度・組織・人事 1840-2000』東京大学出版会，2001．
Jentleson, Bruce W., and Thomas G. Paterson, eds., *Encyclopedia of U.S. Foreign Relations*, 4 vols., Oxford U.P., 1997 [EUSFR と略記］．
Krieger, Joel, ed., *The Oxford Companion to Politics of the World*, 2nd ed., Oxford U.P., 2001.

(年表・歴史統計・歴史地図)
青山吉信ほか編『世界史大年表』山川出版社，1992．
外務省編『日本外交年表竝主要文書』上下，原書房，1965-66．
合衆国商務省編（斎藤眞・鳥居泰彦監訳）『アメリカ歴史統計』全 2 巻＋別巻，原書房，1986-87．
対外関係史総合年表編集委員会編『対外関係史総合年表』吉川弘文館，1999．
ミッチェル編（中村宏・北村甫ほか訳）『新編世界歴史統計 1750-1993』全 3 巻，東洋書林，2001-02．
歴史学研究会編『世界史年表』第 2 版，岩波書店，2001．
Barraclough, Geoffrey, ed., *The Times Concise Atlas of World History*, 3rd ed., Times Books, 1988.
Darby, H. C., and Harold Fullard, eds., *Atlas* (*The New Cambridge Modern History*, 14), Cambridge U.P., 1970.
Stearns, Peter N., ed., *The Encyclopedia of World History*, 6th ed., James Clarke & Co., 2001.

(資料集)
斉藤孝編『ヨーロッパ外交史教材』東京大学出版会，1971．
斎藤眞・久保文明編『アメリカ政治外交史教材』第 2 版，東京大学出版会，2008．

増田弘・佐藤晋編『日本外交史ハンドブック』新版，有信堂，2007．
歴史学研究会編『世界史史料』全12巻，岩波書店，2006-．
Asada, Sadao, ed., *Japan and the World, 1853-1952*, Columbia U.P., 1989.

＊　日本外交史・国際関係史等の通史の代表的なものとしては，有賀貞・宮里政玄編『概説アメリカ外交史』新版，有斐閣，1998；五百旗頭真編『日米関係史』有斐閣，2008；池井優『日本外交史概説』三訂，慶應通信，1992；井上寿一『日本外交史講義』岩波書店，2003；入江昭『日本の外交』中公新書，1966；衛藤瀋吉『近代東アジア国際関係史』東京大学出版会，2004；大畑篤四郎『日本外交史』成文堂，1986；岡義武『国際政治史』岩波現代文庫，2009；川島真・服部龍二編『東アジア国際政治史』名古屋大学出版会，2007；キッシンジャー（岡崎久彦訳）『外交』上下，日本経済新聞社，1996；ケネディ（鈴木主税訳）『決定版 大国の興亡』上下，草思社，1993；後藤明『イスラーム世界史』放送大学教育振興会，1997；細谷千博『日本外交の軌跡』NHKブックス，1993；マクニール（高橋均訳）『戦争の世界史』刀水書房，2003；渡邊啓貴編『ヨーロッパ国際関係史』新版，有斐閣アルマ，2008など．近現代の戦略思想史として，Peter Paret, ed., *Makers of Modern Strategy*, Princeton U.P., 1986．国際関係理論・思想の歴史として，Torbjørn L. Knutsen, *A History of International Relations Theory*, 2nd ed., Manchester U.P., 1997．

＊＊　歴史的視野をもつ国際関係論とその関連領域の代表的なものとしては，植村邦彦『「近代」を支える思想』ナカニシヤ出版，2001；クレイグ，ジョージ（木村修三ほか訳）『軍事力と現代外交』有斐閣，1997；スミス（巣山靖司・高城和義訳）『ネイションとエスニシティ』名古屋大学出版会，1999；髙橋進『国際政治史の理論』岩波現代文庫，2008；中西寛『国際政治とは何か』中公新書，2003；日本国際政治学会編『日本の国際政治学』全4巻，有斐閣，2009（第4巻は国際政治の歴史研究の変遷と状況を解説）；ブル（臼杵英一訳）『国際社会論』岩波書店，2000などがある．

第Ⅰ章

明石欽司『ウェストファリア条約』慶應義塾大学出版会，2009．
アブー＝ルゴド（佐藤次高ほか訳）『ヨーロッパ覇権以前』上下，岩波書店，2001．
新井政美『トルコ近現代史』みすず書房，2001．
荒野泰典ほか編『外交と戦争』（アジアのなかの日本史2）東京大学出版会，1992a．
──編『海上の道』（アジアのなかの日本史3）東京大学出版会，1992b．
アンダーソン（白石隆・白石さや訳）『定本 想像の共同体』書籍工房早山，2007．
池本幸三ほか『近代世界と奴隷制』人文書院，1995．
伊藤宏二『ヴェストファーレン条約と神聖ローマ帝国』九州大学出版会，2005．
ウォーラーステイン（川北稔訳）『近代世界システム1600-1750』名古屋大学出版会，1993．
大石学『江戸の外交戦略』角川選書，2009．
大隅和雄・村井章介編『中世後期における東アジアの国際関係』山川出版社，1997．
岡本隆司『近代中国と海関』名古屋大学出版会，1999．

カリエール(坂野正高訳)『外交談判法』岩波文庫, 1978.
北島万次『豊臣政権の対外認識と朝鮮侵略』校倉書房, 1990.
高坂正堯『古典外交の成熟と崩壊』中央公論社, 1978.
コリー(川北稔監訳)『イギリス国民の誕生』名古屋大学出版会, 2000.
佐々木毅『宗教と権力の政治』講談社, 2003.
色摩力夫『黄昏のスペイン帝国』中央公論社, 1996.
杉山正明『遊牧民から見た世界史』日経ビジネス文庫, 2003.
杉山正明・北川誠一『大モンゴルの時代』(世界の歴史9) 中公文庫, 2008.
鈴木菫『オスマン帝国とイスラム世界』東京大学出版会, 1997.
祖川武夫編『国際政治思想と対外意識』創文社, 1977.
高良倉吉『アジアのなかの琉球王国』吉川弘文館, 1998.
田中健夫『中世対外関係史』東京大学出版会, 1975.
——編『前近代の日本と東アジア』吉川弘文館, 1995.
檀上寛『永楽帝』講談社選書メチエ, 1997.
トビ(速水融ほか訳)『近世日本の国家形成と外交』創文社, 1990.
永積洋子編『「鎖国」を見直す』山川出版社, 1999.
成瀬治『近代市民社会の成立』東京大学出版会, 1984.
ニコルソン(斎藤眞・深谷満雄訳)『外交』東京大学出版会, 1968.
西嶋定生『日本歴史の国際環境』東京大学出版会, 1985.
浜下武志『朝貢システムと近代アジア』岩波書店, 1997.
ピレンヌ(中村宏・佐々木克巳訳)『ヨーロッパ世界の誕生』創文社, 1960.
藤田覚『近世後期政治史と対外関係』東京大学出版会, 2005.
ブリュア(大久保桂子訳)『財政=軍事国家の衝撃』名古屋大学出版会, 2003.
ブローデル(村川光彦訳)『世界時間』1 (物質文明・経済・資本主義 III-1) みすず書房, 1996.
堀米庸三『西洋中世世界の崩壊』岩波書店, 2005.
マイネッケ(菊森英夫・生松敬三訳)『近代史における国家理性の理念』みすず書房, 1960.
マキアヴェリ(池田廉訳)『君主論』新訳, 中公文庫 BIBLIO, 2002.
増田義郎『大航海時代』(世界の歴史 13) 講談社, 1984.
松井透『世界市場の形成』岩波モダンクラシックス, 2001.
松田武・秋田茂編『ヘゲモニー国家と世界システム』山川出版社, 2002.
ミンツ(川北稔・和田光弘訳)『甘さと権力』平凡社, 1988.
メンジーズ(松本剛史訳)『1421』ヴィレッジブックス, 2007.
山内進『掠奪の法観念史』東京大学出版会, 1993.
山内進ほか『変動期における法と国際関係』有斐閣, 2001.
ラス・カサス(染田秀藤訳)『インディアスの破壊についての簡潔な報告』岩波文庫, 1976.
蠟山道雄・中村雅治編『新しいヨーロッパ像をもとめて』同文館, 1999.
Beloff, Max, *The Age of Absolutism, 1660-1815*, Harper, 1962.

Brierly, J. L., *The Law of Nations*, 6th ed., Oxford U.P., 1963.
Butel, Paul, *The Atlantic*, Routledge, 1999.
Chundhury, Sushil, and Michel Morineau, eds., *Merchants, Companies and Trade*, Cambridge U.P., 1999.
Curtin, Philip D., *The Atlantic Slave Trade*, University of Wisconsin Press, 1969.
Droz, Jacques, *Histoire diplomatique de 1648 à 1919*, 3ᵉ éd., Dalloz, 1972.
Fagan, Brian M., *Clash of Cultures*, 2nd ed., Altamira Press, 1998.
Gong, Gerrit W., *The Standard of "Civilization" in International Society*, Oxford U.P., 1984.
Hall, Richard, *Empires of the Monsoon*, Harper Collins, 1996.
Haines, Michael R., and Richard H. Steckel, eds., *A Population History of North America*, Cambridge U.P., 2000.
Holsti, Kalevi J., *Peace and War*, Cambridge U.P., 1991.
Krasner, Stephen D., *Sovereignty*, Princeton U.P., 1999.
Little, Richard, *The Balance of Power in International Relations*, Cambridge U.P., 2007.
Neumann, Iver B., *Uses of the Other*, University of Minnesota Press, 1999.
Quataert, Donald, *The Ottoman Empire, 1700-1922*, 2nd ed., Cambridge U.P., 2005.
Russell, Bertrand, *A History of Western Philosophy*, 2nd ed., Allen & Unwin, 1984.
Spruyt, Hendrik, *The Sovereign State and Its Competitors*, Princeton U.P., 1994.
Thomas, Hugh, *The Slave Trade*, new ed., Phoenix Press, 2006.

第Ⅱ章

五十嵐武士・福井憲彦『アメリカとフランスの革命』（世界の歴史21）中公文庫，2008．
ウォーラーステイン（川北稔訳）『近代世界システム 1730-1840s』名古屋大学出版会，1997．
金井圓『日蘭交渉史の研究』思文閣出版，1986．
川北稔ほか『環大西洋革命』（岩波講座世界歴史17）岩波書店，1997．
カント（宇都宮芳明訳）『永遠平和のために』岩波文庫，1985．
キッシンジャー（伊藤幸雄訳）『キッシンジャー回復された世界平和』原書房，2009．
クラウゼヴィッツ（清水多吉訳）『戦争論』上下，中公文庫BIBLIO，2001．
坂本義和『国際政治と保守思想』（坂本義和集1）岩波書店，2004．
佐藤昌介『洋学史の研究』中央公論社，1980．
谷川稔編『歴史としてのヨーロッパ・アイデンティティ』山川出版社，2003．
中嶋啓雄『モンロー・ドクトリンとアメリカ外交の基盤』ミネルヴァ書房，2002．
パレット（白須英子訳）『クラウゼヴィッツ「戦争論」の誕生』中公文庫BIBLIO，2005．
平野千果子『フランス植民地主義の歴史』人文書院，2002．
細谷雄一編『イギリスとヨーロッパ』勁草書房，2009．
山内昌之『オスマン帝国とエジプト』東京大学出版会，1984．
Bordo, Michael D., *The Gold Standard and Related Regimes*, Cambridge U.P., 1999.

Canny, Nicholas, ed., *The Origins of Empire* (*The Oxford History of the British Empire*, I, editor-in-chief Wm. Roger Louis), Oxford U.P., 1998.

Dallas, Gregor, *1815*, Pimlico, 2001.

Gates, David, *The Napoleonic Wars, 1803-1815*, Pimlico, 2003.

Godechot, Jacques, *France and the Atlantic Revolution of the Eighteenth Century, 1770-1799*, Free Press, 1965.

Griffith, Paddy, *The Art of War of Revolutionary France, 1789-1802*, Greenhill, 1998.

Holborn, Hajo, *The Political Collapse of Europe*, Knopf, 1951.

James, Lawrence, *RAJ*, Little, Brown, 1997.

Koebner, Richard, *Empire*, Harper, 1961.

Nicolson, Harold, *The Congress of Vienna*, Viking, 1961.

Palmer, Robert R., *The Age of the Democratic Revolution*, 2 vols., Princeton U.P., 1959-64.

Perkins, Bradford, *The Creation of a Republican Empire, 1776-1865* (*The Cambridge History of American Foreign Relations*, 1, ed. Warren I. Cohen), Cambridge U.P., 1993.

Perkins, Dexter, *The Monroe Doctrine 1823-1826*, Harvard U.P., 1932.

Porter, Andrew, ed., *The Nineteenth Century* (*The Oxford History of the British Empire*, III), Oxford U.P., 1999.

Savelle, Max, *The Origins of American Diplomacy*, Macmillan, 1967.

Schroeder, Paul W., *The Transformation of European Politics, 1763-1848*, Oxford U.P., 1994.

Sorel, Albert, *Europe under the Old Regime*, Harper, 1947.

Stone, Bailey, *Reinterpreting the French Revolution*, Cambridge U.P., 2002.

Van Alstyne, Richard W., *Genesis of American Nationalism*, Blaisdell, 1970.

Wolf, John B., *The Emergence of the Great Powers, 1685-1715*, Harper, 1951.

第Ⅲ章

加藤祐三『黒船前後の世界』ちくま学芸文庫，1994.

ガル（大内宏一訳）『ビスマルク』創文社，1988.

君塚直隆『パクス・ブリタニカのイギリス外交』有斐閣，2006.

ケイン，ホプキンズ（竹内幸雄・秋田茂訳）『ジェントルマン資本主義の帝国』Ⅰ，（木畑洋一・旦裕介訳）Ⅱ，名古屋大学出版会，1997.

坂井秀夫『近代イギリス政治外交史』全4巻，創文社，1974-77.

柴田三千雄ほか編『世界歴史大系　フランス史』3，山川出版社，1995.

園田英弘『西洋化の構造』思文閣，1993.

竹内幸雄『イギリス自由貿易帝国主義』新評論，1990.

テイラー（倉田稔訳）『ハプスブルグ帝国1809-1918』筑磨書房，1987.

成瀬治ほか編『世界歴史大系　ドイツ史』2，山川出版社，1996.

浜下武志ほか『アジアの〈近代〉』（岩波講座世界歴史 20）岩波書店，1999．
坂野潤治『近代日本の国家構想 1871-1936』岩波現代文庫，2009．
坂野正高『近代中国政治外交史』東京大学出版会，1973．
マルクス，エンゲルス（大内兵衛・向坂逸郎訳）『共産党宣言』岩波文庫，1951．
三谷博『明治維新とナショナリズム』山川出版社，1997．
――『ペリー来航』吉川弘文館，2003．
毛利健三『自由貿易帝国主義』東京大学出版会，1978．
Albrecht-Carrié, René, *A Diplomatic History of Europe since the Congress of Vienna*, rev. ed., Harper & Row, 1973.
Baumgart, Winfried, *The Crimean War*, Arnold, 1999.
Blake, Robert, *Jardine Matheson*, Weidenfeld & Nicolson, 1999.
Chamberlain, Muriel E., *'Pax Britannica'?* Longman, 1988.
Crook, D. P., *The North, the South, and the Powers, 1861-1865*, John Wiley, 1974.
Hobsbawm, Eric, *The Age of Capital, 1848-1875*, Vintage, 1996.
Louis, Wm. Roger, ed., *Imperialism*, New Viewpoints, 1976.
Merk, Frederick, *The Monroe Doctrine and American Expansionism, 1843-1849*, Knopf, 1966.
Owsley, Frank, *King Cotton Diplomacy*, 2nd ed., University of Chicago Press, 1959.
Perkins, Dexter, *The Monroe Doctrine 1826-1867*, Peter Smith, 1975.
Plessis, Alain, *The Rise and Fall of the Second Empire*, Cambridge U.P., 1985.
Royle, Trevor, *Crimea*, Macmillan, 1999.
Schoultz, Lars, *Beneath the United States*, Harvard U.P., 1998.

第Ⅳ章

秋田茂『イギリス帝国とアジア国際秩序』名古屋大学出版会，2003．
――編『パクス・ブリタニカとイギリス帝国』ミネルヴァ書房，2004．
飯倉章『イエロー・ペリルの神話』彩流社，2004．
大江志乃夫ほか編『植民地帝国日本』（岩波講座近代日本と植民地 1）岩波書店，1992．
カウツキー（波多野眞訳）『帝国主義論』創元文庫，1953．
工藤章・田嶋信雄編『日独関係史 1890-1945』全 3 巻，東京大学出版会，2008．
シュンペーター（都留重人訳）『帝国主義と社会階級』岩波書店，1956．
ジロー（渡邊啓貴ほか訳）『国際関係史 1871～1914 年』未来社，1998．
武田幸男編『朝鮮史』（世界各国史 2）山川出版社，2000．
中野聡『歴史経験としてのアメリカ帝国』岩波書店，2007．
英修道『中華民国に於ける列国の条約権益』丸善，1939．
原田環『朝鮮の開国と近代化』溪水社，1997．
ホブスン（矢内原忠雄訳）『帝国主義論』上下，岩波文庫，1951-52．
松田武・阿河雄二郎編『近代世界システムの歴史的構図』溪水社，1993．

陸奥宗光『蹇蹇録』新訂，岩波文庫，1983.
レーニン（宇高基輔訳）『帝国主義』岩波文庫，1956.
Alford, B. W. E., *Britain in the World Economy since 1880*, Longman, 1996.
Angell, Norman, *The Great Illusion*, Cosimo Classics, 2007.
Cohen, Warren I., *America's Response to China*, 4th ed., Columbia U.P., 2000.
Craig, Gordon A., *Germany, 1866-1945*, Oxford U.P., 1978.
Feis, Herbert, *Europe the World Banker, 1870-1914*, Kelley, 1964.
Förster, Stig, et al., eds., *Bismarck, Europe, and Africa*, Oxford U.P., 1988.
Hardach, Gerd, *The First World War, 1914-1918*, University of California Press, 1977.
Kennan, George F., *The Fateful Alliance*, Pantheon Books, 1984.
Langer, William L., *The Diplomacy of Imperialism, 1890-1902*, 2nd ed., Knopf, 1960.
Marwick, Arthur, et al., eds., *Total War and Historical Change*, Open U.P., 2001.
May, Ernest R., *American Imperialism*, Atheum, 1968.
Taylor, A. J. P., *The Struggle for Mastery in Europe, 1848-1918*, Oxford U.P., 1971.
Thornton, A. P., *The Imperial Idea and Its Enemies*, Doubleday, 1968.
Wesseling, H. L., *Imperialism and Colonialism*, Greenwood Press, 1997.
Willoughby, Westel W., *Foreign Rights and Interests in China*, Johns Hopkins U.P., 1920.

第Ⅴ章

井上勇一『東アジア鉄道国際関係史』慶應通信，1989.
──『鉄道ゲージが変えた現代史』中公新書，1990.
海野福寿『韓国併合』岩波新書，1995.
大畑篤四郎『日本外交の発展と調整』成文堂，1989.
尾形勇・岸本美緒編『中国史』（世界各国史3）山川出版社，1998.
北岡伸一『日本陸軍と大陸政策』東京大学出版会，1978.
杉原達『オリエントへの道』藤原書店，1990.
西川正雄『第一次世界大戦と社会主義者たち』岩波書店，1989.
古屋哲夫『日露戦争』中公新書，1966.
ベラー（坂井榮八郎監訳）『フランツ・ヨーゼフとハプスブルク帝国』刀水書房，2001.
細谷千博編『日英関係史1917-1949』東京大学出版会，1982.
松村正義『日露戦争100年』成文社，2003.
簑原俊洋『カリフォルニア州の排日運動と日米関係』神戸大学研究双書刊行会，2006.
横手慎二『日露戦争史』中公新書，2005.
横山信『近代フランス外交史序説』東京大学出版会，1963.
Beale, Howard K., *Theodore Roosevelt and the Rise of America to World Power*, Johns Hopkins Press, 1956.
Berghahn, V. R., *Germany and the Approach of War in 1914*, 2nd ed., Macmillan, 1993.
Brown, Judith M., and Wm. Roger Louis, eds., *The Twentieth Century* (*The Oxford*

History of the British Empire, IV), Oxford U.P., 1999.
Conrad, Sebastian, and Dominic Sachsenmaier, eds., *Competing Visions of World Order*, Palgrave Macmillan, 2007.
Fieldhouse, D. K., *Economics and Empire, 1830-1914*, Weidenfeld & Nicolson, 1973.
Hinsley, F. H., *Power and the Pursuit of Peace*, Cambridge U.P., 1963.
Kennedy, Paul M., *The Rise of the Anglo-German Antagonism, 1860-1914*, Allen & Unwin, 1980.
Massie, Robert K., *Dreadnought*, Pimlico, 1992.
Nish, Ian H., *The Anglo-Japanese Alliance*, Athlone Press, 1966.
Padfield, Peter, *Battleship*, Birlinn, 2000.
Reader, John, *Africa*, Hamish Hamilton, 1997.
Seton-Watson, Hugh, *The Decline of Imperial Russia, 1855-1914*, Praeger, 1966.
Tuchman, Barbara W., *The Proud Tower*, Macmillan, 1966.

第Ⅵ章

新井政美『オスマン帝国はなぜ崩壊したのか』青土社，2009．
カー（塩川伸明訳）『ロシア革命』岩波現代文庫，2000．
サーヴィス（河合秀和訳）『レーニン』上下，岩波書店，2002．
ジョル（池田清訳）『第一次世界大戦の起原』新装版，みすず書房，2007．
鈴木董『オスマン帝国の解体』ちくま新書，2006．
高原秀介『ウィルソン外交と日本』創文社，2006．
タックマン（山室まりや訳）『8月の砲声』上下，ちくま学芸文庫，2004．
田中陽兒ほか編『世界歴史大系　ロシア史』3，山川出版社，1997．
成瀬治ほか編『世界歴史大系　ドイツ史』3，山川出版社，1997．
服部龍二ほか編『戦間期の東アジア国際政治』中央大学出版部，2007．
フィッシャー（村瀬興雄監訳）『世界強国への道』全2巻，岩波書店，1972-83．
細谷千博『ロシア革命と日本』原書房，1972．
──『両大戦間の日本外交』岩波書店，1988．
──『シベリア出兵の史的研究』岩波現代文庫，2005．
堀川武夫『極東国際政治史序説』有斐閣，1958．
メイア（斉藤孝・木畑洋一訳）『ウィルソン対レーニン』全2巻，岩波書店，1983．
横山宏章『孫文と袁世凱』岩波書店，1996．
──『中華民国』中公新書，1997．
Albrecht-Carrié, René, *The Meaning of the First World War*, Prentice-Hall, 1965.
Aron, Raymond, *The Century of Total War*, Beacon Press, 1956.
Becker, William H., and Samuel F. Wells, Jr., *Economics and World Power*, Columbia U.P., 1984.
Bosworth, Richard, *Italy and the Approach of the First World War*, Macmillan, 1983.

Buehrig, Edward H., *Woodrow Wilson and the Balance of Power*, Indiana U.P., 1955.
Evans, R. I. W., and Hartmut Pogge von Strandmann, eds., *The Coming of the First World War*, Oxford U.P., 1988.
Ferguson, Niall, *The Pity of War*, Basic Books, 1998.
Freeze, Gregory L., *Russia*, 2nd ed., Oxford U.P., 2002.
Hale, William, *Turkish Foreign Policy, 1774-2000*, Frank Cass, 2000.
Herwig, Holger H., *The First World War*, Arnold, 1997.
Kennan, George F., *Russia Leaves the War*, Princeton U.P., 1956.
Knock, Thomas J., *To End All Wars*, Princeton U.P., 1992.
Koch, H. W., ed., *The Origins of the First World War*, 2nd ed., Macmillan, 1984.
Manela, Erez, *The Wilsonian Moment*, Oxford U.P., 2007.
Martin, Laurence W., *Peace without Victory*, Yale U.P., 1958.
May, Ernest R., *The World War and American Isolation 1914-1917*, Harvard U.P., 1959.
Pugh, Martin, *The Making of Modern British Politics, 1867-1939*, 2nd ed., Blackwell, 1993.
Roshwald, Aviel, *Ethnic Nationalism and the Fall of Empires*, Routledge, 2001.
Stevenson, David, *The First World War and International Politics*, Oxford U.P., 1988.
——, *1914-1918*, Allen Lane, 2004.

第Ⅶ章

麻田貞雄『両大戦間の日米関係』東京大学出版会，1993．
石本泰雄『国際法の構造転換』有信堂，1998．
ウラム（鈴木博信訳）『膨脹と共存』全3巻，サイマル出版会，1978-79．
カー（衛藤瀋吉・斉藤孝訳）『両大戦間における国際関係史』清水弘文堂，1959．
——（富永幸生訳）『独ソ関係史』サイマル出版会，1972．
川島真『中国近代外交の形成』名古屋大学出版会，2004．
木村英亮『スターリン民族政策の研究』有信堂，1993．
近代外交史研究会編『変動期の日本外交と軍事』原書房，1987．
ケインズ（早坂忠訳）『平和の経済的帰結』（ケインズ全集2）東洋経済新報社，1977．
酒井哲哉『近代日本の国際秩序論』岩波書店，2007．
高橋進『ドイツ賠償問題の史的展開』岩波書店，1983．
長田彰文『日本の朝鮮統治と国際関係』平凡社，2005．
羽場久泥子『統合ヨーロッパの民族問題』講談社現代新書，1994．
——『拡大ヨーロッパの挑戦』中公新書，2004．
森肇志『自衛権の基層』東京大学出版会，2009．
ロスチャイルド（大津留厚監訳）『大戦間期の東欧』刀水書房，1994．
Bailey, Thomas A., *Woodrow Wilson and the Great Betrayal*, Quadrangle Books, 1963.

Boemeke, Manfred F., et al., eds., *The Treaty of Versailles*, Cambridge U.P., 1998.
Craig, Gordon A., and Felix Gilbert, eds., *The Diplomats, 1919-1939*, Princeton U.P., 1994.
Dunn, Seamus, and T. G. Fraser, eds., *Europe and Ethnicity*, Routledge, 1996.
Fink, Carole, *The Genoa Conference*, University of North Carolina Press, 1984.
Fink, Carole, et al., eds., *Genoa, Rapallo, and European Reconstruction in 1922*, Cambridge U.P., 1991.
Kent, Bruce, *The Spoils of War*, Oxford U.P., 1989.
MacMillan, Margaret, *Peacemakers*, John Murray, 2001 ［稲村美貴子訳『ピースメイカーズ』上下，芙蓉書房，2007］.
Mansfield, Peter, *The Ottoman Empire and Its Successors*, Macmillan, 1973.
Mayer, Arno J., *Politics and Diplomacy of Peacemaking*, Weidenfeld & Nicolson, 1968.
Nicolson, Harold, *Peacemaking 1919*, Methuen, 1943.
Pachter, Marc, ed., *Abroad in America*, Addison-Wesley, 1976.
Schwabe, Klaus, *Woodrow Wilson, Revolutionary Germany, and Peacemaking, 1918-1919*, University of North Carolina Press, 1985.
Shepherd, Naomi, *Ploughing Sand*, John Murray, 1999.
Steiner, Zara, *The Lights That Failed*, Oxford U.P., 2005.

第Ⅷ章

有賀貞ほか『日米関係におけるエスニシティーの要素』総合研究開発機構，1995．
飯野正子『もう一つの日米関係史』有斐閣，2000．
伊藤隆『昭和初期政治史研究』東京大学出版会，1969．
入江昭『極東新秩序の模索』原書房，1968．
宇野重昭『中国共産党史序説』上，NHKブックス，1973．
加藤陽子『戦争の論理』勁草書房，2005．
小林啓二『国際秩序の形成と近代日本』吉川弘文館，2002．
斉藤孝『戦間期国際政治史』岩波書店，1978．
佐藤元英『近代日本の外交と軍事』吉川弘文館，2000．
篠原初枝『戦争の法から平和の法へ』東京大学出版会，2003．
柴宜弘『ユーゴスラヴィア現代史』岩波新書，1996．
スラヴィンスキー，スラヴィンスキー（加藤幸廣訳）『中国革命とソ連』共同通信社，2002．
日本政治学会編『国際緊張緩和の政治過程』（年報政治学1969年）岩波書店，1970．
服部龍二『東アジア国際環境の変動と日本外交1918-1931』有斐閣，2001．
細谷千博・斎藤眞編『ワシントン体制と日米関係』東京大学出版会，1978．
三谷太一郎『ウォール・ストリートと極東』東京大学出版会，2009．
簑原俊洋『排日移民法と日米関係』岩波書店，2002．
山口定『ファシズム』岩波現代文庫，2006．

Asada, Sadao, *From Mahan to Pearl Harbor*, Naval Institute Press, 2006.
Cohen, Warren I., *Empire without Tears*, Knopf, 1987.
Duroselle, J.-B., *Histoire diplomatique de 1919 à nos jours*, 8ᵉ éd., Dalloz, 1981.
Iriye, Akira, *The Globalizing of America, 1913-1945* (*The Cambridge History of American Foreign Relations*, III), Cambridge U.P., 1993.
Leffler, Melvyn P., *The Elusive Quest*, University of North Carolina Press, 1979.
Panayi, Panikos, ed., *Weimar and Nazi Germany*, Longman, 2001.
Schuker, Stephen A., *The End of French Predominance in Europe*, University of North Carolina Press, 1976.
Wandycz, Piotr S., *The Twilight of the French Eastern Alliances, 1926-1936*, Princeton U.P., 1988.
Wright, Jonathan, *Gustav Stresemann*, Oxford U.P., 2002.

第IX章

秋元英一『世界大恐慌』講談社学術文庫，2009．
石井修『世界恐慌と日本の「経済外交」1930-1936年』勁草書房，1995．
石田憲編『膨張する帝国　拡散する帝国』東京大学出版会，2007．
伊藤隆『昭和期の政治』山川出版社，1983．
井上寿一『危機のなかの協調外交』山川出版社，1994．
入江昭（篠原初枝訳）『太平洋戦争の起源』東京大学出版会，1991．
犬童一男『危機における政治過程』東京大学出版会，1976．
植田隆子『地域的安全保障の史的研究』山川出版社，1989．
臼井勝美『満州事変』中公新書，1974．
――『満洲国と国際連盟』吉川弘文館，1995．
――『日中外交史研究』吉川弘文館，1998．
――『日中戦争』新版，中公新書，2000．
岡義武『近衛文麿』岩波新書，1972．
緒方貞子『満洲事変と政策の形成過程』原書房，1966．
カー（富田武訳）『コミンテルンとスペイン内戦』岩波書店，1985．
笠原十九司『南京事件』岩波新書，1997．
加藤陽子『模索する1930年代』山川出版社，1993．
――『満州事変から日中戦争へ』（日本近現代史5）岩波新書，2007．
北博昭『日中開戦』中公新書，1994．
木畑洋一ほか編（細谷千博，イアン・ニッシュ監修）『日英交流史1600-2000』2，東京大学出版会，2000．
キンドルバーガー（石崎昭彦・木村一朗訳）『大不況下の世界1929-1939』改訂増補版，岩波書店，2009．
栗原優『第二次世界大戦の勃発』名古屋大学出版会，1994．

軍事史学会編『第二次世界大戦』1，錦正社，1990．
斉藤孝『スペイン戦争』中公文庫，1989．
──『ヨーロッパの1930年代』岩波書店，1990．
斎藤治子『独ソ不可侵条約』新樹社，1995．
佐々木雄太『30年代イギリス外交戦略』名古屋大学出版会，1987．
ソーン（市川洋一訳）『満州事変とは何だったのか』上下，草思社，1994．
高光佳絵『アメリカと戦間期の東アジア』青弓社，2008．
中川原徳仁編『1930年代危機の国際比較』法律文化社，1986．
日本国際政治学会編『昭和期における外交と経済』（国際政治97）1991．
日本国際政治学会太平洋戦争原因研究部編『太平洋戦争の道』全7巻＋別巻1，新装版，朝日新聞社，1987-88．
秦郁彦『盧溝橋事件の研究』東京大学出版会，1996．
──『南京事件』増補版，中公新書，2007．
波多野澄雄『「大東亜戦争」の時代』朝日出版社，1988．
林敏彦『大恐慌のアメリカ』岩波新書，1988．
ヒトラー（平野一郎・将積茂訳）『わが闘争』上下，改版，角川文庫，2001．
平井友義『30年代ソビエト外交の研究』有斐閣，1993．
細谷千博ほか編『日米関係史 開戦に至る十年』全4巻，新装版，東京大学出版会，2000．
三谷太一郎『近代日本の戦争と政治』岩波書店，1997．
三宅正樹『日独伊三国同盟の研究』南窓社，1975．
鹿錫俊『中国国民政府の対日政策1931-1933』東京大学出版会，2001．
渡辺和行『フランス人とスペイン内戦』ミネルヴァ書房，2003．
Best, Antony, *Britain, Japan, and Pearl Harbor*, Routledge, 1995.
Boyce, Robert, and Esmonds M. Robertson, eds., *Path to War*, St. Martin's, 1989.
Cook, Chris, and John Stevenson, *The Longman Handbook of Modern European History*, 3rd ed., Longman, 1998.
Dülffer, Jost, *Nazi Germany, 1933-1945*, Arnold, 1996.
Ferrell, Robert H., *American Diplomacy in the Great Depression*, Oxford U.P., 1957.
Fest, Joachim C., *Hitler*, Weidenfeld & Nicolson, 1974.
Gellman, Irwin F., *Good Neighbor Diplomacy*, Johns Hopkins U.P., 1979.
Kaiser, David E., *Economic Diplomacy and the Origins of the Second World War*, Princeton U.P., 1980.
Kershaw, Ian, *Hitler, 1936-1945*, Norton, 2000.
Lamb, Richard, *Mussolini and the British*, John Murray, 1997.
Mazower, Mark, *Dark Continent*, Vintage, 1998.
McKercher, B. J. C., *Transition of Power*, Cambridge U.P., 1999.
Milward, Alan S., *War, Economy, and Society, 1939-1945*, University of California Press, 1977.

Morgan, Philip, *Fascism in Europe, 1919-1945*, Routledge, 2003.
Northedge, F. S., and Audrey Wells, *Britain and Soviet Communism*, Macmillan, 1982.
Patch, Jr., William L., *Heinrich Brüning and the Dissolution of the Weimar Republic*, Cambridge U.P., 1998.
Radosh, Ronald, et al., eds., *Spain Betrayed*, Yale U.P., 2001.
Reynolds, David, *From World War to Cold War*, Oxford U.P., 2006.
Schuker, Stephen A., *American "Reparations" to Germany, 1919-1933*, Department of Economics, Princeton University, 1988.
Sun, Youli, *China and the Origins of the Pacific War, 1931-1941*, Macmillan, 1993.
Turner, Jr., Henry A., *Hitler's Thirty Days to Power*, Addison-Wesley, 1996.
Weinberg, Gerhard L., *The Foreign Policy of Hitler's Germany : Diplomatic Revolution in Europe, 1933-1936*, University of Chicago Press, 1970.
——, *The Foreign Policy of Hitler's Germany : Starting World War II, 1937-1939*, Humanities Press, 1994.

第 X 章

アトリー（五味俊樹訳）『アメリカの対日戦略』朝日出版社，1989．
家永三郎『太平洋戦争』第2版，岩波書店，1986．
五百旗頭真『米国の日本占領政策』上下，中央公論社，1985．
井口武夫『開戦神話』中央公論新社，2008．
井上寿一『昭和史の逆説』新潮新書，2008．
ウォーカー（林義勝監訳）『原爆投下とトルーマン』彩流社，2008．
大江志乃夫『御前会議』中公新書，1991．
大宅壮一編『日本のいちばん長い日』角川文庫，1973．
紀平英作『パクス・アメリカーナへの道』山川出版社，1996．
倉沢愛子ほか編『岩波講座アジア・太平洋戦争』全8巻，岩波書店，2005-06．
塩崎弘明『日英米戦争の岐路』山川出版社，1984．
須藤眞志『日米開戦外交の研究』慶應通信，1986．
髙木八尺編『日米関係の研究』上，東京大学出版会，1968．
田所昌幸『「アメリカ」を超えたドル』中央公論新社，2001．
豊下楢彦『イタリア占領史序説』有斐閣，1984．
永井陽之助『冷戦の起源』中央公論社，1978．
日本国際政治学会編『日中戦争から日英米戦争へ』（国際政治91）1989．
秦郁彦編『検証・真珠湾の謎と真実』PHP研究所，2001．
波多野澄雄『太平洋戦争とアジア外交』東京大学出版会，1996．
プランゲ（土門周平・髙橋久志訳）『真珠湾は眠っていたか』全3巻，講談社，1986-87．
ブロック（平野千果子訳）『奇妙な敗北』岩波書店，2007．
細谷千博・佐藤元英「戦争回避の機会は二度潰えた」『中央公論』2007年12月号．

細谷千博ほか編『太平洋戦争の終結』柏書房，1997．
細谷千博ほか編『記憶としてのパールハーバー』ミネルヴァ書房，2004．
馬曉華『幻の新秩序とアジア太平洋』彩流社，2000．
三宅正樹『スターリン，ヒトラーと日ソ独伊連合構想』朝日選書，2007．
森山優『日米開戦の政治過程』吉川弘文館，1998．
横田喜三郎『世界と共に歩む』読売新聞社，1991．
義井博『ヒトラーの戦争指導の決断』荒地出版社，1999．
吉田裕『アジア・太平洋戦争』（日本近現代史6）岩波新書，2007．
吉田裕・森茂樹『アジア・太平洋戦争』吉川弘文館，2007．
ローゼンバーグ（飯倉章訳）『アメリカは忘れない』法政大学出版局，2007．
Atkin, Nicholas, *Pétain*, Addison Wesley, 1998.
Divine, Robert A., *Second Chance*, Atheneum, 1971.
Gardner, Richard N., *Sterling-Dollar Diplomacy in Current Perspective*, new expanded ed. with revised introduction, Columbia U.P., 1980.
Gilbert, Martin., *Churchill*, Henry Holt, 1992.
Girault, René, et al., *La loi des géants, 1941-1964*, Masson, 1993.
Harrison, Mark, ed., *The Economics of World War II*, Cambridge U.P., 1998.
Heinrichs, Waldo, *Threshold of War*, Oxford U.P., 1988.
Langer, William L., *Our Vichy Gamble*, Norton, 1966.
Lauren, Paul G., *Power and Prejudice*, Westview Press, 1988 ［大蔵雄之助訳『国家と人種偏見』TBSブリタニカ，1996］．
Lukacs, John, *June 1941*, Yale U.P., 2006.
May, Ernest R., *Strange Victory*, I. B. Tauris, 2000.
McNeill, William H., *America, Britain, and Russia*, Johnson Reprint, 1970.
Penrose, E. F., *Economic Planning for the Peace*, Princeton U.P., 1953.
Russell, Ruth B., *A History of the United Nations Charter*, Brookings Institution, 1958.
Stoler, Mark A., *Allies in War*, Hodder Arnold, 2005.
Thorne, Christopher, *Allies of a Kind*, Oxford U.P., 1978 ［市川洋一訳『英米にとっての太平洋戦争』上下，草思社，1995］．

終 章

シャイラー（松浦伶訳）『第三帝国の興亡』全5巻，東京創元社，2008-09．
ソーン（市川洋一訳）『普及版 太平洋戦争とは何だったのか』草思社，2005．
ダワー（斎藤元一訳）『容赦なき戦争』平凡社ライブラリー，2001．
Lundestad, Geir, *The American "Empire"*, Oxford U.P., 1990.

年表

※ 20世紀以降については，事件の起こった月を①，②のように表示．同じ年，同じ月に起こった出来事は起こった順に列記する．

1492　コロンブス，西半球に到達．
1498　ヴァスコ・ダ・ガマ，インドに到達．
1521　マゼラン，世界周航の途中フィリピンで戦死（彼の部下により22年周航達成）．スペイン，アステカ帝国を征服．
1529　オスマン帝国軍，ウィーンを包囲．
1549　ザビエル，鹿児島に到着．
1550　ポルトガル船，平戸に到着．
1556　ムガル王朝，インド支配を回復．
1581　オランダ，独立を宣言．
1592　豊臣秀吉，朝鮮に侵攻（→ 1593, 1597-98）．
1603　徳川家康，江戸に幕府を設立．シャンプラン，セントローレンス川流域の探検開始．
1607　イングランド人，ヴァージニア会社植民地に入植．
1640　ピューリタン革命の始まり（→ 1660）．
1644　中国で明王朝滅亡し，清王朝時代の始まり．
1648　ウェストファリアの講和．
1651　イングランド，航海法を制定．
1683　オスマン帝国軍，2度目のウィーン包囲を試みて敗退．
1713　ユトレヒトの講和．
1756　七年戦争の勃発（→ 1763）．
1776　アメリカ合衆国の独立宣言．
1789　アメリカ合衆国憲法に基づく政府発足．フランス革命の始まり．
1793　フランス王ルイ16世処刑．
1794　テルミドール9日のクーデタ．
1799　ブリュメール18日のクーデタ．
1801　イギリス，アイルランドを連合王国に吸収．
1804　ナポレオン，フランス皇帝となる．
1806　神聖ローマ帝国の終焉．
1812　ナポレオン，ロシア遠征に失敗．
1814　ナポレオン退位．ウィーン会議開催（→ 1815）．
1815　ナポレオン，再起に失敗．
1822　ギリシア，独立を宣言．
1823　アメリカ，モンロー・ドクトリンを表明．
1830　フランスで七月革命．

| 1842 | イギリス,アヘン戦争で清帝国に勝利.
| 1846 | アメリカ-メキシコ戦争の始まり(→1848).
| 1848 | フランスで二月革命(第二共和政).
| 1849 | イギリス,航海法を廃止.
| 1852 | フランスの第二帝政発足.
| 1853 | アメリカ艦隊,江戸湾に来航.クリミア戦争勃発(→1856).
| 1854 | 日米和親条約調印.
| 1856 | アロー戦争勃発(→1860).
| 1858 | イギリス,インドに直接統治方式を導入.
| 1860 | ロシア,ウラジヴォストークを領有.
| 1861 | アメリカで南北戦争勃発(→1865).
| 1865 | アメリカ,奴隷制度を廃止.
| 1868 | [慶応4,明治元年] 明治維新.
| 1869 | スエズ運河の開通.
| 1870 | プロイセン-フランス戦争(→1871).
| 1871 | ドイツ帝国の成立.
| 1873 | 三帝同盟(ドイツ・オーストリア・ロシア)成立(→1887).
| 1875 | イギリス政府,スエズ運河会社筆頭株主となる.
| 1878 | 東方問題に関するベルリン会議開催.
| 1884 | アフリカに関するベルリン会議開催(→1885).
| 1891 | 露仏政治協定締結(軍事同盟協定のフランス政府承認は1894).
| 1894 | 日清戦争勃発(→1895).
| 1898 | ヨーロッパ諸国,中国に租借地獲得.アメリカ-スペイン戦争.アメリカ,ハワイを併合.アメリカ,フィリピンを獲得.
| 1899 | 第一回ハーグ平和会議開催.アメリカ,中国における門戸開放原則を提唱.南アフリカ戦争勃発(→1902).
| 1900 | 義和団事件(→1901).アメリカ,中国の領土保全原則を提唱.
| 1902 | ①第一回日英同盟協約調印.
| 1904 | ②日露戦争の勃発.④英仏協商成立.
| 1905 | ③第一次モロッコ事件.⑧第二回日英同盟協約調印.⑨日露,ポーツマス条約締結.
| 1907 | ⑥第二回ハーグ平和会議開催.⑥日仏協商,⑦第一回日露協約,⑧英露協商成立.
| 1908 | ⑩オーストリア,ボスニアを併合.⑪日米,高平-ルート協定調印.
| 1910 | ⑧日本,韓国を併合.
| 1911 | ⑦第二次モロッコ事件(→⑪).⑪中国で辛亥革命勃発.
| 1912 | [明治45,大正元年] ②清帝国崩壊.③袁世凱,中華民国臨時大総統に就任.⑩第一次バルカン戦争勃発(→1913⑤).
| 1913 | ⑥第二次バルカン戦争勃発(→⑧).
| 1914 | ⑥サライェヴォ事件.⑦第一次世界大戦勃発.⑧日本,ドイツに宣戦.⑪日本,ドイ

ツの膠州湾租借地を占領．

1915 ①日本，中国に二十一ヵ条要求を提示（⑤要求の大半を獲得）．
1917 ③ロシアで「二月革命」発生．④アメリカ，対独参戦．⑪ロシアで「十月革命」，ボリシェヴィキ政権成立．
1918 ①ウィルソンの「十四ヵ条」演説．③ブレスト－リトフスク講和．⑧日米，シベリアに出兵．⑩オーストリア－ハンガリー帝国崩壊．⑪ドイツ革命で帝政廃止．
1919 ①パリ講和会議開幕．③朝鮮で三・一運動．③コミンテルン設立．④インドでガンディーの非暴力抵抗運動開始．⑤中国で五・四運動．⑥ヴェルサイユ条約調印．
1920 ①アメリカ不参加のまま国際連盟発足．③アメリカ上院，国際連盟規約を含むヴェルサイユ条約承認案を再否決．
1921 ⑤連合国賠償委員会，ドイツの賠償総額を1320億金マルクと決定．⑥「小協商」成立．⑪ワシントン会議開催（→1922②）．⑫アイルランド，イギリス自治領となる．⑫ワシントン会議で日米英仏四国条約調印（日英同盟廃棄）．
1922 ②日中，山東懸案解決に関する条約調印．②ワシントン会議で海軍軍備制限条約，九国条約等成立．④ジェノヴァ会議開催（→⑤）．⑤独ソ両国，ラパロ条約に調印．⑩イタリアでファシスト政権成立．
1923 ①フランス軍とベルギー軍，ドイツの賠償不履行を理由にルール地方を占領（→1924⑨）．⑦連合国，トルコとローザンヌ条約に調印．
1924 ⑧ドイツ賠償に関するドーズ案，関係国により承認される．
1925 ①日本，ソ連と国交樹立．⑤上海で五・三〇事件．⑫ロカルノ諸条約調印．
1926 ［大正15，昭和元年］⑨ドイツ，国際連盟に加盟，常任理事国となる．
1927 ⑪ソ連共産党，トロッキーを除名．
1928 ⑤済南事件．⑥張作霖爆殺事件．⑧不戦条約（ケロッグ－ブリアン条約）調印．
1929 ⑩ニューヨーク株式市場で株価大暴落．⑪日本政府，金解禁を決定（1930①実施→1931⑫）．
1930 ①ドイツ賠償に関するヤング案成立．④ロンドン海軍軍縮条約調印．⑥連合国，ラインラントからの撤兵完了．
1931 ⑨柳条湖事件（満州事変の始まり）．⑨イギリス，金本位制離脱．
1932 ①アメリカ，スティムソン・ドクトリンを表明．⑤五・一五事件．⑥ドイツ賠償支払いの事実上の打ち切りに国際的同意．⑦英帝国オタワ会議で帝国特恵関税導入に同意．⑨日本，満州国を承認．
1933 ①ドイツでヒトラー政権成立．③アメリカでフランクリン・ローズヴェルト大統領就任，「ニューディール」政策開始．③日本，国際連盟を脱退．⑤日中，塘沽停戦協定調印．⑩ドイツ，国際連盟脱退．
1934 ⑥アメリカ，互恵通商協定法を制定．⑨ソ連，国際連盟に加入．
1935 ⑦コミンテルン大会で「反ファシズム人民戦線」形成方針を採択．⑧アメリカ，中立法を制定．⑩イタリア，エチオピアに侵攻．⑪国際連盟，イタリアに対する経済制裁を実施（→1936⑦）．

1936 ①日本，海軍軍縮体制から離脱．②二・二六事件．③ドイツ，ラインラント武装化．⑦スペイン内戦勃発（→ 1939 ④）．
1937 ⑦盧溝橋事件により日中戦争勃発．⑫日本軍，南京を占領，南京事件発生．
1938 ③ドイツ，オーストリアを併合．⑨ミュンヘン協定成立．
1939 ③ドイツ，チェコスロヴァキアを解体．⑤ノモンハン事件．⑧独ソ不可侵条約締結．⑨ドイツ，ポーランドに侵攻．⑨英仏，対独宣戦．⑪ソ連－フィンランド戦争勃発（→ 1940 ③）．⑫国際連盟，ソ連を除名．
1940 ④ドイツ，デンマークおよびノルウェーに侵攻．⑤ドイツ軍，オランダおよびベルギーを征服．⑥イタリア，対英仏戦争に参戦．⑥フランス降伏．⑦「バトル・オブ・ブリテン」（→⑩）．⑨日本軍，フランス領インドシナ北部に進駐．⑨日独伊三国同盟調印．
1941 ③アメリカ議会，武器貸与法案を可決．④日ソ中立条約調印．⑥ドイツ，対ソ戦争を開始．⑦日本軍，フランス領インドシナ南部に進駐．⑧アメリカ，対日石油輸出を全面禁止．⑧米英首脳，「大西洋憲章」を発表．⑫日本軍，パールハーバー奇襲，太平洋戦争開始．⑫ドイツ，イタリアも対米宣戦．
1942 ①連合国共同宣言発表．②日本軍，シンガポールを占領．⑤珊瑚海海戦．⑥ミッドウェー海戦．
1943 ②ドイツ軍，スターリングラードで決定的敗北．⑦イタリアのムッソリーニ失脚．⑪東京で大東亜会議開催．⑪米英中三国首脳，カイロ宣言．⑪米英ソ三国首脳，テヘラン会談（→⑫）．
1944 ⑥米英軍，ノルマンディ上陸作戦．⑦ブレトンウッズ会議．⑧ワルシャワ蜂起（→⑩）．⑧ダンバートンオークス会議（→⑩）．
1945 ②米英ソ首脳，ヤルタ会談．④ローズヴェルト大統領死去．⑤ドイツ軍代表，降伏文書に署名．⑥サンフランシスコ会議，国際連合憲章を採択．⑦ポツダム宣言．⑧広島に原爆投下．⑧ソ連の対日参戦．⑧長崎に原爆投下．⑧日本，ポツダム宣言を受諾．⑨日本代表，降伏文書に調印．⑫米英金融協定調印．⑫米英ソ，モスクワ外相会議で日本占領管理方式に合意．

あとがき

　本書の著者校正を終わるに際して，これまでにお世話になった方々への謝辞を述べて，あとがきとしたい．私は幸運にも学生・院生の時代から，中屋健一，斎藤眞，鵜飼信成，江口朴郎の諸先生をはじめ，多くのよい師に恵まれた．これらの師から民主主義の価値と自由な探究の精神とを学んだ．特に中屋先生には筆紙には尽くしがたい恩恵を受けた．中屋教授の指導を受けたので，アメリカ史の研究者という意識を持っていたが，院生としては「国際関係論」という専門課程に所属していたことに助けられ，専任教員として国際基督教大学，成蹊大学に職を得たときには，アメリカ研究のほかに外交史や国際関係論の授業を担当するようになった．しかし国際関係論部門の講座の所属となり，また日本国際政治学会の活動に深く関わるようになったのは，日本外交史・国際関係論の先達として同学会の中枢におられた細谷千博教授のお誘いにより，1979年に教授の同僚として一橋大学法学部に奉職してからである．細谷先生から受けた学恩はまことに大きく，それに報いるところまことに乏しいことを恥じるばかりであるが，許されるならば，本書を細谷先生に献じたい．私は先生から学ぶことがなければ，この本を書くことはできなかったと思うからである．

　1995年からは獨協大学外国語学部の竹田いさみ先生のご好意により，同学部英語学科に勤務して，国際政治史・国際政治論を担当した．本書の構想はその時期に少しずつ形になった．そして2001年以後は，学校法人聖学院理事長大木英夫先生のお招きにより，聖学院大学大学院アメリカ・ヨーロッパ文化学研究科に勤務している．これまで長く研究教育生活を続けることができたのは，何よりもこれら二人の先生のおかげである．いくつもの大学に勤務し新たな同僚と学生に接することがきたことにより，また学会活動や海外研修を通じて多くの方々を知るようになったことにより，繰り返し新たな刺激と緊張感とを得られたことが，本書を書くに際しても役に立っていると思う．

　何年も前，最初に本書の構想について関心を示されたのは，当時東京大学出

版会の編集者で現在は同出版会常務理事である竹中英俊氏であり，それを引き継いで刊行に尽力されたのは編集部の奥田修一氏である．それぞれに心から謝意を表したい．本書の初校の段階で，五人の方に目を通していただき，その結果多くの誤りを改め指摘された点を再考することができた．貴重な時間を割いて読んで下さった井上寿一（学習院大学教授），駒村哲（信州大学教授），佐々木卓也（立教大学教授），篠原初枝（早稲田大学教授），西崎文子（成蹊大学教授）の各位に厚くお礼を申し上げたい．編集を担当された奥田氏には，私としては共著者であると思えるほどお世話になった．本書の記述の精度を上げ，体裁を整えたことについては，奥田氏に負うところがまことに大きい．しかしまだ本書に残っているであろう，誤りや不正確な表現などの責任は，もちろん一切著者たる私にある．

　私事であるが，妻道子の長年の支えに心から感謝したい．おわりに，私が多年研究生活を続け今また本書を刊行する機会に恵まれたことは，これまで菲才の器を活かして用いて下さった見えざる御手の導きによるものと思い，日々感謝していることを記して結びとする．

　　2009 年 12 月

　　　　　　　　　　　　　　　　　　　　　　　　　　　　　　有賀　貞

人名索引

ア 行

アスキス(Asquith, Herbert Henry) 169
アタテュルク →ケマル・パシャ
アダムズ, ジョン・クィンジー(Adams, John Quincy) 61
阿部正弘 85
有田八郎 336, 340, 342
アレクサンダル(Aleksandâr) 116
アレクサンドル1世(Aleksandr I) 53, 57
井伊直弼 86
イズヴォリスキー(Izvol'skii, Aleksandr Petrovich) 160-61
イスマーイール・パシャ(Ismā'īl Pasha) 106, 118
板垣征四郎 307
イーデン(Eden, Robert Anthony) 325, 330, 346
伊藤博文 147-48, 150, 165
犬養毅 308, 310
井上馨 131
岩倉具視 129
ヴァスコ・ダ・ガマ(Vasco da Gama) 19
ヴィヴィアーニ(Viviani, René) 188
ヴィクトリア女王(Queen Victoria) 106-08
ウィッテ(Vitte, Sergei Yul'evich) 147
ウィルソン(Wilson, Woodrow) 166, 201-06, 210-11, 224-32, 237, 241, 245-47, 251-53
ヴィルヘルム2世(Wilhelm II) 107-08, 123-25, 145, 153-54, 183-85, 189, 215
ヴェルジェンヌ(Vergennes, Charles Gravier, Comte de) 41
エーベルト(Ebert, Friedrich) 215, 229
エリオ(Herriot, Édouard) 271
エンゲルス(Engels, Friedrich) 79-80
袁世凱 165-66, 199-200
汪兆銘(精衛) 293, 306, 308, 333-34, 342-43, 379
大久保利通 129

織田信長 29
オルニー(Olney, Richard) 135

カ 行

カヴール(Cavour, Camillo Benso di) 96-97
カースルレー(Castlereagh, Robert Stewart) 54, 57-58
桂太郎 147, 150, 156, 162
加藤高明 147, 198
加藤友三郎 263
カニング(Canning, George) 58-61
カルノー(Carnot, Lazare Nicolas Marguerite) 127
カルロ・アルベルト(Carlo Alberto) 78
ガンディー(Gandhi, Mohandas Karamchand) 243, 382
カント(Kant, Immanuel) 46
キダーレン - ヴェヒター(Kiderlen-Wächter, Alfred von) 162, 167, 170
木戸孝允 129
ギールス(Giers, Nikolai Karlovich) 125-26
クラウゼヴィッツ(Clausewitz, Karl von) 47
グラッドストン(Gladstone, William Ewart) 118, 122
クリーヴランド(Cleveland, Stephen Grover) 135, 137
クリューガー(Kruger, Stephanus Johannes Paulus) 122-23, 145
グルー(Grew, Joseph Clark) 372, 404
グレイ(Grey, Edward) 158, 169, 172, 186, 189, 202
クレマンソー(Clemenceau, Georges) 221-23, 225-27
グロティウス(Grotius, Hugo) 8
クロムウェル(Cromwell, Oliver) 15
ケマル・パシャ(アタテュルク)(Kemal Paşa [Atatürk, Mustafa Kemal]) 239-41
ケロッグ(Kellogg, Frank Billings) 288

小磯国昭　402-03
高宗（李太王）　130, 133, 165
河本大作　294
近衛文麿　242, 337, 339, 341-43, 363, 370, 372-73, 376
小村寿太郎　147, 150, 162
コロンブス（Columbus, Christopher）　19-20

サ　行

西郷隆盛　129-30
サゾーノフ（Sazonov, Sergei Dimitrievich）　162, 171, 186-87
佐藤尚武　337
ザビエル（Xavier, Francisco de）　29
ジェファソン（Jefferson, Thomas）　40, 50
シェルバーン（Shelburne, William Petty）　41
重光葵　334, 379-80
幣原喜重郎　293, 295, 306-07
周恩来　336
シューシュニク（Schuschnigg, Kurt）　330-31
シュトレーゼマン（Stresemann, Gustav）　268-69, 272-73, 275, 282-83, 287, 289, 291
シュリーフェン（Schlieffen, Alfred Graf von）　187-88
蒋介石　293-95, 306-08, 333-39, 364, 374, 387, 389, 396-98, 402-03, 409
昭和天皇　295, 335, 370, 407-08
鈴木貫太郎　403, 406-08
スターリン（Stalin, Iosif Vissarionovich）　285-86, 316, 351-52, 366-69, 381, 387-90, 393-94, 396-98, 405-07
スティムソン（Stimson, Henry Lewis）　307, 309-10, 404
スマッツ（Smuts, Jan Christian）　146, 252
西太后　141
宋子文　333, 336
宋哲元　334-35, 338
ソールズベリ（Salisbury, Robert Arthur Talbot Gascoyne-Cecil）　121
孫文　165, 199-200, 292

タ　行

大院君　130-31

高橋是清　262, 335
田中義一　294-95
タフト（Taft, William Howard）　156, 164, 166
ダラディエ（Daladier, Édouard）　345, 347, 349
チェンバレン，オースティン（Chamberlain, Joseph Austen）　272, 281, 287-88
チェンバレン，ジョゼフ（Chamberlain, Joseph）　123
チェンバレン，ネヴィル（Chamberlain, Arthur Neville）　330-31, 343, 345-49, 352, 359, 361
チャーチル（Churchill, Winston Leonard Spencer）　246, 359, 361, 368-69, 371, 380-81, 384, 387-89, 393-94, 396, 405
張学良　289, 294, 306-07, 312, 336
ティサ（Tisza, István）　184
ディズレーリ（Disraeli, Benjamin）　105-08
ティルピッツ（Tirpitz, Alfred von）　159, 170
デ・ヴァレラ（de Valera, Eamon）　279-80
デルカッセ（Delcassé, Théophile）　153
東郷茂徳　374-75, 406-07
トゥサン・ルヴェルチュール（Toussaint L' Ouverture）　49
東条英機　337, 373-76, 378, 402
徳川家康　30
ドゴール（de Gaulle, Charles）　360, 385-86
土肥原賢二　334
豊臣秀吉　29
ドルフース（Dollfuß, Engelbert）　319-20
トルーマン（Truman, Harry S.）　398, 400, 404-08

ナ　行

ナポレオン（Napoléon Bonaparte）　47-54, 63, 105
ナポレオン3世（Napoléon III）　77-84, 88, 92-93, 96-101, 105
ニコライ1世（Nikolai I）　59, 81
ニコライ2世（Nikolai II）　154, 159, 176-77, 186-87
ノックス（Knox, Philander Chase）　164

人名索引 | 447

ハ行

ハウス(House, Edward Mandell) 202, 215
バーク(Burke, Edmund) 44
ハーディング(Harding, Warren Gamaliel) 253, 261
浜口雄幸 295-96
パーマストン(Palmerston, Henry John Temple) 73, 82, 87
原敬 214, 262
ハリス(Harris, Townsend) 85-86
ハリマン(Harriman, Edward Henry) 162
ハル(Hull, Cordell) 304-05, 364, 372, 374, 388
バルトゥー(Barthou, Jean Louis) 320-21
バルフォア(Balfour, Arthur James) 239, 280
ビスマルク(Bismarck, Otto von) 98-102, 106-07, 114-20, 124
ピット(Pitt, William) 38
ヒトラー(Hitler, Adolf) 192, 282, 312-20, 322, 324-26, 328, 330-31, 341, 343-49, 352-53, 358-63, 366-69, 377, 383-87, 401-02
ヒューズ(Hughes, Charles Evans) 253, 262-63, 265, 268-70
ビューロー(Bülow, Bernhard von) 145, 147, 158, 162, 196
ピョートル1世(大帝)(Pyotr I [Velikii]) 11-12
広田弘毅 332-34
閔妃 133
フーヴァー(Hoover, Herbert) 278, 295, 299-301, 303, 309
フェリー(Ferry, Jules) 116, 119-20
フェリペ5世(Felipe V) 10-11
フサイン(Ḥusayn b.ʻAlī) 194
フランコ(Franco, Francisco) 317-18, 327-28
フランツ・ヨーゼフ1世(Franz Joseph I) 78, 97, 183
ブリアン(Briand, Aristide) 256-57, 272-75, 281-82, 287-88
フリードリヒ・ヴィルヘルム2世(Friedrich Wilhelm II) 44
フリードリヒ・ヴィルヘルム4世(Friedrich Wilhelm IV) 78-79
フリードリヒ2世(大王)(Friedrich II) 35-36
ブリューニング(Brüning, Heinrich) 300, 302, 313, 318
ブレイン(Blaine, James Gillespie) 135
ブロックドルフ-ランツァウ(Brockdorff-Rantzau, Ulrich von) 229-30
ヘイ(Hay, John Milton) 141
ペタン(Pétain, Henri Phillippe) 360, 385
ベートマン・ホルヴェーク(Bethmann Hollweg, Theobald von) 167, 169-70, 173-74, 183, 185-86, 189-92, 205
ペリー(Perry, Matthew Calbraith) 84-85
ヘンライン(Henlein, Konrad) 343, 345
ホーア(Hoare, Samuel) 324
ポアンカレ(Poincaré, Raymond) 167, 173, 188, 191, 269, 271, 275, 281
ポーク(Polk, James K.) 75
ボダン(Bodin, Jean) 4
堀田正睦 86
ホブソン(Hobson, John A.) 105, 111, 145
ボールドウィン(Baldwin, Stanley) 271, 323

マ行

マキアヴェッリ(Machiavelli, Niccolò) 5
牧野伸顕 224
マクドナルド(MacDonald, James Ramsay) 271, 295, 301
松岡洋右 363, 366, 368-69, 376
マッカーサー(MacAuthur, Douglas) 408-09
マッキンリー(McKinley, William) 136
マックス・フォン・バーデン公(Prinz Max von Baden) 214-15
マハン(Mahan, Alfred Thayer) 134-35
マリア・テレジア(Maria Theresia) 36
マルクス(Marx, Karl) 79-80
三浦梧楼 133
ミュラー(Müller, Hermann) 289
陸奥宗光 132
ムッソリーニ(Mussolini, Benito) 196, 231, 258, 274-75, 283-84, 316-17, 319-22, 324,

326, 328, 330-31, 345-47, 350, 352, 377, 387-88
ムハンマド・アリー(Muḥammad 'Ali) 59-60
メッテルニヒ(Metternich, Klemens Wenzel Lothar von) 52-58, 78
メネリク2世(Menelik II) 121
モルトケ(Moltke, Helmuth Johannes Ludwig von) 183, 185, 187-89, 192
モロトフ(Molotov, Vyacheslav Mikhailovich) 367-68, 384
モンロー(Monroe, James) 61

ヤ 行

山県有朋 131, 147
山本五十六 376

ラ 行

ラヴァル(Laval, Pierre) 321-22, 324
ラムズドルフ(Lamzdorf, Vladimir Nikolaevich) 147
リシュリュー(Richelieu, Armand-Jean du Plessis de) 9
李太王 →高宗
リッベントロップ(Ribbentrop, Joachim von) 330, 340-41, 347, 349, 352, 367-68
リンカーン(Lincoln, Abraham) 90, 93-94

林則徐 73
ルイ14世(Louis XIV) 10
ルイ・ナポレオン →ナポレオン3世
ルイ-フィリップ(Louis-Philippe) 62
ルーヴィエ(Rouvier, Maurice) 153
ルーデンドルフ(Ludendorff, Erich Friedrich Wilhelm) 211, 214
レオポルト2世(Leopold II) 44-45
レセップス(Lesseps, Ferdinand Marie de) 83, 137
レーニン(Lenin, Vladimir Il'ich) 105-06, 111, 208-09, 248-49
ロイド・ジョージ(Lloyd George, David) 167, 203, 210, 221-22, 224, 226-28, 230, 237, 256-58
ローズ(Rhodes, Cecil John) 122-23, 145
ローズヴェルト, セオドア(Roosevelt, Theodore) 138, 154-55, 162-63
ローズヴェルト, フランクリン(Roosevelt, Franklin D.) 304-05, 312, 323-25, 339, 346, 349, 358, 362, 365, 369-72, 376-78, 380-81, 387-90, 393-97
ロッジ(Lodge, Henry Cabot) 251-52

ワ 行

若槻礼次郎 296, 306-07

事項索引

　ア　行

アイスランド　365
アイルランド　15, 109, 279-80
アステカ　→メキシコ
アフガニスタン　159, 249
アフリカ分割　106, 118-20
アヘン戦争　73-74
　　第二次——　→アロー戦争
アメリカ(新世界，西半球，合衆国，米)　19-23, 37-43, 49-52, 60-61, 74-76, 84-86, 88, 90-96, 109-11, 119, 134-39, 141-42, 151-52, 154-56, 162-66, 198-206, 210, 213-17, 221-26, 230, 237, 241-42, 244-48, 251-53, 257, 261-70, 273-78, 282, 285, 288-90, 293-96, 299-305, 307-10, 312, 323-25, 339-40, 342, 346, 349, 354, 358-59, 361-66, 368-78, 380-85, 387-410, 413-23
アメリカ革命　39-43
アメリカ-スペイン戦争　136-37
アメリカ独立戦争　40-41
「アメリカの平和」(パクス・アメリカーナ)　421-23
「アメリカ発見」　19-21
アメリカ-メキシコ戦争　75
アメリカ連合国　→南部連邦
天羽声明　332-33
アルジェリア　63, 101, 385
アルバニア　172, 174, 187, 350
アロー戦争(第二次アヘン戦争)　87-88
暗黒の木曜日　299
イギリス(イングランド，英)　10-15, 19-24, 35-44, 48-66, 69-76, 80-96, 99-101, 105-15, 117-26, 131, 133, 135-36, 138, 140-42, 145-50, 152-53, 155-56, 158-61, 164-70, 172, 174, 185-86, 189-99, 201-205, 207, 210, 212, 214-16, 221-28, 230, 236-46, 250, 255-58, 261-65, 269-75, 278-82, 284-91, 293-95, 300-05, 307, 319-333, 339-54, 357-65, 368-77, 381-97, 401-02, 404-06, 409, 413-20
イギリス自治領　221-22, 227, 255, 280
石井-ランシング協定　142, 206, 265
イスラーム教　15-17, 82
イタリア(伊)　50, 78, 96-99, 101-102, 116-17, 120-21, 126, 171, 190, 192, 195-96, 212, 216, 223, 231, 235-37, 240, 258, 262-63, 272, 274-76, 283-84, 295, 315-17, 319-32, 340-41, 347, 350, 352, 360, 367, 377, 387-88, 392, 415-16
イタリア-トルコ戦争(トリポリ戦争)　171
委任統治　227, 238-39
イラク(メソポタミア)　237-39, 241, 386
イラン　→ペルシア
岩倉遣外使節　128
インカ　→ペルー
イングランド　→イギリス
イングランド銀行　111, 274, 300-01
インド　18-19, 64-65, 89-90, 106-07, 113, 155-56, 221-22, 243-44, 280, 382, 418
インドシナ　88, 101
インドネシア　→オランダ領東インド
ウィーン会議(体制)　54-57
ウィーン会議最終議定書　56
ウェストファリア講和(体制)　7-10
ウェストミンスター憲章　280
ヴェネツィア　14, 16-18
ヴェルサイユ条約(体制)　225, 230, 242, 244-45, 266, 273, 282, 302, 318-19, 343
ウクライナ　212, 235, 249, 250, 392, 396
英独海軍協定　322, 347, 349
英仏協商　152, 159
英露協商　159-60
エジプト　48-49, 59, 63, 106, 118, 121, 194, 238, 386
エストニア　352　→バルト三国
エチオピア　120-21, 321-24, 330-31
エチオピア戦争　322-24

450 | 事項索引

沖縄　→琉球
オーストラリア　280
オーストリア　9-10, 18, 35-36, 44-45, 50, 52-58, 77-79, 81-83, 96-99, 102, 109, 114-17, 124, 126-27, 160-62, 171-75, 183-88, 195-97, 207, 211, 215, 225, 230-34, 249, 300, 317, 319-20, 330-31, 392
オーストリア継承戦争　35-37
オーストリア-ハンガリー　→オーストリア
オーストリア併合(ドイツ-オーストリア合邦)　319, 330-31
オスマン帝国　17-18, 45, 48, 59-60, 80-83, 114-16, 118-19, 160-61, 171, 173-74, 192-95, 225, 236-37, 239-40
オタワ会議　303
オランダ　10, 13-15, 19-23, 28, 31, 35, 50-51, 62, 66, 85-86, 358-59, 361, 364, 373-74, 377, 382, 417
オランダ領東インド(蘭印, インドネシア)　364, 370, 380
オレンジ自由国　122, 145-46

カ　行

海関　32, 87, 141
海禁　24-26, 31-32
外交革命　36
華夷秩序　24
カイロ会談　389
カサブランカ会談　387
カスティリャ　13, 20
桂-タフト覚書　156
神奈川条約　→日米和親条約
カナダ　38, 95-96, 304
カピチュレーション　18, 240
華北分離工作　334-35
カラハン宣言　242
樺太　→サハリン
カルロヴィッツ条約　18
韓国　→朝鮮
韓国併合　165
関税自主権　129, 157, 240, 292, 294-95
広東貿易　65
カンボジア　380

九国条約　264-65, 339
キューバ　136-37, 324
共産主義　→社会主義
ギリシア　171-74, 197, 236, 240, 284, 350, 367, 392-93
ギリシア独立戦争　58-60
キリスト教　15-18, 28-31, 57, 82
義和団事件(北清事変)　141-42, 146
金本位制　110-11, 274-76, 301, 304-05
グアンタナモ　137, 325
クリミア戦争　80-83, 100-101
クリル諸島　→千島列島
グルジア　45
クルド人　236, 241
ケロッグ-ブリアン条約　→不戦条約
原子爆弾(原爆)　404-05, 407, 413-14, 420
五・一五事件　308
航海法(イギリス)　15
甲申事変　131
国際協調(主義)　278, 282
国際決済銀行(BIS)　290, 303
国際通貨基金(IMF)　390-91
国際復興開発銀行(IBRD)　390-91
国際紛争平和的処理条約　176
国際法　3, 8, 57, 82-83, 86, 176, 413-14
国際連合(国連)　392-93, 396, 399-401, 418
　　──憲章　392, 396, 399-400, 414, 417
国際連盟　222-27, 232, 245, 251-55, 272-73, 278-79, 284-88, 307-12, 318-20, 322-24, 329, 339, 357
　　──規約　224-25, 252, 254-55, 288-89
国民国家　13, 108-09
国連　→国際連合
互恵通商協定法(アメリカ)　305
五国同盟　56
五・三〇事件　291-92
五・四運動　242
国家理性　5-6
コミンテルン　248, 285, 292, 320, 329
孤立主義　252, 257, 276-77, 305, 339, 362, 378
コロンビア　138, 277

事項索引 | 451

サ 行

サイクス-ピコ協定　194
再保障条約　117, 125
サウジアラビア　238
ザカフカース　251
ザクセン　55-56
冊封　24, 26, 128, 130
サハリン(樺太)　128, 151, 156, 367-68, 396
サライェヴォ事件　175, 183-84
サルデーニャ　78, 96-97
三・一運動　242
三国干渉　107, 127, 132-33
三国協商　159-60, 162, 166, 189, 196
三国同盟　116-17, 120, 125-27, 147, 196
三十年戦争　7-10
サンステファノ条約　114-15
三帝同盟　114-17
山東問題　244-45, 265-66
自衛権　289, 400
ジェノヴァ　16-18
ジェノヴァ会議　250, 257-58, 274
四国借款団　164-65
　新——　266
四国条約　264
四国同盟　54, 56
七月革命　62
七年戦争　36-37
シベリア出兵　213-14, 246
下関条約　→日清講和条約
社会主義(共産主義)　79, 108, 178-79, 208-09, 241, 248, 250, 285, 315-16, 422
シャム　→タイ
上海事変(第一次)　309
自由貿易(主義)　23, 69-72, 278
十四ヵ条　210-12, 214-15, 224, 226-27, 237, 371
主権国家　3-8
ジュネーヴ一般軍縮会議　301-03, 312, 318
ジュネーヴ議定書　271-72, 288
小協商　235
条約改正　128-29, 157
シリア　238, 386
清　→中国
辛亥革命　165-66

シンガポール　382
壬午事変　131
新四国借款団　→四国借款団
神聖同盟　56-57
神聖ローマ帝国　4, 7-10, 50
新世界　→アメリカ
信託統治　408-09
スウェーデン　9-11, 35, 50, 53
スエズ運河　83-84, 106, 118
スコットランド　13
スターリング・ブロック　303, 305
スティムソン・ドクトリン　309
ズデーテン　234, 331, 343-45, 347
ストレーザ会議　321-22
スペイン　9-14, 17-21, 23, 28, 40-41, 52, 60, 100, 136-37, 287, 317, 326-30
スペイン継承戦争　10-11
スペイン内戦　326-29
西安事件　336-37
勢力均衡　10-12, 54-55
セーヴル条約(体制)　225, 236-37, 240-41
セポイの反乱　89-90
セルビア　115-16, 161, 171-75, 183-88, 197, 230, 233
セルビア人-クロアチア人-スロヴェニア人王国　→ユーゴスラヴィア
1924年移民法(アメリカ)　→排日移民法
全体主義　314-16, 336, 363, 416
1812年戦争　52
総力戦　413-14
租界　87, 139
租借地　139-40
　威海衛——　140, 265
　関東州——　157, 198, 244
　広州湾——　140
　膠州湾——　139, 198, 244, 264
　新界——　140
ソ連　→ロシア

タ 行

タイ(シャム)　221, 379-80
第一次世界大戦　183-217
対華二十一ヵ条要求　198-99, 244

大西洋憲章　371, 381
大東亜会議　379-80
大東亜共栄圏　378
第二インターナショナル　105, 178-79, 190
第二次世界大戦　353, 357-410, 413-19
太平洋戦争　376-78, 417
台湾　129-30, 132-33
高平-ルート協定　142, 162
ダンバートンオークス会議　392-93
チェコスロヴァキア　213, 230-31, 233-35, 272-74, 321, 326, 331, 343-50, 392
治外法権　18, 74, 157, 240
千島列島(クリル諸島)　128, 396
地中海協定　117, 120
チベット　159
中国(清, 中)　24-32, 65, 73-74, 87-89, 128-33, 139-42, 146-51, 155-57, 162-66, 198-201, 221, 227, 242, 244-45, 262, 264-66, 289, 291-95, 306-12, 332-42, 362, 365, 373-75, 379, 381, 387-88, 392-93, 396-98, 401-03, 406, 409-10, 413, 415, 417-18, 422
仲裁(裁判)　175-78
中東鉄道　→東清鉄道
中立法(アメリカ)　323, 358, 378
チュニジア　106-07, 116
朝貢　24-26, 30, 32, 128, 130
朝鮮(韓国)　29-30, 128-33, 147-51, 155-57, 165, 242, 389, 398, 409, 417
帝国　39-40, 105
帝国主義　105-13
テヘラン会談　389, 403
テルミドール9日　46
天津条約
　――(1858年)　88
　――(1885年)　131
デンマーク　9, 14, 358, 361, 365
ドイツ(独)　50, 55, 78-79, 83, 97-102, 107-11, 114-20, 123-27, 132-33, 139, 145-47, 153-54, 158-62, 166-71, 173-75, 183-93, 195-98, 200-207, 210-12, 214-16, 222-30, 232-36, 241, 244, 246, 248, 250, 256-58, 266, 268-75, 281-87, 289-91, 300-03, 312-31, 340-41, 343-54, 357-63, 366-69, 371-72, 375, 377-78, 383-90, 392-94, 398, 401-02, 405, 413-17, 419-20
ドイツ-オーストリア合邦　→オーストリア併合
ドイツ-オーストリア同盟　115-16
東清鉄道(中東鉄道)　133, 146, 162, 266, 289, 306, 312
東方問題　59, 80, 114-16
東方ロカルノ　320-21
独ソ不可侵条約　352-54, 357
ドーズ案　270-71, 290
ドミニカ　278
トランスヴァール共和国　122-23, 145-46
トランスヨルダン(ヨルダン)　237-38
トリポリ戦争　→イタリア-トルコ戦争
トルコ　171-73, 237, 239-41, 249, 350, 367, 389
奴隷貿易　21, 23, 63-64

ナ　行
ナショナリズム　80, 108-09, 174, 242, 244-45, 266, 277, 283, 291, 294-96, 300, 306
ナチズム　315, 357
ナポレオン戦争　47-54
南京条約　74
南部連邦(アメリカ連合国)　90-95
南北戦争　90-95
二月革命(フランス)　76-77
二月革命(ロシア)　→ロシア革命
ニカラグア　278
西原借款　201
西半球　→アメリカ
二十一ヵ条要求　→対華二十一ヵ条要求
西-ローゼン協定　133
日英通商航海条約　129
日英同盟(協約)　142, 147-49, 155-56, 164, 197, 244, 261-62, 265
日独伊三国同盟　347, 353, 362-64, 366-69, 416
日独防共協定　329, 353
日仏協約　142
日米修好通商条約　85-86
日米紳士協約　163, 246, 267-68
日米通商航海条約　157, 354
日米和親条約(神奈川条約)　84-85
日露協約(協商)　142, 147-48, 160, 164

日露講和条約 →ポーツマス条約
日露戦争 107, 149-57
日露和親条約 128
日韓議定書 151
日韓協約
　第一次── 151
　第二次── 157
　第三次── 165
日清講和条約(下関条約) 132
日清修好条規 129
日清戦争 131-32
日清通商航海条約 132
日ソ中立条約 368, 403
日中戦争 338-41
日朝修好条規 130
二・二六事件 335
日本(日) 26-32, 66, 84-89, 95, 107, 127-33, 140, 142, 146-52, 154-57, 162-66, 192, 197-201, 206, 213-14, 221, 223-24, 227, 241-48, 258, 261-68, 276, 285, 289, 292-96, 301, 305-12, 331-43, 347, 350, 353-54, 362-83, 387, 389, 392, 396, 398, 402-04, 406-10, 413-18, 422
ニュージーランド 280
ニューヨーク連邦準備銀行 274, 301
ノルウェー 358-59, 361

ハ　行

ハイチ 49
排日移民法(1924年移民法, アメリカ) 267-68
パクス・アメリカーナ →「アメリカの平和」
パクス・ブリタニカ 71, 110
ハーグ平和会議 176-77
ハーグ密使事件 165
パナマ 138, 277
パナマ運河 137-38
埴原書簡 268
ハプスブルク家 9-11, 35-36, 215
パリ講和会議 221-24, 231-32, 244-46
パリ条約
　──(1814年) 54
　──(1815年) 54, 56
　──(1856年) 82-83, 99, 114-15
バルカン戦争 172-75
バルカン同盟 171-74
バルト三国 249, 357, 367, 395
ハル・ノート 375
パールハーバー攻撃 376-78
バルフォア宣言 239
パレスチナ 236-39, 385-86, 419
パン・アメリカ会議 135, 278
ハンガリー 78, 99-100, 184, 225, 230, 235, 249, 319, 344-46, 348, 393
東インド会社 19
　イギリス── 64-65, 72-73, 89-90
　オランダ── 28, 66
ピルニッツ宣言 44-45
ビルマ(ミャンマー) 379, 382
広田三原則 334, 337
閔氏 130-31
ファシズム 284
ファショダ事件 121
フィリピン 136-37, 141, 379, 403, 418
フィンランド 212, 249, 352, 357, 367
武器貸与法(アメリカ) 365
不戦条約(ケロッグ-ブリアン条約) 288-89
仏印 →フランス領インドシナ
不平等条約(体制) 128, 157, 264, 266, 306
ブラジル 20, 60, 287
フランス(仏) 9-14, 17, 19-24, 35-59, 63, 66, 74-84, 86, 88, 91-101, 105-07, 111, 116-21, 124-27, 132-33, 140, 147, 152-54, 158-59, 161, 165-68, 171, 173, 184-97, 201-03, 207, 212-15, 221-23, 225-28, 235-38, 240-41, 245-47, 249, 255-58, 262-65, 269-75, 281-82, 285, 287-91, 295, 300, 302-03, 319-27, 329-32, 343-47, 349-52, 357-62, 364-65, 370, 385-86, 389, 393-94, 397, 415-17, 420
フランスおよびインディアンとの戦争 38
フランス革命 43-46
フランス革命戦争 44-47
フランス銀行 271, 275, 301
フランス領インドシナ(仏印) 364, 369, 374-75, 380, 410
ブリュメール18日 48

ブルガリア 114-17, 171-73, 197, 225, 367, 393
ブール戦争
　第一次―― 122
　第二次―― →南アフリカ戦争
ブレスト-リトフスク講和 211-12, 248
ブレトンウッズ会議(連合国通貨金融会議) 390-91
プロイセン 35-36, 44-45, 50-51, 53-57, 78-79, 83, 97-101
プロイセン-オーストリア戦争 98-99
プロイセン-フランス戦争 100-01
北京議定書 146
ベトナム 380, 410
ベラルーシ(ベロルシア) 251, 392, 396
ペルー(インカ) 20, 28
ベルギー 62, 188, 190-91, 228, 258, 272, 326, 358-59, 361
ペルシア(イラン) 17, 159, 386
ベルリン会議
　――(1878年) 115
　――(1884-85年) 119-20
ベルリン条約 115, 160
ベロルシア →ベラルーシ
北清事変 →義和団事件
保護主義(保護貿易) 109, 303
ボスニア 114-15, 160-62, 183
ボスニア-ヘルツェゴヴィナ →ボスニア
ポツダム会談 404-06, 409
ポツダム宣言 406-08
北方戦争 11
ポーツマス条約(日露講和条約) 156-57, 162
ポーランド 11, 18, 45, 50, 55-56, 62, 211-12, 226-27, 230-32, 235, 249, 272-74, 287, 318-21, 326, 344-46, 348-52, 357-58, 392-95, 397-98
ポルトガル 9, 13, 18-20, 28, 31-32, 60, 317-18
香港 73-74, 409

マ　行

マカオ 28
満州 146-50, 157, 162, 164, 198, 244, 265, 294, 306-08, 311-12, 410
満州国 310-12, 334, 342, 379

満州事変 289, 301, 306-07
満鉄　→南満州鉄道
満蒙　→満州，モンゴル
南アフリカ戦争(第二次ブール戦争) 123, 145-46
南満州鉄道(満鉄) 162, 198, 244
ミャンマー　→ビルマ
ミュンヘン協定 346-48
民族自決 209, 211, 232, 241
ムガル帝国 16, 64-65
メキシコ(アステカ) 20, 28, 74-76, 93, 101, 139, 205-06, 278
メソポタミア　→イラク
メロン-ベランジェ協定 275, 290
蒙古　→モンゴル
モスクワ外相会議 388
モルガン商会 271, 274, 276
モロッコ 152-54, 158, 166-67, 385
門戸開放(政策) 141, 148, 150, 153, 155, 162, 164, 264
モンゴル(蒙古) 166, 265-66, 306, 396
モンテネグロ 115, 172, 174, 187, 197, 230
モンロー・ドクトリン(モンロー主義) 61-62, 75-76, 135, 139, 251-52, 277-78

ヤ　行

山県-ロバノフ協定 133
ヤルタ会談(体制) 394-97
ヤルタ協定 396-97, 409
ヤング案 283, 290-91, 303
宥和政策 347-49
ユーゴスラヴィア(セルビア人-クロアチア人-スロヴェニア人王国) 230-31, 233-35, 367, 392-93
ユダヤ人 232, 236, 317, 385-86, 413, 419
ユトレヒト講和 11-12
ヨルダン　→トランスヨルダン
ヨーロッパ協調 56, 173

ラ　行

ラインラント 229, 269, 273, 283, 289-91, 325-26
ラオス 380

ラトヴィア　352　→バルト三国
ラパロ条約　250, 257-58, 285
蘭印　→オランダ領東インド
リットン調査団(報告書)　308, 310-11
リトアニア　212, 352, 357　→バルト三国
リベリア　119
琉球(沖縄)　30, 128, 408
領事裁判権　74, 129-30
遼東半島　132, 140, 151, 156-57
ルクセンブルク　188, 190, 359
ルーマニア　115, 173-74, 197, 230-31, 235, 351, 367, 393
ルール占領　258, 269
冷戦　418-22
レバノン　237, 386
連合国救済復興事業局(UNRRA)　391-92
連合国共同宣言　380-81
連合国通貨金融会議　→ブレトンウッズ会議
ロカルノ(諸)条約(体制)　272-74, 280, 324-25
盧溝橋事件　338
ローザンヌ条約　240-41, 280
ロシア(ソ連, 露, ソ)　11-12, 14, 18, 35-36, 44-45, 48, 50-59, 62, 78, 80, 85-86, 88, 92, 98-102, 107, 109, 114-17, 121, 124-28, 131-33, 140-42, 146-57, 159-62, 164-66, 168, 171-74, 176, 183-89, 192-97, 207-15, 226, 235-36, 241-42, 246-51, 257-58, 266, 273, 284-86, 289, 292-93, 306, 312, 315-16, 320-21, 327, 329-30, 336, 339-41, 345, 347, 350-52, 357, 362-63, 365-70, 372, 375, 381, 383-84, 388-90, 392-98, 400-09, 414-22
ロシア革命
　二月革命　206-08
　十月革命　208-09
六国借款団　165-66
露仏同盟　107, 125-27, 133, 152-53, 160, 164, 168, 173, 185, 187-88
ローマ教皇　4, 7, 28, 51, 78
ロンドン海軍軍縮会議　295-96
　第二次——　332
ロンドン海軍軍縮条約　295-96, 331-32
ロンドン世界経済会議　304-05

ワ　行

ワシントン会議(体制)　261-66
ワシントン海軍軍縮条約　262-63, 332

BIS　→国際決済銀行
IBRD　→国際復興開発銀行
IMF　→国際通貨基金
UNRRA　→連合国救済復興事業局

著者略歴
1931年　東京に生まれる.
1953年　東京大学教養学部教養学科卒業.
　　　　一橋大学名誉教授, 聖学院大学名誉教授.
2013年　逝去.

主要編著書
『アメリカ政治史1776-1968』(福村出版, 1968年[新版1985年])
『戦間期の日本外交』(共編, 東京大学出版会, 1984年)
『アメリカ史概論』(東京大学出版会, 1987年)
『アメリカ革命』(東京大学出版会, 1988年)
『講座国際政治』全5巻(共編, 東京大学出版会, 1989年)
『日米関係資料集』(共編, 東京大学出版会, 1999年)
『近現代世界の国際関係史』(英文, 研究社, 2003年)
『ヒストリカル・ガイド　アメリカ』(山川出版社, 2004年[改訂新版2012年])
『現代国際関係史』(東京大学出版会, 2019年)

国際関係史　16世紀から1945年まで

2010年1月29日　初　版
2024年9月20日　第5刷

［検印廃止］

著　者　有賀　貞
　　　　あるが　ただし

発行所　一般財団法人　東京大学出版会

代表者　吉見俊哉

153-0041　東京都目黒区駒場 4-5-29
https://www.utp.or.jp/
電話 03-6407-1069　Fax 03-6407-1991
振替 00160-6-59964

印刷所　株式会社暁印刷
製本所　牧製本印刷株式会社

Ⓒ2010 Michiko Aruga
ISBN 978-4-13-032213-3　Printed in Japan

JCOPY〈出版者著作権管理機構　委託出版物〉
本書の無断複写は著作権法上での例外を除き禁じられています. 複写される場合は, そのつど事前に, 出版者著作権管理機構(電話 03-5244-5088, FAX 03-5244-5089, e-mail: info@jcopy.or.jp)の許諾を得てください.

有賀　貞著	現代国際関係史	A5・3500円
入江　昭著	二十世紀の戦争と平和［増補版］	四六・2400円
波多野澄雄著	太平洋戦争とアジア外交	A5・4800円
帶谷俊輔著	国　際　連　盟	A5・5800円
ニコルソン著 斎藤・深谷訳	外　　　　　　交	四六・2800円
平野・古田編 土田・川村	国際文化関係史研究	A5・7800円

ここに表示された価格は本体価格です．ご購入の際には消費税が加算されますのでご了承下さい．